"十二五"职业教育国家规划教材
经全国职业教育教材审定委员会审定

21世纪高职高专规划教材 ◆ 金融保险系列

货币银行学

(第四版)

HUOBI YINHANGXUE

主　编　石月华
副主编　李军燕　康丽华

中国人民大学出版社
·北京·

图书在版编目（CIP）数据

货币银行学/石月华主编．--4版．--北京：中国人民大学出版社，2019.11
21世纪高职高专规划教材．金融保险系列
ISBN 978-7-300-27676-2

Ⅰ.①货… Ⅱ.①石… Ⅲ.①货币银行学—高等职业教育—教材 Ⅳ.①F820

中国版本图书馆CIP数据核字（2019）第258442号

“十二五”职业教育国家规划教材
经全国职业教育教材审定委员会审定
21世纪高职高专规划教材·金融保险系列
货币银行学（第四版）
主　编　石月华
副主编　李军燕　康丽华
Huobi Yinhangxue

出版发行	中国人民大学出版社		
社　　址	北京中关村大街31号	**邮政编码**	100080
电　　话	010－62511242（总编室）		010－62511770（质管部）
	010－82501766（邮购部）		010－62514148（门市部）
	010－62515195（发行公司）		010－62515275（盗版举报）
网　　址	http://www.crup.com.cn		
经　　销	新华书店		
印　　刷	北京溢漾印刷有限公司	**版　　次**	2009年3月第1版
规　　格	185 mm×260 mm　16开本		2019年11月第4版
印　　张	18	**印　　次**	2022年5月第3次印刷
字　　数	410 000	**定　　价**	39.00元

第四版前言

本教材的编写框架和内容，在第二次修订时经过与行业专家的论证和讨论，在很大程度上已实现了与工作任务的对接，得到了行业专家的认可。本次修订在保留原内容体系和原版特色的基础上，为更好地贯彻落实《现代职业教育体系建设规划（2014—2020年）》（教发［2014］6号）提出的“职业院校按照真实环境真学真做掌握真本领的要求开展教学活动”的精神，把现代信息技术运用到编写教材过程中。

本次修订以习近平新时代中国特色社会主义思想为指导，围绕提升教材品质，继续坚持“除满足传授知识需要之外，还要满足提升学生职业能力需要”的宗旨，力求把本教材建设成一本立体化教材，使之除满足传统教学手段需要外，还能适应网络教学、多媒体教学手段的运用，增加教学内容的趣味性和表现形式的多样性。

本次修订主要做了如下几项工作：（1）为了使教材更贴近我国金融实践活动，除了对原教材中陈旧的内容进行删减、更新外，还补充了我国最新金融实践活动的相关内容，反映了最新的宏观和微观的金融活动动向，体现着我国金融的新发展、新成就。（2）结合防控金融风险是我国的一项重要任务的现实情况，增加了金融风险与金融监管的相关内容（第十一章）。（3）征求了校外实训基地兼职教授的意见，吸取了同行对本教材提出的合理建议，继续保留“章后训练”栏目，以满足财经类高质量技能型人才培养需要，使教材定位、学生学习目标更符合高职教学需要。（4）修改了几处用词与个别文字表述，使内容更为恰当与准确。（5）针对教材配备了电子教案、电子课件、案例集、习题与参考答案、动画视频等教学资源，教材表现形式运用了现代信息技术。

石月华对教材修订框架、修订内容全面负责。修订工作的具体分工为：石月华负责第一章至第六章及第八章至第十章；李军燕负责第七章；康丽华负责第十一章。在修订中，参考了国内外专家学者有关金融方面的文献资料。此外，山西省财政税务专科学校金融学院教授、金融学院实训基地兼职教授和其他多位专家对本教材进行了审阅并提出了诸多宝贵意见，在此表示衷心的感谢！

尽管本着严谨、认真、负责之态度修订了有关内容，但由于时间、水平所限，仍难免存在疏漏和不足，敬请读者批评指正！

石月华

2019年10月

第一版前言

高职高专的教育目标是培养高等技能型人才，“货币银行学”是财经类高职高专的专业基础课，其教学目标是培养学生的专业素质，即要使学生具备一定的获取信息、理解问题、分析问题、解决问题的能力，同时还应具备一定的语言表达和文字表达能力。因此，高职高专“货币银行学”课程在内容选择上必须突出职业性、实践性和开放性。我们认真思考和研究了以往“货币银行学”课程的内容，结合高职高专的培养目标和任务，设计了本书的编写体例。

本书的编写特色表现在如下三个方面：

1. 教材定位准确。我们在内容取舍上，紧密结合高职高专的培养目标，克服了已出版的许多高职高专货币银行学教材过于粗浅、不利于培养技能型人才的缺陷。

2. 分模块组织教材内容。按照金融岗位的要求，分析了金融岗位必备的理论知识和操作技能，将内容整合为货币、信用、金融机构、金融市场、国际金融和金融调控六大模块，共十章。例如，我们把金融创新的有关内容调整到相应的信用模块、金融机构模块、金融市场模块、金融调控模块；存款创造是商业银行业务过程的必然结果，并不是商业银行的一项独立业务，它是货币供给机制的重要组成部分，因此我们把这项内容放入金融调控模块。

3. 内容表述规范完整。在基本知识点的表述上不过分求异，在教学内容上不随意取舍，保留了“货币银行学”课程中同行们都认可的部分；基本知识的表述规范且完整，体现了稳定性。

本书是编者多年从事“货币银行学”课程教学与思考的结晶。本书对以往许多货币银行学教材中不准确的地方，做了较为准确的表述，如对商业信用方向的局限性、利率的概念、直接融资、间接融资、原始存款等问题都作了较为准确的表述。在介绍基本知识、基本原理时，附相关链接，这些相关链接都是编者从大量材料中精心挑选和撰写的，它们或是知识的拓展，或是反映国内外最新金融发展动态，或是对相关知识加以运用。

本书编写具体分工如下：辽东学院关颖哲编写第一章；山西省财政税务专科学校石月华编写第二章、第三章、第四章、第五章、第六章、第八章、第九章、第十章；山西省财政税务专科学校李军燕编写第七章。

本书可作为高职高专金融专业和管理类相关专业的教学用书与自学用书，也可以作为经济类各种招聘考试和金融专业“专升本”考试的参考用书。山西省财政税务专科学校的

"货币银行学"课程被评为山西省精品课程，本书是根据精品课程教学资源整理而成的，并同时配套编写了习题（附参考答案）和教学课件。经过反复检验与实践，使用这套教学资源的学生，在山西省连续多年的"专升本"考试中，成绩遥遥领先。我们也经常向参加经济类招聘考试的学生推荐参考这套教学资源，他们都取得了很好的成绩。

在本书的编写过程中，编者参阅了许多国内专家学者有关货币银行学的文献资料，在此一并表示衷心的感谢。

因编者水平有限，书中难免存在不足和遗漏之处，敬请读者批评指正。

编者

目 录

第一章 货币与货币制度 …… 1
第一节 货币的起源和形态变迁 …… 2
第二节 货币的职能 …… 7
第三节 货币制度 …… 10
第二章 信用和利息 …… 19
第一节 信用概述 …… 19
第二节 信用形式 …… 23
第三节 信用工具 …… 31
第四节 利息与利率 …… 40
第三章 商业银行 …… 50
第一节 商业银行概述 …… 50
第二节 商业银行的负债业务 …… 59
第三节 商业银行的资产业务 …… 67
第四节 商业银行的中间业务 …… 72
第五节 商业银行资产负债管理 …… 78
第四章 中央银行 …… 87
第一节 中央银行概述 …… 87
第二节 中央银行的主要业务 …… 98
第五章 其他金融机构 …… 105
第一节 专业银行 …… 106
第二节 非银行金融机构 …… 116
第六章 金融市场 …… 127
第一节 金融市场概述 …… 128
第二节 货币市场 …… 133
第三节 资本市场 …… 141
第四节 外汇市场和黄金市场 …… 156
第七章 涉外金融 …… 163
第一节 国际收支 …… 164

第二节　外汇与汇率 …… 184
第三节　国际储备 …… 192
第四节　国际融资 …… 197
第八章　货币供求均衡 …… 203
第一节　货币的范围与货币层次的划分 …… 203
第二节　货币需求 …… 205
第三节　货币供给 …… 210
第四节　货币供需均衡 …… 219
第九章　通货膨胀与通货紧缩 …… 223
第一节　通货膨胀概述 …… 223
第二节　通货膨胀的成因与治理对策 …… 229
第三节　通货紧缩 …… 235
第十章　货币政策 …… 241
第一节　货币政策目标 …… 242
第二节　货币政策工具 …… 248
第三节　货币政策传导机制 …… 258
第十一章　金融风险与金融监管 …… 266
第一节　金融风险 …… 266
第二节　金融监管 …… 268
第三节　金融监管体制 …… 275

主要参考文献 …… 280

第一章

货币与货币制度

章前引言

第二次世界大战期间，在纳粹的战俘集中营流通一种特殊的商品货币——香烟。当时的红十字会设法向战俘集中营提供各种人道主义物品，如食物、衣服、香烟等。由于数量有限，这些物品只能根据平均主义的原则在战俘之间进行分配，而无法顾及每个战俘的特定偏好。但战俘们的偏好是不同的，有人喜欢巧克力，有人喜欢奶酪，还有人则可能更想得到一包香烟。因此战俘们有进行交换的需要。但是即使在战俘集中营这样一个狭小的范围内，物物交换也非常不方便。因为它要求交易双方恰巧都想要对方的东西，也就是所谓的需求的双重巧合。为了使交换能够更加顺利地进行，需要有一种充当交易媒介的商品，即货币。那么，在战俘集中营中，究竟哪一种物品适合充当交易媒介呢？许多战俘集中营都不约而同地选择香烟来扮演这一角色。战俘们用香烟来进行计价和交易，如一根香肠值10根香烟，一件衬衣值80根香烟，替别人洗一件衣服则可以换得2根香烟。有了这样一种记账单位和交易媒介之后，战俘之间的交换就方便多了。

香烟为什么会成为战俘集中营中流行的“货币”呢？在现实生活中，我们每天都与货币打交道，那么究竟什么是货币？货币从何而来？货币的存在形式有哪些？货币有哪些作用？货币制度经历了怎样的演变过程？

通过本章的学习，你应该能够：

1. 了解货币的起源与货币形态变迁；
2. 掌握货币的职能；
3. 掌握货币制度构成要素；
4. 了解货币制度的演变过程；
5. 掌握各类型货币制度。

第一节　货币的起源和形态变迁

一、货币的产生——货币是商品交换的产物

马克思从分析商品生产和商品交换的发展入手，通过对价值形式发展过程的研究，最终揭示了货币的起源。

（一）货币是商品内在矛盾发展的产物

货币是与商品相伴而生的经济范畴，揭开货币之谜，必须从分析商品入手。

商品是通过市场来交换的物品，具有使用价值和价值两重属性。使用价值与价值是一对矛盾。它们相互依存、互为条件：使用价值是价值的物质承担者；价值是使用价值的商品规定。商品要实现使用价值，就必须实现价值，而要能够实现价值就必须先证明自己的使用价值。它们相互排斥、相互反对：商品作为使用价值形式存在，就不能作为价值形式存在；要作为价值形式存在，就不能作为使用价值形式存在。这种相互依存、互为条件、相互排斥、相互反对的关系必然导致交换，从而使商品内部的矛盾发展为商品交换过程中的矛盾。这一矛盾表现在“同一过程不可能同时对于一切商品所有者”来说都能实现。因为这两个过程要同时实现必须是所交换的商品符合双方的要求，但更多的情况是所交换的商品不符合或不完全符合交换双方的要求，所以这两个过程对一切商品所有者来说，就不能同时实现。那就只好先后实现，即先把自己的商品交换出去实现价值，然后以等价物作为交换手段去交换自己所需要的商品。既然要先实现价值，就要求有一种商品来代表价值，作为独立的价值形式。作为独立的价值形式的商品是一般等价物的商品，当这种等价物经常地、相对固定地由某种商品来充当的时候，这种商品就变成了一般等价物，货币是一般等价物的完成形式。总之，商品的内在矛盾推动交换的发展，交换过程中的矛盾导致价值形式的独立，而一般等价物的出现发展到完成形式就意味着货币的产生，货币是商品内在矛盾外在化的表现形式。

（二）货币是商品价值形式发展的结果

商品的价值形式，经历了由低级到高级的发展过程，即由简单的（或偶然的）价值形式，经过扩大的（或总和的）价值形式、一般价值形式，最后达到货币价值形式。

1. 简单的（或偶然的）价值形式

两种商品通过交换，使其中一种商品的价值具有了最简单的价值表现形式，即一种商品的价值偶然地表现在另一种商品上，这称为简单的价值形式。这种交换形式是在原始部落之间发生的。原始部落的经济是自然经济，当时生产力低下，不会经常有剩余的东西可用来交换，同时也还没有出现社会分工，所以，交换的发生非常偶然。用公式表示为：

1 只绵羊＝20 斤米。这一等式看起来简单，其表现的内容却极为丰富。这里 1 只绵羊处于相对价值形式，20 斤米处于等价形式，它们既对立又互为条件。但 20 斤米只是 1 只绵羊的个别等价物，其价值表现是不充分的。

2. 扩大的（或总和的）价值形式

随着社会分工的出现，剩余产品增多，可供交换的物品增加，这就使经常交换成为可能。此时，一种商品的价值不是偶然地表现在另一种商品上，而是经常地表现在许多商品上，这种价值表现形式称为扩大的价值形式（如图 1－1 所示）。

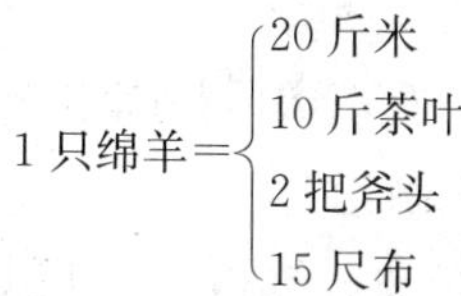

图 1－1　扩大的价值形式

扩大的价值形式同简单的价值形式相比较，其特点是：它使商品的价值第一次真正地表现为人类抽象劳动的凝结，商品价值的表现与使用价值的自然形态无关。交换已不再是偶然的，而是经常发生，即各种商品之间的交换比例比较稳定地与它们所包含的价值量趋于一致。其缺点是：商品的相对价值表现是未完成的，是永无止境的，一旦有新的商品出现，这个序列就会延长；各种商品都由许多商品共同表现其价值，各种商品的价值表现又都不一样；交换过程趋于复杂，增加了交易的难度。

3. 一般价值形式

一般价值形式是指所有商品价值都由一种商品来表现的价值形式（如图 1－2 所示）。这种起媒介作用的商品称为"一般等价物"。在货币产生的过程中，一般价值形式发生了质的飞跃。

20 斤米
10 斤茶叶
2 把斧头
15 尺布
＝1 只绵羊

图 1－2　一般价值形式

在这种形式下，商品之间以一般等价物作为交换的媒介，在一定程度上克服了物物交换的困难。在商品世界分离的某种作为一般等价物的商品，已不是普通的商品，而是起着货币作用的商品，是货币的原始形态，即通常所说的实物货币。但是，在一般价值形式下，作为一般等价物的商品，这时还没有完全固定在某一种商品上。由于在不同时间和不同地区充当一般等价物的商品是不同的，这就妨碍了不同地区间商品交换的进行，不利于商品交换的进一步发展，有必要向货币价值形式过渡。

4. 货币价值形式

货币价值形式是指一切商品的价值都由一种特殊商品来表现的价值形式（如图 1－3 所示）。这种固定地充当一般等价物的特殊商品就是货币。早期比较好的货币材料是金或银。

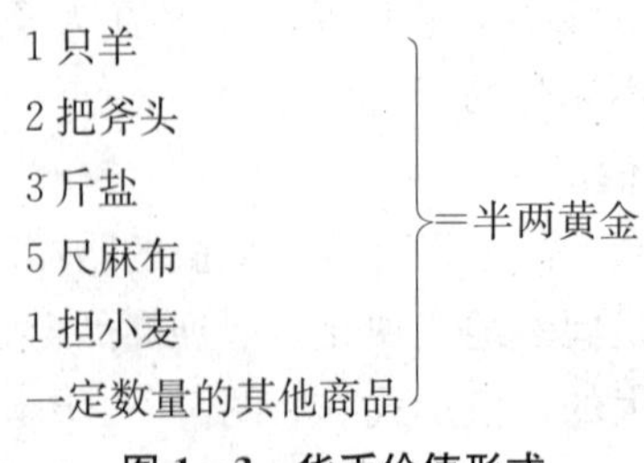

图1-3 货币价值形式

从货币产生的过程及最终结果来看：货币是固定地充当一般等价物的特殊商品，它体现了一定的社会生产关系。得出如下结论：

（1）货币是商品，具有商品的共性。货币商品也是劳动产品，它具有使用价值和价值。在私有制下，作为货币的商品也是私人劳动的产品，私人的具体劳动创造了它的使用价值，社会的抽象劳动形成它的价值。

（2）货币是特殊商品。其特殊性表现在：

1）货币能够表现一切商品的价值。货币出现以后，商品的价值不再直接地由另一种商品表现出来，而是通过商品和货币交换表现出来。任何一种商品，只要能够交换到货币，该种商品的价值就能够得到表现，生产这种商品的私人劳动就得到了社会承认，属于社会劳动的一部分。所以，货币是表现、衡量一切商品价值的工具。

2）货币具有与一切商品直接交换的能力。货币是价值的直接体现和社会财富的直接代表，它具有直接地同一切商品相交换的能力。

二、货币形态的演变过程——从实物货币到电子货币

货币作为一种人们能够共同接受的支付工具，在不同时期有不同的表现形式。自古以来，货币形式的演进经历了数千年的过程，充当货币的材料种类繁多。从总体趋势上看，货币形式的演进经历了实物货币、金属货币、信用货币的发展过程。这种形式的变化不断地适应社会生产的发展，同时也消除了前一种货币形式无法克服的缺点。

（一）实物货币

实物货币是指作为货币的价值与作为普通商品的价值相等的货币。实物货币是货币最原始、最朴素的形式。它本身既作为商品，同时又作为货币在充当交换媒介，因此实物货币是足值货币。在人类历史上，各种商品如米、木材、贝壳、家畜等，都曾经在不同时期扮演过货币的角色。随着商品交换的发展，这些实物货币逐步显现出缺点，比如，一些实物货币体积太大，不能分割为较小单位，携带和运输非常困难。另外，实物货币一般都不是均质的，如果分割开就将出现价值与体积不成比例的问题，而且有些商品质量极不稳定，不是理想的货币材料。但是，由于当时生产力水平较低，交易规模尚小，这种矛盾并不十分突出，仍可维持这类商品的货币地位。

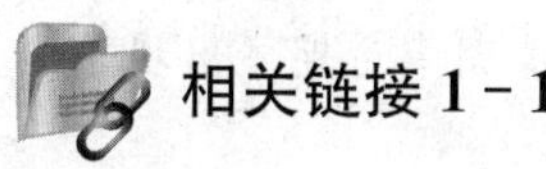

相关链接 1－1

中国早期的实物货币

早期的实物货币，一般近海地区多用海贝、盐；游牧民族多用牲畜、皮革；农业区多用农具、布帛；等等。中国古代商周时期，牲畜、粮食、布帛、珠玉等都充当过货币，而以贝壳最为流行。

这种货币文化渗透到了中国的汉字中。许多与财富有关的汉字，其偏旁都是“贝”字，如货、财、贫、贱等。而且从货币一词来看，古汉语中曾是两个不同的概念，货指珠、贝、金、玉等，币指皮、帛。货在春秋战国时期才取得货币的含义，但无货币一词，货币一词大体是在唐代以后才出现的。中国民间称货币为钱，钱本来是古代农具，形如铲，还有一种农具镈，形如锄，均用以铲地除草。农具在黄河流域被作为货币。

（二）金属货币

随着生产水平的提高和交易规模的扩大，非金属实物货币充当货币材料的缺点越来越突出，金属在执行货币职能方面的优势越来越明显，如价值比较稳定、易于分割、便于携带等。于是，金属货币在交换中逐渐占据主导地位，最终成为通行的货币。先是铜、铁，后又用金、银，金属货币从贱金属演变到贵金属。金属货币先是采取条块状，每次交易都要称货币重量、检验货币成色，很不方便。因此，由称量制的货币发展成为固定重量、成色，并由国家铸造的铸币。

金属作为货币，具有相对稳定、易分割和便于携带的特点。但是，金属的数量，特别是金、银这些贵金属的数量是有限的，因此在经济进一步发展以后，金属货币的数量难以满足经济活动的需要。另外，尽管金属的价值比较高，但对于大宗交易而言，携带大量的金属还是不方便。因此，人们继续寻找更加合适的货币。

相关链接 1－2

中国金属货币的发展情况

中国在殷商时代就出现了以铜为币材的铜铸币贝，但是各地又有区别。齐、燕地区流通刀币，形如刀，是由生产工具和武器演变而来的；魏、赵、韩地区流通布币，形如铲，是由农具“钱”和“镈”演变而来的；秦国流通环钱，圆形圆孔，形如纺轮；楚国流通蚁鼻钱，形如海贝。秦始皇统一中国后，统一了货币，诏令天下，一律使用圆形方孔的“半两”钱，为下币，每枚重半两即十二株，用于小额交易；以黄金为上币，以实际重量计算，用于大宗买卖。秦始皇的“半两”铜钱，是中国有统一形式、统一重量的统一铸币制度的开始，并一直影响到清代制钱。清朝中后期才出现了银铸币，一直流通到1933年。

（三）可兑换的信用货币

可兑换的信用货币是指在市场上代替金银货币流通并可随时兑换金银货币的货币形态。

由于货币作为商品交换的媒介，在流通中只起转瞬即逝的媒介作用，人们更关心的是用货币能否买到与之相当的商品，而不是货币实体的价值量。事实上，流通中被磨损的铸币被人们照常接受，并不影响商品交易，这就表明货币可以用象征性的货币符号来执行流通手段的职能。可兑换的银行券是其典型代表。银行券首先出现于欧洲。早期的银行券是以兑换金银的凭证而存在的，金额、样式都不固定，后来为了便于流通，统一了样式，用于兑换金银。当时，商人将金属货币存放于货币商人处，如钱铺、银行，由其开出汇票进行支付，钱铺、银行见到汇票要求提现时，可以兑换为金属货币。当钱铺、银行拥有了大量的金银货币作保证时，又以此为信用开始发行自己的银行券。最初是在一张空白字据上填写金额，后来演变为印制好的不同面额的钞票。于是，银行券就成为银行发出的代替金银货币流通的、可以随时兑现的信用货币。19世纪下半期，各国可兑换金币的银行券广泛流通。此时的银行券是金的符号，以金为后盾，代替金币进行流通，流通中仍有大量的金币充当货币。银行券是表征货币，即实际价值低于它所代表的价值，它的出现是货币币材的一大转折，为其后不兑现纸币的产生奠定了基础。

（四）不兑现的信用货币

不兑现的信用货币是由国家法律规定，以国家权力为后盾，不以任何贵金属为基础的，独立行使货币各种职能的货币。目前，世界各国几乎都实行这一货币形式。可以说，信用货币是金属货币制度崩溃的直接结果。20世纪30年代，由于世界性经济危机和金融危机相继爆发，各主要西方国家先后被迫脱离金本位和银本位制度，所发行的纸币不能再兑换金属货币，在这种情况下，信用货币应运而生。信用货币有以下几个特征：第一，信用货币完全割断了与贵金属的联系，其发行主要不是以黄金作为后盾，国家也不予承诺兑现黄金或法偿货币；第二，信用货币的基本保证是一国政府和银行的信誉。

相关链接1-3

最早的纸币

最初的不兑换货币是由可兑换货币演变成的临时不兑换货币。世界上最早出现的纸币是中国北宋年间的“交子”。当时四川用铁钱，分量重，流通不便，一些富商联合发行了“交子”，代替铁钱流通，并负责兑现。后来富商衰败，兑现困难，改为官办发行。起初政府控制发行数额，维持兑现，但是后来为弥补国库亏空，发行数额越来越大，以致严重贬值。元朝发行的“中统元宝钞”，开始时还可以兑现，但很快就停止兑现了。元朝大部分时间都实行纸币流通制度。这些不兑现纸币的发行，虽然靠政府的作用，在一定时期发挥了货币的职能，但是由于发行无度，数量太大，最终又给商品流通造成了极大的混乱。

西方国家也曾发行过这种政府纸币，如美国的“绿背钞”。但是一般数量较少，流通的信用货币仍以银行券为主。银行券在战争期间一般不兑现，如英国英格兰银行的银行券，在 1797 年拿破仑战争时期变为不可兑现，直到 1821 年才恢复兑现；第一次世界大战期间，又变为不可兑现，1925 年才恢复兑现。这种战争时期银行券不可兑现的事实，为银行券走向完全不可兑现提供了可能。

（五）存款货币和电子货币

20 世纪 50 年代以来，由于信用制度发达，银行结算手段改进，现金流通（纸币和硬币）逐渐减少，货币主要采取存款形式，通过支票转账实现债权债务的转移，这成为购买商品、支付劳务的主要手段。货币的概念得以扩张，货币不仅包括硬币和纸币，而且包括可转账的活期存款，将不能随时转账的定期存款和储蓄存款称为“准货币”。支票转账结算较原有的各种交易方式有较大的优势，但它的处理成本较高。银行为降低这些成本，必须寻找新的出路。随着社会经济、技术的发展，以及电脑的广泛运用，“电子货币”越来越发挥着重大的作用。电子货币是一种直接用电脑储存和转移的货币。最早在美国，人们采用了电子资金划转系统。银行在各个销售场所设置 POS 终端机，与银行的电脑中心相连接。顾客在购物时，只要将银行卡插入终端机，输入密码，电脑就可以立刻将交易额从顾客的账户上划转到商家的账户上。电子货币具有迅速、安全的特点，而且可以 24 小时随时在网络中移动，因此大大节省了处理纸币花费的时间和成本。

第二节 货币的职能

货币的职能是货币本质的表现，是货币作为一般等价物所固有的功能。货币具有价值尺度、流通手段、贮藏手段、支付手段、世界货币五大职能，其中价值尺度和流通手段是基本职能。

一、价值尺度

货币在表现商品的价值并衡量商品价值量的大小时，发挥价值尺度的职能。这是货币最基本、最重要的职能。货币之所以能够充当价值尺度，是因为它本身也是商品，也具有价值。货币和商品一样都凝结了一般人类劳动，它们在本质上是相同的，在量上是可以相互比较的。这样，一切其他商品都可以用作为一般等价物的货币商品去衡量，表现自己的价值，这个一般等价物的货币商品便成了衡量其他一切商品共同的价值尺度。商品价值的大小，是由凝结在该商品中的社会必要劳动时间决定的。劳动时间是商品的内在价值尺度，但商品价值不可能由单个商品生产者耗费的劳动时间来表现，只能借助于货币外化出来，所以货币是商品的外在价值尺度。但是“货币在执行价值尺度职能时，只是想象的或观念的货币”。

货币执行价值尺度职能要通过价格标准这个中间环节来完成。因为不同的商品有不同的价值量，这就要求借助于价格标准来表现为数量不等的单位货币。所谓价格标准，就是人们规定的货币单位及等分。价格标准最初同衡量货币金属的重量单位是一致的。例如，我国过去长期将“两”作为价格标准，也将其作为货币单位。后来随着历史的演变，价格标准和重量标准逐渐分离，如英镑的“镑”。

价值尺度和价格标准是两个完全不同的概念。第一，价值尺度是在商品交换中自发形成的；而价格标准是国家法律规定的。第二，价值尺度是人类劳动的体化物，是用来衡量商品价值的；而价格标准表示货币商品本身的重量，并以此来衡量不同商品的价值量。第三，作为价值尺度，货币的价值量随着社会劳动生产率的变化而变化；而价格标准是货币单位本身的重量，它与劳动生产力的变化没有关系。尽管存在这些区别，价值尺度与价格标准两者之间还是有密切联系的，价格标准是为货币发挥价值尺度作用而作出的技术规定，是货币发挥价值尺度作用的前提。

二、流通手段

在商品交换中，当货币作为交换的媒介实现商品的价值时就执行流动手段的职能。这种以货币为媒介的商品交换，叫做“商品流通”。

充当流通手段的货币不能是观念上的货币，而必须是现实存在的货币。因为商品生产者出卖商品所得到的货币是现实的货币，才能证明他的私人劳动获得社会承认，成为社会劳动的一部分。

充当流通手段的货币不一定是具有十足价值的货币。因为货币作为流通手段时只是一种交易的媒介，商品所有者出售商品，换取货币，其目的是用货币去购买自己所需的商品，只要货币能购得自己所需要的商品，货币本身的价值对商品所有者而言并不重要。货币作为流通手段只是一种媒介，所以单有货币的象征存在就够了。

三、贮藏手段

当货币退出流通领域，被人们保存、收藏起来时，货币就执行贮藏手段职能。货币之所以能够成为贮藏手段是因为货币是一般等价物，是社会财富的一般代表，人们贮藏货币就意味着可以随时将其转变为现实的商品。作为贮藏货币，它必须既是现实的货币，又是足值的货币。

货币贮藏在不同历史阶段的表现形式是不同的。在金属货币制度下，货币贮藏的方式是窖藏货币，其特点是足值货币，具有自发调节货币流通的作用。当流通领域所需要的货币量增加时，被贮藏的货币就会加入流通领域成为流通手段；而当流通中所需要的货币量减少时，有一部分货币就会自动退出流通领域成为贮藏货币。在金属货币与可兑换银行券同时流通的条件下，马克思认为充当贮藏手段的货币应是金属货币。在当代不兑现的信用货币制度下，贮藏货币的方式、特点和作用已经发生了变化。其贮藏方式，一是货币沉淀。持币人将信用货币保存起来，使之处于暂歇状态，如果暂歇期限不超过一年，可称为货币沉淀，成为潜在货币。由于纸币本身没有价值，窖藏既不安全，也没有经济意义，所以这种货币贮藏所占的比例已不是很大。二是银行存款。这种手段对企业和个人来说是货币价值积累与保存，但从整个社会角度来看，则并不意味着有对应数量的真实价值退出流通过程，在这种情况下，贮藏手段的“蓄水池”功能已丧失殆尽。三是利用金融资产贮藏价值，其特点是不足值货币。

四、支付手段

货币在清偿债务时充当延期支付的工具，这就是货币的支付手段职能。支付手段最初是由于赊买赊卖引起的，逐步发展到许多支付领域。同作为交易媒介时货币与商品同时反向运动有所不同，货币发挥支付手段职能的一个重要特征是：在偿还赊买的账款时，或者说，在延期支付时，没有商品与货币同时、同地反向运动。因此，货币充当支付手段时，与最初的“一手交钱、一手交货”的方式有很大的不同。

货币作为支付手段，一方面克服了作为交易媒介要求“一手交钱、一手交货”的局限性，使买与卖的过程相互分离，促进了商品生产和商品流通的发展；另一方面也扩大了商品经济的矛盾。信用关系的过分扩张，或某些企业生产流转过程出现问题，会导致到期不能支付的“脱节”问题。

五、世界货币

随着世界贸易的发展，货币越出国界，在世界上发挥一般等价物作用时，就会在国际范围内执行价值尺度、流通手段、贮藏手段、支付手段职能，称为世界货币。

在第二次世界大战之前，各国实行金本位制，银行券可以兑换黄金，黄金可以自由输出、输入，黄金不仅在国内市场上是货币，在国际市场上也是货币，当它在国际市场上执行货币职能时，称为世界货币。当前的世界货币是信用货币，某些经济发达并实行自由外汇制度的国家和地区的纸币，如美元、欧元、日元等，它们在国际市场上具有普遍接受性，发挥着价值尺度、流通手段等职能。

第三节 货币制度

一、货币制度的概念及内容

货币制度是伴随着金属铸币的出现而开始形成的。由于早期铸币在形状、重量、成色等方面都有较大的差异，加上民间私铸、盗铸，货币流通比较混乱，要求国家对此加以管理，因此形成了早期的货币制度。随着商品经济的确立，这种不严密的、混乱的早期货币制度不能满足商品经济发展的要求，迫切需要建立一套完整的货币制度。

货币制度是国家以法律形式规定的本国货币的流通结构和组织形式，由国家有关货币方面的法令、条例等构成。它主要包括下述四个要素。

（一）规定币材

规定何种材料为币材，是一个国家货币制度的基础。选用不同的货币材料，就构成不同的货币制度。哪一种或哪几种商品一旦被规定为本位币材料，即称该货币制度为该种或该几种商品的本位制。使用银为本位币材料，则为银本位制；使用金为本位币材料，则为金本位制；使用黄金和白银同时为本位币材料，则为金银复本位制；使用不兑现的无价值的纸做本位币材料，则为纸币本位制。货币材料的确定必须具有客观依据，国家不能滥用权力，随心所欲地指定本位币材料。

（二）确定货币单位

确定货币单位是指规定货币单位的名称及所含的货币金属的重量。规定了货币单位也就规定了价格标准。货币单位最早与货币商品的自然单位和重量单位相一致，如我国秦代铸造过“半两”铜钱，汉代铸造过“五铢”铜钱，钱面上分别铸有两、铢字样。后来由于种种原因，货币单位日益与自然单位、重量单位相脱离。有的维持原名，内容发生变化。例如，英国货币单位“镑”就是重量单位名称，但早在1816年正式采用金本位制时，其含金量就与名称完全不相符。有的则完全摆脱旧名，重立新名。例如，中国以元为货币单位。

（三）规定主币与辅币的铸造、发行和流通程序

一个国家的通货通常分为主币（即本位币）和辅币，它们各有不同的铸造、发行和流通程序。主币是一国的基本通货，在金属货币流通的条件下，主币是指用货币金属按照国家规定的货币单位所铸成的铸币。主币的名义价值与实际价值一致，并有独特的铸造、发行与流通程序。其特点是：自由铸造，每个公民都有权利请求政府免费或低价代铸，在数量上不受限制；无限法偿，就是说法律赋予它流通的权利，不论支付的金额多大，任何人不得拒绝接受。辅币是主币以下的小额货币，供日常零星交易和找零之用。辅币在铸造、

发行与流通程序上具有以下特点：它是主币的一个可分部分，是不足值的铸币，因其面额小、流通频繁、易磨损，一般用贱金属铸造；辅币是有限法偿货币，国家规定辅币只能由国家来铸造，在交易、支付活动中，超过规定的限额，对方有权拒绝接受；辅币可以与主币自由兑换。纸币本位制下，纸币的发行权由国家货币管理当局垄断，主币和辅币的名义价值都高于实际价值，无限法偿和有限法偿的区分已无意义。

（四）建立准备制度

为了稳定货币，各国货币制度中都包含准备金制度的内容。在金本位制时期，准备制度主要是建立国家黄金储备，这种黄金储备保存在中央银行或国库。它的用途是：作为时而扩大、时而收缩的国内金属货币流通的准备金；作为支付存款和兑换银行券的准备金；作为国际支付的准备金。在金属货币流通的条件下，最初多为十足准备金，后来由于黄金数量不足，也有以一定数量的证券充作准备金。在不兑现纸币制度下，黄金的地位已大大降低，它与外汇储备共同起着国际支付准备的作用。

相关链接 1-4

早期关于货币的规章制度

我国从秦代开始就有了关于货币的规定。

当商品经济不发达时，简单商品经济处于自然经济的汪洋大海之中，早期的货币与货币流通便呈现出极其分散、极其紊乱的特点。表现在：第一，货币材料基本是贱金属。在商品经济尚不发达时，商品交易额小，不需要使用最贵重的黄金，铜或银即可满足商品交易的需要，黄金只有在巨额交易、财富转移时才使用。第二，铸币的铸造权分散，流通混乱。欧洲的封建社会，各个封建主统治着独立的城堡。由于经济和政治上的割据，铸币的铸造权也是分散的，各个城堡都铸造自己的铸币。比如，中世纪的德国，分属于各个封建领主的造币局就有600多所。中国的封建社会尽管在政治上高度统一，但是银币的铸造却极其分散，造成名目繁多、形式杂乱、成色重量不一、标准不同等情况。第三，铸币不断变质，即重量减轻、成色降低。在封建割据时期，统治者为了扩张自己的地盘、掠夺他人财富，不断进行战争，这就需要增加军费支出；同时，统治者为了满足自己穷奢极欲的生活需要及对内维护自己的统治，也要增加财政支出。由于铸币的铸造权属于封建统治者，通过降低铸币成色、减轻铸币重量的方式实行铸币变质，就成为解决财政困难的一种手段。铸币的变质常常影响商品的正常交易，甚至引起物价的动荡和阶级矛盾的激化。

二、货币制度的演变

总结世界各国货币制度的演变过程，大体经历了银本位制、金银复本位制、金本位制、不兑现的信用货币制度等阶段（如图 1-4 所示）。

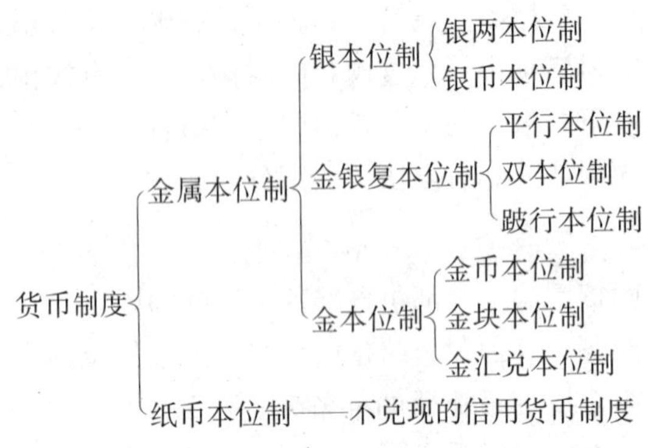

图 1-4　货币制度的演变

（一）银本位制

银本位制是较早的货币制度之一，而且持续时间较长。在纪元前及纪元初期，欧洲许多国家，如英国、法国、意大利等，均曾有银币流通。16 至 19 世纪，银本位制在世界许多国家盛行。

银本位制的基本内容是：规定以白银为货币金属，享有无限法偿能力；规定银铸币的重量、成色、形状及货币单位；银币可以自由铸造和熔化，自由输出和输入，银行券可自由兑换成银币等。

银本位制主要适用于商品生产不够发达和黄金供应较少的国家。但是随着时间的推移，银本位制也产生了不少缺陷。银本位制的主要缺陷是价值不稳。这是因为世界白银的产量继续增加导致白银的价格逐步下降，使得黄金同白银的比价持续下跌。这种情况既不利于国内货币流通，也不利于国际收支，影响一国经济的发展。加上银币体重价轻不适合巨额支付，因而许多国家纷纷由银本位制过渡到金银复本位制。

（二）金银复本位制

金铸币和银铸币同时作为本位币的制度称为金银复本位制。金银复本位制 1663 年始于英国，随后欧洲各主要国家纷纷采用。金银复本位制有三种类型：平行本位制、双本位制和跛行本位制。平行本位制是金币和银币按其实际价值流通，两种货币的兑换比率完全由市场比价决定，国家不规定金币与银币之间的法定比价。金币与银币的市场比价经常变动，使不同货币表示的商品价格随之也经常发生变化，这不利于经济的发展，为了克服这一缺点，一些国家以法律形式规定了金银比价，即实行双本位制。但这又带来了另外一个问题：当金银币的法定比价与市场比价背离时，市场上会产生“劣币驱良币”的现象。即法律上被低估的货币（实际价值高于名义价值的货币，称为良币）必然被人收藏、熔化或输出国外，而法律上被高估的货币（实际价值低于名义价值的货币，称为劣币）则独占市场。这个规律由 16 世纪的英国财政大臣格雷欣首先发现，所以又被称为“格雷欣法则”。跛行本位制是金银两种金属同为本位币材料并有固定比率，但政府同时规定金币可自由铸造而银币不能自由铸造。这种制度，事实上银币地位已经降低，演化为金币的符号，它是由金银复本位制向金本位制过渡的一种货币制度。

（三）金本位制

金本位制是以一定成色及重量的黄金为本位货币的一种货币制度，即法律确定以金铸币为本位币。1816 年英国制定了《金本位制度法案》，开始采用金本位制。此后，资本主义各国都相继实行了金本位制。根据货币与黄金的联系程度不同，金本位制分为金币本位制、金块本位制和金汇兑本位制三种形式。

1. 金币本位制

19 世纪中叶到第一次世界大战前，主要资本主义国家多采用金币本位制。它的特点是：

（1）以黄金为本位货币，金币自由流通，有无限的清偿权。

（2）金币有规定的重量和成色，可以自由熔化，自由铸造。

（3）流通中的其他金属辅币和银行券可以按法定比率自由兑换成金币或者等量的黄金。

（4）金币可以自由输出、输入国界，数量不受限制。

在金币本位制下，一国的本位币是用一定成色和重量的黄金表示的，从而确定了单位货币的含金量。各国货币含金量之比叫铸币平价。各国货币的比价或汇率以铸币平价为基础。由此可见，金币本位制既保障了国内币值稳定，又保障了汇率稳定，是一种比较稳定的货币制度。

第一次世界大战时期，特别是战后，由于资本主义政治经济发展的不平衡，黄金的自由流通、银行券的自由兑换和黄金的自由输出、输入遭到破坏，各国先后放弃了金币本位制。

2. 金块本位制

金块本位制又称“生金本位制”，是一种以金块办理国际结算，而国内一般只流通纸币的变相的金本位制。它的特点是：

（1）金币是本位币，但不在国内铸造、流通。

（2）国内只流通纸币，纸币规定含金量，居民可在一定范围内按照法定含金量自由兑换金块，如当时英国规定一次至少兑换 400 盎司黄金，约合 1 669 英镑。

（3）黄金集中存储于政府，可自由输出入。

金块本位制实行的条件是保持国际收支平衡和拥有大量的平衡国际收支的黄金储备。一旦国际收支失衡，大量黄金外流或黄金储备不敷支付时，这种虚弱的黄金本位制就难以维持。1930 年以后，英国、法国、比利时、荷兰、瑞士等国在世界经济危机袭击下，先后放弃这一制度。

3. 金汇兑本位制

金汇兑本位制又称“虚金本位制”，其特点是本国货币仍然规定一定的含金量，但是在国内不能兑换黄金。国家规定国内货币与另一实行金币本位制或者金块本位制国家的货币保持固定汇率，居民可以按法定汇率购买外汇，在联系国兑换黄金。从本质上看，它是一种附庸的货币制度。第一次世界大战前，它多为殖民地和附属国所采用，第二次世界大战后建立起来的以美元为中心的“布雷顿森林体系”就是一种国际金汇兑本位制。但从20世纪60年代起，美元发生多次危机，美国政府被迫于1971年8月15日宣布停止美元兑换黄金，其他资本主义国家的货币先后实行浮动汇率。金汇兑本位制崩溃，实行不兑现的纸币本位制。

（四）不兑现的信用货币制度

不兑现的信用货币制度又称纸币本位制，是指以不兑换黄金的纸币或银行券为本位币的货币制度。其特点是：

（1）货币由现金和能够进行支付的银行存款构成。现金是由国家授权中央银行发行的，并由国家法律赋予无限法偿的能力。

（2）货币通过信用程序投入流通，货币流通通过银行的信用活动进行调节。

（3）黄金已退出国内、国际流通领域。纸币不再规定含金量，不能兑换黄金等贵金属。

（4）国家对通货的管理成为经济正常运行的必要条件。

纸币本位制是货币制度发展的必然产物，因为金本位制不可能解决金的储藏量和产量的有限性与商品生产和交换扩大的无限性的矛盾，生产的飞速发展客观上要求有一种不受自然资源限制，并且可以人为调节其数量的媒介物作为货币，因此选择不兑现的纸币本位制就是经济发展的必然选择了。目前，纸币本位制是各国普遍实行的一种货币制度。

相关链接1-5

人民币与中国货币制度

人民币是中华人民共和国唯一合法的货币，由中国人民银行统一发行和管理。

1. 人民币的产生

人民币是在我国革命战争时期根据地货币的基础上产生的。最早的根据地货币是1927年1月湖南平民银行发行的临时兑换券。各根据地货币在支援革命战争、发展解放区经济、开展对敌斗争、稳定金融物价等方面曾起到积极作用。中华人民共和国成立前夕，为了满足迅速发展的政治、军事、经济形势的需要，迫切需要货币统一，于是中国人民银行在1948年12月1日成立伊始就发行了人民币，同时陆续收回各解放区货币，禁止金银、外币的计价流通，收兑肃清了国民党政府发行的金圆券、银圆券等各种货币，使人民币成为唯一合法流通的货币。1955年3月1日，中国人民银行发行了新版人民币，按1∶10 000的比例收兑旧版人民币，从此各机关、团体、企业及个人的一切货币收支、账簿记载及国际清算，均以新版人民币为计量单位，从而巩固了人民币在我国唯一合法流通的地位。

2. 人民币的性质

人民币作为货币发挥着一般等价物的作用。

(1) 人民币是一种信用货币。从发行程序看，人民币是通过收购金银、外汇或通过信贷程序发行的，是经济发行，其发行量是根据社会生产和商品流通的客观需要决定的，其流通量随生产和流通规模而伸缩；从信用关系看，人民币的发行是中国人民银行的负债，是社会公众索取价值的凭证，人民币的持有人是债权人，这种信用关系的消除通过特殊的兑换方式实现，即国家保证以相对稳定的价格供应商品和劳务，人民币持有人以稳定的价格得到相应的商品和劳务而使人民币得以“兑现”。

(2) 人民币的内涵是商品价值符号。即人民币没有法定含金量，也不能自由兑换黄金，人民币币值和商品价值及价格密切相关，人民币币值与商品价格变化成反比，与商品价值总量变化成正比。

(3) 人民币是信用货币，也有可能转化为纸币。国家出现财政赤字，就有可能强制发行人民币，而人民币过量发行，必然导致币值贬值，发生通货膨胀，这时人民币就可能转化为不兑现纸币（从理论上看，是没有商品物资对应的、多余的部分，但在实践中是无法区分哪一部分是纸币，哪一部门是信用货币的）。

综上所述，人民币是在一定条件下可能转化为纸币的信用货币，是在流通中发挥一般等价物作用的价值符号。

3. 人民币的兑换性

货币的兑换性是指一种货币兑换成别种货币或支付手段的能力。

按货币可兑换的程度可分为自由兑换货币、有限度可兑换货币、不可兑换货币三种，实践中常有可自由兑换货币、有限度的可兑换货币、不完全自由兑换货币、完全自由兑换货币之分。

目前，我国人民币是可自由兑换货币，已逐步接近完全自由兑换货币。

跨境贸易人民币结算是人民币实现完全自由兑换即人民币国际化进程中重要的新起点之一。2009 年 7 月开展的跨境贸易人民币结算试点工作能够满足我国企业和银行使用人民币进行跨境结算的需求并进一步促进贸易和投资便利化。

跨境贸易
人民币结算

经国务院批准，中国人民银行 2011 年 8 月宣布将人民币跨境贸易结算推广至全国。以人民币进行进出口货物贸易、跨境服务贸易和其他经常项目结算可以按照《跨境贸易人民币结算试点管理办法》办理。《人民币国际化报告（2018）》显示：2018 年人民币国际化进程稳步推进。一是经常项目下人民币跨境结算规模稳步上升；二是资本项下证券投资领域跨境结算规模实现较快增长；三是境外主体通过银行间债券市场，RQFII、熊猫债、债券通等方式，进一步深度参与境内金融市场；四是人民币原油期货交易推出，大宗商品人民币计价功能取得突破。

环球银行金融电信协会发布的报告显示：2018 年末，人民币保持全球第五大支付货币地位。

4. 我国的货币制度

我国的货币起源于商代。在秦统一币制之前存在着各种不同的货币形态和货币体系，秦对我国货币制度的突出贡献在于统一了混乱的货币形态和货币单位。

我国历史上的币制以银铜本位制为主。日常交易用铜钱，大宗交易用银两，黄金有时也用于支付或被储藏，金银以金属重量计值。银两成色不同、重量不一，造成交易困难，也限制了交易、流通范围。

1933 年国民党政府宣布“废两改元”，公布《银本位币铸造条例》，银两制退出历史舞台，银圆成为中国的本位货币。当时的银圆可以自由铸造，具有无限法偿能力，银圆重 62.697 1 克，其中银占 88%，铜占 12%。1935 年 11 月又宣布实行“法币改革”，废止了银圆本位制。“法币政策”规定：中央银行、交通银行、中国农民银行发行的钞票为法币，禁止银圆流通，法币可以兑换外汇。其实这是一种典型的金汇兑本位制。

抗日战争爆发后，法币兑换外币受到限制，我国的货币制度演化为纯纸币制度。

1948 年 12 月，中国人民银行成立并发行人民币，自此形成了我国具有社会主义性质的货币制度。人民币是我国法定通货。按规定，我国严禁金、银、外币计价流通，金、银、外币作为国际储备金由国家集中保管，主要用来平衡国际收支。

从货币形态和货币制度的演进过程中，可以发现货币制度与国家之间存在着非常密切的关系。国家对货币制度的管理主要出于两个方面的利益考虑。一方面，货币作为公用事业所带来的间接利益。货币的使用有利于商品的交易，促进市场规模的扩大和生产能力的提高，增强国家的实力。另一方面，随着铸币的产生，政府可以依靠自身的信誉，发行不足值的价值符号，如劣质铸币、兑现和不可兑现的信用货币，这样就会带来直接的铸币税收入。国家为了获取这两种收益，便垄断货币的发行权，并将货币制度作为国家主权的一项内容，禁止其他人对货币制度进行干预。

由于国家组织结构和行为方式的改变，货币制度也随之发生了相应的变迁。特别是受到经济、技术等方方面面的影响，货币的范畴也开始改变。商业银行存款货币构成现行货币的主体，侵蚀了国家货币发行的垄断权。加之电子货币、网络银行的出现，都削弱了国家垄断货币发行权的能力。第三方支付平台的广泛使用，电子支付大范围地替代了现金支付，对一国现金发行产生了很大影响。国家适应变化了的形势，不再强调货币发行的国家主权特征，在保证中央银行控制基础货币发行的基础上，同其他经济主体分享货币流通的收益。

货币制度超越了国家主权。在经济全球化浪潮的冲击下，一些国家组织了区域经济联盟，并将货币发行权交给区域中央银行，如欧盟的欧洲中央银行、西非的货币联盟、中非的货币联盟等，这样，货币制度和国家主权之间的关系进一步分离。就中国货币制度来说，“一国两制”丰富了货币制度和国家主权关系的内容。由于多种社会制度并存，与之相适应的货币制度也应该是多种形态并存。随着香港、澳门以及台湾问题的解决，中国的货币制度将呈现出人民币、港币、澳币和台币在不同区域共同流通的“一国多币”的特征。

本章小结

货币是商品经济内在矛盾发展的产物，是商品价值形式发展的结果。货币的价值形式经历了由低级到高级的发展过程，即由简单的价值形式，经过扩大的价值形式、一般价值形式，最后达到货币价值形式。

货币的形式经历了实物货币→金属称量货币和铸币→可兑换的信用货币→不兑现的信用货币（包括存款货币和电子货币）的发展过程。

货币的职能有价值尺度、流通手段、贮藏手段、支付手段、世界货币。价值尺度、流通手段是基本职能。

货币制度是一个国家以法律形式所确定的货币流通的组织形式。它的内容主要包括货币币材，货币单位，货币的铸造、发行与流通程序，以及准备制度。

货币制度从产生以来，从其存在形态看，经历了银本位制、金银复本位制、金本位制和不兑现的信用货币制度等类型。

重点概念

价值尺度	价格标准	流通手段
贮藏手段	支付手段	世界货币
信用货币	货币制度	金本位制
金银复本位制	格雷欣法则	

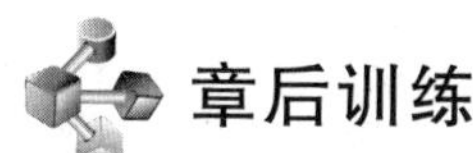

章后训练

一、名词解释

价值尺度	价格标准	流通手段	贮藏手段
支付手段	世界货币	信用货币	货币制度
金本位制	金银复本位制	格雷欣法则	

二、思考题

1. 为什么说货币是商品内在矛盾的产物？
2. 在现代经济生活中，货币是如何发挥它的各项职能的？
3. 货币形式发展经历了哪些阶段？
4. 什么是货币制度？货币制度包括哪些内容？
5. 为什么说金银复本位制是一种不稳定的货币制度？
6. 金币本位制有什么特点？

三、案例分析

假定一个经济社会中，有三个人生产了三种物品（见表1-1）。

表1-1　三个人生产了三种物品

物品	生产者
苹果	苹果园主
香蕉	香蕉园主
巧克力	巧克力生产者

如果苹果园主只喜欢香蕉，香蕉园主只喜欢巧克力，而巧克力生产者只喜欢苹果，在物物交换经济中，这三个人之间会发生贸易吗？如果将货币引入经济中，对这三人有何影响？

四、通读相关法律法规

1.《中华人民共和国人民币管理条例》，中国人民银行网站（http：//www.pbc.gov.cn/）。

2.《中华人民共和国国务院令第268号》，中国人民银行网站（http：//www.pbc.gov.cn/）。

第二章
信用和利息

章前引言

某年春天，华北地区久旱无雨，大地因干涸裂开一道道口子，由于缺水本来就长得不健壮的冬小麦叶子都变黄了，老王为地租犯了愁……

已是深夜，厂部办公室却还灯火通明，厂长、副厂长、财务主管在激烈地商讨如何解决目前工厂周转资金缺口和新建分厂的资金来源问题……

刚参加工作一年的小张，第一次拿到了 30 000 元的年终奖，兴奋不已，除开心购物开销一部分外，盘算着如何能够钱生钱……

利率上涨、美元贬值、人民币升值，有人高兴有人愁，有人泰然处之……

本章将为你出谋划策、解惑释疑。

通过本章的学习，你应该能够：

1. 了解信用的产生和发展；
2. 掌握信用的特征和作用；
3. 掌握各类信用形式及其特点；
4. 了解各类信用工具及其特点；
5. 掌握利率分类，理解利率的作用。

第一节　信用概述

一、信用的定义和特点

（一）信用的定义

经济学意义上的信用是从属于商品货币的经济范畴，不同于信用原义中的相信、信任、声誉等。信用是指一种借贷行为，是以偿还和付息为条件的、单方面的价值转移，是一种价值运动的特殊形式。

（二）信用的特点

（1）信用是一种借贷行为，借贷行为的结果形成了债权债务关系，即信用关系。

（2）在信用活动中出让的是使用权，并不出让所有权。因此出让人可以凭借所有权要求受让人偿还本金和支付利息。有借有还并附加利息是信用行为的重要特征。

（3）信用是价值的单方转移，不是对等转移，所以它是价值运动的特殊形式。在信用活动中价值运动是通过一系列的借贷、偿还、支付过程实现的，贷出方在让渡其使用权时，没有发生价值的对等交换，同样受让方还本付息时也没发生价值的对等交换。

二、信用的基本要素

信用作为一种行为必然存在主体和客体等相关内容，这些内容成为信用活动的基本要素。

（一）信用主体

信用主体是指信用活动的参与者，一般包括授信方和受信方。授信方是信用活动的债权人，受信方是信用活动的债务人。

（二）信用客体

信用客体是指信用行为指向的资产，它可以是货币的形式，也可以是商品的形式。

（三）信用载体

信用载体是指信用工具，是指记载信用内容或信用关系的凭证，如商业票据、股票、债券等。信用工具也可称为金融工具，与之有关的概念有投资工具、筹资工具、结算工具、金融商品、金融资产等。

思考：信用工具、金融工具、投资工具、筹资工具、结算工具、金融商品、金融资产，这些概念有何相同点和不同点？

（四）信用内容

信用内容是指信用主体之间的债权债务关系。在信用活动中，授信方处于债权人的地位，有索回本金并获得相应收益的权利；受信方则处于债务人的地位，有偿还本金，以及按期支付利息的义务。

（五）信用条件

信用条件是指信用活动存在的时间间隔及利率条件。信用是价值的单方转移，即获得在前、偿还在后，或先放弃后收回，价值运动在一段时间内终结，这形成信用的时间条件。这种特殊的价值运动形式，就要求一方当事人获得一定的补偿，而另一方付出一定的代价，补偿和代价的高低通常用利率来表示，构成信用的价格条件。

三、信用的产生和发展

信用产生的基础是剩余产品和私有制的出现。最早的信用产生于原始社会末期。私有制的出现造成了财富占有的不均和贫富分化，存在着调剂余缺的需要，于是出现了信用。早期的信用活动为实物借贷，如牲畜、种子等。随着实物交换被货币流通所取代，信用形式开始出现多样化，由原来单纯的实物借贷，演变为实物借贷和货币借贷共存，后来又演变为以货币借贷为主。随着商品经济的发展，货币余缺调剂显得越来越必要，信用逐渐成为商品社会一种非常普遍的经济活动。

剩余产品和货币自原始社会末期产生以来经历了小商品经济、资本主义商品经济和现代商品经济三个阶段，与之相适应，信用的发展也经历了高利贷信用、借贷资本运动的资本主义信用和现代信用三个阶段。

（一）高利贷信用

1. 高利贷信用的定义

高利贷信用是以取得高额利息为特征的借贷活动，是生息资本的古老形态。高利贷信用产生于原始社会末期，在奴隶社会和封建社会得到了广泛发展。

2. 高利贷信用的特点

（1）利息率高。从历史上看，高利贷的利息率是无最高限的，一般年利率可达30%～40%，高的可达200%～300%。一旦借入高利贷，不但要被剥夺全部的剩余劳动，而且连一部分必要劳动也会被剥夺。

（2）非生产性。从高利贷的用途看，奴隶主、封建主、政府借高利贷主要是为满足奢侈生活和战争开支需要，小生产者借高利贷主要是为了维持生计，如疾病、婚丧、农业歉收和缴纳租税等，不是为扩大再生产而借高利贷。

（3）保守性。高利贷极高的利息率使通过高利贷借得的资本不是主要用于生产，因为生产所得无法支付高额利息，而其非生产性又使生产不能快速发展，甚至破坏生产力。虽然高利盘剥积累大量财富是促进资本主义生产方式形成的主要因素，但它依附于小生产经济，维护旧的生产方式，破坏生产力，阻碍高利贷资本向产业资本转化，因而是保守的、寄生的。

思考：“利率高就是高利贷”，你同意这种看法吗？

（二）资本主义信用

资本主义信用的出现是以借贷资本的出现和形成为标志的。

1. 借贷资本的定义

在社会再生产过程中，一部分生产者的资本处于暂时闲置状态，而另一部分生产者由于维持或扩大再生产而急需补充资本，于是借贷资本产生了。借贷资本是从暂时闲置的产业资本中分离出来的专供借贷使用以获取利息的资本。

2. 借贷资本的特点

（1）借贷资本是一种资本商品。当资金盈余者将其货币资本贷放给资金短缺者时，是将这部分资本当做“商品”出卖的。借贷资本同普通商品一样具有使用价值，但与普通商品的使用价值不同的是：普通商品一经消费其价值随之消失，而借贷资本的使用价值被消费之后带来了利润，其价值不但能保留下来，而且会增值，即产生利息。

（2）借贷资本是所有权资本。借贷资本是资本商品，在出卖时，只是出卖其使用权，而不是其所有权。正因为资金盈余者拥有借贷资本的所有权而有权向资金借入者收取利息。借贷资本是所有权和使用权相分离的资本。

（3）借贷资本具有特殊的运动形式。产业资本的运动依次采取货币资本、生产资本、商品资本和货币资本四种形式，即

$$G—W\begin{cases}A\\ \cdots\cdots P\cdots\cdots W'—G'\\ P\end{cases}$$

商业资本的运动采取货币资本、商品资本和货币资本三种形式，即

$$G—W—G'$$

借贷资本的运动形式只采取货币资本一种形式，即

$$G—G'$$

但借贷资本加入产业资本和商业资本的循环周转运动过程是必需的，因此从借贷资本运动的全过程来看，借贷资本具有双重支付、双重回流的特点。

（三）现代信用

现代信用是一种借贷行为，也是价值运动的特殊形式。现代信用与高利贷信用和资本主义信用相比，其范围更广、信用形式更多样化、信用工具更丰富。现代信用在国民经济中的地位日益突出，现代信用风险也在加剧。

四、信用的作用

在商品货币关系日益发达的现代经济社会，信用发挥着越来越重要的作用，具体表现在下述几个方面。

（一）筹集资金的作用

信用的基本特征一是偿还，二是付息。资金的所有者只暂时让渡其使用权，信用可以不断地把小额、分散、闲置的资金积少成多，续短为长，变死为活，变货币收入为货币资金，变消费基金为积累基金，投入生产经营，促进社会再生产规模不断扩大。

（二）配置资金的作用

信用从形式上看是将资金从暂时闲置者手中调剂到资金短缺者手中，实际上是对资金的重新配置，这个配置不改变资金所有权，只改变资金的实际占有权和使用权，并以偿还付息为条件，提高了资金的使用效率，达到充分利用资金的目的。配置资金的途径一是借

助于金融市场，二是依靠银行信用。

思考： 除信用可以实现资金重新配置外，还有哪些重新配置资金的手段？信用配置资金与它们有什么不同？

（三）节省流通费用的作用

（1）信用工具的使用节约了流通中的货币。信用使一部分交易通过赊购赊销或债权债务的方式相互抵消而结清；闲置的货币资本通过银行再贷放出去进入流通，使货币流通速度加快，节约了流通货币的使用量。

（2）信用货币代替了实体货币的流通，大大降低了社会交易成本。

（3）信用加快了资本形态的变化，使社会再生产过程加快，减少了占用在商品储存上的资本，节省了保管费、运输费等费用，使节省的费用投入生产领域，促进了经济发展。

（四）宏观调控的作用

信用的发展为国家用经济手段调控经济创造了条件。

（1）在信用的基础上形成了由中央银行、商业银行和其他金融机构组成的金融体系，它是调节宏观经济的有机体。

（2）信用的发展创造出多种信用工具，成为中央银行调控经济的主要手段。

（3）国家通过银行信用规模的收缩和扩张，有效控制社会的货币流通量，使货币供给量与需求量一致，实现对总量的调控，同时运用利率杠杆，调整信贷方向，实现对经济结构的调节。

辩证地看，信用也有消极的作用，如盲目贷款、任意扩大信用规模导致国民经济发展过热和通货膨胀等，因此政府必须加强金融宏观调控，避免其消极作用。

第二节　信用形式

信用形式是指借贷活动的表现方式，它是信用活动的外在表现。根据信用主体的不同，信用形式主要有商业信用、银行信用、国家信用、消费信用和国际信用。从其他角度分类，信用还有合作信用、股份信用、租赁信用、直接信用、间接信用等。

一、商业信用

（一）商业信用的定义

商业信用是指企业之间相互提供的与商品交易直接联系的信用，如赊销赊购商品、预付货款、分期付款、延期付款、经销、代销等形式，主要表现是商品赊销赊购或预付货款。

（二）商业信用的特点

1. 商业信用的债权人和债务人都是企业

商业信用的债权人和债务人都是企业（即主体是企业或厂商）。商业信用主要是以商品形式提供的信用，因此债权人和债务人都是从事生产或流通活动的生产经营者。对债权人来说，商业信用使它尽快地实现了商品的销售，完成了商品“惊险的跳跃”；对于债务人来说，通过商业信用解决了资金不足的问题，买到了原材料或商品，保证了再生产的顺利进行。

2. 商业信用所贷放出去的是商品资本

商业信用所贷放出去的是商品资本（它处于产业资本循环过程中的最后一个阶段），而不是暂时闲置的货币资本。当企业把商品赊销出去时，商品买卖行为结束了，但由于没有收回货款，买卖行为实质上转变为借贷行为，形成货币形式的债权债务关系（借者归还货款并支付利息）。这种行为没有从再生产过程中分离出来，是产业资本运动的一部分。

3. 商业信用与经济周期动态一致

由于商业信用和处于再生产过程的商品资本的运动结合在一起，所以，商业信用的规模在产业周期各阶段与产业资本的周转动态是一致的。经济繁荣，生产和商品流通扩大，商业信用规模也随之扩大，反之则缩小。

（三）商业信用的局限性

1. 商业信用的规模和数量有一定限制

因为商业信用在企业之间进行，只能在它们之间对现有资本进行再分配，而不能在此之外再获得追加资本。而从个别大厂商来看，其以延期付款方式出售的商品，并非它的全部资本，只是它暂时不用于再生产过程中的那部分资本，主要是再生产过程最后阶段的商品资本和可以出售的半成品。

2. 商业信用有方向性

商业信用是以商品买卖为前提的，商业信用存在于同一产业链上的工商企业之间。比如，纺织工业中，织布厂、印染厂、纱厂之间可以相互提供商业信用；又如，生产钢材的企业可以与机器制造企业发生信用关系，也可和铁矿石、焦炭供应商存在商业信用，但一般不大可能与纺织企业建立商业信用关系。

3. 商业信用范围小

一般仅限于相互了解又有购销关系的企业之间存在商业信用，信用范围相对狭小。从控制风险出发，卖方一定要在了解买方的支付能力和信用能力的前提下才可以赊销，进行授信，而买方也一定要在了解供货方的信用基础上才能预付货款。在初次往来、缺乏了解的企业之间一般不会发生商业信用。

由于上述局限性，商业信用不能完全满足社会经济发展的需要，随着商品货币经济的进一步发展，银行信用产生了。

二、银行信用

（一）银行信用的定义

银行信用是银行和各类金融机构以货币形式进行的借贷活动。主要表现形式是吸收存款和发放贷款，以及开出汇票、支票，开立信用账户，发行货币，信托，金融租赁等。

（二）银行信用的特点

银行信用是在商业信用的基础上发展起来的，它突破了商业信用的局限性，比商业信用更适应社会化大生产的需要。与商业信用相比，银行信用的特点如下所述。

1. 银行信用有一方必然是金融机构

银行信用发生在金融机构与企业、政府、家庭和其他机构之间，与商业信用相比，信用的主体不同。

2. 银行信用是以货币形式提供的信用，具有综合性

银行贷放出去的已不是在产业资本循环过程中的商品资本，而是从产业资本循环过程中分离出来的暂时闲置的货币资本与社会各阶层的货币收入和储蓄。因为银行信用所动员的资本，不仅限于产业资本循环中的资本，也不仅限于企业手中的资本，而是超出了这个范围。银行信用可以调动各界资产，并向社会各经济部门提供资产，因此通过银行业务可以反映整个国民经济的运行情况，并可根据经济发展需要，灵活地调整资产。特别是银行信用的综合性使中央银行对国民经济既有反映和监督的职能，又有调节和管理的作用。

3. 银行信用是一种间接信用

在银行信用活动中，银行和其他金融机构充当的是信用中介。对存款人而言，银行是受信方、债务人；对借款人而言，银行是授信方、债权人。资金供需双方通过银行解决了各自所需，但双方并没有建立信用关系。

4. 银行信用与产业资本动态不完全一致

由于银行信用贷放出去的资本，是从产业资本循环分离出来的货币资本，因此银行信用的动态与产业资本的动态保持着一定的独立性。例如，在经济危机时，工商企业为防止破产及清偿债务，对银行信用的需要可能增大，但在危机状态，产业资本则会萎缩。

三、国家信用

（一）国家信用的定义

国家信用是以国家（中央政府）为主体借助于债券向国内外筹集资金的借贷活动。通常，国家信用的债务人是国家（中央政府），债权人是购买债券的企业和居民等。在我国，国家也以债权人的身份有偿让渡筹集的部分社会财力用于生产建设和公共事业。

（二）国家信用的作用

1. 国家信用是调剂政府收支不平衡的手段

在一个财政年度内，常常发生收支不平衡的现象，如从整个财政年度看，财政收支是平衡的，但可能上半个财政年度支大于收，下半个财政年度收大于支。为解决财政年度内收支暂时不平衡的问题，国家往往借助于发行国库券来解决。

2. 国家信用是弥补财政赤字的重要手段

第二次世界大战以来，西方各国普遍利用财政赤字扩大需求，刺激生产发展，20 世纪 80 年代以来，我国也一再出现财政赤字，因而各国均需要依靠发行公债来弥补财政赤字。所不同的是，目前西方国家的财政支出主要用于军事和行政费用，而我国发行公债的目的主要是弥补建设性资金的缺口。

3. 国家信用是调节经济的重要手段

随着国家信用的发展，各国中央银行依靠买进和卖出国家债券来调节货币供应，影响金融市场货币供求关系，从而达到调节经济的目的，这便是通常所讲的中央银行公开市场业务的主要内容。

我国于 1950 年 1 月开始发行人民胜利折实公债，用于恢复经济；1954—1958 年发行经济建设公债，用以筹集第一个五年计划建设项目的资金。此后奉行“既无内债，又无外债”的指导思想，在相当长的时间内不发行公债。1981 年开始恢复发行国债，现在我国国债每年都分若干次发行，规模不断扩大，而且品种不断增加，不仅发行中长期国债，也发行一年期的短期国债；不仅发行一次还本付息型国债，也发行贴现国债、附息票国债。现在实物券国债已经被记账式和凭证式国债所取代。在发行方式上，目前基本上采取国际上通用的承购包销方式，并建立了一级自营商制度，实现了国债发行的市场化。

四、消费信用

（一）消费信用的概念

消费信用是由工商企业、商业银行及其他金融机构以商品货币或劳务的形式向消费者个人提供的一种信用形式。

在前资本主义社会，商人向消费者个人用赊销方式出售商品时，已产生了消费信用，但直到 20 世纪 40 年代，消费信用规模依然不大。从 20 世纪 40 年代中后期开始，消费信用逐渐发展起来。20 世纪 60 年代，消费信用得到迅速发展，其原因有二：一是凯恩斯需求管理观念得到认同，各国大力鼓励消费信用，以消费拉动生产；二是第二次世界大战后经济增长快而稳定，人们收入有较大幅度提高，对消费信用需求旺盛，同时厂商和金融机构也因人们收入水平提高，减少了对消费风险的顾虑，敢于以积极态度提供消费信用，从而使消费信用有了长足的发展。在 21 世纪，使用消费信用成为人们的一种生活方式，它极大地促进了家用轿车市场、住房市场和其他大宗耐用消费品市场的发展。

（二）消费信用的形式

消费信用从性质上看有两种类型：一种类似于商业信用，由工商企业以赊销或分期付款方式向消费者提供商品或劳务；另一种属于银行信用，由银行等金融机构以信用贷款或抵押贷款方式向消费者提供贷款。所以说，消费信用是一种混合信用形式。

从形式上看，消费信用与商业信用和银行信用无本质区别，只是它们的债务人不同。不管是生产企业和流通企业以赊销方式，还是金融机构以放款方式，都是以房屋住宅、小轿车、家用电器等耐用消费品为对象，债务人都是购买耐用消费品的消费者。

消费信用的具体形式有延期付款、分期付款和消费贷款。

1. 延期付款

延期付款是指零售商对消费者提供的信用，即以延期付款方式销售商品。通常借用信用卡来实现。信用卡是由银行或其他机构对具有一定信用的消费者发给一种赋予信用的证书，消费者可凭卡在特约商业服务部门赊购商品和其他劳务，再由银行定期同消费者和商户进行结算。信用卡业务对银行而言，可以同时收取顾客的利息和商店的佣金；对商业部门而言，可以扩大营业额，增加利润；对顾客而言，可以超过存款余额购物和免除携带现金的不便。

2. 分期付款

分期付款一般属于中期信用。分期付款是消费者按约定支付首付款，余款按合同约定加息支付，在货款付清之前，消费品的所有权仍属卖方，如果消费者不能按期付款，则其所购商品将被收回，而已付款项也将被没收。例如，美国一般规定，购买一辆小轿车，第一次付款额为车款的10%～20%，其余部分可按固定比例在12个月甚至48个月内分期付清。

3. 消费贷款

消费贷款是指银行及其他金融机构采取信用放款或抵押放款方式，对消费者提供的信用。信用放款无须任何抵押品，而抵押放款通常需要消费者以所购的商品或其他商品作为担保品。住房贷款是一种消费贷款，通常也是抵押贷款。

（三）消费信用的影响

第二次世界大战以来，西方发达国家消费信用发展十分迅速，特别是分期付款方式增长更为突出。据估算，美国在20世纪80年代中期，分期付款总额就已达到4 770亿美元，而1945年只有25亿美元，战后40年增加190倍。消费信用迅速增长对资本主义经济的影响是巨大的。

1. 消费信用的发展扩大了需求，刺激了经济发展

消费者提前享受了当前尚无力购买的消费品（如住房、小汽车、家具等），这种消费信用惊人地扩大了需求。比如，在20世纪90年代初，西方发达国家小轿车年消费量为600万辆～800万辆，倘若不采取分期付款的方式，销售量至少要减少1/3。而在美国，汽车工业每年消耗的钢铁占总产量的1/8，铝占总产量的1/2，橡胶占总产量的3/5。可见汽车工业发展对整个经济增长所起的作用，而汽车工业增长又是消费信用发展的结果。

2. 消费信用的发展给经济增加了不稳定因素

消费信用的盲目发展，使一部分人陷入沉重的债务负担之中。在美国，平均月工资的1/4要用来偿还各种消费信贷的本息，通常是借新债还旧债。这种情况加剧了社会的不稳定性，在经济繁荣时期，借贷关系发展，靠消费信用方式使商品销量扩大；在萧条时期，贷者和借者都减少这种借贷数额，使商品销售更加困难，从而使经济更加恶化。

五、国际信用

（一）国际信用的概念

国际信用也叫国际借贷，是指一个国家或地区与另一国家或地区间发生的借贷行为。

（二）国际信用的形式

1. 国际商业信用

国际商业信用是指出口商用商品形式以延期付款的方式向进口方提供的信用，包括在国际贸易中的赊销赊购、来料加工和补偿贸易等。

2. 国际银行信用

国际银行信用主要是指进出口商使用外国银行贷款形成的信用关系，主要形式是出口信贷。

出口信贷是为了鼓励本国出口商增加出口，出口方银行向进口商（或进口方银行）或出口商提供贷款。出口信贷又分为卖方信贷和买方信贷。卖方信贷是出口方银行向出口商提供的信贷，然后出口商向进口商以分期付款形式赊销商品；买方信贷是出口方银行直接向进口商（或进口方银行）提供贷款，然后用贷款支付出口商的货款。如果采用直接向进口商提供贷款的方式，通常需要由进口国一流银行提供担保。

从信用形式来看，卖方信贷是国内银行信用和国际商业信用的结合，买方信贷是国际银行信用形式。

3. 政府间信用

政府间信用是指国与国之间相互提供的信用。外国政府贷款是政府间主要的信用形式。外国政府贷款是指一国政府利用国库资金向另一国政府提供的优惠性贷款。这种贷款一般由某一发达国家向某一发展中国家提供，其利率较低，期限较长，具有双边援助性质。一般贷款金额不大，有一定的附加条件，如规定采购限制，即借款国必须将贷款的全部或一部分用于向贷款国购买设备和物资，有时还带政治附加条件。

4. 国际金融机构信用

国际金融机构信用是指全球性或地区性国际金融机构为其成员方所提供的信用。

全球性国际金融机构包括国际货币基金组织，国际复兴开发银行（世界银行）及其下属的国际开发协会、国际金融公司。区域性金融机构主要有亚洲开发银行、阿拉伯货币组织、泛美开发银行、非洲开发银行、金砖银行、亚投行等。

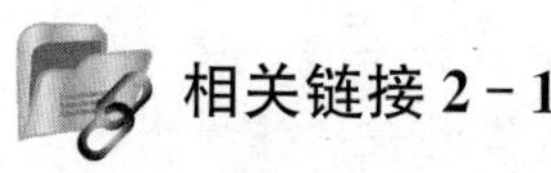

相关链接 2-1

全球性与区域性国际金融机构一瞥

国际货币基金组织是向其成员方提供中长期和短期贷款的金融机构，其目的在于帮助成员方平衡国际收支、稳定汇率和促进国际贸易的正常开展。

世界银行是向其成员方提供长期开发性贷款的金融机构，只向发展中国家提供贷款。其贷款领域很广，包括工业、农业、交通运输、电力、电信、供水排水、教育、旅游、人口计划、城市发展等方面；贷款要专款专用，只限于世界银行批准的专门项目；贷款规模大，通常在数十亿美元以上，利率低于市场利率，期限可长达 30 年，平均为 7 年，通常还有 4 年左右的宽限期。

国际开发协会是向其贫穷的成员方提供长期性贷款的金融机构，贷款期限可长达 50 年，利率低，只收 0.75%的手续费。

国际金融公司是向其成员方中的私人企业发放贷款的金融机构。贷款期限一般为 7 年～15 年，宽限期为 3 年；采用市场利率，按固定利率计息。

区域性国际金融机构是为使本区域内的经济和社会得到发展，对其成员方的经济和社会发展项目提供贷款的金融机构。我国是亚洲开发银行、非洲开发银行和泛美开发银行的成员，还是金砖银行和亚洲基础设施投资银行的创始成员。2014 年 7 月 16 日，金砖五国（中国、印度、俄罗斯、巴西、南非）发布联合公报，宣布成立金砖国家开发银行，启动资金为 500 亿美元，总部设在上海，五国为创始成员。其目的是对发展中国家的基础设施建设和工业项目等进行中长期投资和提供贷款，并对面临财政困难的发展中国家提供援助。这对于国际金融体系改革、减少过度依赖西方国家主导的金融机构的现状会起到积极作用。2015 年 6 月 29 日，在北京举行《亚洲基础设施投资银行协定》签署仪式，宣告亚洲基础设施投资银行（以下简称亚投行）成立。亚投行是在中国政府主导下组建的，法定资本 1 000 亿美元，中国出资 500 亿美元成为第一大股东，总部设在北京，创始成员 57 个。虽名为“亚投行”，但其创始成员却遍及亚洲、欧洲、非洲、南美洲和大洋洲。中国组建亚投行的倡议获得了全球认可，掀起了一股“亚投行热”。亚投行致力于促进亚洲地区基础设施建设和互联互通，其中包括“一带一路”沿线亚投行成员的交通、能源、电信、农业和城市发展在内的各个行业投资。

相关链接 2-2

合作信用、股份信用、租赁信用

合作信用是信用领域中的一种合作经济形式。12 世纪至 14 世纪，威尼斯和热那亚的一些商人为开展海外贸易，摆脱高利贷盘剥和货币经营业的垄断，组成“信用组合”。这是当时资产阶级反对高利贷的手段之一。合作信用的组织形式是信用合作社。

合作信用的原则是：自愿结合，自我服务，民主管理，权利平等，广泛合作，按贡献分配。这是成立于1895年的国际合作联盟组织规定的。我国对信用合作社提出的“组织上的群众性，管理上的民主性，经营上的灵活性”，就是对该原则的具体运用和概括。

股份信用是股份公司以发行股票的方式筹集资金的信用形式。股票集资体现的是一种财产所有关系而非债权债务关系。股份信用的组织形式是股份公司。股份公司的主要形式是股份有限责任公司。股份公司具有三个特点：股份公司的资本所有权和经营权在形式上分离，股份公司筹集资金后，大部分投资者不必具体过问生产经营过程，而只获得股息和分红收入，这一点类似于存款者的存款取息；投资者若需要现金，可以随时出售股票，具有很强的流动性；股份公司的存在以信用关系的普遍发展为前提条件。股份公司借助信用集中社会资金，即通过发行股票的方式将各种闲置的资金聚集起来用于需投入巨额资金的领域，使资源重新得到配置，具有调整分配、消费的关系，使通过银行的间接投资变为直接投资。

租赁信用是指以出租设备和工具收取租金的一种信用形式。租赁信用有两个最基本的关系人，即出租人和承租人。租赁信用是一种古老的信用形式，但第二次世界大战以后，现代租赁发展得非常快。第二次世界大战以后，因为科学技术的飞速发展，机器设备等固定资产更新加快，而机器设备的更新需要投入巨额资产，企业筹资困难，一些资本家难以适应。一些大商业银行附属的租赁公司购买机器设备（如大型电子计算机、飞机、轮船及先进机器等），给需要的资本家使用，收取租金。租金一般高于同期银行利率。租赁期间，承租人不得中途解约，否则要赔偿损失。租赁期满，承租人可以归还所租设备，也可以作价承购这些机器设备。1952年，美国国际租赁公司成立，标志着现代租赁体制的确立和现代租赁业务的开始，融资租赁产生了。

租赁信用的种类很多，从租赁目的及投资回收特点看，有经营性租赁和融资性租赁。融资性租赁可从多个角度进行分类，从出租人购置物件的资金来源和付款对象看，有直接租赁、转租赁和回租租赁；从出资人购置物件的出资比例看，有单一租赁和杠杆租赁；从税收角度看，有享受减税等税收优惠的真实租赁和没有税收优惠的销售式租赁。

融资租赁也称金融租赁。它是指当企业需要购置设备时，企业不是向银行申请借款购入，而是委托租赁公司根据企业的要求购入，企业再从租赁公司租回，从而达到“融物代替融资”的目的。融资租赁具有以下主要特点：由于租赁物是出租人按承租人的要求购置的，因此承租人要对其性能、老化风险及维修保养等负责，不能以上述理由拖欠或拒付租金；出租人可在一个租期内完全收回投资并盈利；融资租赁的固定资产通常只适用于承租人，因此租赁合同期限长，不得中途解约；租赁期间，租赁物所有权和使用权分离；租赁期满，承租人对租赁物有留购、续租和退租三种选择。通常，承租人向租赁公司交付少量的租赁物的名义货价，获得租赁物的所有权。

截至2019年2月，全国共有金融租赁公司70家，注册资本已达2 004亿元人民币。

第三节　信用工具

一、信用工具的定义

信用工具也叫金融工具，是由债务人发行的借以保证债权人或投资人权利的凭证。信用工具是资本或资金的载体，资本或资金的使用权借助这一载体实现由供给者向需求者的转移。它是金融资产，也是金融市场上的交易对象。

二、信用工具的特征

（一）偿还性

偿还性是指债务人必须按信用工具所记载的时间偿还债务，同时也指投资者可依据信用工具的记载收回债权。除股票外，其他信用工具的债权人或投资人都可按信用凭证所记载的应偿还债务的时间，到期收回债权金额。股票是一种比较特殊的信用工具，持有人与发行人之间非债权和债务关系，而是一种所有权关系，股票不约定期限，视为无偿还性。商业票据和债券等信用工具一般均明确表示发行日至到期日的期限，即偿还期限或发行期限。对信用工具的持有人而言，其偿还期应从持有该信用工具之日开始至到期日止。比如 1980 年发行的国家公债，期限 10 年，即从发行之日起算偿还期为 10 年。如果某人于 1985 年购买该种公债，那么对此人来说，这张公债券的偿还期只有 5 年。

（二）流动性

流动性即信用工具的变现性。它是指信用工具迅速变为货币而不受损失的能力。

信用工具能否顺利出售变现，收回投资，受金融市场是否健全的影响。例如，只有发行市场，没有流通市场，信用工具就没有变现能力。能够随时出售，换回货币资金的信用工具，其流动性强，如国库券和银行活期存单等；在短期内不易变现的信用工具，其流动性较差。有些信用工具在变现时受金融市场波动影响，持有人承担的风险较高。

一般而言，流动性与偿还期成反比，与债务人的信用成正比。即偿还期越长，流动性越差，而债务人的信用越好，流动性便越强。

（三）风险性

风险性是指信用工具的本息遭受损失的可能性，换句话说，是指本金和预期收益的安全保证程度。

信用工具的本金和预期收益有遭受损失的可能性，信用工具的风险分为两大类。一类是信用风险，即债务人不履行契约，不按事先约定归还本息，不履行应尽义务。这类风险的大小，既与债务人的信用有关，也与信用工具的类别有关。如债券、股票风险不相同，普通股与优先股也存在风险差别。另一类是市场风险，即市场因各种原因出现波动，导致信用工具价格下跌。如市场利率上升，股票价格会下跌，股票持有者的收益就会减少甚至亏损。

一般而言，信用工具的风险性与偿还期成正比，即偿还期越短，信用风险和市场风险越低；信用工具的风险与流动性成反比，即流动性越好，风险越低；信用工具的风险与发行人的信用成反比，即发行人的信用越好，风险越小。

（四）收益性

收益性是指信用工具能定期或不定期地给持有者带来收益。

信用工具的收益通常有两种。一种是固定收益，如债券、存单，在券面上就载明了利率，投资者按约定获得利息收入；另一种是非固定收益，如股票，其收益大小事先不确定，持有人有权根据股份公司的经营状况取得分红，或在流通市场上通过出售股票获得价差收益。例如，某投资者用每股 10 元的价格买了 100 股某种股票，假如股息率为 10%，市价变为每股 20 元，股票持有人在股权登记日可以取得股息收入，如果出售股票可以获得价差收益。信用工具收益的大小通常用收益率来衡量。

信用工具的收益性一般与偿还期成正比，即偿还期长，收益高，反之，收益低；与流动性成反比，即流动性好，收益低，反之，收益高；与风险性成正比，即风险高，收益高，反之，收益低。作为投资者，必须根据自己的投资目的、财务状况、心理承受能力，以及对市场的分析预测能力，选择不同的信用工具，实现收益与风险合理配比。

三、信用工具的分类

（一）按发行者的地位划分为直接信用工具和间接信用工具

1. 直接信用工具

它是指非金融机构如工商企业、个人或政府发行和签署的商业票据、股票、债券、契约等。直接信用工具也称直接融资工具，它是直接金融市场上的交易工具。

2. 间接信用工具

它是指金融机构所发行的银行券、存单、人寿保险单、各种借据和银行票据等。间接信用工具也称间接融资工具，它是间接金融市场上的交易工具。

（二）按金融市场交易的偿还期划分为长期信用工具和短期信用工具

1. 长期信用工具

长期信用工具是指偿还期在一年以上的信用工具。它也称为资本市场信用工具，是进行期限在一年以上投资和融资所使用的信用工具，如公债券、股票等。

2. 短期信用工具

短期信用工具是指偿还期在一年以内的信用工具。它也称为货币市场信用工具，是进行期限在一年以下投资和融资所使用的信用工具，如国库券、商业票据、可转让存单等。

（三）按是否拥有所投资产的所有权划分为债务凭证的信用工具和所有权凭证的信用工具

1. 债务凭证的信用工具

它表明发行者对持有者的负债，到期必须对持有者还本付息。债券、存单是债务凭证。

2. 所有权凭证的信用工具

所有权凭证表明持有者获得了一定资产的所有权而非债权，所以无权索要本金，但有权通过出售所有权凭证收回本金。股票是所有权凭证。

此外，按发行和流通的地理范围不同，信用工具又有地方性、全国性和世界性之分。

四、主要信用工具

支票票样

（一）支票

1. 支票的定义

支票是无条件支付命令书。它是活期存款客户指令开户银行从其账户上支付一定金额给收款人或持票人的票据。

2. 支票的分类

按是否记载收款人的名称，分为记名支票和无记名支票。记名支票是指银行只能对支票上所指定的人付款，这种支票的收款人可以是支票上记载的收款人，也可以是支票上的被背书人。无记名支票是一种来人抬头支票，即不记载收款人的名称，银行可对任何持票人付款。

按支付方式可分为现金支票、转账支票和保付支票。现金支票可以用来支取现款，也可以转账。转账支票只能用于转账，不能提取现款，常在票面用两条红色平行线来表示，故又称划线支票、平行线支票或横线支票。保付支票票面上注明"保付"字样，由银行保证付款，不会发生退票。

持有人凭借支票从银行提取现款时，支票只是一种普通的信用凭证，而当支票被用来向第三者支付款项时，它就成为代替货币发挥流通手段和支付手段职能的信用货币。支票虽然可以用于提取现款，但更多的是用来转移活期存款账户上的款项以结清债权和债务，支票的流通大大地节约了现金。

在经济发展的初期，银行券（现金）流通广泛，但随着银行业的发展，以银行为中心的结算网络的建立，支票流通发展迅速，在结算金额中占有很大比重。当信用制度发展到一定阶段，绝大部分商品交易和债权债务关系通过支票转移存款予以结清。

（二）汇票

银行承兑
汇票票样

1. 汇票的定义

汇票是出票人签发给付款人，命令付款人支付一定金额给收款人或持票人的无条件支付命令书。

2. 汇票的分类

汇票按出票人不同分为商业汇票和银行汇票。出票人是公司或企业的称为商业汇票，出票人是银行或金融机构的称为银行汇票。

商业汇票通常由债权人出票，用来命令债务人付款，因此汇票必须在债务人承认兑付后，债务人才承担付款责任。汇票上的付款人或第三方承诺在到期日支付汇票款项并在汇票上签字确认的行为叫承兑，经过承兑的汇票，叫承兑汇票。商业汇票根据承兑人不同，分为银行承兑汇票和商业承兑汇票。银行承兑汇票以银行或金融机构作为承兑人，商业承兑汇票以公司或企业作为承兑人。承兑人在法律上是票据的主债务人，即第一付款责任人，因此银行承兑汇票的信用要高于商业承兑汇票的信用。

银行汇票属银行票据，是商业汇票的对称，是指由银行签发的一种异地支付凭证。银行汇票是票汇方式使用的票据。汇款人将款项交当地银行，银行收妥款项后，由银行签发汇票给汇款人，由汇款人持往异地或邮寄给收款人，收款人或持票人向汇票指定银行提示汇票以办理转账结算或向该指定银行提取现金。

（三）本票

1. 本票的定义

本票是由出票人签发并在约定日期无条件支付一定金额给收款人或持票人的一种信用凭证。本票只有两个当事人，由出票人本人付款，所以本票无须承兑。

2. 本票的种类

按照出票人的不同，本票可分为商业本票和银行本票。

（1）商业本票是企业因临时资金周转需要，在货币市场上筹措短期资金时发行的一种票据。商业本票也称期票。

短期融资券是指企业在银行间债券市场发行和交易并约定在一年期限内还本付息的有价证券。在我国，公司企业发行短期融资券，相当于商业本票。企业短期融资券在20世纪90年代初发行，但在20世纪90年代中期，因为很多企业出现了偿付问题而被中国人民银行叫停。目前，企业短期融资券的发行已覆盖到一年以下的所有短期品种。企业短期融资券代表着商业信用而非政府信用，而且没有担保物，是一种短期信用债券品种。目前，企业短期融资券是按照《银行间债券市场非金融企业债务融资工具管理办法》的条件和程序在银行间债券市场发行和交易的。企业短期融资券的发行，使短期货币市场利率更多样化，进而带动长期债券定价的市场化，推动我国利率市场化改革向纵深发展。

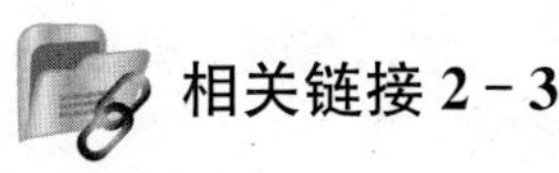

相关链接 2－3

中国商业本票使用状况

根据 1993 年中华人民共和国国务院 121 号令发布的《企业债券管理条例》中"企业发行短期融资券，按照中国人民银行有关规定执行"的规定，2005 年 5 月 24 日中国人民银行出台了《短期融资券管理办法》和与其配套的《短期融资券承销规程》《短期融资券信息披露规程》。企业短期融资券发行期限不得超过 365 天，实行余额备案制。所有企业只要经过信用评级机构的评级，在 20 天内将欲发行的融资券向中国人民银行备案，就可以发行，即"不用审批，也没有核准，规模、利率、价格权限统统下放给市场，融资券的具体情况完全依赖于信用评级机构的信用评级报告"。2005 年 5 月 25 日，华能国际电力股份有限公司、国家开发投资公司、中国五矿集团公司、中国国际航空股份有限公司和上海振华港口机械（集团）股份有限公司成为第一批短期融资券的发行者。5 家企业共发行 7 只不同期结构的企业短期融资券，发行量为 109 亿元。2008 年，《银行间债券市场非金融企业债务融资工具管理办法》发布，《短期融资券管理办法》同时废止。2008 年后，工商企业依照《银行间债券市场非金融企业债务融资工具管理办法》发行商业本票。

（2）银行本票是由银行签发的，以出票银行自己为付款人，承诺见票或在票据到期日无条件向收款人支付一定金额的票据。银行本票是一种支付凭证，是建立在出票银行信用基础之上的票据，一般用于日常结算，具有通货作用，可以减少现金的收付、清点工作，为经济活动提供了方便。

支票、银行汇票、银行本票称为银行票据；商业汇票、商业本票称为商业票据。

（四）债券

1. 债券的定义

它是由债务人签发的，证明债权人有按约定的条件取得固定利息并收回本金的权利的凭证。

债券是债权债务关系的证明，债券持有人是债权人，债券发行者是债务人。在债券到期以前，持有者若需要资金，通常可在流通市场上出售和提前兑付，使之转化为现款。债券的市场价格通常称为债券行市，它取决于债券的收益和市场利率的变化。

2. 债券的分类

（1）根据债券发行主体不同，可以分为政府债券、金融债券和公司债券。

1）政府债券是政府的信用工具，是各级政府为筹集资金而发行的债务凭证，包括公债券、国库券和地方债券。

公债券是中央政府承担还款责任期限在一年以上的债务凭证。政府发行公债的目的是弥补财政赤字。由于它以中央政府的信用为担保，通常被认为没有风险。公债的期限 1

年～10 年的为中期公债，10 年以上的为长期公债。最初政府发行的公债，票面上都印有政府偿还债务期限、利息率，并在公债上附有息票，持有人可按期领取利息。

国库券也是一国政府发行的债务凭证，与公债没有本质区别。国库券通常为 1 年以内的中央政府短期债务凭证，发行国库券的目的在于解决财政年度内先支后收的矛盾。国库券一般不记名，票面一般只有本金金额，不记载利息率，出售时按面额打折扣发行，到期政府按票面金额足额还本，其发行价格与面值的差额为国库券的利息。例如，国库券的票面额为 100 美元，6 个月到期，如按九七折发行，那么购买这张国库券只需付 97 美元。6 个月后，可凭这张国库券领取 100 美元。持有者可收益 3 美元，实际是按年息率 6.186%获取利息。政府发行国库券主要用于解决财政年度内先支后收的矛盾，但由于可以不间断地连续发行，国库券成了公债的变形。国库券是各个货币市场上的主要交易工具，因为它安全性高，期限短，风险小，在二级市场上的交易也十分活跃，变现非常方便。

地方债券是由地方政府发行的债券。在美国，州和地方政府可以发行债券，它们发行的债券就是地方债券，也称市政债券。其目的是满足地方财政的需要，或集资兴办地方公共事业。地方债券的还本付息依赖于地方税收，其性质和中央政府债券无本质区别，但地方政府债券的信用比中央政府债券的信用差。在中国，为实施好积极的财政政策，从 2009 年起国务院同意地方政府在国务院批准额度内发行债券，开 1949 年后大规模发行地方政府债券之先河。

2）金融债券是由银行等金融机构发行的债券。

银行等金融机构除通过吸收存款、发行大额可转让存单等方式增加资金来源外，在有特定用途的情况下，经有关部门批准，还可以发行债券的方式筹集资金。一般相同期限金融债券的利率高于国债利率，低于公司债券利率，金融债券的风险也介于两者之间。一些实力雄厚的大银行的金融债券因为收益高、风险小很受市场欢迎。

3）公司债券是由企业发行的筹集资金的一种债务凭证。发行债券的企业出售债务凭证，向债券持有人承诺在约定的时间，按票面记载利率还本付息。

公司债券筹资是企业资金来源之一。公司债券期限一般较长，如 10 年、20 年，企业发行债券必须有明确的用途。公司债券的流动性和安全性均不及政府债券和金融债券，因而利息率较高。企业发行债券的手续比发行股票简单、灵活。如果采取私募发行办法，甚至不用报主管机关批准、审核。在通货膨胀的情况下，企业按固定利率付息，把通货膨胀的损失转嫁给持券人。各国法律对发行公司债券都有一些限制性规定。比如，对企业发行公司债券额度的限制规定，这个额度一般最多不得超过企业现有资产与现有负债相抵后的净资产额。如果企业过去发行的公司债券有违约或推迟支付利息的情况，一般不准再发行新的公司债券。

（2）根据债券的偿还期限，可以分为短期债券、中期债券和长期债券。通常，偿还期在 1 年以下的债券为短期债券；偿还期在 10 年以内、1 年以上的债券为中期债券；偿还期在 10 年以上的债券为长期债券。

（3）根据债券是否有担保，可以分为担保债券和信用债券。担保债券也称抵押债券，它是以某种抵押品（如土地、房屋建筑、设备等）为抵押而发行的。当债务人不能按期支付利息和本金时，持有人可以将抵押品出售。近几年随着资产证券化业务的开展，以债权作为担保发行的债券逐年增加，这类债券也称资产支持债券。信用债券则完全是凭发行者的信用发行的，没有任何担保。为保护投资者的利益，信用债券的发行人要拥有较高的资信。

（4）根据债券的利率是否固定，可以分为固定利率债券和浮动利率债券。固定利率债券在债券偿还期内，利率是固定不变的，利息按发行时约定的利率支付。对发行者和投资者来说，虽然成本和收益的计算比较方便，但有一定的风险。当市场利率变化时，其中一方必将遭受损失。如果利率上升，受损失的是债券的持有者；而利率下降时，债券的发行者将受损。浮动利率债券的利率在债券偿还期内按照约定时间间隔，根据选定的基准利率进行上浮和下浮。这种债券可以避免固定利率的缺陷。浮动利率债券一般选用市场利率为基准，利率定期（如 3 个月、半年）随市场利率的变化进行相应的调整。一般中长期债券采用浮动利率发行，短期债券采用固定利率发行。

（5）根据债券的利息支付方式，可以分为息票债券和折扣债券。息票债券是一种附有各期息票的债券，上面载有付息的时间和金额，到付息日时持有人可凭息票兑付利息，俗称“剪息票”。此息票可转让。一般分期付息债券可采用息票债券形式。折扣债券是指以低于面值的价格发行，即采取折扣发行的债券，或贴水发行的债券。债券面值与出售价格的差价就是债券的利息。

（五）股票

1. 股票的定义

股票是股份公司发给股东以证明其入股的资本额并有权取得股息和红利的书面凭证，是资本市场借以实现长期投融资的工具。

股票的持有者是股份公司的股东，也是股份公司的所有者，他们在法律上有参加企业管理的权利。股票持有人无权要求撤回股金，但可以把股票转让（出售）给他人。

2. 股票的分类

按权益不同，股票分为普通股票和优先股票。

（1）普通股票是股票中最普遍和最主要的形式。普通股票的持有者，其权利主要有：

1）经营参与权。这一权利主要通过股东大会来行使，并反映在股东的选举权、被选举权、发言权和表决权上。

2）盈余和剩余财产的分配权。当公司盈利时，股东有权取得相应的股息，但在分配次序上，要在支付工资、借贷款项、债券利息、法定公积金和优先股股息之后。

3）优先认股权。当公司增发普通股票时，现有的股东可优先购买新发行的股票，以维持他们在该公司的持股比例，保持其对公司原有的控制权；也可以出售认股权，收取一定的费用后，把认股权交给其他人行使。如果认为认股无利可图，也可以不认股，使认股权过期失效。

（2）优先股票是一种股东有优先于普通股分红和优先于普通股资产求偿权的股票。此种股票的股息收益一般是事先确定的。比如，一张100元的优先股票，按8%的股息率付给股息，那么，这张股票每年固定收入8元，无论公司经营好坏，利润高低，都可按这个固定的比例领取股息。这个股息必须在普通股票得到分红以前获取。而且，当股份公司破产清理时，这种股票的索取权在普通股票之前。但在一般情况下，优先股票的持有人无权参与公司的经营管理，也没有优先认股权，尤其不能分享公司获取的高额利润。同时，由于股息率是固定的，在通货膨胀条件下，对优先股票持有者十分不利。优先股票有累积性和非累积性之分。累积性股票可以把每年支付的股息累积下来，到一定时间后一起支取。非累积性股票每年支付的股息不能积存在下年，股份公司每年必须如数偿清股息。优先股票是介于债券和普通股票之间的一种信用工具。

（六）金融工具创新

1. 金融期货

金融期货是指交易双方在固定场所以公开竞价的方式，约定在未来某一日期以确定的价格买卖标准数量的某种金融商品的合约，包括利率期货、股票指数期货和货币期货等。

（1）利率期货也称债券期货，它是指在将来某一特定时间，将某一特定的金融工具以预先确定的价格进行买卖的合约。这种期货由于是为了避免短期利率变动风险而买进现货、卖出期货或卖出现货、买进期货，所以称利率期货。

（2）股票指数期货是一种以股票价格指数作为标的物的期货合约，其目的是避免市场上的系统性风险。由于交易的对象是衡量各种股票价格变动水平的无形的指数，所以其价格是由指数乘以一个人为规定的每点价格形成的，而不是像其他期货合约那样以期货自身的价值为基础。

（3）货币期货也称外汇期货，它是以某种货币作为标的物的期货合约，其目的是避免汇率变动的风险。即买卖双方在交易所内根据成交单位、交易时间标准化的原则，按约定价格买卖远期外汇。

2. 金融期权

金融期权是一种赋予期权的持有者在某一未来日期或在这日期之前按议定的价格买卖某种金融工具的权利的合约。可以进行期权合约买卖的金融工具有货币、利率、债券、黄金。

期权的买方要向期权的卖方支付一笔费用（期权费），作为获得这一权利的代价。当合约约定期权的买方有按议定价格购买一笔资产的权利时，此期权称看涨期权（或买入期权）；反之，当合约约定期权的买方有按议定价格卖出一笔资产的权利时，此期权称看跌期权（或卖出期权）。

期权是一种权利而不是义务，对期权的买方来说，可以在对自己有利的时机行使期权，也可以不行使，即期权买方可以根据价格变动决定是否进行交易，当价格变化对他有利时，就可以要求对方进行交易，否则就可以放弃期权，而按市场价格买进或卖出，此时他损失的只是期权费。期权的卖方只有应期权买方的要求进行交易的义务，而没有要求期权买方进行交易的权利。

期权合约具有保值的功能，但和具有同样功能的远期合约及期货合约相比，由于期权的买方可以对行使期权加以选择，所以灵活性较大；并且在有限的风险下（即期权费），拥有获得无限利润的机会。

3. 证券投资基金

证券投资基金指一种利益共享、风险共担的集合证券投资方式，即通过发行基金单位，集中投资者的资金，由基金托管人托管，由基金管理人管理和运用资金，从事股票、债券等金融工具投资以获取投资收益和资本增值。

中国证券投资基金市场在 20 世纪 90 年代后发展迅速。截至 2019 年 6 月 30 日，全国已发公募产品的基金管理公司达 135 家，管理基金数量共 5 561 只，管理规模总计 13.4 万亿元，与 2018 年末相比增加 0.4 万亿元。

4. 互换协议

互换协议是一种交易双方商定在一定时间以后交换支付的合约，主要有货币互换和利率互换两种。

（1）货币互换一般指交易双方针对具体数量的两种货币进行交换（如一定数量的美元换等值的期限相同的英镑），并按合同的约定条件在到期时购回原来的货币。如果期限较长，将涉及利息的支付，即交易双方要向对方支付所购入货币的利息。

（2）利率互换又称“利率掉期”，是指债务人根据市场利率走势，将其自身的浮动利率债务转换成固定利率债务，或将固定利率债务转换成浮动利率债务的操作。它被用来降低借款成本，或避免利率波动带来的风险，同时还可以固定自己的边际利润。利率互换是一项常用的债务保值工具，用于管理中长期利率风险。一般地说，当利率看涨时，将浮动利率债务转换成固定利率债务较为理想，而当利率看跌时，将固定利率债务转换为浮动利率债务较好。这样可以规避利率风险，降低债务成本。利率可以有多种形式，任何两种不同的形式都可以通过利率互换进行相互转换，其中最常用的利率互换是在固定利率与浮动利率之间进行转换。

我国人民币利率互换市场在 2006 年 2 月经中国人民银行允许开始交易试点，参与者主要是银行和保险资产管理公司，随后券商也加入其中。2007 年以来，利率互换市场规模大幅增长，至 2018 年底，利率互换交易涉及的本金总额达 21.5 万亿元。

案例 2－1

某公司有一笔美元贷款，期限 10 年，从 2019 年 3 月 6 日至 2029 年 3 月 6 日，利息为每半年计息付息一次，利率水平为 USD 6 个月 LIBOR＋70 基本点。公司认为在今后 10 年之中，美元利率呈上升趋势，如果持有浮动利率债务，利息负担会越来越重。同时，由于利率水平起伏不定，公司无法精确预测贷款的利息负担，从而难以进行成本计划与控制。因此，公司希望能将此贷款转换为美元固定利率贷款。这时，公司可与中国银行做一笔利率互换交易。

经过利率互换，在每个利息支付日，公司要向银行支付固定利率为7.32%的利息，而收入的USD 6个月LIBOR+70基本点，正好用于支付原贷款利息。这样一来，公司将自己今后10年的债务成本一次性地固定在7.32%的水平上，从而达到了管理自身债务利率风险的目的。

5. 远期利率协议

远期利率协议是指交易双方约定在未来某一日期，交换协议期间内一定名义本金基础上分别以合同利率和参考利率计算的利息的金融合约。换言之，远期利率协议是一份远期合约，合约双方约定某一利率水平应用于未来某一段时间内的一笔名义借贷本金；卖方（贷款方）承诺名义上借给买方（借款方）一定数额的货币，这笔名义贷款的利率以远期利率协议形式确定下来。

远期利率协议交易中的一方想通过此合约使自己免受未来利率上升的损失，而另一方则要使自己免受未来利率下跌的损失。协议中对本金只规定一个数量，到期时根据当时的市场利率与协议利率的差别，由一方向另一方支付利率的差额，而不交换本金。如果市场利率高于协定利率，远期利率协议的买方将从卖方那里收取差额，也可以理解为卖方向买方赔偿利率上升的损失；反之，如果市场利率低于协定利率，卖方将从买方那里收取差额，等于买方向卖方赔偿利率下降的损失。

远期利率协议交易是一种重要的对冲利率风险的工具，在利率市场化的条件下，在同业存款、同业贷款、同业拆借，以及存贷款的利率风险管理中发挥重要作用。

目前，国际上主要的远期利率协议市场集中在伦敦和纽约。交易的币种主要有美元、欧元、英镑、瑞士法郎、日元等。2007年10月，中国人民银行推出了远期利率协议交易。

第四节　利息与利率

一、利息与利率的定义

（一）利息的定义

利息是借贷资本的增值额或使用借贷资本付出的代价。

不同经济学派对利息的认识不同。古典经济学派认为，利息是放弃货币使用权给贷者带来不方便的报酬；资本生产力理论认为，资本是一种生产要素，新生产出的价值必须有一部分作为资本生产要素的报酬；节欲论认为，利息是资本所有者节欲行为的报酬，即牺牲自己目前的消费而应得的报酬；灵活偏好论认为，利息是在特定时期内人们放弃货币周转灵活性的报酬；马克思认为，利息是工人创造的剩余产品价值的一部分，即利润的一部分。

（二）利率的定义及表示方法

利率是资金的价格。从质的规定性来看，利率是利息与借贷资本之比。从量的规定性来看，利率是在单位时间内利息额与借贷资本之比。换句话说，利息率是单位时间单位资本产生的利息额。

利息率按计息单位时间不同，分为年利率、月利率和日利率。年利率是指以年为时间单位计算利息时的利率，通常用%表示。例如，100 元本金，借贷时间 1 年，获得 5 元利息，则年利率为 5%；借贷时间 2 年，共获得 10 元利息，则年利率仍为 5%。月利率是指以月为时间单位计算利息时的利率，通常用‰表示。例如，1 000 元本金，借贷时间 1 个月，获得 10 元利息，则月利率为 10‰；借贷时间 2 个月，共获得 10 元利息，则月利率为 5‰。日利率是指以天为时间单位计算利息时的利率，通常用‰表示。例如，10 000元本金，借贷时间 1 天，获得 10 元利息，则日利率为 1‰；借贷时间 2 天，共获得 10 元利息，则日利率为 0.5‰。

它们之间的关系是：

月利率＝年利率÷12

日利率＝月利率÷30

习惯上，我国将年利率、月利率和日利率统称为“厘”，但是不同借贷时间限定下的“厘”代表的含义不同，如年利率 1 厘代表 1%，月利率 1 厘代表 1‰，日利率 1 厘代表 0.1‰。

二、利息的计算方法

（一）单利法

单利法是指仅以本金计算利息，而对利息不再计息的方法。

利息的计算公式：

$$I=P\times R\times n$$

本利和计算公式：

$$S=P+I=P(1+R\times n)$$

其中：I 表示利息；P 表示本金；R 表示利率；n 表示期限；S 表示本利和。

提示：正确计算利息必须使利率与期限相匹配。例如，计算利息时使用年利率，一定要把期限换算成用年表示的时间。

（二）复利法

复利法是指把上期利息转为下期本金一并计息的方法。

计算复利的利息，首先要计算本利和，然后扣除本金，得出利息。

本利和的计算公式：

$$S=P(1+R)^n$$

利息的计算公式：

$$I=S-P$$

其中：I 表示利息；P 表示本金；R 表示利率；n 表示期限；S 表示本利和。

用单利方法计算利息直观、简单。在本金相同、期限相同、利率相同的情况下，单利方法计算出的利息少于复利方法计算出的利息。用复利方法计算利息，利于树立资金的时间观念。

三、利率的种类

（一）按利率形成方式分为市场利率、公定利率、官定利率

市场利率是指在金融市场上由借贷双方通过竞争而形成的利息率。这种利率能灵敏反映资金供求状况，即当资金供不应求时，利率上升；反之，则利率下降。

公定利率是指由银行公会确定的各会员银行必须执行的利率。例如，香港银行公会定期调整并公布各种存、贷款利率，会员银行必须执行。会员银行执行同业公会制定的利率可以防止银行间恶性竞争。

官定利率是指由一国政府通过中央银行而确定的各种利息率，如中央银行对各商业银行和金融机构的再贴现率。利率是国家调节经济的重要经济杠杆，国家通过中央银行确定利率，调节资金供求状况，进而调节市场利率水平，当然反过来市场利率水平也影响官定利率，它是官定利率调整的重要依据。

（二）按利率是否带有优惠性质分为基准利率、优惠利率、差别利率

基准利率是指在整个金融市场上和整个利率体系中处于关键地位，起决定性作用的利率。它的变动会引起其他利率发生相应的变动。一些国家把再贴现率视作基准利率，一些国家把同业拆借利率视为基准利率。国际金融市场通常把伦敦同业拆借利率 LIBOR 视为基准利率。

优惠利率是指银行等金融机构对优质客户使用的存贷款利率。例如，银行等金融机构以比普通利率高的利率吸收大客户的大笔存款，以比普通贷款利率低的利率对某些大客户发放贷款，这种针对大客户的利率称为优惠利率。

差别利率是指根据国家经济发展政策或产业政策，针对不同地区或不同行业实行不同利率。我国为了鼓励某些行业、地区的发展，曾先后对粮油、能源、原材料及通信等行业实行比一般贷款利率低 10%～30%的优惠贷款利率，而同时对一些产能已经过剩的加工行业实行高的贷款利率。

（三）按借贷期内利率是否调整分为固定利率、浮动利率

固定利率是指在整个借贷期限内，利息按借贷双方事先约定的利率计算，而不进行利率调整。实行固定利率对于借贷双方测算未来的收益和成本比较方便，它适用于短期借贷和市场利率变化不大的情况。当期限长、利率波动较大时，由于由一方单方面承担利率风险而不大适用。

浮动利率是指在借贷期限内，随着参照利率的变动情况而定期进行调整的利率。采用浮

动利率时首先要确定参照利率，参照利率可以选择市场利率、银行存款利率、贷款利率；其次要确定调整时间间隔，如必须约定每半年调整一次还是每年调整一次。它大多被借贷期限较长和国际金融市场的借贷所采用。在我国，住房抵押贷款采用按年浮动的利率。

（四）按利率与通货膨胀的关系分为名义利率、实际利率

名义利率是指以名义货币表示的利息率。一般我们所说的利息率都是指名义利率。实际利率是指名义利率剔除通货膨胀因素以后的真实利率。

名义利率与实际利率的关系为：

实际利率＝名义利率－通货膨胀率

在通货膨胀时期，名义利率高于实际利率；在通货紧缩时期，名义利率低于实际利率。

思考：实际利率可能等于名义利率吗？我们所说的利率为零，是指哪种利率？

四、利率体系及其结构

（一）利率体系的概念

利率体系是指在一个经济运行机体中，存在的各种利息率由各种内在因素联结成的有机体，主要包括利率体系结构、各种利率间的传导机制和利率监管体系。

（二）利率体系结构及传导机制

利率体系结构如图 2-1 所示。

利率体系结构
- 中央银行利率——再贴现率（基准利率）
- 商业银行利率
- 市场利率

图 2-1　利率体系结构

传导机制：通常，中央银行的再贴现利率是基准利率，它的变动会影响市场利率、商业银行的存贷款利率的变动，但市场利率是中央银行调整再贴现率的依据。商业银行存贷款利率会对市场利率、中央银行的再贴现利率作出灵敏反应。

五、决定和影响利率水平的因素

马克思与西方经济学派研究的利率存在不同。马克思研究的是平均利率，而西方经济学派研究的是均衡利率。在此我们介绍的是马克思的观点。

（一）平均利润率是决定利率的基本因素

按照马克思的观点，利息是剩余价值的一部分，体现着职能资本家和货币资本家共同对利润的分割，所以利率应该受平均利润率的约束。利率（平均利率）最高不能超过平均利润率，最小不能为零，即利率介于零和平均利润率之间。在充分竞争的经济环境中，各行各业的利润率水平在某一时期处于相对均衡状态，也就是说，存在一个社会平均利润

率，社会平均利润率就成为平均利率的界限。

（二）借贷资金的供求关系对利率的影响

利率作为资金使用权的“价格”，必然会受到资金供求状况的影响。当资金供给增加相对快时，利率会趋于下降；当资金需求增加相对快时，利率会趋于上升。

（三）经济周期对利率的影响

马克思没有把影响利率变动的因素局限在借贷资本的供求状况上，而是深入到生产领域，进一步分析了借贷资本供求状况变化的原因，进一步揭示了社会生产状况对利率的影响。他详尽分析了资本主义产业周期中危机、萧条、复苏、繁荣四个阶段中货币资本的供求状况和利率变动之间的关系。在危机阶段，商品滞销，物价暴跌，生产下降，工厂倒闭，资金周转速度下降，支付手段严重不足，对借贷资本需求比较大，与此同时借贷资本供给减少，利率急剧上升到最高限度。在萧条阶段，物价下降到极点，产业资本不再收缩，借贷资本大量闲置，由于人们普遍对未来经济增长没有信心而不愿意进行生产性投资，对借贷资本的需求量达到最低点，借贷资本供大于求，导致利率下降到最低点。在复苏阶段，投资逐渐增加，交易规模逐渐扩大，工厂开始复工，对借贷资本的需求开始恢复性增长，但由于这一阶段销售市场处在恢复中，支付环节畅通，资金周转快，借贷资本充足，利率仍然处在低水平时期，这有利于生产的恢复、经济的复苏。在繁荣阶段初期，生产迅速发展，物价开始上涨，利润开始增加，对借贷资本的需求增大。但是在这个时期，由于商业信用扩大，资金回流周转快，对借贷资本需求的增长被这些因素所抵消，利率还维持在较低水平上。随着生产规模继续扩大，对借贷资本需求继续增加，特别是信用投机的出现，借贷资本的需求大增，利率迅速上升达到较高水平，甚至超过了平均利润率。

（四）借贷期限长短、风险大小对利率的影响

一般而言，借贷期限越长，资金给使用者带来的收益越大，而资金出借者也应该分享更多的收益；同时，信用的显著特征是具有风险性，即存在资金出借者到期不能收回本息的可能，而且信用风险的大小与信贷期限成正比。因此，利率应随期限长短、风险高低进行调整。即期限长、风险大的借贷活动，利率会高一些；期限短、风险小的借贷活动，利率就相应低一些。

（五）物价变动对利率的影响

在纸币流通情况下，利率与物价有非常密切的联系。当货币供给量大于货币需求量时，单位纸币代表的价值就会下降，即纸币贬值，物价就会上涨；相反，当货币供给量小于货币需求量时，单位纸币代表的价值就会上升，即纸币升值（通货紧缩），物价就会下降。各国政府往往通过调高或调低利率来调节货币供给量。当物价上涨时，如果物价上涨率超过了名义利率，实际利率成为负利率，各国政府会调高名义利率；反之，当物价下降，实际利率高于名义利率时，为刺激需求，又会调低名义利率。通常，出于货币资金保值和稳定物价的需要，各国政府会调控利率与物价呈同向变动。

（六）宏观经济政策对利率的影响

当今各国政府普遍对经济实施宏观调控，利率已成为国家对经济活动进行调节的重要工具。因此，利率不再是完全随借贷资本的供求状况自由波动。比如，世界各国政府根据本国经济发展状况和经济发展目标，通过中央银行确定利率水平、利率结构，调节资金供求、经济发展速度、经济结构，利率作为调控经济活动的重要经济杠杆明显受国家经济政策影响。

（七）国际利率水平对利率的影响

在开放的国家，取消了对资本自由流入和自由流出的限制，国际金融市场的利率水平及走势越来越深刻地影响着一国国内的利率。例如，一国试图提高国内利率水平，假如使国内利率水平比国际市场利率水平高，就会吸引大量国际资本流入该国，使该国货币供给增加，利率水平将会下降；反之，如果一国国内利率水平低于国际利率水平，将会使国内资金大量外流，货币供给减少，利率上升，最终与国际利率水平趋向一致。所以，在经济开放的国家，一国利率水平的调整必须充分考虑国际利率水平。

六、利率对经济的影响

（一）利率对积聚社会资金的作用

马克思指出，随着银行制度的发展，特别是自从银行对存款支付利息以来，一切阶级的货币积蓄和暂时不用的货币，都会存入银行。小的金额是不能单独作为货币资本发挥作用的，但它们结合成巨额，就形成一个货币力量。当银行提高存款利率时，对存款者而言就意味着增加收入，就会使分散在社会各阶层的零星的货币收入和社会再生产过程中暂时闲置的货币资金集中到银行，形成巨额的货币资金来满足社会再生产过程的资金需要，促进经济快速发展。

（二）利率对提高资金使用效益的作用

利率提高资金使用效益的作用可表现在两方面：一是在利率作用下，企业有提高资金使用效益的内在动力；二是银行优惠利率的运用是企业提高资金使用效益的外在压力。一方面，企业借款要支付利息，企业为了降低成本、减轻利息负担，就必须通过改善经营管理来提高资金使用效益，做到合理借款。可借可不借的就不借，可多借可少借的就少借。同时，企业要通过经营管理加快资金周转，使资金产生更多的利润，其结果是随着企业经济效益的提高，资金使用效益也提高了。另一方面，银行可以通过采用优惠利率的方式，对资金使用效益好的企业实行优惠利率，对资金使用效益低、信用状况不好的企业实行较高利率，甚至停止贷款，迫使其加强经营管理，提高资金使用效益。

（三）利率对优化产业结构的作用

货币资本是各个行业或企业进行生产的共同要素，哪个行业或企业取得借贷资本容易、条件优惠，哪个行业或企业就发展得快。由此可见，利率具有调节产业结构的作用。

银行对有发展前途的新兴产业和急需发展的行业实行较低的利率，这些部门能够以较低的资金成本获得借贷资金，从而促使其迅速发展；相反，对那些需限制发展的部门，实行较高利率以抑制其发展，使产业结构得到优化。在20世纪80年代中期，我国产业结构极不合理，通过运用差别利率，对国家急需发展的农业、能源、交通运输等行业实行较低的贷款利率，大力支持其发展；对烟、酒等需要限制的加工行业实行较高的贷款利率，限制其发展，从而优化了我国的产业结构。

（四）利率对货币流通的调节作用

稳定的货币流通需要保持货币供给量与货币需求量的大体相等。如果货币供给量大于货币需求量，就会出现通货膨胀；反之，就会出现通货紧缩，这都破坏了货币流通的稳定性。利率调整对稳定货币流通有一定作用。例如，当货币流通量大于货币需要量时，引起纸币贬值、物价上涨，通过提高利率，一方面可吸引储蓄，推迟消费，使流通中货币减少（货币供给减少）；另一方面使银行获得更多资金以支持适销对路产品的生产，增加有效供给，扩大货币需求量。这样，利率调整从两方面为货币供给与货币需求的大体相等创造了条件。例如，2007年我国出现结构性物价上涨过快，中国人民银行在一年中连续七次调高存、贷款利率以稳定货币流通。

利率发挥作用是需要前提条件的，健全的市场经济机制、合理的利率水平都是利率发挥作用的必备条件。

本章小结

信用是以偿还和付息为条件的借贷行为，是单方面的价值转移，是一种价值运动的特殊形式。信用的构成要素包括信用主体、信用客体、信用载体、信用条件等。信用产生的基础是商品交换和私有制的出现，信用的发展经历了高利贷信用、资本主义信用、现代信用三个阶段。信用的作用有：筹集资金、配置资金、节省流通费用和宏观调控。

根据信用主体不同，信用分为商业信用、银行信用、国家信用、消费信用和国际信用五种形式。

信用工具是以书面形式发行和流通，借以保证债权人或投资人权利的凭证。信用工具的特征有：返还性、流动性、风险性和收益性。信用工具按发行者的地位划分为直接信用工具和间接信用工具，按金融市场交易的偿还期划分为长期信用工具和短期信用工具，按是否拥有所投资产的所有权划分为债务凭证的信用工具和所有权凭证的信用工具。主要信用工具有支票、汇票、本票、债券、股票、证券投资基金、金融期货、金融期权、互换协议和远期利率协议等。

利息是借贷资本的增值额或使用借贷资本付出的代价。利率是资金的价格，是指在单位时间内利息额与借贷资金之比。利息率的表示方法有年利率、月利率和日利率。利息的计算方法有单利法和复利法。利率的种类有：市场利率、公定利率、官定利率；基准利率、优惠利率、差别利率；固定利率、浮动利率；名义利率、实际利率。平均利润率是决定利率的基本因素，影响利率水平的因素有借贷资金的供求关系、借贷期限长短、风险大小、物价变动、国家经济政策和国际利率。利率对经济的影响表现在积聚社会资金、提高资金使用效益、优化产业结构、调节货币流通。

重点概念

信用	信用工具	商业信用	银行信用
消费信用	基准利率	浮动利率	固定利率
优惠利率	名义利率	实际利率	市场利率

章后训练

一、名词解释

信用	信用工具	商业信用	银行信用
消费信用	基准利率	浮动利率	固定利率
优惠利率	名义利率	实际利率	市场利率
证券投资基金	金融期货	金融期权	互换协议
远期利率协议	国家信用	差别利率	官定利率

二、思考题

1. 信用和信用工具有何特征？
2. 按信用主体划分，信用有几种形式？有什么特点和作用？
3. 利率是如何分类的？
4. 影响和决定利率的因素有哪些？
5. 信用和利率的作用是什么？

三、案例分析

根据表 2－1 中的数据画出我国一年期贷款利率变化曲线，并说明哪几年利率变动频繁。结合我国经济发展状况，分析利率变化的原因和利率在经济中的作用。

表 2－1　金融机构人民币贷款基准利率调整表　　单位：%

调整时间	6 个月	1 年
1991.04.21	8.10	8.64
1993.05.15	8.82	9.36
1993.07.11	9.00	10.98
1995.01.01	9.00	10.98
1995.07.01	10.08	12.06
1996.05.01	9.72	10.98

续表

调整时间	6个月	1年
1996.08.23	9.18	10.08
1997.10.23	7.65	8.64
1998.03.25	7.02	7.92
1998.07.01	6.57	6.93
1998.12.07	6.12	6.39
1999.06.10	5.58	5.85
2002.02.21	5.04	5.31
2004.10.29	5.22	5.58
2006.04.28	5.40	5.85
2006.08.19	5.58	6.12
2007.03.18	5.67	6.39
2007.05.19	5.85	6.57
2007.07.21	6.03	6.84
2007.09.15	6.48	7.29
2007.12.21	6.57	7.47
2008.09.16	6.21	7.20
2008.10.09	6.12	6.93
2008.10.30	6.03	6.66
2008.11.27	5.04	5.58
2008.12.23	4.86	5.31
2010.10.20	5.10	5.56
2010.12.26	5.35	5.81
2011.02.09	5.60	6.06
2011.04.06	5.85	6.31
2011.07.07	6.10	6.56
2012.06.08	5.85	6.31
2012.07.06	5.60	6.00
2014.11.22	并入一年内	5.60
2015.03.11	并入一年内	5.35
2015.05.11	并入一年内	5.10
2015.06.28	并入一年内	4.85
2015.10.24—2019.11	并入一年内	4.75

四、通读相关法律法规

1.《非金融机构支付服务管理办法》，中国人民银行网站（http：//www. pbc. gov. cn/）。

2.《征信业管理条例》，中国人民银行网站（http：//www. pbc. gov. cn/）。

3.《中华人民共和国票据法》，中国人民银行网站（http：//www. pbc. gov. cn/）。

第三章

商业银行

章前引言

商业银行号称"金融百货公司"，意思是它能够提供全方位的金融服务，即存款、贷款、结算、储蓄、办理信托业务、买卖证券、投保、租赁都可以去商业银行。商业银行是我们身边的银行，无论是在繁华的街市还是在偏远的小镇都能看到商业银行，无论是工商业者还是普通居民都离不开商业银行。有人说商业银行是富有的，它的办公楼富丽堂皇；有人说商业银行是有魔力的，很少的货币经过商业银行后能流出很多的货币。是这样的吗？商业银行的资金来自哪里？又如何进行运用？商业银行在社会经济中起着怎样的作用？是不是所有的商业银行都可以号称"金融百货公司"呢？本章将从商业银行的起源与演变，负债业务、资产业务和中间业务的经营给你解开商业银行之谜。

通过本章的学习，你应该能够：

1. 掌握商业银行的性质和职能；
2. 掌握商业银行的负债业务、资产业务和中间业务；
3. 掌握商业银行的经营原则；
4. 了解商业银行的组织形式；
5. 了解商业银行的发展趋势；
6. 了解商业银行的资产负债管理理论的发展。

第一节　商业银行概述

商业银行是指吸收公众存款、发放贷款、办理结算等业务的信用机构。商业银行在银行体系中占有重要地位，在信用活动中起着主导作用。商业银行的存贷款业务在银行体系中占有最大比重，它是工商业贷款的主要供给者，它的经营活动影响着工商企业的经营方向和规模；它的业务范围广泛，而且与其他金融机构关系密切；商业银行通过办理非现金结算加速了资金周转，在非现金结算及贷款的基础上，起着创造存款货币的作用；它为客户提供多种金融服务，给企业和个人带来便利。如今商业银行同其他金融机构的业务界限已日趋消失，但在许多方面商业银行仍是其他金融机构所不能代替的。例如，美国的商业银行对美国的经济、财政、货币、金融政策起着举足轻重的作用，其中 50 家大商业银行的资产总额和存放款总额约占全国的 1/3。

一、商业银行的产生

（一）早期银行的产生

早期的银行是由货币经营业演变而来的。在货币产生后，随着商品经济的发展，出现了货币兑换、保管和借贷等经营货币的业务。在前资本主义时期，封建政权割据，而且在一个政权内部，货币铸造权是分散的，铸币的重量、成色不统一，进行商品交换，离不开货币兑换。因此，从商人中逐渐分离出一种专门从事货币兑换的商人。他们最初只是单纯办理铸币的兑换业务，从中收取手续费。随着商品交换的进一步发展，经常往来于各地的商人，为了避免长途携带现金和保存现金货币的风险，把货币交给兑换商人委托他们保管和办理支付、结算、汇款。货币兑换商人便把货币保管业务发展为存款业务，当货币兑换商人积聚了大量货币资金，他们就开始利用这些货币资金办理贷款业务，这样货币兑换业就发展成为既办理兑换，又经营货币存款、贷款、汇款等业务的早期银行。

在古希腊和古罗马时代，已有货币委托保管、汇款及兑换货币等活动，属于货币兑换业性质。中世纪时期，工商业发展迅速，意大利成为当时欧洲地中海沿岸国际贸易的中心，一些专门经营货币业务的机构得到了很大发展，银行业务逐渐兴起。16 世纪，意大利开始出现银行业，如 1580 年成立了威尼斯银行，1593 年成立了米兰银行等。随着世界商业中心由意大利向荷兰及欧洲北部转移，1609 年荷兰成立了阿姆斯特丹银行，1621 年德国成立了纽伦堡银行，1629 年又成立了汉堡银行。这些银行既经营货币兑换、接受存款、划拨款项等，也发放贷款。这一时期银行放款的利率都比较高，贷款对象主要是政府和一些拥有特权的企业，难以满足大多数工商业的融资需要。

英国的早期银行是由金匠业演变而来的。17 世纪中叶，英国的金匠业极为发达。发现美洲新大陆后，大量的金银流入英国，人们为了防止失窃，都把金银委托金匠保管，因为金匠有保险柜和其他安全措施。金匠受客户委托代为保管金银条块和金银货币，签发保管凭证，还受客户书面委托，代客户将保管的金银划拨给第三方，省去了客户提现、支付的过程。起初，金匠用自有资本放款，牟取高额利息。后来，金匠开始动用受托保管的一定比例的金银放款，与此同时他们的保管业务逐渐演变成存款业务，他们的放款业务成为真正意义的银行放贷，金匠业演变为银行业。英国金匠业演变为银行业发生三个重要变化：一是金匠的保管凭证演变为银行券。金匠为保管金银货币给客户签发的保管凭证，原本只是保管物品的证明，到期可以提取金银货币。后来随着交易规模的扩大，提取金银货币、用金银货币支付、存入金银货币的金额和次数大量增加，为了方便支付和避免先提取又存入金银货币的重复劳动，久而久之人们就直接用保管凭证——金匠券进行支付，当金匠业演变为银行业时，金匠券也就演变为银行券，可见保管凭证是银行券的原始形式。二是保管业务的划款凭证演变为银行支票。金匠业为开展保管业务，根据客户的书面要求，代客户向第三方转移保管的金银货币。最初客户所签发的这种书面指令，只是一种划款凭证，第三方可以据以支款，当金匠的保管业务发展为存款业务时，这种划款凭证就演变为支票。三是十足准备金演变为部分准备金。最初金匠对所收存的金银货币保留100%的现金准备，即发放贷款全部利用自己的资本，后来他们发现客户总是有存有取，存取不一致，他们的金库中总有一部分剩余，因此应付客户提现没必要保持十足现金准备，可以把其中一部分用于放款，赚取利息。当金匠们发现这一秘密后，十足的保证金准备制度就演变为部分准备金制度，这一转变使早期银行具有了信用中介和增减货币量的功能。

（二）现代商业银行的产生

早期银行基本上是高利贷银行，利率高、规模小，不能满足工商业融资需要，在客观上需要建立起既能汇集闲置资金又能按适当的利率向工商业提供贷款的现代商业银行。

现代商业银行建立的途径有两条：一是适应经济发展的需求组建股份制商业银行；二是高利贷性质的银行演变为现代商业银行。现代商业银行建立的过程在工业资本主义发展较早的英国表现十分突出。

在英国，从金匠业演变为早期银行业的转换过程是漫长的，直到18世纪末才算完成，当时的贷款利率是很高的，年利率为20%～30%，是不能满足工商业发展需要的。17—18世纪，新兴的资产阶级进行了反高利贷的斗争，要求以法律限制放款的利息水平。但当信用被高利贷垄断时，任何降低利率的法律是不会产生实际效果的。新兴资产阶级根据资本主义经济发展的要求建立了一些股份银行，这些股份银行资本雄厚、规模大、利率低，逐渐成为现代商业银行的主要形式。世界上第一家股份制商业银行是1694年在英国伦敦创立的英格兰银行，它的贴现率定位在4.5%～6%，大大低于当时高利贷银行的贷款利率。英格兰银行的成立，代表着现代银行制度的形成，标志着高利贷银行的垄断地位被动摇。正如马克思在分析英格兰银行时所指出的：现代银行制度，一方面把一切闲置的货币准备金集中起来，并把它投入货币市场，从而剥夺高利贷资本的垄断；另一方面又建立信用货币，从而限制贵金属本身的垄断。

现代商业银行与早期银行相比具有两个特点：一是利息水平适当；二是信用功能扩大。现代商业银行除了接受存款、发放贷款、发行银行券外，还代客户办理信托、汇兑、信用证，代收代付，代理有价证券买卖。

相关链接 3-1

我国银行业的发展

在我国，关于货币经营业的记载较晚，最早的记载是南北朝时期的寺庙典当业。

在唐代，有关这方面的记载较多：保管货币的柜房；打制金币、饰物和经营金银买卖的钱铺；官办、民办的汇兑业务等。经过宋、元，到明清时期，我国的钱庄、票号陆续出现。它们都具有高利贷的性质并得到了长足的发展，但是一直未能完成向现代银行业的转化。

1. 现代银行的出现及发展

中国出现的第一家银行是1845年英国丽如银行在广州开设的分行，此后各主要资本主义国家的银行相继在中国开设分行。中国自办的第一家银行是1897年在上海设立的中国通商银行。该银行的设立标志着中国现代民族资本银行业的产生。中国通商银行名义上是商办的，但实际上受清政府和官僚资本控制。1904年在北京成立的官商合办的户部银行是中国最早的中央银行。该行1908年改称大清银行，1912年改组为中国银行，仍为中央银行性质的官商银行。此后，随着民族资本主义工商业的发展，私人银行业在中国也逐渐得到发展。

在国民政府时期，国民政府通过对原有银行的改整和建立，形成“四行二局一库”金融体系。“四行”指中央银行、中国银行、交通银行和中国农民银行；“二局”指中央信托局和邮政储蓄汇业局；“一库”指中央合作金库。民族资本家建立“小四行”（中国通商银行、四明银行、中国实业银行和中国国货银行），“南三行”（浙江兴业、浙江实业和上海商业储蓄银行）和“北四行”（盐业银行、金城银行、中南银行和大陆银行），此外还有众多的中小银行。

2. 新中国的银行体制

(1) 改革开放前的银行体制。

中华人民共和国成立之前，在中国共产党领导下的根据地就建立了一批银行，并发行了自己的货币。1948年12月1日，中国人民银行在石家庄成立，并开始了人民币的发行。新中国成立之后，接管了国民政府设立的国家银行和官僚资本银行，并通过公私合营完成了对私营金融业的改造，建立了以中国人民银行为主体的国家银行体系。

传统的银行体制是计划经济的产物，它有以下特点：

1）“大一统性”。虽然形式上也曾有其他的金融机构存在，但中国人民银行实际上是全国唯一的银行。它的分支机构按行政区划分逐级设立，由总行统一领导和指挥。它既是宏观管理机构，又是微观经营实体。

2）非独立性。中国人民银行作为政府的一个部门，其任务是执行政府的货币政策，以保证实物计划的完成，即所谓的“物资随着计划走，资金信贷随着物资走”，银行只是充当国民经济各部门的会计和出纳，对经济的调节作用十分有限。

(2) 银行体制的改革。

随着经济体制改革的深入，传统的银行体制越来越无法适应经济形势发展的需要，自1979年以来，中国的银行体制进行了一系列改革，其中最重要的是传统的“大一统”银行体制已经被现代的多层次的银行体制所代替。

改革从设立独立经营、单独管理的专业银行开始。例如，农业银行在1979年2

月恢复，随后中国人民建设银行也从财政部分离出来。1984年1月1日，中国人民银行正式行使中央银行职能，同时成立了中国工商银行负责办理原来由人民银行办理的全国工商信贷业务和城镇居民储蓄业务。至此，原来的“大一统”银行体系转化成了由中央银行、专业银行分立的双层银行体系。四大专业银行的业务有所分工，也有重叠。1993年11月，中共十四届三中全会作出了将专业银行转变为国有独资商业银行，以及成立三家政策性银行（中国农业发展银行、中国进出口银行和国家开发银行），使政策性业务和经营性业务分离的决定。1994年，三家政策性银行正式成立，专业银行向商业银行的转化迈出了实质性的一步。1994年以来，我国加强了金融法制建设的力度，如相继颁布了《中华人民共和国中国人民银行法》《中华人民共和国商业银行法》《中华人民共和国票据法》《中华人民共和国担保法》等与商业银行业务经营有关的一系列法规。在这一时期，中国人民银行对商业银行实行了贷款限额控制下的资产负债比例管理。1997年底，中国人民银行颁布了《关于改进国有商业银行贷款规模管理的通知》，决定从1998年1月1日起取消对国有商业银行贷款限额的控制，全面推行资产负债比例管理和风险管理。

20世纪90年代中后期，在中国工商银行、中国银行、中国农业银行、中国建设银行四大国有独资专业银行向商业银行转化过程中，中国还批准成立了一些新兴的股份制商业银行，如中信实业银行、光大银行、招商银行、深圳发展银行、华夏银行、广东发展银行、福建兴业银行、上海浦东发展银行、中国民生银行等。从2004年至2009年，中国银行、中国建设银行、中国工商银行和中国农业银行先后完成股份制改造，由国有独资转变为国家控股的商业银行。此外，在原来城市信用合作社基础上还组建了一批城市合作银行和城市商业银行。与此同时，中国银行业的对外开放步伐也大大加快。中国目前已形成以中央银行为领导，商业银行为主体，其他银行为补充的银行体系。

2019年9月银行业金融机构资产份额图

二、商业银行的性质

商业银行是特殊的企业。商业银行与工商企业的异同如下所述。

（一）商业银行与工商企业的经营目标相同

银行作为一个企业，与其他工商企业一样，其经营活动是以追逐利润为中心的，在经营活动中要自负盈亏、自我发展、自担风险。

（二）商业银行与普通的工商企业不同

商业银行经营的对象不是普通商品，而是货币资本这个特殊商品，商业银行的活动处于货币信用领域，以信用方式与工商企业发生广泛的经济联系。现代商业银行是资本主义生产方式最精巧和最发达的产物，它通过信用方式聚集和分配货币资本，具有调节社会经济生活的特殊作用，这决定了商业银行在现代经济中的特殊地位。

三、商业银行的职能

商业银行的职能主要有充当信用中介、变居民的货币收入和储蓄为资本、充当支付中介、创造信用和提供多种金融服务五个方面。

（一）充当信用中介

1. 信用中介的概念

商业银行一方面集中了货币资本，即贷出者的集中，另一方面集中了借入者，即借入者的集中。换句话说，商业银行一方面联系着资金盈余者，另一方面联系着资金短缺者，这时它就是信用中介，这是商业银行最基本的职能。

商业银行通过吸收存款业务动员和集中社会上一切闲置的货币资本，然后，通过放款和投资把这些货币资本贷给资金短缺者使用，并承担风险。这样，商业银行实际集中了货币资本，成为贷出者和借入者之间的中介人。

2. 信用中介的意义

商业银行作为信用中介，可以克服贷出者和借入者之间直接借贷的种种局限。例如，借贷在货币资本数量、借贷时间、空间、期限上不易取得一致，而且货币资本的贷者不易了解借者资信，限制了他们之间开展信用活动。商业银行借助其人才优势、网络优势能更好地通过信用中介职能对货币资本进行再分配，使货币资本得到充分有效的运用，加速资本的周转，促进生产的扩大。

（二）变居民的货币收入和储蓄为资本

把社会中各阶层的货币收入或储蓄变为资本，也是商业银行的重要职能。个人的货币收入是用来供个人日常消费的，储蓄则是为了满足将来的消费，所以它们都不是资本。但是，通过商业银行把它们汇集起来贷放给企业使用，这些零星的货币就成为生产经营者用来从事生产和经营活动的资本，这时非资本的货币就转化为资本。正如马克思曾经指出的：小的金额是不能单独作为货币资本发挥作用的，但它们结合成为巨额，就形成一个货币力量。这种集中小金额货币的活动是商业银行制度的特殊作用。

（三）充当支付中介

商业银行办理各种同货币资本运动有关的技术性业务时，便充当支付中介。

由于商业银行具有较高的信誉和众多的分支结构，商业银行与各个企业和部门有着密切联系，因此，无论企业或个人都愿意委托银行保管货币、贵金属、有价证券，办理货币收付和转账结算等，这样，银行就成为社会的“出纳”和“账房”。银行通过账户余额的结转为顾客办理货币结算，对于节约流通费用，加速资本的周转具有重要意义。

思考：举例说明银行是信用中介、支付中介。

（四）创造信用

商业银行创造信用职能表现在两个方面：一是能够创造存款货币；二是能够创造信

用流通工具。创造存款货币是指商业银行通过转账方式发放贷款，能够形成派生存款，即创造出存款货币。其原理我们将在第八章货币供求均衡中做详细分析。创造信用流通工具是指商业银行能够签发银行券、支票、汇票、本票。在中央银行制度建立前，它能够签发可兑换的银行券，银行券是可随时兑换黄金、不定期的债券证券，也是商业银行用来扩大信用业务的工具。支票是由客户签发，要求银行从其活期存款账户支付一定金额的付款凭证，也是银行的一种债务证券。商业银行由于办理非现金结算，它还可签发汇票和本票，借助于支票、汇票、本票的流通，银行可以超出自有资本和吸收的原始资本的总额而扩大信用。银行借助银行券和支票、汇票、本票的流通以扩大信用业务，并不是无限的，因为它要受银行本身现金准备状况和经济发展对信用的客观需要量的限制。

银行券和支票、汇票、本票等信用流通工具进入流通界，代替很大一部分金属货币流通，这样，既节约了流通费用，又方便为经济发展提供所需要增加的流通手段和支付手段，因而，商业银行这一职能的存在和发挥，促进了经济的发展。

（五）提供多种金融服务

社会经济的发展和科学技术的进步，为商业银行提供金融服务提供必要性和可能性。同时由于金融业竞争的加剧，商业银行必须开拓新的服务领域，以扩展业务，开辟新的盈利渠道和模式。商业银行利用电子计算机网络技术，以及联系面广、信息灵通等优势，为客户提供信息咨询、家庭理财、代缴各项公共服务费用、代发工资、代保管等多项服务。多种金融服务，不仅为商业银行拓展业务创造了优良环境，也促进了整个银行体系的服务、管理和业务创新，使银行的各项职能进一步深化。

四、商业银行的组织形式

商业银行的组织形式有两种划分标准：一是按资本所有权划分；二是按其外部组织形式划分。

（一）按资本所有权划分，分为私人银行、合伙组织的银行、国家商业银行和股份制商业银行四种

1. 私人银行

它是一种独资的私营银行。目前，世界上商业银行采取私人银行组织形式的情形已很少。例如，有着100多年历史的英国私人银行——商人银行，在20世纪70年代从私人独资的家庭企业转变为股份公司。

2. 合伙组织的银行

它是由两个以上的自然人合伙组成的，目前也很少采用这种组织形式。

3. 国家商业银行

它是指国家所有并委派高层管理人员进行经营管理的商业银行。这是一种常见的银行组织形式。例如，法国的三大银行里昂信贷银行、巴黎国民银行和兴业银行，都是经过国

有化后成为国家所有的商业银行。法国商业银行的国有化程度在西方国家中最高。我国的中国银行、中国农业银行、中国工商银行、中国建设银行曾经是国家独资设立的国有商业银行。从 2004 年到 2009 年，中国银行、中国建设银行、中国工商银行和中国农业银行先后完成股份制改造，成为国家控股商业银行，也称国有商业银行。

4. 股份制商业银行

它是通过股份制方式筹集银行资本金并通过股份公司形式进行经营管理的商业银行。目前，股份制商业银行是现代商业银行的主要组织形式。美国、英国、德国、日本、加拿大等主要发达国家和许多发展中国家的商业银行都以股份制形式存在。许多国家和地区的银行法规定，除法律另有规定外，商业银行必须采取股份有限公司形式，如我国香港规定银行必须是股份有限公司，否则只能称银号。

随着国际银行业务的不断发展，多个国家的大银行合资设立跨国财团银行，从事大规模的国际资本投资活动。

（二）按外部组织形式划分，分为单一银行制、分支行制、银行控股公司制、连锁银行制

1. 单一银行制

（1）单一银行制的概念。它是指银行业务完全由一个银行机构（总行）经营，不设立任何分支机构的制度。美国银行曾采用这一体制，但通过金融创新，突破了对设立分支机构的限制。各州都颁布了自己的法律，规定了银行可以开办的分支机构的类型和数目。例如，东西海岸各州一般都允许银行在本州范围内开办分支机构；而中部各州对开办分支机构的限制较多。在中国，规模较小的城市商业银行实行单一银行制。

（2）单一银行制的优缺点。单一银行制在一定程度上限制了银行兼并和垄断，缓和了银行间的竞争和集中，有利于协调地方政府和银行的关系，各家银行在业务上具有较大的灵活性和独立性。但单一银行制在限制竞争的同时，也限制了自身的业务创新和规模的扩大。

2. 分支行制

（1）分支行制的概念。它是指银行机构除总行外，还可在其他地区设立分支结构。其典型代表为英国。我国的国有商业银行、股份制商业银行和一些规模较大的地方性商业银行也实行分支行制。

（2）分支行制的优缺点。分支行遍布各地，容易吸收存款；便于分支行之间的资金调度，减少现金准备；放款分散于各分支行，可以分散风险。但分支行制会使银行业过分集中，不利于自由竞争。目前，多数国家均采用这种制度，我国的商业银行也主要采取这种组织形式。

3. 银行控股公司制

（1）银行控股公司制的概念。它也称集团银行制，即由某一集团成立一股权公司，再由该公司控制或收购两家以上银行的股票，大银行通过持股公司把许多小银行置于自己的控制之下，这一制度在美国最为流行。

第二次世界大战后，美国商业银行为了冲破各种对设立分支行的限制，为了使银行业务多样化，银行控股公司迅速发展。银行控股公司有两种形式：一种是银行控股公司控制一家商业银行的股权，设立各种附属机构，开展多种非银行的金融业务，它以大银行为主；另一种是银行控股公司控制两家以上商业银行的股权，便于银行扩展和进行隐蔽的合并，它以中小银行为主。

（2）银行控股公司制的优缺点。银行控股公司制有利于扩大资本总量，增强银行的实力，弥补单一银行制的不足。但这种制度容易形成银行业的集中和垄断，不利于银行之间开展竞争。

4. 连锁银行制

（1）连锁银行制的概念。它是指由个人或集团控制两家以上商业银行的制度。它可以通过持有控股权以上的股票、共同董事等法律所允许的方式实现。

（2）连锁银行制的特点。连锁银行制的成员银行都保持其独立性，连锁银行是在禁止实行分支行制和多家控股公司的美国各州发展起来的，经营活动大都在较小地区，其成员多是小银行。它们一般环绕在一家主要银行的周围，其中的主要银行确立银行业务模式，并以它为中心，形成集团内部的各种联合。

思考：银行控股公司制、连锁银行制是当时的一种金融创新，你同意吗？

我国商业银行的组织形式主要实行分支行制，有一些城市商业银行实行单一银行制。

相关链接 3－2

“无人银行”试水银行零售业务

中国银行业协会2018年3月15日发布的《2017年中国银行业服务报告》显示：2017年银行业金融机构离柜交易达2 600.44亿笔，同比增长46.33%；离柜交易金额达2 010.67万亿元，同比增长32.06%；行业平均离柜业务率为87.58%。

随着高频、复杂、耗时长的业务逐渐被迁移到智能机具办理，银行实体网点在向无人化、轻型化转变，这无疑是银行零售业务在金融业整体变革与电子化、智能化浪潮双重推动下经营模式的转变。

2018年以来，多家银行推出新型智能线下网点：平安银行首次在全国试点致力于提供一站式综合金融O2O服务的“零售新门店”，中国农业银行正式推出DIY智慧银行，更令人震撼的是中国建设银行在上海开放国内首家“无人银行”。

中国建设银行新开业的“无人银行”，客户办理业务全程无须柜员操作，只需要和智能设备互动便可以完成业务全过程。该网点主要的机具智慧柜员机、VTM机、外汇兑换机分别承担了业务咨询指导、业务自助办理和现钞实时交易等功能，事实上整合了原有的客户经理和银行柜员的职能以及旧式自动柜员机的功能，而且还增加了新的服务项目，诸如VR看房、在线图书沙龙等。中国建设银行相关负责人介绍，目前这家“无人银行”所安排的人力仅仅涵盖保安值班守卫而已，最大程度上实现了

"智能化""无人化"的运营初衷。

中国农业银行新推出的DIY智慧银行网点中，客户可通过智能橱窗查询周边商圈地图信息，以及周边商圈和中国农业银行各类打折信息、优惠活动等。这不禁让人联想到曾经在银行业风靡一时的"咖啡+银行"的经营构想，银行实体网点的转型是否能成为银行零售业务转型的良好载体，成为开拓新零售的领航者？让人们拭目以待。

在国外，银行网点新零售转型升级已有一些大胆尝试，例如诞生于美国的新型银行Capital One是"咖啡+银行"的实践者。它向顾客供应简易咖啡套餐，同时借用其本身的网络与电力基础设施向顾客提供上网、充电、办公个人电脑、在线娱乐点播等服务。目前，国内一些银行已经开始借鉴这种"咖啡+银行"的模式，通过营造一种生活氛围为用户提供服务。一些业内人士认为这种简单初步的借鉴或许还远远不够，银行业完全有条件、有能力开发出更符合中国用户习惯的零售银行新模式。

第二节　商业银行的负债业务

负债业务是指形成商业银行资金来源的业务，是商业银行开展资产业务的前提条件。广义的商业银行资金来源包括银行资本和银行负债两大类；而狭义的资金来源仅指银行负债，主要分为存款负债和借款负债。

一、自有资本

（一）自有资本的定义

银行自有资本也称为资本金，是商业银行依法成立时的出资或银行发行股票所筹集的股份资本和银行在经营过程中形成的资本公积金，以及未分配利润等永久归银行支配使用的资金。

银行的自有资本一般只占银行负债的小部分，但是这部分自有资本是银行吸收外来资金的基础。资本金又称自有资本金，是指银行出资人或股东为赚取利润而投入银行的货币资金和保留在银行中的利润。它是商业银行经营各项业务的本钱，在数量上等于银行的总资产减去总负债后的余额。它代表了商业银行股东的所有者权益，或者说是银行所有者的净财富。

（二）自有资本的构成

银行自有资本的构成比较复杂，主要有下述五个方面。

1. 股本

这是银行资本中最基本、最重要，也是最稳定的部分，包括普通股股本和优先股股本。它等于股票发行数量乘以每股面值，是股东行使银行所有者权利的依据。

2. 资本公积和盈余公积

资本公积也称为资本盈余（资本的公共积累）。它是指商业银行溢价发行股票时所取得的额外收入，以及银行资产在进行重估时产生的增值部分。

盈余公积是指在银行税后利润中提取的公积金。国家法律规定，商业银行在经营期间必须将每年盈利的一定比例用来充实资本金。例如，美国商业银行法律规定，国民银行在营业期间必须将每年盈利的10%作为盈余公积，直至累积盈余公积与股本数额相等。

3. 未分配利润

它又称留存收益或留存盈余。它是商业银行税后利润中未分配给股东的部分，即银行税后利润减去普通股股息和红利后的余额。未分配利润是商业银行增加资本金的重要渠道。

4. 资本储备金

它又称风险准备金，是指银行为了防止意外损失，按照一定的比例从收益中提留的资金，包括资本准备金、贷款损失准备金、证券损失准备金。资本准备金用于应付优先股的赎回和股份损失等股票资本的减少；贷款和证券损失准备金则用于应付贷款呆账损失，证券本金被拒付或价格下跌造成的损失。

5. 从属债务

这是银行资本中较为特殊的项目，是指当商业银行破产清算时，偿还顺序较为靠后的债务。它包括资本票据和资本债券。资本票据是指那些期限较短，发行额度大小不等的银行票据；资本债券是指那些期限较长，发行额度较大的债券证券。它们是商业银行的债务性资本。从本质上讲，以债务方式筹集的资金是不能永久使用的，但这些债务由于有特殊的安排，即在银行破产清算时，此类证券对银行资产的要求权落在存款和借款等债务之后，所以，具有了一定的资本属性。各国银行监管当局都认可将某些从属债务算作银行资本。

1988年通过的《关于统一国际银行资本衡量和资本标准的协议》（以下简称《巴塞尔协议》）提出了统一的银行资本定义，将银行资本分为核心资本和附属资本。核心资本包括股本和公开储备；附属资本包括未公开储备、资产重估储备、普通贷款损失准备金、混合资本工具和长期从属债务等。《巴塞尔协议》规定，商业银行最低资本充足率为8%。

二、存款业务

存款是银行接受客户存入资金，存款人可以随时或按约定时间支取款项的一种信用业务。存款是银行的传统业务，是银行资产业务的基础。对于商业银行来说，吸收存款是一种取决于客户行为的被动负债业务，是银行获取经常性资金的主要来源，是商业银行最主要的负债形式。商业银行无不将吸收存款当做其各项业务之首，可见吸收存款对银行经营的重要性。

商业银行的存款按性质划分，可分为活期存款、通知存款、定期存款和储蓄存款。

（一）活期存款

活期存款是不规定存款期限，存款人可随时提取，银行有义务随时兑付的存款。持有活期存款账户的存款人可以用各种方式提取存款，如开出支票、本票、汇票，电话转账，使用自动柜员机等。由于各种经济交易都是通过活期存款账户进行的，所以在国外又把活期存款称为交易账户。在各种取款方式中，传统的是凭支票取款，因此活期存款也叫支票存款。银行对活期存款的存款人一般不付利息，有些国家甚至还要收取一定的手续费。参加活期存款的对象有工商企业、个人、政府及外国客户等。其将闲置资金作为活期存款存入银行不是为了获取利息，而是为了通过银行进行各种支付和结算。

活期存款是商业银行重要的资金来源。它具有流动性大、存取频繁的特点。活期存款中也有相对稳定的部分（称为沉淀资金），银行可以用来发放贷款。活期存款是银行与客户关系的桥梁，商业银行通过活期存款能争取到更多的客户，扩大业务规模。

（二）通知存款

通知存款是存款人在提取存款时，必须提前一定时间通知银行，以便银行准备资金，保证支付的存款。这项存款的利率一般高于活期存款而低于定期存款。

（三）定期存款

它是客户与银行预先约定存款期限的存款。定期存款期限通常为 3 个月、6 个月和 1 年不等，期限最长的可达 5 年或 10 年。定期存款的利率根据期限的长短不同而存在差异，但都要高于活期存款。定期存款的存单可作为抵押品取得银行贷款。定期存款一般不能提前支取，但习惯上，如果客户确有需要，银行也允许客户提前取款，但要按活期存款计息。与活期存款相比，定期存款具有稳定性高的特点，是商业银行获取资金的重要渠道。

（四）储蓄存款

储蓄存款主要是为居民个人积蓄和取得一定的利息收入而开设的存款账户。这种存款通常由银行发给存款人一张存折（存单），以此作为存款和取款的凭证。储蓄存款一般不能签发支票，使用时只能提取现金或先转入存款人的支票存款账户。储蓄存款分为活期存款和定期存款，但以定期存款居多。无论什么样的储蓄存款，银行必须向存款人支付利息，且定期存款利率比活期存款利率高。储蓄存款存折不具有流动性，即存折不能转让和贴现，但可以质押贷款。

储蓄存款的存款人是个人。为了保障储户的利益，各国金融监管当局对经营储蓄存款业务的银行都有严格管理规定，一般要求只能由商业银行和专门的储蓄机构来办理，且要求银行对存款负无限清偿责任。

（五）存款业务创新

20 世纪 70 年代以来，随着金融业竞争日趋激烈，以及金融制度的变革，商业银行为了绕过金融管制，针对吸收存款负债进行了许多金融创新，主要有下述几种。

1. 可转让大额定期存单

可转让大额定期存单（Negotiable Certificates of Deposits，CD）最早是由美国花旗银

行在 1961 年创设的，是美国大银行发行的一种定期存款凭证，最低面值为 10 万美元，期限一般为 3 个月或 6 个月，也有为期 1 年的。定期存单的面额一般为 100 万美元，不记名，可随时在市场上出售。定期存单利率一般取决于市场上的资金供求状况，以及其他的短期资金利率，同时也受发行银行的经营状况、存单面额大小、到期日等影响。日本银行在 1979 年开始出售定期存单，每笔金额在 5 亿日元以上，期限为 3～6 个月。

我国商业银行 1986 年曾发行过可转让大额定期存单，到 1993 年累计发行 500 多亿元，1997 年停办了这项业务。我国当时发行的可转让大额定期存单是一种固定面额、固定期限、可以转让的大额存款定期储蓄。发行对象既可以是个人，也可以是企事业单位。可转让大额定期存单，无论是单位还是个人购买，均使用相同式样的存单，分为记名和不记名两种。两类存单均有 100 元、500 元、1 000 元、5 000 元、10 000 元、50 000 元、100 000 元、500 000 元共八种面额，购买此项存单的起点个人是 500 元，单位是 50 000 元。存单期限共分为 3 个月、6 个月、9 个月、12 个月四种，利率按照同类定期存款利率上浮（之前利率比同类定期存款利率上浮了 10%，后来降低到 5%，最后又降为零）；不可提前支取，也不可转让。2005 年曾重提构建中国可转让大额定期存单市场问题，利率市场不成熟是发展该市场的最大障碍。直至 2015 年 6 月，中国人民银行发布《大额存单管理暂行办法》，重启商业银行发行大额可转让定期存单的大幕，这是我国向存款利率市场化迈出的关键一步。

2. 可转让支付命令账户

可转让支付命令账户（Negotiable Order of Withdrawal Accounts，NOW）在法律上解释为储蓄存款，因此可以支付利息。该账户的持有者可以签发类似于支票的支付转移书，具有交易结算功能，实际上是一种有息的交易型账户。它既可支付利息，又可用于转账结算，年利率略低于储蓄存款。可转让支付命令账户一般限于个人和非营利性团体开立。它最早于 1972 年 5 月由美国马萨诸塞州的一家州注册互助储蓄银行开办。

根据美国相关条例的规定：活期存款可以提现和满足支付需要，但禁止银行向客户支付利息，储蓄存款机构可以向客户支付利息但不能为客户提供转账服务。为绕过金融管制，20 世纪 70 年代，美国马萨诸塞州的互助储蓄银行创新了这种可转让支付命令账户，在此推动下，1980 年美国颁布的新银行法允许全国的储蓄银行和商业银行都可以开立这样的账户，这种新的存款品种得以迅速推广。在 1982 年，又推出了与市场利率挂钩的超级 NOW 账户（Super NOW）。

3. 自动转账服务账户

自动转账服务账户（Automatic Transfer Service Accounts，ATS）于 1978 年 11 月为美国商业银行首创，1980 年美国准许全国存款性金融机构开办。在自动转账服务账户下，客户开设两个账户：一是无息的活期存款账户，二是有息的储蓄存款账户，客户在不需要支付和提现时将资金放在储蓄存款账户上，取得利息收入，在需要开支票时由银行自动在客户的储蓄存款账户上把相应的金额转移到活期存款账户上，满足客户开支票的要求。客户可以获得既得到利息又方便支付和提现的金融服务。

4. 货币市场存单

货币市场存单（Money Market Certificates，MMC）是一种与可转让大额定期存单利率或长期国债利率连动的定期存款。它最早于 1978 年 6 月问世，由美国商业银行和储蓄机构创造。其特点是利率随市场利率而变化，存单购买者是各类个人投资者。商业银行根据高收入投资者、中等收入投资者和一般个人投资者而设计出不同品种，按购买存单的最低金额不同，分为大额货币市场存单、中额货币市场存单和小额货币市场存单。货币市场存单和可转让大额定期存单的不同之处在于，货币市场存单不具有可转让性，而且面额比可转让大额定期存单的面额小。

5. 货币市场存款账户

货币市场存款账户（Money Market Deposit Accounts，MMDA）最早开办于 1982 年 12 月。它的最低存入额为2 500美元，后来降至1 000美元，对存款人无资格限制，开户对象可以是个人、营利性机构和非营利性机构。它与可转让支付命令账户一样是支付和储蓄混合的账户，但该账户利率不固定，商业银行依据货币市场上利率的变动，每天调整该账户的存款利率，使存款利率与市场利率走势一致。如果货币市场上利率上升，存款利率也随之上升，银行可以免受固定利率带来的损失；如果货币市场利率下降，存款利率也下降，银行可以避免固定利率带来的损失。商业银行对这类账户转账次数有限制，该存款账户每月可以对第三方转账六次，其中支票转账最多三次。

我国商业银行的存款业务分为对公存款和对私存款。对公存款又称为单位存款，指国家机关、企事业单位、团体、部队等单位的存款。具体形式有活期存款、定期存款、单位协定存款、单位通知存款、集团账户存款等。对私存款又称储蓄存款，指居民个人存款。具体形式有活期储蓄存款、定期储蓄存款、定活两便储蓄存款、银行卡存款、个人通知储蓄存款、教育储蓄存款等。我国商业银行资金来源中，存款占有十分重要的地位，但存款创新形式不够，缺乏活力。

三、其他负债业务

其他负债业务主要是指商业银行的借款业务。借款业务是商业银行主动向中央银行、其他金融机构和金融市场借入资金的一种信用活动，是商业银行的主动负债业务。它已成为银行资金的一个重要来源。根据借款期限的不同，商业银行的借款分为短期借款和长期借款。期限在一年期以内的债务（如同业借款、向中央银行借款和回购协议）是短期借款；一年期以上的债务（如商业银行发行的资本性票据和债券）是长期借款。

（一）向中央银行借款

向中央银行借款是商业银行增加负债的一种渠道，商业银行向中央银行借款主要是通过再贷款和再贴现的方式进行的。

再贷款是商业银行开出票据或以政府债券作抵押向中央银行取得的贷款。各国中央银行对再贷款限制较严，一般只允许用于商业银行资金的临时调剂，而不能用于扩大银行资产规模。再贴现是指商业银行向中央银行贴付一定的利息，将办理贴现业务所取得的未到期票据转让给中央银行的一种融资行为。

再贷款和再贴现不仅是商业银行筹措短期资金的重要渠道，同时也是中央银行控制货币供应量的重要工具。

（二）同业借款

同业借款是指金融机构之间的短期资金融通，主要有同业拆借、抵押借款和转贴现三种形式。

同业拆借是银行的一项传统业务，也是最主要的同业借款方式。它是指商业银行与其他金融机构之间的临时借款。其目的是满足商业银行日常资金周转需要，它是商业银行和其他金融机构之间相互调剂短期资金余缺，调整法定存款准备金头寸的重要渠道。同业拆借的期限通常很短，有的只有一天或隔夜，称为隔天拆借或隔夜拆借。同业拆借的利息一般是按日计算，利率与当时的市场利率挂钩，受资金供求状况影响较大。由于同业拆借一般是通过中央银行的存款账户进行的，实际上是超额准备金的调剂，因此又称为中央银行基金调剂。

抵押借款是商业银行资金周转发生困难时，以其持有的金融资产和客户的抵押资产作为抵押品向其他同业银行取得的借款。

转贴现是商业银行将贴进的但尚未到期的票据交给其他商业银行或贴现机构，要求给予贴现，以获取货币资金的行为。转贴现可以多次进行。

（三）发行金融债券

1. 金融债券的概念

金融债券是银行等金融机构作为筹资主体为筹措资金而发行的一种有价证券，是表明债权、债务关系的一种凭证。债券按法定发行手续，承诺按约定利率定期支付利息并到期偿还本金。它属于银行等金融机构的主动负债。

在英国、美国等欧美国家，金融机构发行的债券归类于公司债券。在我国及日本等国家，金融机构发行的债券称为金融债券。金融债券诞生于日本，是在日本特定的金融体制下产生的债券品种。日本发行金融债券的主体主要有日本兴业银行、日本长期信用银行、日本债券信用银行、商工组合中央金库、农林中央金库、东京银行、全国信用金库联合会等，这些机构在日本的金融体系中虽属于民间专业金融机构，但具有浓厚的政府色彩。日本政府根据其经济发展的客观要求，不断地对需要发展的行业和企业给以强有力的支持，以提高其经营和竞争能力，从而为不同支持对象建立了稳定的资金供应渠道。我国 20 世纪 80 年代引进金融债券。

2. 发行金融债券的目的

金融债券能够较有效地解决银行等金融机构的资金来源不稳定和期限不匹配的矛盾。

银行等金融机构的资金主要有三个来源，即吸收存款、向其他机构借款和发行债券。存款资金来源不稳定，在经济动荡时期，易发生储户争相提款的现象。向其他商业银行或中央银行借款所得的资金主要是短期资金，而金融机构往往需要进行一些期限较长的投融资，这样就出现了资金来源和资金运用在期限上的矛盾。发行金融债券能比较有效地解决这一矛盾。债券在到期之前一般不能提前兑换，只能在市场上转让，从而保证了所筹集资金的稳定性。同时，金融机构发行债券时可以灵活规定期限，比如为了一些长期项目投资，可以发行期限较长的债券。因此，发行金融债券可以使金融机构筹措到稳定且期限灵活的资金，从而有利于优化资产结构，扩大长期投资业务。

金融债券是较好的投资品种。由于银行等金融机构在一国经济中占有较特殊的地位，政府对它们的运营有严格的监管，金融债券的资信通常高于非金融机构债券，违约风险相对较小，具有较高的安全性；金融债券的利率通常低于一般的企业债券利率，但高于风险更小的国债和银行储蓄存款利率，风险小，收益高，是较好的投资工具。

3. 金融债券的种类

金融债券可以从不同的角度分类。最常见的分类有以下两种：

(1) 根据利息的支付方式，金融债券可分为附息金融债券和贴现金融债券。如果金融债券上附有多期息票，发行人定期支付利息，则称为附息金融债券；如果金融债券以低于面值的价格贴现发行，到期按面值还本付息，利息为发行价与面值的差额，则称为贴现债券。比如票面金额为 1 000 元，期限为 1 年的贴现金融债券，发行价格为 900 元，1 年到期时支付给投资者 1 000 元，那么利息收入就是 100 元，而实际年利率就是 11.11%。按照国外通常的做法，贴现金融债券的利息收入要征税，并且不能在证券交易所上市交易。

(2) 根据发行条件，金融债券可分为普通金融债券和累进利息金融债券。普通金融债券按面值发行，到期一次还本付息，期限一般是 1 年、2 年和 3 年。普通金融债券类似于银行的定期存款，只是利率高些。累进利息金融债券的利率不固定，在不同的时间段有不同的利率，并且一年比一年高，也就是说，债券的利率随着债券期限的增加累进。例如，面值为 1 000 元，期限为 5 年的金融债券，第一年利率为 9%，第二年利率为 10%，第三年利率为 11%，第四年利率为 12%，第五年利率为 13%。投资者可在第一年至第五年之间随时去银行兑付，并获得规定的利息。

此外，金融债券也可以像企业债券一样，根据期限的长短划分为短期债券、中期债券和长期债券；根据是否记名划分为记名债券和不记名债券；根据担保情况划分为信用债券和担保债券；根据可否提前赎回划分为可提前赎回债券和不可提前赎回债券；根据债券票面利率是否变动划分为固定利率债券、浮动利率债券和累进利率债券；根据发行人是否给予投资者选择权划分为附有选择权的债券和不附有选择权的债券等。

相关链接 3-3

我国金融债券的发行

中国境内发行金融债券始于 1985 年。

1985 年因发放特种贷款需要而发行金融债券。为了解决国有商业银行信贷资金不足问题，中国工商银行、中国建设银行和其他非银行金融机构被批准向社会公开发行金融债券，用于发放特种贷款，支持一些产品为社会所急需、经济效益好的建设项目的扫尾工作，以促进其迅速竣工投产。同时，规定发行金融债券要贯彻量出为入的原则，即根据特种贷款的实际需要，在批准的额度内发行，以免所筹资金因利率较高用不出而发生亏损。这种金融债券一直持续到 1992 年，大约发行了 200 多亿元，以后再没有发行过。这种金融债券的特点是，从发行目的看，它类似于政府债券，是为了贯彻国家经济政策，完成国家资金管理机构承担的融资任务，而不是为了金融机构自身多赚取利润。但从发行办法看，它又类似于企业债券，既不给各地下达指令性指标，也不做政治动员，完全依靠金融债券自身的特点上市发行。

1994 年发行特种金融债券。国家开发银行、中国进出口银行和中国农业发展银行三家政策性银行相继成立，这三家政策性银行的资本金和信贷资金开始由国家财政拨付，但是由于财政困难不能完全满足这三家银行的资本金和信贷资金的需求，国务院批准它们可以在银行间债券市场面向金融机构发行特种金融债券。到 2002 年底，这三家银行共发行此类金融债券 15 299 亿元。

1997 年和 1998 年证券公司发行金融债券。为了解决证券回购出现的问题，中国人民银行批准了 14 家金融机构先后发行 16 次金融债券，发行总规模 56 亿元。这些金融机构包括华夏证券有限公司、国泰证券有限公司、南方证券有限公司、广东发展银行、海南发展银行、北京京华信托投资公司、中兴信托投资公司、海南汇通国际信托投资公司、海南赛格国际信托投资公司、中银信托投资公司、海南国际租赁公司、新疆国际租赁公司、广东国际信托投资公司深圳分公司、北京四通财务公司。

1985 年至 2014 年 5 月前，我国金融债券主要在银行间债券市场发行、流通和转让。2005 年 6 月 1 日，以中国人民银行令的形式颁布了《全国银行间债券市场金融债券发行管理办法》。金融债券是指依法在中华人民共和国境内设立的金融机构法人在全国银行间债券市场发行的、按约定还本付息的有价证券。这些金融机构法人包括政策性银行、商业银行、企业集团财务公司及其他金融机构。商业银行次级债券是指商业银行发行的，本金和利息的清偿顺序列于商业银行其他负债之后、先于商业银行股权资本的债券，商业银行次级债券是金融债券的一种。相对于商业银行次级债券而言，金融债券的发行人不限于商业银行，而是包括所有金融机构，其所募资金用途也较为广泛，而不仅限于补充附属资本。

2014 年 5 月 5 日至 9 日，通过银行间债券市场和商业银行柜台同时发行一年期金融债券，这意味着金融债券开始面向社会公众发行。

发行金融债券的重要意义表现在三个方面：首先，发行金融债券有利于提高金融机构资产负债管理能力，化解金融风险。我国商业银行等存款类金融机构资产负债期限结构错配现象非常严重，金融机构缺乏主动负债工具，资产负债管理能力普遍较弱，这在相当程度上制约了金融机构的经营主动性和风险承担能力。虽然发行次级债券为商业银行补充附属资本提供了一条途径，但难以作为经常性大规模融资渠道。从国际经验来看，发行金融债券可以作为长期稳定的资金来源，能有效解决资产负债期限结构错配问题，同时还可以成为主动负债工具，改变我国商业银行存款占绝对比重的被动负债局面，化解金融风险。其次，发行金融债券有利于拓宽直接融资渠道，优化金融资产结构。通过企业集团财务公司发行金融债券可以在一定程度上满足企业集团的资金需求，可增加直接融资比重，既降低了银行和政府由于公司主要是贷款负债而形成的风险，也降低了经济运行的社会成本。最后，发行金融债券有利于丰富市场信用层次，增加投资产品种类。

（四）回购业务

回购业务是指银行与资金盈余者之间签订回购协议，约定银行出售金融资产获得资金，确定在未来某一时间，按一定价格购回该项资产。银行出售和回购的对象通常是国库券，期限短的为一个营业日，长的则为几个月。回购协议的实际交易主要有以下两种做法：一种是交易双方同意按相同的价格出售和购回证券，双方事先约定利息，在回购证券时，一并支付；另一种是证券的买卖价格不同，证券回购者的回购价格要高于出售价格，高出的部分作为资金借出者所得的利息。

回购协议是商业银行的一项金融创新，是调整短期资金头寸的工具，有时也是获取长期资金的一种方式。回购协议的资金贷出者主要是企业、政府机构和外国政府等。

（五）占用资金

占用资金是指商业银行在办理中间业务及同业往来过程中，临时占用的资金。

银行在办理汇兑、代收代付、代客买卖、代理投资等中间业务时，可以在收进款项和完成业务之间的这段时间内占用客户的资金；在同业往来过程中，如果出现应付款大于应收款，也会占用他行的资金。虽然从每笔业务看，占用时间很短，金额不大，但从周转总额来看则非常巨大，因而也构成商业银行的一项重要资金来源。

第三节　商业银行的资产业务

商业银行的资产业务是指商业银行资金运用业务，主要包括现金资产业务、放款业务和投资业务。

一、现金资产业务

商业银行的现金资产是指商业银行持有的、可以无风险地运用的、最具流动性的资产，包括库存现金、存放中央银行的存款准备金、存放同业存款等。

（一）库存现金

库存现金指银行金库里的纸币和硬币。其用途是满足客户随时提取现金的需要，这些现金不能给银行带来收益，但却是银行保证现金支付活动所必需的。

（二）存放中央银行的存款准备金

存放中央银行的存款准备金是依据国家金融管理要求而保留在中央银行账户的资金。它由法定存款准备金和超额存款准备金两部分构成。法定存款准备金是中央银行要求商业银行必须按法定存款准备率提取的存款准备金，法定存款准备率是中央银行制定的，是商业银行必须提存的法定存款准备金占吸收存款的比例。中央银行可根据宏观经济形势和金融运行状况调整法定存款准备率，法定存款准备率的调整影响商业银行的贷款能力。超额存款准备金是指商业银行在中央银行存款超过法定存款准备金的部分，是商业银行可以用来贷款和投资的准备金。在许多国家，存放中央银行的存款准备金没有利息或利率很低，几乎不能给商业银行带来收益。

（三）存放同业存款

商业银行在进行相互代理业务过程中，经常在其他银行开设活期存款账户，这类资金称为存放同业存款。一般规模较小的银行需要找一些规模较大的银行作为它们的代理行，小银行需要在大银行存款，这些大银行为它们提供支票清算、外汇交易及证券买卖等方面的服务；另外，一些大银行通常与其他国家的商业银行存在代理关系，以便彼此之间进行跨国的资金清算。

二、放款业务

（一）根据偿还期限可分为活期放款、定期放款和透支

1. 活期放款

活期放款是放款期限未定，银行可以随时收回或借款人可以随时偿还的放款。

2. 定期放款

定期放款是指具有确定期限的放款，可分为短期放款、中期放款和长期放款。短期放款一般规定在1年之内归还，用于满足企业短期流动资金不足或季节性资金需要。中期放款一般期限为1年～5年，通常在放款期限内分期偿还本息。长期放款一般指偿还期在5年以上的放款。

3. 透支

透支是银行允许存款户在约定的范围内，超过其存款余额签发支票予以兑现的一种放款，分为信用透支、抵押透支和同业透支三种。透支放款有随时偿还的义务，利息按天计算。

（二）根据使用放款的经济内容可分为工商业放款、不动产抵押放款、消费者放款、同业放款

1. 工商业放款

工商业放款是银行对工商企业生产或销售需要而发放的贷款。它在银行放款总额中所占比重最大，是传统的放款业务，也是我国商业银行最主要的放款种类。工商业放款包括短期流动资金放款、长期流动资本放款和项目放款等。

2. 不动产抵押放款

它是以建筑物和土地为抵押品的放款，主要包括住宅放款、工商农不动产放款等。这种放款目前在一些西方发达国家中较为普遍，在美国，其比重已达到放款总额的30%左右。但由于这类放款期限较长、流动性差，因而各国商业银行往往将其控制在一定放款比例内。

3. 消费者放款

它是指银行对消费者个人发放的、用于购买耐用消费品或支付其他费用的放款。目的是解决个人用于购买汽车、家用电器、房屋等方面的资金需要。

消费者放款的发放有直接和间接两种。直接发放是消费者和银行可以直接发生借贷关系；间接发放是银行通过某一商业企业与消费者间接发生借贷关系，即银行可以放款给商店，商店将商品赊销给消费者，消费者根据协议分期付款。消费者放款按用途可分为汽车放款、住宅放款、高档耐用消费品放款、教育与学费放款、旅行放款等。消费者放款可以分期偿还，也可以一次偿还。另外，消费者放款也可通过信用卡透支发放。

4. 同业放款

同业放款是银行和非银行金融机构之间相互融通资金而发放的贷款，包括中央银行存款账户余额放款、票据交换所日拆、证券经纪人贷款、同业借贷等多种形式。

（三）根据信用担保的性质可分为信用放款、担保放款和票据贴现贷款

1. 信用放款

它并无实物或有价证券作抵押或质押，通常仅由借款人出具签字的书面凭证作为保证。

这种放款不需客户用任何有价物作保证，使企业获得了追加资本，所以这种放款是资本放款。银行一般只对它所熟悉并确信具有偿还能力的借款人提供信用放款，这种放款利息率较高，并且附加一定的条件。例如，要求企业提供资产负债表，报告借款的使用情况，不得向其他银行借款等。银行通过这些措施加强对企业的监督和控制。

2. 担保放款

担保放款根据担保性质不同，分为保证放款、质押放款和抵押贷款三种。

(1) 保证放款。它是银行凭借第三人给借款人提供的还本付息担保而发放的贷款。其中，借款人是主债务人，提供信用保证的第三人是连带债务责任人。

(2) 质押放款。它是银行依据借款人提供的质押物而发放的贷款。可以作为质押物的

有各种商品和商品凭证（如货运提单、仓库栈单），各种票据，债券和股票等财产权利。

一般把以各种商品和商品凭证作抵押的放款叫商品抵押放款。当贷款不能按期归还时，银行可以出售抵押的商品，以补偿放款。银行放款时，垫头较大，放款数额一般为商品市价的30%～50%，以防止商品跌价或销售发生困难而遭受损失。

一般把以各种票据为担保的放款称为票据抵押放款。放款期限不得超过票据到期的期限。放款到期时，借款人应偿还放款、赎回票据；如不赎回，银行有权处置票据。在票据贴现时，银行扣除的只是贴现利息，但在进行票据抵押放款时，银行为了避免借款人不赎回票据而遭受损失，其放款额总是低于票据的面额，一般为60%～80%。票据面额与放款额的差额通常称为“垫头”。

票据抵押放款业务和商品抵押放款业务的意义：均与产业资本循环过程密切联系，能加速资本的周转，促进生产的扩大。可使商品资本和票据债权转化为货币资本，如当商品暂时未能销售出去时，可以把商品抵押给银行取得放款；当商品还处于运送途中时，也可以把商品运送凭证抵押给银行取得放款。这样使资本从商品形态提前转化为货币形态。当商品以信用形式出售以后，企业可以获得票据，虽然票据可以作为信用货币而流通，但它毕竟有一定的局限性，这时持票人可以把票据提交银行贴现或抵押。这样票据业务也可使资本从票据债权形态转化成货币形态，以保证资本循环的连续进行。

以股票或债券作担保的放款在确定数额时也有垫头。证券投机商以有价证券作质押去取得银行放款，运用这笔放款再去购买有价证券，然后再质押再购买，为有价证券的投机商提供了大量的货币资本。他们用这些货币资本增加了对证券的需求，提高证券的行市，从中获得投机利润。

（3）抵押贷款。根据很多国家担保法的规定，抵押贷款是指以不动产和动产作为抵押物而发放的贷款。以不动产作抵押为普通抵押，以动产作抵押为特殊抵押，能作抵押物的动产一般是交通运输工具，如汽车、轮船、飞机和机器设备。抵押期间抵押人并不丧失对抵押物的使用权，而如果作为质押物，质押人就失去了对质押物的使用权，质押物一般需要进行第三方托管，以保证债权人权益。抵押权的设定目的是保全债权免受损失，同时还能充分发挥抵押物的使用价值，更好地利用社会资源。

3. 票据贴现贷款

（1）票据贴现。它是指客户将未到期的票据提交银行，由银行扣除自贴现日起至到期前一日止的利息而取得现款，票据到期时由贴现银行按票面额向票据的承兑人或出票人收回款项。

银行办理票据贴现，须按一定的利率计算利息。这种利率称为贴现率。

票据贴现付款额的计算公式是：

贴息＝票据面额×年贴现率×贴现天数÷365

贴现付款额＝票据面额－贴息

（2）贴现业务与普通放款的比较。贴现实际上是一种特殊的放款。它与普通放款相比，不同之处表现为：

1）普通放款是到期以后收取利息，贴现则是在贴现业务发生时从票据面额中预扣利息。

2）放款期限较长，且常有转期情况，而贴现的票据期限一般较短，通常都是三个月到期，最长不会超过一年，到期即收回。

3）放款的申请人即为银行的直接债务人，而贴现的申请人并非银行的直接债务人，票据的出票人、承兑人和背书人均应对票据款项负责。

4）放款利率要略高于贴现率。这是因为贴现业务发生时，银行要按票据面额预扣利息，将余额付给客户，银行的实际付款额要低于票面额。

（四）根据成本定价方法可分为固定利率放款和浮动利率放款

1. 固定利率放款

固定利率放款，即客户根据借款时与银行约定的利率还本付息。固定利率放款可以做这样的理解，就是在合同存续期间利率不做调整的放款。

2. 浮动利率放款

它分为两种：一种是对资信状况较好又与银行有长久合作关系的客户，一般实行优惠利率，即在银行放款基准利率基础上向下浮动，对一些信用等级较差的客户实行高利率，即以银行放款基准利率为基础向上浮动；另一种是在市场利率不稳定的条件下，为了不使双方单方面承担利率风险，在放款合同有效期内约定利率调整期限，当利率调整期限到来时，放款利率以基准利率为基础上浮或下浮。

三、投资业务

（一）投资业务的概念

商业银行的投资业务是指银行购买有价证券的业务活动。

商业银行的投资业务与通常所说的投资不同。普通投资是指以资本从事工商业的经营活动，而商业银行投资是指银行购买有价证券，包括债券（国库券、公债券、公司债券）和股票。但对于购买股票，一般国家多加以限制或禁止，目前各国商业银行的证券投资主要用于购买政府债券。例如，美国近年来全国商业银行的投资总额中，联邦政府债券占60％以上，这主要是由于联邦政府债券比较安全可靠、期限较短、变现能力强。

商业银行购买有价证券，目的是从中谋取投机利润。商业银行在证券交易所中广泛进行投机活动，并对证券交易的经纪人进行贷款资助。据统计，纽约证券交易所内取得商业银行贷款的有价证券周转额超过50％。证券投资的盈利有可能高于放款的收益。

商业银行的投资业务有风险，因此银行必须加强对证券投资的管理，并运用各种投资方式注意回避和分散投资的风险，以确保获取利润。

（二）投资业务与放款的比较

银行投资业务与放款，两者极为相似，都是商业银行的资金运用，都属于商业银行的盈利性资产。两者的不同表现为：

（1）放款是银行应借款人的请求而发放；而银行购买证券进行投资是主动的资金运用方式，相当于以投资方式放贷。

（2）放款一般在到期以后才能收回；而投资则可以随时将证券在公开市场出售收回。

（3）放款一般用于生产经营活动，与实业界的资本循环发生联系；而银行投资业务是买卖有价证券，如果商业银行在发行市场买卖有价证券，就与实业资本循环发生联系，如果在流通市场买卖有价证券，就是一种虚拟资本的买卖。

《中华人民共和国商业银行法》规定：商业银行在中华人民共和国境内不得从事信托投资和股票业务，不得投资于非自用不动产。

第四节　商业银行的中间业务

中间业务是银行不需运用自己的资金，代替客户承办支付和其他委托事项而收取手续费的业务。商业银行的主要业务是通过吸收存款等方式获得资金，然后把所获资金用于放款和投资并从中获取收益。除此之外，商业银行还利用其自身在机构网络、资金、信誉、信息等方面的优势，为客户提供广泛的服务，特别是 20 世纪七八十年代以来，由于直接金融的发展，商业银行贷款业务下降，为了保证盈利，中间业务在银行业务中占有越来越重要的地位，手续费收入成为商业银行重要的收入来源。

商业银行的中间业务因为不涉及商业银行资产负债变化，不在资产负债表中反映，因此可以称为表外业务。狭义的表外业务特指那些不反映在资产负债表内，但在一定条件下可能转化为银行资产或负债的业务，即构成商业银行或有资产和或有负债的项目。

一、结算业务

结算业务是指银行通过账户余额结转代替客户完成因交易、劳务、资金转移等原因引起的货币收付。按照收款人和付款人所处的地点分为同城结算和异地结算两种类型。

同城结算主要采用支票、本票支付工具。支票结算是付款人根据银行存款和允许的透支额，签发以开户行为付款人的支票交给收款人，收款人可以自己到付款行要求付款，更多的是将支票送达自己的开户行，委托其向付款人收款。如果支票的收款人和付款人恰好在同一银行开户，则银行只需将支票上所记载的金额从出票人的账户划转到收款人的账户；若双方不在同一银行开设账户，需要通过同城票据交换所的票据交换进行清算。本票结算是银行在收妥客户款项后签发一张以自己为付款人的银行本票，由客户将本票交给收款人，收款人可以自己到付款行要求付款，更多的是将本票送达自己的开户行，委托其向付款人收款。清算程序类似支票清算。本票可以代替现金使用，携带安全，使用时免于清点现金。

异地结算采用汇兑方式。汇兑业务是银行代理客户把指定币种款项汇给异地收款人的业务。它包括国内汇款和国际汇兑两类业务。国内汇款和国际汇兑使用特殊的汇兑凭证——银行汇票或支付委托书。这些凭证是承汇银行（汇出行）在向汇款人收妥汇款金额和手续费后向另一银行（汇入行，可以是它的代理行或分支行）发出的付款命令，命令后者向收款人支付一定数额的货币。银行汇票由出票银行交给客户，客户再将它寄给收款人，由收款人或被背书人向汇票指定的银行取款，这种方式称为票汇。支付委托书，即由承汇银行用邮寄或电报、电传或电讯手段直接通知汇入银行，再由后者通知收款人取款，这种方式分别称为信汇和电汇。国际汇兑包括货币兑换和汇款两个过程，对于银行而言，开展这项业务可以赚取货币兑换的买卖差价和汇款手续费。

汇兑业务对银行的意义在于，银行可以无风险地获取汇款手续费和货币兑换差价，同时如果采用票汇、信汇方式，经营该项汇兑业务的银行可以占用客户一部分资金。因为客户把款交给银行，银行再把款汇给异地的收款人，这中间总会有一段时间间隔，在这段时间内银行就可以占用客户的资金。虽然每一笔款项可占用的数额不大，时间也短，但由于银行每天办理大量的汇兑业务，占用的资金总数就颇为可观了。如果汇兑采用电汇方式，因为可以即时到账，银行很少能占用客户资金。

二、信用证业务

信用证业务是银行做出的有条件付款保证的业务，可以解决买卖双方互不信任的矛盾。它是国际贸易中经常采用的一种结算方式。

信用证是银行应买方（进口商）的开证要求签发的以卖方（出口商）为受益人，承诺只要卖方提交与信用证表面相符的单据就进行付款的业务。在银行开出的信用证上要列明买方购货所规定的条件，如货物的规格、数量、单价、装运条件、保险要求、规定提交的单据等。只要卖方按所列条件发货并按规定提交单据，就可以申请银行付款。银行在审核单据后，符合“单单一致、单证一致”的付款条件，就必须付款。银行开办信用证业务，可以从中收取开证手续费，因为通常要求买方缴纳开证保证金，故可以占用客户一部分资金。

三、信托业务

（一）信托业务的概念

信托业务是银行受个人、机构或政府的委托，代为管理、营运、处理所托管的资金财产并为受益人牟利的活动。信托业务的受益人可以是委托人，也可以是委托人指定的个人或机构。

在社会中有专门经营信托业务的信托公司，商业银行因资本雄厚、业务经验丰富，开始介入这一领域。商业银行对信托业务一般只收取一定的手续费，而营运财产或资金所获得的收入则归委托人或其指定的受益人所有。但银行开展这项业务时，可把暂时闲置的一部分信托资金用于其证券投资业务，获取投资收益。第二次世界大战后，商业银行开办的信托业务发展极为迅速，其原因是银行资产负债业务联系面广，熟悉行情，信息渠道畅通，而且和银行营运信贷资金密切相关。

（二）信托业务的种类

信托业务可以从多个角度进行分类，按委托人不同，可以分为个人信托业务、法人信托业务和政府信托业务三类。

1. 个人信托业务

个人信托业务包括：代管财产，办理遗产转让，保管有价证券和贵重物品，代办人寿保险等；代拟家庭预算，代理家庭个人理财，代办个人纳税等；为委托人设计旅游路线（若旅游业发达）。

2. 法人信托业务

法人信托业务包括：代办投资和筹资事宜，如股票和公司债券等的发行、股息红利分发、债券还本付息等事宜；代办合并或接管其他企业；代管雇员福利账户和退休养老金的发放、业务咨询。

3. 政府信托业务

代理政府发行国库券、公债券和兑付的国库券的本金以及公债券的本金、利息等。

相关链接 3-4

我国商业银行信托业务

信托业务拓展了商业银行的活动领域，但是商业银行从事信托业务是否适宜是一个有争论的问题，不少人主张银行与信托业务分离，目前各国一般都要求银行的信托部门在财务、人事等方面独立。在 20 世纪 80 年代，我国银行曾大量涉足于信托业务，但是从 1995 年开始，根据分业经营、分业管理的原则，中国人民银行要求银行系统所办的信托投资公司（包括该类公司的分支机构及银行的信托部、证券部）与银行的机构、资金、财务、业务、人事、行政等方面彻底脱钩，或改为银行的分支机构。《中华人民共和国商业银行法》规定：商业银行不得办理信托投资业务，但可以代理保险业务。欧洲的大银行一般是全能型银行，除银行业务外，证券、信托、保险业务都可以做；北美、日本也放松或废除了分业管理模式的限制，使银行业向全能型方向发展。目前，为了便于我国商业银行参与国际竞争，在混业经营方面，政策有所松动，处于从分业经营向混业经营过渡的时期。

四、租赁业务

租赁业务是银行通过所属专业机构将大型设备出租给企业使用的业务，商业银行办理的租赁业务属于融资性租赁。这类租赁业务一般由银行所控制的公司经营。

租赁的范围包括飞机、船只、车辆、钻井平台、电子计算机和各种机电设备，目前扩大到工厂整体租赁。商业银行开展的租赁业务主要有直接租赁、售后回租和杠杆租赁。

（一）直接租赁

直接租赁的一般程序是：先由承租人直接与设备制造厂商就设备的型号、规格、数量，以及价格和交货日期等进行谈判，谈判结束后，租赁公司向设备制造厂商购买设备，所需资金由租赁公司负责；然后承租人与租赁公司签订租赁合同，与设备制造厂商签订维修、培训人员、更新部件等技术合同。厂商按合同向承租人发货，货到验收合格后，租期开始。承租人按合同规定，向租赁公司缴纳的租金总额包括设备费、手续费和利息等。直接租赁的租期较长，一般不得中途解约，租期结束后，承租人可续租、议购。

（二）售后回租

售后回租是指企业将自己所拥有的设备出售给租赁公司，然后再以承租人的身份租回使用，按期支付租金。这种租赁方式可以解决企业流动资金不足的问题。

（三）杠杆租赁

它是指当租赁设备价格昂贵，出租人难以独立承担时，就只提供一部分购买资金，然后采用贷款等方式筹集设备购置款，并通过收取租金方式归还这些贷款。这是近几年很流行的租赁方式。

五、代理业务

代理业务是商业银行接受单位或个人的委托，以代理人的身份代表委托人办理一些代理权限范围内事项的业务，主要包括代理公用事业收费、代收代付社会保险费、代发工资、委托收款、代理缴费、代收行政罚没款等。商业银行利用办理结算业务和营业网点形成网状优势，可以为委托人及相关人员的款项收支提供方便。商业银行代发工资业务是银行接受企事业单位委托，通过转账方式，将员工的工资收入在约定的时间内转入员工在该银行开立的存款账户中；商业银行代缴费业务是收款单位委托银行，在约定的时间，由银行将款项（使用人在银行开立的账户）划到收款单位账户中。商业银行代缴的公共事业费有电费、电话费、手机月租费、保险费、医疗保险费、燃气费等。这些代理业务或为银行带来直接收益，如收取一定比例的手续费；或能增加银行的存款负债，带来间接收益。

六、代理融通业务

代理融通业务是由商业银行代客户收取应收账款，并向顾客提供资金融通的一种业务方式。这种业务产生于工商企业扩大销售与收回货款的需要，既有利于工商企业应收账款按时收回，又可解决赊销的工商企业资金周转不灵的困难，因此极受客户的欢迎。商业银行在办理此项业务时可以收取一定的手续费和融资的利息，因此是一项极具发展潜力的业务。

七、银行卡业务

银行卡是由银行发行、供客户办理存取款和转账支付的新型服务工具，包括信用卡、支票卡、记账卡、智能卡等。它是银行业务与高科技相结合的产物，使银行业务有了新的面貌。

（一）信用卡

它是代替现金和支票使用的支付工具，发卡人可以是银行，也可以是公司。银行与商店约定，允许持卡人凭信用卡购货，然后由商店向银行收款，银行月底汇总向顾客收款。信用卡具有“先消费，后付款”的特点，能够透支，也称为贷记卡。信用卡是银行卡中数量最多的一种，而银行信用卡又在当今信用卡体系中占大多数。目前，信用卡正向国际化、安全、多用途方向发展。例如，维萨卡、万事达卡等信用卡已遍及世界的主要国家和地区。

（二）支票卡

它又称支票保证卡，是供客户签发支票时证明其身份的卡片。卡片载明客户的账号、签名和有效期限。这种卡流行于欧洲，针对“欧洲支票”作证明之用，无授信功能。支票卡的出现使得 8 000 多家欧洲银行得以结成“欧洲支票”系统，为互相兑现支票提供了保证。

（三）记账卡

它是一种可以在与银行电子计算机总机相连的各种终端机上使用的塑料卡，卡上的磁条储存有持卡人的个人开户银行编码、账户等。取现或购物时，将其插入相关终端机，比如售货终端机，客户即可获得现款或直接办理转账。记账卡不同于信用卡，不能获得银行授信。记账卡也称借记卡。

（四）智能卡

它又称智慧卡，包括两种：一种是灵光卡，又叫记忆卡。卡上带有微型集成电路处理器，具有自动计算、数据处理和存储功能，卡片可以记忆客户每笔收支和存款余额。使用时，将卡插入自动记录器即可办理各种支付。由于具有存储记忆功能，在没有与银行电子计算机联机的终端机的地方也可使用。另一种是激光卡。这是一种运用激光技术的全息摄像卡。它把全息像与磁性记录结合起来，在其磁性记录中存储着持卡人的照片，从而还可作其他多种用途（支付方面与灵光卡类似）。智能卡的最大特点是保密性强，使用安全，但造价较高。

八、表外业务

狭义的表外业务形式多样，一般包括贸易融资业务，如银行承兑业务、商业信用证业务；金融保证业务，如担保、备用信用证、融资便利、贷款销售等；金融衍生工具业务，如远期交易、期货交易、期权和互换交易等。鉴于本书其他章节已经或将要对贸易融资业务、金融衍生工具业务有所涉及，因而在此仅就几种主要的金融保证业务作简单介绍。

（一）备用信用证

备用信用证是银行为其客户开立的向受益人担保符合约定条件赔偿或付款的保证书。这种业务涉及三方当事人，即开证银行、客户和受益人。通常，客户与受益人之间已达成某种协议，根据该协议，客户对受益人负有偿付或其他义务。银行应客户的申请向受益人开立备用信用证，保证在客户未能按协议进行偿付或履行其他义务时，代替其客户向受益人进行偿付，银行为此支付的款项变为银行对其客户的贷款。客户通过申请银行开立备用信用证，可以有效地提高自己的信誉，当然要向银行支付手续费。开展备用信用证业务，会形成商业银行的或有资产。

备用信用证和商业信用证的区别是：在商业信用证业务中，银行承担的是第一性的付款责任，只要受益人提供合格的单据，就必须按合同履行付款义务；而在备用信用证业务中，银行承担的是连带债务责任，在正常情况下，银行与受益人并不发生支付关系，只有在客户未能履行其付款义务时，银行才代替客户履行。

（二）融资便利

融资便利包括贷款承诺和票据发行便利两种类型。

1. 贷款承诺

贷款承诺是指银行向客户作出承诺，保证在未来一定时期内，根据一定条件，随时应客户的要求提供贷款。银行在提供这种承诺时，一般要按一定的比例向客户收取承诺费，即使在规定的期限内，客户并没有申请贷款，承诺费也要照交不误。贷款承诺的一种形式是商业银行向客户提供一个信贷额度，在这个额度内，商业银行将随时根据企业的贷款需要进行放款。但信贷额度一般都是银行与其老客户之间的非正式协议，银行虽然在大多数情况下都会满足客户的贷款需要，但并不具有提供贷款的法定义务，银行通常也不向客户收取承诺费，而只要求客户在本银行保留一定比例的支持性存款。另一种更为正式的形式是循环贷款承诺，它是银行与客户之间的正式协议。根据该协议，银行有义务根据约定的条件（最高贷款额、利率、期限等）向客户提供贷款。这种协议的期限较长，在协议期间内，客户可以随借随还，还了再借。

2. 票据发行便利

票据发行便利是银行与客户之间的循环融资保证协议。银行保证在协议期限（一般是3～7年）内，客户可以以不高于预定水平的利率出售商业票据，筹集所需资金；如果客户的票据未能在市场上全部售出，银行将购入未售出部分，或者以贷款的方式予以融通资金。

（三）贷款销售

贷款销售是指银行接受其他金融机构委托，通过直接出售或证券化的方式将委托人贷款转让给第三方。委托的金融机构通过贷款出售，可以减少风险资产的比例，提高资产的流动性；受托银行可以通过为出售贷款提供服务，如提供担保、向借款人收取本金和利息，并向贷款购买者提供兑付本金和支付利息的服务而取得一定的收入。贷款的购买者一般保留对出售银行的追索权，即当借款人违约时，可以向出售银行进行追索，但是根据买卖双方的协议，贷款销售也可以采取卖断的形式，在这种形式下，当借款人违约时，贷款买者无权向出售银行追索。

第五节　商业银行资产负债管理

一、商业银行管理的一般原则

目前，各国商业银行已普遍认同在管理中必须遵循“三性”原则，即安全性原则、流动性原则、盈利性原则。

（一）安全性原则

安全性是指商业银行能够避免各种风险对它的影响以保证资金安全，满足稳健经营和发展的要求。商业银行必须坚持这一原则，是因为商业银行的资金来源主要依赖负债。对于商业银行而言，其自有资本较少，主要依靠存款负债，如果大量的贷款到期时商业银行不能按时收回本金利息，必然影响其偿还居民的存款负债，影响其信用，当然也影响其新的负债来源。如果商业银行失去信用，就会造成存款客户挤兑存款，引起商业银行倒闭。

商业银行的风险主要有：

（1）信用风险。信用风险是指借贷双方产生借贷行为后，借款方不能按时归还贷款方的本息而使贷款方遭受损失的可能性。

（2）利率风险。利率风险是指金融市场上利率的变动使商业银行在筹集或运用资金时遭受损失的可能性。

（3）流动性风险。流动性风险是指因银行无力满足客户的提款要求或正当的贷款申请而造成损失的风险。

此外，还包括国家风险、市场风险、操作风险、法律风险等。

（二）流动性原则

流动性是指银行能够随时应付客户提存，满足客户必要贷款需求的支付能力。商业银行的流动性包括资产的流动性和负债的流动性两个方面。资产的流动性是指资产在不受价值损失的条件下，具有迅速变现的能力。能迅速变现而不会带来损失的资产流动性强。一般说来，流动性较好的资产有：库存现金、在中央银行的存款、短期同业拆放、短期政府债券及一些商业票据等；而流动性较差的资产有：中长期贷款或证券投资等。负债流动性是能够以较低的成本随时获取资金的能力。保持流动性可以维护商业银行信誉，因为一旦银行不能应付客户提取存款或满足客户贷款需求，便出现了流动性危机。流动性危机将严重损害商业银行的信誉。

商业银行保持资产的流动性，是通过建立准备金实现的。

（1）一级准备，又称现金准备，包括商业银行库存现金、在中央银行存款及同业存款等。由于一级准备不能盈利，商业银行应将此类准备金尽可能减少到最低的限度。

（2）二级准备，主要包括短期国债、商业票据、银行承兑票据及同业短期拆放。这些资产的特点是能够迅速地在市场上出售或贴现，或者能够立即收回，因而流动性很强。通过持有这些资产，商业银行可以获得一定的收益，在盈利方面要优于一级准备。

有些商业银行还建立三级准备，主要指持有那些在金融市场上变现能力较强的中长期债券，在可以随时应付流动性需要的同时，还可取得较高的盈利。

商业银行保持负债的流动性，是通过创造主动性负债来实现的。比较传统的方式包括：从同业拆入资金、向中央银行借款、发行金融债券等。此外，商业银行还围绕扩大负债搞了一系列金融工具创新。

思考：商业银行保持负债流动性的创新工具有哪些？

（三）盈利性原则

盈利性是指商业银行获得利润的能力。商业银行作为经营性的企业，获得利润既是其最终目标，也是其生存和发展的条件。盈利性是商业银行经营管理活动的主要动力，商业银行的一切经营活动，包括如何设立分支机构，开发何种新的金融产品，提供何种金融服务，建立什么样的资产组合，均要服从这一目标。

银行盈利水平的高低是其经营管理状况的综合反映。它不仅反映商业银行现行战略与策略是否正确，更重要的是为商业银行进一步发展打下了良好的基础。

盈利性目标和安全性、流动性目标在一定意义上是统一的。只有在保持较高盈利水平的条件下，银行才有可能增加自有资本的积累，增强抵抗风险和履行付款责任的能力；同时，也只有在安全性有保证的前提下，银行才可能获得较高的盈利水平。例如，若贷款在安全性方面出了问题，最终被确认为无法收回，银行就只能把它算作一笔经营损失，这必然要影响银行的盈利水平。又如，银行发放了许多利率很高的长期贷款，但是在缺乏流动性时却不得不将它们折价出售，这自然也会降低银行盈利水平。

在实际经营活动中，银行管理者碰到更多的是盈利性目标和安全性、流动性目标相互冲突的情形。因为一般说来，资产的流动性、安全性越高，其盈利性往往就越低。因此，经营者必须在安全性、流动性和盈利性这三者之间找到最佳的平衡。

思考：举例说明流动性好、安全性好、盈利性差的资产；举例说明盈利性好、流动性和安全性差的资产。能否找出流动性好、安全性好、盈利性好的资产？

二、资产负债管理理论发展过程

（一）资产管理理论

在20世纪60年代以前，商业银行资金来源大多是吸收活期存款。在银行看来，是否存款、存多少、存期长短，主动权都在客户手中，银行管理起不了决定性影响，应着重于资产管理，以保证实现银行盈利和保持流动性、安全性。

随着经济环境的变化和银行经营业务的发展，资产管理理论经历了三个不同的发展阶段。

1. 商业贷款理论

商业贷款理论也称真实票据理论。这一理论是在18世纪英国银行管理经验的基础上发展起来的。

其主要内容为：银行的贷款应以真实的、有商品买卖内容的票据为担保发放，在借款人出售商品取得货款后就能按期收回贷款。一般认为这一做法最符合银行资产流动性原则的要求，具有自偿性。所谓自偿性，就是借款人在购买货物或生产产品时所取得的贷款可以用生产出来的商品或商品销售收入来偿还。根据这一理论，商业银行只能发放与生产商品联系的短期流动贷款，一般不能发放用于购买证券、不动产、消费品的贷款。确有稳妥的长期资产来源，才能发放有针对性的长期贷款。

这一理论与当时经济尚不发达、商品交易限于现款交易、银行存款以短期为主、对贷款需求仅限于短期的现实相适应，但是当借款人的商品卖不出去或应收账款收不回来或其他意外事件发生，贷款到期就不能偿还，自偿性就不能实现。随着经济的发展，银行吸收的存款不但数额庞大，而且定期存款所占比重不断提高。如果银行贷款还仅限于自偿性的短期贷款，既会导致工商企业资金周转不畅，使经济运行中对中长期贷款的需要得不到满足，又会影响银行的盈利水平。所以，当今的西方学者和银行家已不再接受或不完全接受这一理论。

2. 资产转移理论

资产转移理论是20世纪初在美国银行界流行的理论。

其主要内容为：随着金融市场的发展，银行将为应付客户提存所持现金的一部分，投资于具备转让条件的证券，作为第二准备金。所投资证券只要信誉高、期限短、易于出售，银行就可以达到保持其资产的流动性的目的，如美国财政部发行的国库券。根据这一理论，银行除继续发放短期贷款外，还可以投资于短期证券。另外，银行也可以用活期存款和短期存款的沉淀额进行长期放款，资产与负债的期限没必要严格对称。

其缺陷是：当各家银行竞相抛售证券的时候，有价证券将供大于求，持有证券的银行转让时将会受到损失，因而很难达到保持资产流动性的预期目标。资产与负债期限的不对称加剧了银行经营风险，资产与负债期限的不对称必须有一定的限度，这个合适的限度在实际工作中是难以准确确定的。

3. 预期收入理论

预期收入理论是在第二次世界大战后，美国学者普鲁克诺于1949年在《定期放款与银行流动性理论》一书中提出的，它是在商业贷款理论和资产转移理论的基础上发展起来的，但又与这两种理论不同。

其主要内容为：只要资金需要者经营活动正常，其未来经营收入和现金流量可以预先估算出来，并以此为基础制订出分期还款计划，银行就可以筹措资金发放中长期贷款。无论贷款期限长短，只要借款人具有可靠的预期收入，资产的流动性就可得到保证。这种理论强调的是借款人是否确有用于还款的预期收入，而不是贷款能否自偿，担保品能否及时变现。基于这一理论，银行可以发放中长期设备贷款、个人消费贷款、房屋抵押贷款、设备租赁贷款等，使银行贷款结构发生了变化，成为支持经济增长的重要因素。

其缺陷是：银行把资产经营建立在对借款人未来收入的预测上，而这种预测不可能完全准确，而且借款人的经营情况可能发生变化，到时不一定具备清偿能力，这就增加了银行的风险，从而损害银行资产的流动性。

（二）负债管理理论

负债管理理论是以负债为经营重点来保证流动性和盈利性的经营管理理论。理论的核心主张是以借入资金的办法来保持银行流动性，从而扩大银行资产业务，增加银行收益。

进入 20 世纪 60 年代以后，各国经济迅速发展，迫切需要银行提供更多的资金，因而促使银行不断寻求新的资金来源，满足客户借款的需要。此外，银行业竞争加剧、实施存款利率最高限制，迫使商业银行必须开拓新的负债业务，不断增加资金来源。除传统的存款业务以外，商业银行在存款业务的基础上进行了一系列存款负债的创新，扩大了存款负债规模，还积极向中央银行借款，发展同业拆借，向欧洲货币市场借款，签订“再回购协议”借款等。

其缺陷是：提高了银行的融资成本，加大了经营风险，不利于银行稳健经营。

（三）资产负债管理理论

资产负债管理是要求商业银行对资产和负债进行全面管理，而不能只偏重于资产或负债某一方的一种新的管理理论。20 世纪 80 年代初，金融市场利率大幅度上升，存款管制的放松导致存款利率的上升，从而使银行吸收资金成本提高，这就要求商业银行必须合理安排资产和负债结构，在保证流动性的前提下，实现最大限度的盈利。资产负债管理理论就是通过资产和负债的共同调整，协调资产和负债项目在期限、利率、风险和流动性方面的搭配，尽可能使资产、负债达到均衡，以实现安全性、流动性和盈利性的完美统一。由于资产负债管理理论是从资产和负债相互联系、相互制约的整体出发来研究管理方法的，因而被认为是现代商业银行最为科学、合理的经营管理理论。

三、资产负债管理的内容

（一）资产管理

资产管理包括准备金管理、贷款管理和证券投资管理。

1. 准备金管理

准备金管理按准备金性质划分，有存款准备金管理、资本准备金管理和贷款准备金管理等。

存款准备金管理是商业银行对吸收的存款按法定比例交存中央银行准备金的管理。一般中央银行对交存的法定存款准备金不支付利息，但在我国，中国人民银行对存款类金融机构交存的法定存款准备金支付一定的利息。资本准备金管理是商业银行对从税后利润中提取的准备金进行管理。贷款准备金管理，即坏账准备金管理，是商业银行对从税前利润中提取的准备金进行管理。

2. 贷款管理

贷款是商业银行资产管理的重点，包括贷款风险管理、贷款长短期结构管理、信用贷款和抵押贷款比例管理等。

贷款风险管理，即商业银行为减少贷款损失，要求对单个客户的贷款不超过银行贷款总额或银行自有资本的一定比例，以达到分散风险的目的。贷款长短期结构管理要求长期贷款不得超过贷款总额的一定比例。信用贷款和抵押贷款比例管理，限制信用贷款占全部贷款的比例。

3. 证券投资管理

证券投资管理是商业银行对证券买卖活动的管理，主要内容包括：证券投资应面向不同种类的证券，实现证券的最佳组合；一般应优先购买风险性小、收益率高、流动性大的证券，如政府债券。

证券投资应保持适当的比例，实现资产的最优组合，一般规定购买的证券总额不许超过资本总额的一定比例。

（二）负债管理

负债管理包括资本管理、存款管理和借入款管理。

1. 资本管理

按照《巴塞尔协议》的规定，从 1992 年起，按统一标准计算的资本充足比率应达到 8％，即资本应达到全部权重风险资产的 8％。

2. 存款管理

存款管理是商业银行负债管理的重点，包括吸收存款方式管理、存款利率管理和存款保险管理。

吸收存款方式管理，如规定不得以抽彩给奖的方法吸收存款，不得使用欺骗引诱手段吸收存款等。存款利率管理，如实行严格的利率管制、浮动利率管理、利率自由政策等。存款保险管理一般规定商业银行必须参加存款保险，以便在发生意外事故或破产时，能够及时清偿债务，以维护存款人的利益。

3. 借入款管理

借入款管理主要包括向中央银行借款管理、同业借款管理和发行金融债券管理。其总的管理内容是：严格控制借入款的使用，分散借入款的偿还期和偿还金额，借入款应控制适当的规模和比例等。

（三）资产负债综合管理

资产负债综合管理是将资产与负债各科目之间按“对称原则”进行安排和管理，使安全性、流动性和盈利性达到平衡协调。其基本方法是：将资产与负债各科目按期限对称或利率对称的原则加以安排，规定控制指标，以谋求经营上的风险最小化和收益最大化。

四、资产负债比例管理

资产负债比例管理的核心是控制风险，以提高经济效益。

（一）资产负债比例管理的基本要求

1994年，中国人民银行根据国际惯例和我国制定的《商业银行资产负债比例管理暂行监控指标》，要求商业银行全面推行资产负债比例管理制度，即以比例加限额控制的方法，对商业银行资产负债实行综合管理。

资产负债比例管理的基本要求：以资金来源控制资金运用，防止超负荷经营，保持资产与负债的期限、数量结构相对应，建立指标监控体系；提高资产的流动性，坚持盈利性、安全性、流动性的统一，降低不良资产负债比例，提高经济效益。

资产负债比例管理的重要意义：有利于商业银行转换经营机制，增强自我约束、自我发展的能力；有利于中央银行加强宏观调控；有利于商业银行的公平竞争和金融秩序的稳定；有利于我国商业银行与国际接轨，参与国际竞争。

（二）资产负债比例管理的指标体系

我国商业银行资产负债比例管理指标的制定，目的在于进行科学的考核和严格的监控，以利于宏观调控和流动性、安全性、盈利性原则的落实。具体指标分为九类：资本充足率指标、存贷款比例指标、中长期贷款比例指标、资产流动性指标、备付金比例指标、单个贷款比例指标、拆借资金比例指标、对股东贷款比例指标、贷款质量指标。各银行在执行上述中国人民银行规定的统一指标的前提下，可以根据自身资金营运的特点和强化管理的需要，制定一些补充指标，报经中国人民银行同意后组织实施。例如，中国工商银行补充了汇差清算比例、资产利润比例、负债成本比例、应收利息比例；中国农业银行补充了二级存款准备金比例；中国建设银行补充了信用贷款比例、资金损失比例、负债成本比例、资产盈利比例、实收利息比例、资本回报比例；交通银行补充了可购置固定资产指标、投资限额指标、本身回收率指标、经营收益率指标等。

（三）资产负债比例管理的分类管理

资产负债比例管理的分类管理是针对不同类型的商业银行，分别提出不同的比例要求，并根据比例指标的性质，归类划分为总量管理、流动性管理、安全性管理和效益性管理。

1. 总量管理

总量管理是资金来源与资金运用的平衡管理，包括存贷款比例、拆借资金比例、汇差清算比例等指标。其作用在于使商业银行认真贯彻资金来源制约资金运用的原则，在业务活动中自求资金平衡，防止超负荷经营。

存贷款比例是总量控制的重要指标，商业银行必须在存款总额中扣除上缴中央银行的存款准备金，保留必要的备用金以后，才能发放贷款；还要按核定指标购买国家债券和政策性银行的金融债券。对国有商业银行按增量控制，对其他商业银行按存量控制。

拆借资金比例包括拆入资金、拆出资金两个比例，目的在于控制同业之间盲目拆进拆出资金，控制商业银行过量借款，扩张贷款规模，从而影响总量平衡。

2. 流动性管理

流动性管理是关于支付能力、变现能力的管理，包括备付金比例、资产流动性比例和中长期贷款比例等指标。

备付金比例反映银行随时支付客户款项的准备能力，低于5%说明支付能力不足，但也不宜过高，否则浪费资金。

资产流动性比例反映银行资产的变现能力，比例越高，变现能力越强。

中长期贷款比例反映长期资产与长期负债的对应关系，比例越高，流动性越差；比例越低，流动性越强。

3. 安全性管理

安全性管理是关于防范风险，保护银行信誉的管理，包括资本充足率、风险权重资产比例、贷款质量比例、单个贷款比例和股东贷款比例等指标。

资本充足率指标反映银行资本金（含核心资本与附属资本）与加权风险资本的比例关系，各商业银行这一比例要达到8%，其中核心资本要达到4%。

风险权重资产比例反映按风险权重系数折算后的风险资产总额与总资产的比例关系。这一比例不能超过6%，超过则为高风险区。在具体工作中应调整资产结构，即压缩风险度高、效益低的资产项目，增加风险度低、效益高的资产项目，以便从总体上降低风险权重资产比例。

贷款质量比例已通过五级分类管理进行监控。

单个贷款比例和股东贷款比例是为防止贷款风险过分集中而设置的指标，如果银行对某一企业或某一股东贷款金额过大，一旦这家企业或股东出现经营风险，风险就会转嫁到银行，使银行资产遭受损失，因此必须加以控制。

4. 效益性管理

效益性管理指标均由各商业银行自行设置，主要有负债成本比例、资产盈利比例、资产损失比例、应收利息比例、本息回报比例、经营收益率等。通过对这些指标的分析，找出产生问题的原因，以便采取措施，提高获利水平。

本章小结

商业银行是指吸收公众存款、发放贷款、办理结算等业务的信用机构。商业银行在银行体系中占有重要地位，在信用活动中起着主导作用。早期的银行是由货币经营业演变而来的。英国的早期银行是由金匠业演变而来的。现代商业银行建立的途径有两条：一是适应经济发展的需求组建股份制商业银行；二是高利贷性质的银行演变为现代商业银行。现代商业银行与早期银行相比具有两个特点：一是利息水平适当；二是信用功能扩大。商业银行是特殊的企业。商业银行的职能为：充当信用中介、变居民的货币收入和储蓄为资本、充当支付中介、信用创造和提供多种金融服务。商业银行的组织形式为：按资本所有权划分，分为私人银行、合伙组织的银行、国家商业银行和股份制商业银行；按其外部组织形式划分，分为单一银行制、分支行制、银行控股公司制、连锁银行制。

负债业务是指形成商业银行资金来源的业务，是商业银行开展资产业务的前提条件，主要包括自有资本、存款业务、其他负债业务。

商业银行的资产业务是指商业银行资金运用业务，主要包括现金资产业务、放款业务和投资业务。现金资产业务包括库存现金、存放中央银行的存款准备金、存放同业存款等；放款业务可以从多个角度进行分类，形成不同形式的贷款资产；投资业务主要是商业银行的证券投资。

商业银行的中间业务是银行不需运用自己的资金，代替客户承办支付和其他委托事项而收取手续费的业务。商业银行的中间业务因为不涉及商业银行资产负债变化，不在资产负债表中反映，因此可以称为表外业务。狭义的表外业务特指那些不反映在资产负债表内，但在一定条件下可能转化为银行资产或负债的业务，即构成商业银行或有资产和或有负债的项目。商业银行的中间业务包括：结算业务、信用证业务、信托业务、租赁业务、代理业务、代理融通业务、银行卡业务、表外业务。

商业银行管理的一般原则：安全性原则、流动性原则、盈利性原则。资产负债管理理论发展过程包括三个阶段：资产管理理论、负债管理理论、资产负债管理理论。

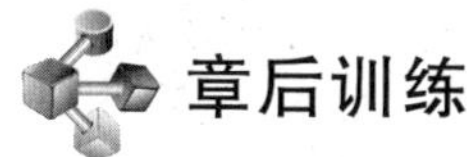

商业银行	信用中介	支付中介	负债业务
资产业务	中间业务	表外业务	回购业务
贴现	大额可转让存单		

章后训练

一、名词解释

商业银行	信用中介	支付中介	负债业务
资产业务	中间业务	单一银行制	分支行制
银行控股公司制	连锁银行制	货币市场存款	NOW 账户
自动转账服务账户	货币市场存单	融资便利	表外业务
同业借款	回购业务	信用贷款	担保贷款
贴现	浮动利率贷款	固定利率贷款	大额可转让存单

二、思考题

1. 商业银行是怎样产生的？
2. 商业银行的职能有哪些？

3. 商业银行的组织形式有哪些？

4. 简述商业银行的负债业务、资产业务、中间业务。

5. 商业银行的经营原则是什么？

6. 简述商业银行资产负债管理理论的发展过程。

三、案例分析

1. A 商业银行有以下 7 项资产可以选择：

（1）库存现金。

（2）国债。

（3）国库券。

（4）央行短期票据。

（5）央行长期票据。

（6）5 年到期的贷款。

（7）1 年到期的贷款。

假如你是 A 商业银行的经理，为满足流动性需要，设计一下（1）～（7）项资产的选择顺序。如果你的目标是提高经营业绩，该如何选择这些资产形式呢？请说明理由。

2. 中国工商银行、中国建设银行已经对小额存款账户收取管理费，一些商业银行拒绝为小客户、持辅币客户提供存款服务的报道也时常出现在各种媒体上。商业银行为什么会这样做？商业银行应该如何为各类客户提供相关金融服务？

四、通读相关法律法规

1. 《中华人民共和国商业银行法》，中国人民银行网站（http：//www. pbc. gov. cn/）。

2. 《银行卡收单业务管理办法》，中国人民银行网站（http：//www. pbc. gov. cn/）。

3. 《支付机构反洗钱和反恐怖融资管理办法》，中国人民银行网站（http：//www. pbc. gov. cn/）。

第四章
中央银行

章前引言

我们有闲置不用的钱会存到银行；我们买房钱不够，会到银行申请贷款；开公司、办企业需要贷款，以及办理转账结算都找银行。通过上一章的学习，我们可以把办理这些业务的银行称为商业银行。我们很少直接与中央银行产生某种联系，但我们听说过中国人民银行是我国的中央银行，人民币上印有“中国人民银行”字样，中央银行垄断现金货币发行权。中央银行与商业银行有哪些不同呢？中央银行只是做货币发行业务吗？本章将为你解答中央银行的职能和业务，揭开中央银行与商业银行的不同之谜。

通过本章的学习，你应该能够：

1. 掌握中央银行产生的客观必要性；
2. 掌握中央银行的性质、职能；
3. 了解中央银行的组织形式；
4. 掌握中央银行业务原则；
5. 掌握中央银行的资产业务和负债业务；
6. 了解中央银行的中间业务。

第一节　中央银行概述

一、中央银行的产生和发展

（一）中央银行的产生

现代商业银行是根据社会经济发展的需要，从货币兑换业逐渐发展演变而来的，中央银行的产生也是植根于经济基础、组织基础、思想基础的形成和各个基础的不断充实、扩大和强化。18世纪中后期到19世纪初期，伴随着资本主义工商业的快速发展，资本主义银行获得进一步发展，表现为股份制银行数量不断增多，规模不断扩大；与此同时，众多小银行破产倒闭的情况时有发生，使银行信用体系受到冲击，危及金融的稳定和发展。18世纪末到19世纪初，中央银行从商业银行的分离、演变和创设过程是集中银行券发行权的过程，是满足票据清算、最后贷款人和金融监管的需要的体现。

1. 垄断货币发行权的需要呼唤着中央银行的产生

（1）银行券分散发行的缺陷。在银行形成初期，许多私人银行除办理存款、放款和汇兑等业务外，也都办理银行券发行业务。银行券发行权分散的缺陷表现在：一是货币流通不稳定。小银行信用能力薄弱，无法保证自己所发行银行券的兑现，从而无法保证银行券的信誉及流通的稳定性，进而引起社会混乱。二是小银行信用能力有限，所发行的银行券不能广泛流通。随着资本主义经济的发展，要求有更加稳定的通货，也要求银行券成为能在全国市场上流通的一般的信用流通工具。由此，客观上要求有一个资本雄厚，并在全国范围内有权威的大银行来集中发行。

（2）发行权自发集中到大银行。在经济发展过程中出现了一些大银行，它们拥有大量资本并在全国范围内具有较高的威信，这些银行所发行的银行券在流通中开始排挤小银行的银行券。同时，由于存款业务的发展，一般的商业银行已经逐渐地可以不依靠银行券的发行来扩大其信用业务，这样，就形成了银行券集中发行的经济基础。于是，国家用法令限制或取消商业银行的银行券发行权，并把发行权集中到一个或少数几个银行，它们成为发行银行，这些银行逐渐放弃直接对企业的信用业务，其主要业务是专门与商业银行和国家往来，发行银行在金融市场上的地位日益提高。

2. 建立清算中心的需要呼唤着中央银行的产生

随着商品生产和商品流通的扩大，银行结算业务与日俱增，每天所收受的票据数量不断增长，银行之间的债权债务关系复杂化，票据清偿和结清债权债务中的矛盾不断涌现，信用渠道被堵塞的现象经常发生，客观上要求有一个统一的交换票据和清算债务的中心机构。于是，许多商业银行逐渐把现金准备存入发行银行，它们之间的清算也就通过发行银行来办理，使发行银行逐渐成为公认的清算中心和现金保管者。

3. 商业银行对“救命稻草”的需要呼唤着最后贷款人的出现

贷款的过度发放，使一些资金实力相对较弱的银行丧失清偿力，受到挤兑。由于挤兑而破产的现象时有发生，于是迫切需要把各家银行的现金准备集中起来，当某家银行发生支付困难时给予支持，避免在挤兑中破产。这样，一些大的发行银行就依靠自己的威望和充足的财力在吸收商业银行存款的同时，对某些资金周转困难的银行和金融机构给予信用上的支持。

4. 金融发展对金融监管的需要呼唤着中央银行的产生

随着银行数量不断增加，业务范围越来越广，金融对国民经济的影响越来越大。要保证金融稳定、经济稳定，必须建立一个由政府组织、授权并因此具有权威的专门机构对金融业的经营活动作必要的管理和监督。

由于上述四个方面，一些大的商业银行逐渐从商业银行体系中分离出来，演变为中央银行。例如，瑞典的里克斯银行、英国的英格兰银行。里克斯银行建于1656年，开始是一家私营商业银行，它于1661年发行银行券，是欧洲第一家发行银行券的商业银行，1668年，由政府出面将它改组为国家银行，1879年，瑞典政府通过一项法案，赋予该行统一的货币发行权，使它逐步演变为瑞典的中央银行。1694年成立的英格兰银行，开始时是一家拥有120万英镑股本的私人股份银行。英国政府出于财政需要，准许英格兰银行在不超过资本总额的条件下发行在伦敦地区流通的银行券，它是分散的、多元的银行券发行主体之一，在100多年之后，英国政府在1833年的立法中明确了英格兰银行发行的银行券是唯一法偿货币。1844年，英国国会颁布的《银行特许条例》（即《皮尔条例》）进一步对英格兰银行相对独占银行券发行的地位作了明确的规定。英格兰银行在自身地位逐渐提升过程中，对众多商业银行提供票据交换、债权债务清偿服务，接受商业银行的票据再贴现，在经济、信用出现危机时，及时充当商业银行的“最后贷款人”，以稳定货币供给、维护信用秩序。英格兰银行作为“政府的银行”，在其成立之初就已经因为享有接受政府存款的特权成为政府财政的代理人，随着英格兰银行逐渐演变为“发行的银行”“银行的银行”，使其作为“政府的银行”的职能日益强化，成为名副其实的英国的中央银行。1913年12月，美国通过了《联邦储备条例》，据此，在1914年美国建立了联邦储备体系，即美国的中央银行。规定其职责是：发行货币、代理国库、调节货币流通、监管金融及组织票据清算等。

我国的中央银行萌芽于20世纪初。当时币制紊乱，银圆、铜钱、钱钞、银票、私贴及外国银圆同时流通，成色折合复杂。为整理币制，于清光绪三十年（1904年）由户部奏请清政府设立户部银行。光绪三十四年（1908年），户部改为度支部，户部银行改称大清银行（发行货币，经办存贷款等业务）。户部银行成立时间不长，经清政府批准，由邮传部着手于1908年3月4日成立交通银行，发行纸币，经办铁路、轮船、电报、邮政四个单位的一切款项收支。户部（大清）银行、交通银行都是属于国家的银行，但实际上都没有真正起到中央银行的作用，只能说是一种萌芽。

（二）中央银行的发展

中央银行的发展大致可分为两个阶段，即中央银行的普遍推行时期和中央银行的强化时期。

1. 中央银行的普遍推行时期

19世纪初至20世纪中叶，这段时间为中央银行的普遍推行时期。第一次世界大战开始后，各国金融领域发生了剧烈的波动，中央银行纷纷停止或限制银行券兑现，提高贴现率，外汇行市下跌，禁止黄金出口，各金融中心交易亦相继停市，货币制度极端混乱。由此，各国政府当局和金融界人士深感必须加强中央银行的地位和货币信用的管制。于是，1920年在比利时首都布鲁塞尔召开国际金融会议。会上提出：凡未设立中央银行的国家应尽快建立中央银行，中央银行应摆脱各国政府政治上的控制，实行稳定的金融政策。布鲁塞尔会议推进了中央银行的普遍建立。

2. 中央银行的强化时期

20世纪中叶到现在为中央银行的强化时期。第二次世界大战后，西方各国政治经济发生了重大变化。大多数参战国受到严重的战争破坏，经济困难，通货膨胀严重。为了尽快恢复本国经济，稳定货币，筹集资金，都把货币信用政策作为干预生产和调节经济的杠杆，中央银行是制定货币政策的重要机构，中央银行制度因此发生了变化，中央银行的地位日渐提高。

1948年12月1日，合并华北银行、西北农民银行、北海银行，在石家庄成立中国人民银行。但这时及以后一段时期的中国人民银行既是政府的银行（代理财政金库、管理金融行政）和发行银行，执行中央银行职能，也兼办商业银行的各项业务，这就是所谓“大一统”的“一身而兼二任”的兼营式的中央银行。这种体制很容易顾此失彼，而且不可避免会扭曲中国人民银行同其他专业银行及其他金融机构的关系。1983年9月，国务院决定中国人民银行专门行使中央银行的职能，不再兼办工商信贷和储蓄业务，以加强信贷资金的集中管理和综合平衡，更好地为宏观决策服务。1984年1月1日，中国工商银行成立并承办原由中国人民银行办理的城市工商信贷和储蓄业务。中国人民银行开始真正专门行使中央银行职能，成为货币发行银行、政府的银行、银行的银行、管理金融的银行。

二、中央银行的性质

中央银行的性质可以表述为：中央银行是代表政府干预经济、管理金融的特殊的金融机构，是金融管理机关。中央银行作为特殊的金融机构，与商业银行不同；作为一个管理机关，与政府机关不同。

（一）与商业银行不同

中央银行在宏观金融管理方面进行经营活动，它是完成国家经济目标的重要机构。中央银行通过利用货币政策工具，对经济进行调节、管理和干预，以稳定货币，发展经济，并代表国家制定和执行金融政策。

中央银行不是普通的银行，它居于商业银行和其他金融机构之上，与商业银行和其他金融机构是调控、管理、服务与被调控、被管理、被服务的关系；中央银行不是普通的信用中介，它的主要职能是制定货币政策，加强金融监管，为金融机构提供金融服务。

（二）与一般政府管理机构不同

中央银行作为管理结构，运用的是特殊的管理手段。中央银行不是主要依靠行政手段对经济进行干预和管理，而主要通过特有的经济手段进行管理，如货币供应量、利率、贷款等。

中央银行通过一定的金融活动，实施对金融的管理和控制。中央银行通过对商业银行和其他金融机构办理贷款业务和清算服务，代表国家发行货币，为政府办理国库资金保管收支业务，在金融市场上买卖有价证券等，实现了对经济的干预和管理。中央银行调节和干预经济的主要对象是货币供应，因而中央银行发挥它在国民经济中的调节作用，就不能只依靠政治权力，而必须以经济规律为依据。

中央银行的性质决定了它的任务是：调节控制商业银行和其他金融机构业务活动，执行货币政策，维护币值稳定，促进生产与就业，推动经济发展。

思考：举例说明中央银行与商业银行、政府机构的不同。

三、中央银行的职能

中央银行的职能有两种划分方法：一种是按照中央银行在社会经济中的地位划分；另一种是按照中央银行的性质划分。

（一）按照中央银行在社会经济中的地位划分

按这种划分方法，中央银行的职能主要是发行的银行、银行的银行和政府的银行。

1. 中央银行是发行的银行

所谓发行的银行，是指它拥有发行银行券的特权，负责全国本位币的发行，并通过调控货币流通，稳定币值。

中央银行发行银行券最初有一些限制，即必须有十足的准备金。早期，黄金和商业票据是中央银行的发行准备金；后来，外汇、公债券、国库券也成为发行准备金。现在，大多数国家已经取消黄金作为发行准备金，而普遍以政府公债充当，这种情况就为赤字财政和通货膨胀开了方便之门。

中央银行作为发行银行，应根据国民经济发展的客观要求，适时适度发行货币，保持货币供给与流通中货币需求的相适应，为国民经济发展提供良好的金融环境；中央银行作为货币发行银行，应从宏观角度控制信用规模，调节货币供应量，中央银行应以货币稳定为前提，适时适度增加货币供给，处理好货币稳定与经济增长的关系；中央银行作为发行银行，应根据货币流通需要，适时印刷、铸造或销毁票币，调拨库款，调剂地区间货币分布、货币面额比例，满足流通中现金货币收支的要求。

2. 中央银行是银行的银行

所谓银行的银行，是指中央银行与商业银行发生业务关系，如集中商业银行的准备金并对它们提供信用，而且还为它们提供清算服务。

中央银行同商业银行的业务往来主要有以下几方面：

（1）集中商业银行的存款准备。商业银行吸收的存款不能全部贷出，必须保留一部分作为准备金，以备存款人提取，但是商业银行的准备金并不能都存在自己的金库里，必须按照规定的比率向中央银行缴存——法定存款准备金。这样就使商业银行的准备金大部分集中于中央银行，中央银行往往通过各种手段影响商业银行的准备金数量，达到控制全国货币供应量的目的；而且集中存款准备金也便于商业银行及有关金融机构调剂准备金，增强清偿能力，保障存款人资金安全，同时也强化了中央银行的资金实力。

（2）对商业银行发放贷款。商业银行资金短缺时，可从中央银行取得贷款。其方式是把工商企业贴现的票据向中央银行再贴现，以票据或有价证券作为抵押向中央银行申请贷款。中央银行对商业银行的贷款，主要来源于国库存款和商业银行缴存的准备金，中央银行在资金不足时，可以发行票据。中央银行充当着最后贷款人的角色。

（3）办理商业银行间的清算。由于各商业银行都在中央银行开设存款账户，存款准备金存在中央银行，这样商业银行间因其客户的债权债务关系而产生的债权债务关系，即可通过中央银行在有关银行之间的存款账户划转款项予以清算。

（4）调剂外汇银行的外汇头寸。中央银行主持外汇银行外汇头寸抛补业务，它根据外汇供求状况适时买进卖出外汇，即在商业银行外汇头寸过多时买进外汇，在商业银行外汇头寸不足时则卖出外汇。中央银行通过外汇买卖业务向商业银行提供外汇资金融通渠道，可监控国际收支状况。

3. 中央银行是政府的银行

所谓政府的银行，是指中央银行代表国家贯彻执行财政金融政策，代为管理财政收支，经办国家财政预算收支划拨与清算，执行国库出纳职能，代办国债发行与支付利息，代为国家管理黄金与外汇储备，买卖黄金外汇，代表政府管理金融，以及充当政府金融咨询机构。

（1）代理国库。中央银行经办政府的财政收支，执行国库的出纳职能，如接受国库的存款，兑付国库签发的支票，代理收解税款，替政府发行公债券，还本付息等。

（2）对国家提供信贷。中央银行根据国家财政需要，向政府提供贷款。例如，在国家财政出现收支不平衡时，以有价证券为抵押或以国库券贴现方式对国家财政发放短期贷款，这种贷款不致引起货币流通混乱。但是当国家财政赤字长期延续时，政府如果利用中央银行的信用弥补赤字，这时中央银行为支持财政而增发货币，超出商品流通对货币的实际需要，会导致通货膨胀。

（3）在国际关系中，中央银行代表国家与国际金融机构建立业务联系，处理各种国际金融事务。例如，代表国家参加国际金融组织，积极促进国际金融领域里的合作与发展，参与国际金融重大决策；代表政府与外国中央银行进行两国金融、贸易事项的谈判、协调、磋商等，进行政府间的金融事务往来；管理与本国有关的国际资本流动，办理外汇收支清算、拨付等国际金融事务。

（4）充当政府金融政策顾问，为一国经济政策的制定提供资料、数据和方案。

中央银行是政府的银行，不论它的所有制形式是国营的、私人的、股份的或国家与私人合营的，其管理权都掌握在政府手中，处于国家监督之下，成为国家机构的一个组成部分。

（二）按照中央银行的性质划分

依据中央银行的性质划分，可分为调节职能、管理职能和服务职能。

1. 调节职能

中央银行通过制定和执行货币政策，运用各种金融手段，调节全社会的信用总量，即调节全社会的总需求和总供给，对全国货币、信用活动进行有目的的调控，影响和干预国家宏观经济，从而实现社会总供求的平衡。

2. 管理职能

中央银行为维护全国金融体系的稳定和各项金融活动的正常运行，防止金融危机，对金融机构和金融市场的设置、业务活动、经营情况进行检查、指导、管理与控制。主要内容包括：

(1) 制定金融政策、法规。

(2) 管理金融机构。包括审查、批准金融机构的设置、撤并、迁移，办理金融机构的注册、登记和办理营业执照等手续（在建立银行监督管理委员会、保险监督管理委员会、证券监督管理委员会的国家，一般不再由中央银行管理金融机构）。

(3) 管理金融业务。包括确定业务活动范围，检查信贷活动情况（在建立银行监督管理委员会的国家，由其负责），制定存放款利率，管理金融市场，监督稽核资产负债结构、法定存款准备金交存状况及清偿能力等。

3. 服务职能

中央银行向政府、各金融机构提供资金融通、划拨清算、代理业务等方面的金融服务。

(1) 为政府服务。包括代理国库；代理政府发行债券；代办有关金融业务，如买卖金银、外汇等；代表政府参加国际金融活动；充当政府的经济顾问等。

(2) 为金融机构服务。包括吸收金融机构存款（包括法定准备金和超额准备金存款），提供贷款和其他形式的融资服务，主持金融机构之间的债权债务清算等。

相关链接 4-1

中国人民银行的调节、管理、服务职能

中国人民银行的调节、管理、服务职能表现在其主要职责上，其主要职责如下：

(1) 起草有关法律和行政法规；完善有关金融机构运行规则；发布与履行职责有关的命令和规章。

(2) 依法制定和执行货币政策。

(3) 监督管理银行间同业拆借市场和银行间债券市场、外汇市场、黄金市场。

(4) 防范和化解系统性金融风险，维护国家金融稳定。

(5) 确定人民币汇率政策；维护合理的人民币汇率水平；实施外汇管理；持有、管理和经营国家外汇储备及黄金储备。

(6) 发行人民币，管理人民币流通。

(7) 经理国库。

(8) 会同有关部门制定支付结算规则，维护支付、清算系统的正常运行。

(9) 制定和组织实施金融业综合统计制度，负责数据汇总和宏观经济分析与预测。

(10) 组织协调国家反洗钱工作，指导、部署金融业反洗钱工作，承担反洗钱的资金监测职责。

（11）管理信贷，推动建立社会信用体系。

（12）作为国家的中央银行，从事有关国际金融活动。

（13）按照有关规定从事金融业务活动。

（14）承办国务院交办的其他事项。

四、中央银行的组织形式

中央银行的组织形式是指中央银行存在及运行的组织结构和管理体制。世界各国选择的中央银行组织形式有单一式中央银行制度、复合式中央银行制度、类似中央银行制度和跨国中央银行制度四种。

（一）单一式中央银行制度

单一式中央银行制度，即全国只设一家中央银行，并下设若干分支机构的中央银行制度。

世界上绝大多数国家都实行这种类型的中央银行制度，并且通常将总行设在首都，各国中央银行的分支结构一般都按经济或行政区设立。实行单一式中央银行制度比较典型的国家有英国、法国、日本等。

英国的中央银行是英格兰银行，成立于1694年，总行设在伦敦。法国的中央银行是法兰西银行，成立于1800年，总行设在巴黎。日本的中央银行是日本银行，成立于1882年，总行设在东京。

我国的中央银行是中国人民银行，成立于1948年12月1日，它既独占货币发行权、代理国库、管理金融，又具体经办银行业务，如集中全国农业、工业、商业短期信贷业务和城乡居民储蓄业务。1983年9月17日，国务院作出了中国人民银行专门行使中央银行职能的决定。1984年1月，中国人民银行正式行使中央银行职能，总行设在北京，按行政区划设立省（自治区、直辖市）一级分行、地市级二级分行和县支行。1998年11月，我国对中国人民银行管理体制实行改革，撤销省（自治区、直辖市）级分行，跨省（自治区、直辖市）设置了九家分行（天津、沈阳、上海、南京、济南、武汉、广州、成都、西安分行），目前在设立九家分行的基础上，又增设了上海总部、北京营业部和重庆营业部，其目的是建立货币政策的区域性研究制度，强化金融监管的独立性、公正性，建立健全金融风险防范责任制度。

（二）复合式中央银行制度

复合式中央银行制度是指国家设立中央一级机构和相对独立的地方一级机构，作为一个体系构成中央银行的制度。

在这种制度下，地区性中央银行不是总行的分支机构，它们除执行统一的货币政策外，在业务经营管理上具有较大的独立性。实行复合式中央银行制度的国家有美国、德国等。

美国的中央银行是联邦储备体系，在联邦一级，设立联邦储备委员会，作为联邦储备系统的最高决策机构；设立联邦公开市场委员会，作为公开市场政策的制定和执行机构；设立联邦顾问委员会，对经济发展及银行业发展问题向联邦储备委员会提出建议和提供咨询。在地方一级，将全国划分为12个联邦储备区，共设立12家联邦储备银行及25家分行。

德国的中央银行是德意志联邦银行，于1957年建立，总行设在法兰克福，下辖10个州中央银行。各州中央银行作为区域性机构不是中央银行总行隶属机构，有很强的独立性。

（三）类似中央银行制度

类似中央银行制度是指国内（或地区内）没有职能完备的中央银行，而是由几个执行部分中央银行职能的机构共同组成中央银行的制度。实行类似中央银行制度的国家和地区主要有新加坡、我国香港地区等。

新加坡没有中央银行，中央银行的职能由政府设立的金融管理局和货币委员会两个机构行使，新加坡金融管理局负责制定货币政策和金融业的发展政策，执行除货币发行以外的中央银行的一切职能。货币委员会主要负责发行货币，保管准备金和维护新加坡货币的稳定。

我国香港地区在很长时间没有统一的金融管理机构，中央银行的职能分别由政府、同业公会和商业银行来承担。1993年4月1日，香港成立了金融管理局，香港金融管理局集中了货币政策、金融监管及支付体系管理等中央银行的基本职能。香港金融管理局的职能与世界其他国家的中央银行大致相同，但它不执行下列职能：发行钞票、结算所功能、政府的银行。

（四）跨国中央银行制度

跨国中央银行制度是指几个国家共同组成一个货币联盟，各成员国不设本国的中央银行，而由货币联盟执行中央银行职能的制度。

相关链接 4-2

世界上的跨国中央银行制度

组成跨国中央银行的国家，大部分是经济不发达的发展中国家，参加国地域上相邻，在贸易方面与某一经济发达国家有密切联系，希望本国货币能与该发达国家的货币保持固定比价，促进经济发展，防止本国发生通货膨胀，简化组织机构。但世界上也有经济发达地区由于经济同盟发展到最高级形式，实现了经济的高度一体化，也形成了跨国中央银行制度。

西非货币联盟由贝宁、尼日尔、塞内加尔等国组成。该联盟的中央银行总行设在达喀尔，在各成员方设有代理机构。总行负责制定货币政策，管理外汇储备；各代理机构经办地区业务，发行共同的货币，并执行中央银行的各项职能。

中非货币联盟由喀麦隆、乍得、刚果、赤道几内亚、加蓬和中非共和国6个成员组成。总行设在雅温得，发行“中非金融合作法郎”。其特点是中非中央银行接受个别国家委员会制定的信用政策目标。银行立法因国而异，由各国自己执行。

东加勒比海货币管理局由安提瓜、多米尼加、格林纳达、蒙得塞拉特、圣卢西亚和圣文森6个成员组成。其特点是该货币管理局对各成员国的银行没有监督义务，不规定上缴存款准备金，不承担“最后贷款人”的义务，只执行中央银行的部分职能。因此，它实际上只是一个跨国的准中央银行。

欧洲中央银行由欧洲经济同盟成员国法国、德国、意大利、荷兰、比利时、卢森堡、爱尔兰、奥地利、芬兰、葡萄牙、西班牙11国于1999年1月1日建立，形成了发达地区的跨国中央银行制度，总行设在德国法兰克福，开始发行“欧元”存款货币。2002年1月1日，开始发行欧元纸币和硬币，2002年7月1日，加入欧洲货币同盟各国的纸币和硬币先后停止合法流通，欧元成为欧洲货币同盟成员国统一的货币。

五、中央银行的资本结构

中央银行的资本结构是指作为中央银行营业基础的资本金的构成情况，亦即中央银行资本的所有制形式。

归纳起来，世界各国中央银行的资本结构有下述几种形式。

（一）国家所有制

这类中央银行的资本全部由国家拨款，或者由国家购买私人股份改组而成。目前，国有化中央银行在世界上占绝大多数，有法国、英国、德国、荷兰、挪威、西班牙、印度、加拿大、澳大利亚、瑞典等50多个国家，并且中央银行国有化已成为一种发展趋势。

（二）公私混合所有形式

这类中央银行的资本一半以上属于国家，另一部分属于私人资本。例如，日本银行的股份，私人持有45%，政府持有55%。私人股份持有者唯一的权利是按法律规定每年领取最高股息，股票的转让须征得银行同意。又如，比利时的中央银行，国家资本占50%；墨西哥的中央银行，国家资本占51%。

（三）全部股份所有形式

全部股份所有形式是指中央银行的资本以股票形式全部由金融机构持有。美国各联邦储备银行的股本全部为储备区的会员银行集体所有，会员银行必须按实收资本和公积金的6%认购股份，先缴付所认股份的一半，另一半待通知随时支付。意大利银行的资本构成也属于这种类型。

（四）无资本形式

中央银行建立之初，根本没有资本，而由国家授权执行中央银行职能。中央银行运用的资金，主要是各金融机构的存款和现金货币，自有资金只占很小部分。中央银行有无资本，实际上并不重要，如韩国中央银行——韩国银行，便无资本。

无论中央银行的资本是国有、半国有，还是私人所有，中央银行都是推行国家货币政策的机构，受国家的直接控制和监督。私人持股者在中央银行既无决策权，也无经营权，只能按规定获得股息。

六、中央银行与政府的关系

中央银行与政府有着密切关系，但也有相对的独立性。

（一）中央银行与政府有密切关系

中央银行与政府有密切关系主要表现在下述三个方面。

1. 代理国库

中央银行接受国库存款，办理国库支票付款或转账，代收国家税款；中央银行为政府发行各种债券提供服务；支付债券利息和偿付债券本金；代财政部买卖黄金、外汇，保管国家的黄金、外汇储备。

2. 中央银行对政府提供信贷

在财政收支受季节性影响出现暂时不平衡时，由中央银行提供短期信贷，其方式是采取国库券贴现或提供以国家债券为抵押的贷款。当国家财政长期存在赤字时，则由中央银行向政府提供长期信贷。中央银行用贷款弥补财政赤字会造成过多的货币发行，不适当地扩大货币供给量，威胁货币流通的稳定。因此，许多国家往往用立法限制中央银行对国家贷款的数量和期限。

3. 中央银行的货币政策要与国家财政政策相互配合

根据不同时期宏观经济活动的状况，货币政策与财政政策在配合上或是双松、双紧，或是一松一紧。在具体操作上可以采取多种搭配形式。如财政出现大量赤字，国家准备发行债券弥补时，中央银行实行“廉价货币政策”促进市场利率降低，推动市场资金涌向国债市场，以利于财政筹集资金。

（二）中央银行的相对独立性

1. 中央银行相对独立性的含义

虽然中央银行与政府关系密切，但是中央银行仍有相对独立性。

这种相对独立性是指中央银行在政府的监督和国家总体经济政策的指导下，独立地制定、执行货币政策。中央银行作为“政府的银行”，对国家发展目标必须予以支持。但是中央银行在具体制定货币政策及措施时，要充分考虑银行业务的特殊性，以及国家资源、社会积累水平、货币流通状况，不能完全受政府所控制，必须保持一定的独立性。中央银行的首要任务在于币值稳定，保证货币正常流通。

2. 中央银行相对独立性的原则和内容

一般而言，中央银行相对独立性的保持应遵循这样两条基本原则：中央银行应以一国客观经济目标为出发点制定实施货币政策，从事业务操作；中央银行应按照金融运行规律，制定实施货币政策，从事业务操作，规避政府短期行为的干扰。

中央银行相对独立性状况，由于各国历史背景、经济运行模式、政治体制的不同而存在较大差异。尽管如此，各国中央银行的相对独立性一般都具有以下几个内容：

（1）建立独立的货币发行制度，稳定货币。中央银行的货币发行应由中央银行根据国家宏观经济政策、经济发展的客观需要，自行确定发行数量、时间、地区分布及面额比例等，不搞财政发行。

（2）独立制定实施货币政策。中央银行独立掌握货币政策制定实施权，一国政府应充分尊重中央银行的意见，确保中央银行货币政策发挥有效作用。

（3）独立监管、调控整个金融体系和金融市场。中央银行应在国家法律授权、保障下，对一国金融体系和金融市场进行监管与调控，确保整个金融活动在货币政策要求引导下正常进行。

3. 中央银行相对独立性的不同模式

中央银行在与政府的相对独立性上有不同的模式，归纳起来大体有以下三种：

（1）独立性很大的模式。中央银行直接对国会负责，可以独立制定货币政策和采取相应措施，政府不得直接对它发布命令、指示，不得干涉货币政策的实施。如果中央银行与政府发生矛盾，可通过协商解决。采取这一模式的有美国联邦储备体系、德意志联邦银行等。

（2）独立性较大的模式。有些国家法律规定财政部可以对中央银行进行监督，发布指令，但中央银行可以独立地制定、执行货币政策。采取这一模式的有英国、日本等和一些新兴工业化国家。

（3）独立性较小的模式。中央银行直接隶属财政部，其货币政策的制定和采取的措施要经政府的批准，政府有权推迟甚至停止中央银行决议的执行。采取这一模式的有意大利、法国等，以及一些处在计划经济体制向市场经济转轨时期的国家。

第二节　中央银行的主要业务

一、中央银行业务原则

（一）不经营一般银行业务

中央银行只同商业银行发生业务关系，原则上不经营一般银行业务，因为中央银行是代表政府监管金融的特殊机构，在金融活动中具有各种特权，诸如垄断货币发行、集中法定存款准备金、执行财政金融政策、代管财政收支、管理金融机构等。中央银行的这种特殊身份就决定了它不同一般金融机构进行竞争，否则，就无法实现其对金融的调节和控制，难以完成它所承担的根本任务。

（二）不以营利为目的

中央银行在业务经营中，既要管理金融活动，又要推动金融的发展，这就决定了它在金融体系中必然居于领导地位。其直接经营目标是运用各种信用工具调节宏观经济，稳定币值，促进经济的发展。因此，中央银行不能以营利作为经营目标。

（三）不支付存款利息

中央银行的存款主要是财政存款、商业银行交存的法定存款准备金和往来账户存款。财政存款，即中央银行代理国家金库，属于保管性质；存款准备金和往来账户存款，即中央银行集中存款储备和便于清算，属于调节和服务性质。中央银行不以营利为目的，故对存款一般不支付利息。我国中央银行目前规定对法定存款准备金和商业银行的存款支付较低利息，这主要是从加强资金管理角度考虑的。

（四）资产具有较大流动性

中央银行为了使货币资金能灵活调度，及时运用，必须保持本身的资产具有较大的流动性，不宜投放于长期性资产。

（五）业务活动公开化

中央银行为了使社会各界了解其所制定的金融政策和经营方针、策略等，必须定期向社会公布其资产负债情况和业务状况，并提供有关统计资料。

中央银行的经营原则不同于普通银行，中央银行的业务活动需要有一定的限制。各国中央银行法规定的限制有：

（1）不得从事商业票据的承兑业务。

（2）不得从事不动产买卖业务。

（3）不得从事不动产抵押放款。

（4）不得收买本行股票。

（5）不得以本行股票为抵押进行放款等。

对中央银行的业务活动规定某些限制，目的在于保证中央银行的基本任务得以实现。

思考：为什么禁止中央银行做上述五项业务？

二、中央银行的负债业务

（一）货币发行业务

中央银行的纸币和铸币通过再贴现、贷款、购买证券、收购金银外汇等投入市场，从而形成流通中的现金货币。这些现金货币投入市场后，都是中央银行对社会公众的负债。因此，现金货币发行是中央银行一项重要的负债业务；同时，中央银行向商业银行办理再贴现、再贷款业务，形成商业银行在中央银行的存款准备金负债，这是中央银行存款货币投放的渠道。这些货币经过商业银行信用创造机制，形成数倍的货币供给。

中央银行成立后，现金货币发行大都集中由中央银行统一办理。其原因是：

（1）钞票可以整齐划一，在全国范围内流通，不致造成币制混乱。

（2）便于政府监督管理，推行国家的货币政策。

（3）中央银行可以随时根据社会经济发展变化进行调节和控制，使货币数量和流通需要尽可能相适应。

（4）中央银行处于相对独立地位，可以抵制政府滥发钞票的要求，使货币供应量适当。

（5）中央银行统一发行货币，可以掌握一定量的资金来源，增强金融实力，有利于调控货币供应量。

各国中央银行对货币（现钞）发行均有以下几个原则：

（1）集中垄断发行。中央银行发行的货币具有无限法偿能力，并且现代中央银行均不承担兑现义务。

（2）要有可靠的信用基础。在纸币流通条件下，货币的发行不能随意，必须有一定的发行保证制度，必须有独立的发行体制，不受政治压力和外界影响，使货币的发行建立在可靠的信用基础上。

（3）维持高度弹性。中央银行发行货币应当适应经济变化的客观要求，有一定的伸缩弹性。随着生产和流通规模的扩大，中央银行应该相应增加货币数量，避免形成通货紧缩，影响商品生产和流通；同时，中央银行也要适当控制货币发行数量，避免形成通货膨胀，影响经济稳定。

我国现行货币发行的原则是：集中统一发行原则、经济发行原则、计划发行原则。

思考：人民币发行业务是中国人民银行的资产业务还是负债业务？

（二）代理国库业务

在代理国库业务中，形成的财政性存款是央行的一项负债。

财政金库存款，机关、团体、部队等行政事业单位存款在其支出之前存于中央银行，属于财政性存款，是中央银行的重要资金来源，构成中央银行的负债业务。中央银行代理国库业务，可以沟通财政与金融之间的联系，使国家的财源与金融机构的资金来源相连接，充分发挥货币资金的作用，并为政府资金的融通提供一个有力的调节机制。

（三）集中存款准备金业务

商业银行必须在中央银行开设存款账户，按法定比率将其吸收存款的一部分存储于中央银行，同时商业银行尚未贷放出去、尚未投资的存款准备金也存放在央行，这样就使商业银行的现金准备集中于中央银行，形成中央银行的负债。中央银行可运用这些准备金满足银行的临时资金周转需要，中央银行还可以通过对商业银行存款准备金的调节来控制商业银行的贷款数量和投资数量。中央银行降低法定存款准备率，可增加商业银行的超额存款准备金，使其贷款和投资能力提高；中央银行提高法定存款准备率，可减少商业银行的超额存款准备金，使其贷款和投资能力下降。

三、中央银行的资产业务

（一）再贴现和再贷款业务

当商业银行资金短缺时，可从中央银行取得借款。其方式是把工商企业贴现的票据向中央银行办理再贴现，或以票据有价证券作为抵押向中央银行申请借款。意大利银行再贴现的额度相当于商业银行负债额的3%～5%。德意志联邦银行对金融机构发放的抵押放款期限最长为3个月。中央银行可以配合政府的经济政策，把贴现业务作为调节资金的一种手段。例如，通过提高或降低再贴现率以紧缩或扩张信用。

（二）对政府的贷款

中央银行对政府的贷款是政府弥补财政赤字的途径之一，但如果对这种贷款不加限制，则会从总量上削弱中央银行宏观金融控制的有效性，因此，各国中央银行法对此都作了明确的规定。美国联邦储备银行对政府需要的专项贷款规定了最高限额，而且要以财政部的特别库券作为担保。英格兰银行除少量的政府隔日需要可以融通外，一般不对政府垫款，政府需要的资金通过发行国库券的方式解决。

《中华人民共和国中国人民银行法》规定，中国人民银行不得对政府财政透支，不得直接认购、包销国债和其他政府债券，不得向地方政府、各级政府部门提供贷款。

（三）金银、外汇储备业务

各国政府都赋予中央银行掌管全国国际储蓄的职责，即掌管国际储备。所谓国际储备，是指具有国际性购买能力的货币，主要有黄金、白银、外汇（包括外国货币、存放外国的存款余额和以外币计算的票据及其他流动资产）。此外，还有特别提款权和在国际货币基金组织的头寸等。

（四）证券买卖业务

各国中央银行一般都经营证券业务，主要是买卖政府发行的长期或短期债券。在金融市场发达的国家，政府债券发行量大，市场交易量也大，仅以政府债券为对象进行买卖，中央银行即可达到调节货币供应量的目的。在金融市场不太发达的国家，政府债券在市场上流通很小，中央银行买卖证券的范围就要扩大到各种票据和债券，如汇票、地方政府债券等。

中央银行持有证券和参与买卖证券的目的，不在于盈利，而是为了调节和控制货币供应量。中央银行买进有价证券，向市场投放货币，可以增加商业银行的原始存款，用以创造存款货币，扩大货币供应量；反之，中央银行卖出有价证券，则可减少货币供应量。中央银行买进有价证券时，会促使有价证券需求增加，从而提高有价证券价格，降低银行利率；反之，中央银行卖出有价证券，会造成银行可贷资金减少，致使利率上升。

中央银行经营这项业务，应当具备以下条件：一是中央银行处于领导地位，且有雄厚的资金力量；二是赋予中央银行弹性操作的权利，即在买卖证券的数量、种类等方面有一定的机动权限；三是金融市场较发达，组织也较健全；四是证券的数量和种类要适当，长期、中期及短期各类具备，便于选择买卖；五是信用制度要相当发达。

各国中央银行买卖证券业务的做法基本是一致的。在德国，法律规定德意志联邦银行为了调节货币，可以进入公开市场买卖汇票。中国人民银行已于 1996 年 4 月 1 日开始参与公开市场业务操作，主要是买卖国库券等。

四、中央银行的中间业务

中央银行作为清算中心，其清算业务大体可分为三项：办理票据集中交换，主办票据交换所；办理交换差额的集中清算，通过各行在中央银行开设的账户划拨；办理异地资金转移，提供全国性的资金清算职能。

目前各国做法不一，英国以伦敦为全国清算中心；美国各联邦储备银行代收外埠支票，并以华盛顿为全国最后清算中心；德国、法国则利用遍布全国的中央银行机构，建立转账账户，为银行界服务。

（一）集中票据交换

这项业务是通过票据交换所进行的。票据交换所是同一城市银行间清算各自应收应付票据款项的场所。票据交换所一般每天交换两次或一次，根据实际需要而定，所有银行间的应收应付款项，都可相互轧抵后而收付其差额。

各行交换后，应收应付差额即可通过其在中央银行开设的往来存款账户，进行转账收付，不必收付现金。

（二）办理异地资金转移

各城市、各地区间的资金往来，通过银行汇票传递，汇进汇出，最后形成异地间的资金划拨问题。这种异地间的资金划拨，必须通过中央银行统一办理。

办理异地资金转移，各国的清算办法有很大不同，一般有两种类型：一是先由各金融机构内部自成联行系统，各金融机构的总管理处通过中央银行总行办理转账结算；二是将异地票据统一集中传送到中央银行总行，办理轧差转账。

本章小结

中央银行的产生是垄断货币发行权的需要，是建立清算中心的需要，是最后贷款人的需要，是金融发展对金融监管的需要。中央银行的发展可分为两个阶段，即中央银行的普遍推行时期和中央银行的强化时期。中华人民共和国的中央银行是中国人民银行。1984 年 1 月 1 日，中国人民银行开始真正专门行使中央银行职能，成为货币发行银行、政府的银行、银行的银行、管理金融的银行。

中央银行是特殊的金融机构。它是代表政府干预经济、管理金融的金融管理机关。它与商业银行不同，与政府机关不同。

中央银行的职能有两种划分方法：一种是按照中央银行在社会经济中的地位划分；另一种是按照中央银行的性质划分。按照中央银行在社会经济中的地位划分，中央银行的职能主要是发行的银行、银行的银行和政府的银行。按照中央银行的性质划分，其职能主要是调节、管理和服务。

中央银行的组织形式指中央银行存在及运行的组织结构和管理体制。世界各国选择的中央银行组织形式有单一式中央银行制度、复合式中央银行制度、类似中央银行制度和跨国中央银行制度四种。

中央银行的资本结构指作为中央银行营业基础的资本金的构成情况，亦即中央银行资本的所有制形式。世界各国中央银行的资本结构有以下几种形式：国家所有制、公私混合所有形式、全部股份所有形式、无资本形式。

中央银行与政府的关系密切，但也有相对的独立性。

中央银行业务原则是：不经营一般银行业务、不以营利为目的、不支付存款利息、资产具有较大流动性、业务活动公开化。中央银行的负债业务包括：货币发行业务，代理国库业务，集中存款准备金业务。中央银行的资产业务包括：再贴现和再贷款业务，对政府的贷款，金银、外汇储备业务，证券买卖业务。中央银行的中间业务主要是指中央银行作为清算中心提供的清算业务，分为三项：办理票据集中交换，主办票据交换所；办理交换差额的集中清算，通过各行在中央银行开设的账户划拨；办理异地资金转移，提供全国性的资金清算职能。

重点概念

发行的银行　　银行的银行　　政府的银行

单一式中央银行制度　　复合式中央银行制度　　准中央银行制度

跨国中央银行制度

章后训练

一、名词解释

发行的银行　　银行的银行　　政府的银行

单一式中央银行制度　　复合式中央银行制度　　准中央银行制度

跨国中央银行制度

二、思考题

1. 中央银行产生的客观必要性是什么？
2. 简述中央银行与商业银行和政府之间的关系。
3. 为什么说中央银行是发行的银行、银行的银行、政府的银行？

4. 依据中央银行的性质划分，中央银行有哪些职能？

5. 中央银行有哪些组织形式？

6. 中央银行的业务原则是什么？

7. 简述中央银行的负债业务、资产业务、中间业务。

三、案例分析

1. 假如A银行应向B银行支付500万元的结算款项，B银行应向C银行支付200万元的结算款项，C银行应向A银行支付300万元的结算款项。请设计一种制度以提高银行间的结算效率。

2. 以建立中央银行制度的目的为视角，结合当今金融现状对中央银行制度作一评价。

四、通读相关法律法规

《中华人民共和国中国人民银行法》，中国人民银行网站（http：//www.pbc.gov.cn）。

第五章

其他金融机构

章前引言

我们已经比较深入、系统地了解了商业银行、中央银行的职能和业务特点，除此之外，我们对投资银行、开发银行、储蓄银行、保险公司、信用社、证券公司、财务公司、基金管理公司等很耳熟，曾有人告诉我们它们也是金融机构，那么究竟有多少金融机构呢？如果它们也是金融机构，那么它们与商业银行和中央银行有什么不同呢？它们的资金来自哪里？如何进行资金运用？它们能为我们提供哪些金融服务？本章将一一回答这些问题。

通过本章的学习，你应该能够：

1. 掌握金融机构体系的构成情况；
2. 掌握各类专业银行的业务特点；
3. 掌握各类非银行金融机构的业务特点；
4. 了解国外和我国金融监管机构。

相关链接 5-1

金融机构体系

金融机构是指从事金融业务、协调金融关系、维护金融体系正常运行的机构。金融机构体系的基本模式有两种：一是以中央银行为核心的金融体系；二是没有中央银行的金融体系。

金融机构体系由银行性金融机构和非银行性金融机构两部分构成。市场经济制度下，从金融机构的职能来看，世界各国的金融机构体系一般包括三类：一是货币金融政策、制度的制定及执行机构；二是金融业务的经营机构；三是金融活动的监督管理机构。这三类机构构成了一国完整的金融机构体系。

我国的金融机构体系可以分为三部分：一是银行体系，包括中央银行、商业银行、专业银行；二是非银行金融机构，包括保险公司、证券公司、信托投资公司、金融租赁公司、信用合作社、财务公司、基金管理公司；三是金融监管体系，包括金融稳定发展委员会、中国人民银行、银保监会、证监会及省、自治区、直辖市金融管理局。因此，我国的金融机构体系以中央银行为领导，以商业银行为主体，其他金融机构并存。我国的金融机构体系如图5-1所示。

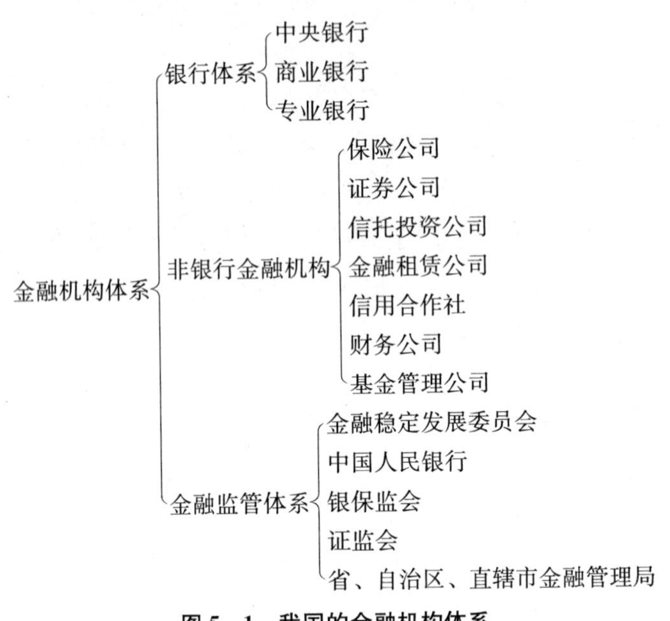

图5-1　我国的金融机构体系

第一节　专业银行

专业银行是指有专门经营范围和提供专门性金融服务的银行。这类银行一般都有其特定的金融服务范围，根据服务范围不同，具体分为投资银行、储蓄银行、抵押银行、清算银行和政策性银行。这类银行的存在是社会分工在金融领域的表现。

一、投资银行

早期的投资银行是专门对工商企业办理投资和长期信贷业务的银行。对于投资银行，英国称为商人银行，日本称为证券公司，德国称为私人承兑公司，法国称为实业银行，泰国称为金融证券公司，新加坡称为商人银行或证券银行。

（一）投资银行的建立与发展

在英国，商人银行是由票据承兑所演变而来的。早期，英国一些巨商为海外贸易活动融通资金而设立了银钱商号，在18世纪中叶，设立了票据承兑所。由于对外贸易融资的需要，又产生了兼容部分融资业务的商行或商人事务所。这些机构为商人，特别是做国际贸易的商人承兑汇票以收取手续费，故称为承兑所或承兑银行。随着社会经济的不断发展，其开始从事证券发行和认购、资产管理、公司融资、投资顾问等业务，便发展成为现在的商人银行。

美国的投资银行最早起源于19世纪初的一些经销政府债券和贴现企业票据的商号。美国在19世纪初及南北战争以后，债券市场初具规模，而且一些工业企业为了满足发展的资金需要，发行许多票据，需要一种新的商号来为这些票据提供贴现便利，以资助企业融通资金。于是，一些专门经营票据融资的商号便产生了。19世纪七八十年代，由于扩建铁路的需要，投资银行认购铁路公司的股票和债券，然后再售给美国和欧洲的投资者。直到20世纪初，这种转手销售仍是美国筹集新资本的重要途径，为美国一些大企业筹集了大量的资金，并与工业保持着密切的联系。美国钢铁公司和通用汽车公司的快速发展，都与投资银行密切相关。

（二）投资银行的资金来源

投资银行主要依靠发行自己的股票和债券来筹集资金，即使有些国家允许投资银行接受存款，也主要限于定期存款，不准开展活期存款业务。此外，它们也可以从其他银行取得贷款，但这些都不构成其资金来源的主要部分。

（三）投资银行的主要业务

现代投资银行的主要业务分为四大类：一是为客户提供发行股票、债券服务；二是代理客户买卖有价证券；三是企业重组、兼并和收购；四是咨询服务。具体表现为：

（1）帮助筹资者设计与发行新证券，进行直接融资，包括为政府和企业提供向国内外金融市场发行各种债券、股票的服务。

（2）充当发行人与投资人的中介，代理客户买卖和承销股票、债券，从事自营买卖，进行股票、债券的国内外二级市场交易。

（3）投资基金的发起和管理。

（4）企业重组、兼并和收购。

（5）项目融资顾问、投资顾问及其他顾问业务。

（6）自有资本的境内外直接投资。

（7）代理客户和为自身进行外汇买卖。

（8）各种资产管理业务。

（9）国内和国际货币市场业务，如同业拆借等。

思考：投资银行与商业银行的资金来源和资金运用有何不同？

（四）投资银行的作用

1. 投资银行是金融中介

从投资银行所从事的主要业务看，投资银行是资本市场的重要供应者和需求者。投资银行的金融中介作用，使资本市场的各方面参与者，无论是政府、企业、机构还是个人，抑或金融产品的发行人和各种投资人，都在它的周围有机联系起来。

2. 投资银行提高了资本市场的效率

投资银行是资本市场的关键要素和最主要的组织者。它是使整个资本市场得以高效、有序运转的核心力量，市场机制对社会经济资源的基础性配置作用在此得到最充分体现。

3. 投资银行是企业发展的助推器和催化剂

投资银行在企业并购、重组中起着重要作用，为企业提供发行股票、债券的融资服务，有助于企业做大做强。当今，西方发达国家，如美国、英国、法国、荷兰、德国等国的投资银行都具有举足轻重的地位和影响，在全球经济发展中发挥着重要作用。

中国第一家投资银行是于 1995 年 8 月正式挂牌开业的中国国际金融公司，这也是中国第一家中外合资投资银行。随着金融业和证券业的发展，国内综合类证券公司、信托投资公司和其他金融机构的发展目标定位在投资银行上。

二、储蓄银行

储蓄银行是指办理居民储蓄并以吸收储蓄存款为主要资金来源的银行。

世界第一家地方储蓄银行是 1817 年由慈善团体在荷兰建立的。就经营组织形式而言，西方国家的储蓄银行既有私营的，也有公营的，有的国家绝大部分储蓄银行都是公营的。

（一）储蓄银行的类型

储蓄银行的类型包括互助储蓄银行、信托储蓄银行、储蓄与放款协会、储蓄会、邮政储蓄系统等。

1. 互助储蓄银行

它属于互助储金性质的银行。它将存户资金集中起来，以优惠的条件再贷给存户。这种银行最早在美国建立，如今已发展为十分普遍的形式。

互助储蓄银行产生于 19 世纪初，目的是在社区低收入阶层中鼓励节俭和储蓄。

2. 信托储蓄银行

存款者将资金存入银行后，可指定用途，也可不指定用途。

3. 储蓄与放款协会

它是一种互助合作、准公众化的金融机构。它接受会员的储蓄存款，同时向会员和一般社会公众提供长期、分期偿还的抵押贷款。它虽然可以向社会公众贷款，但优先向会员贷款。它是办理储蓄和住宅贷款的金融机构，旨在为私人购买、修缮或新建住宅提供贷款。

相关链接 5－2

“e 租宝”集资诈骗、非法吸收公众存款案

安徽钰诚控股集团于 2014 年 6 月至 2015 年 4 月间，钰诚国际控股集团于 2015 年 5 月至 12 月间，在没有银行业金融机构资质的前提下，利用“e 租宝”平台、“芝麻金融”平台发布虚假的融资租赁债权项目及个人债权项目，包装成“e租年享”“年安丰裕”等年化收益9%～14.6%的理财产品进行销售，以承诺还本付息等为诱饵，先后吸收115万余人资金共计762亿余元。其中大部分集资款在“e租宝”实际控制人、钰诚集团董事长丁宁的授意下肆意挥霍、随意赠予他人，以及用于走私等违法犯罪活动，造成集资款损失共计380亿余元。

购买金融产品“三不”“三查”

2017年9月，北京市第一中级人民法院依法对丁宁以集资诈骗罪、走私贵重金属罪、非法持有枪支罪、偷越国境罪数罪并罚判处无期徒刑，剥夺政治权利终身。2017年11月，北京市高级人民法院二审维持原判，该判决为终审判决。

（二）储蓄银行的资金运用

它所汇集起来的储蓄存款余额较为稳定，所以主要用于长期投资。例如，发放不动产抵押贷款（主要是住房贷款），投资于政府公债、公司股票及债券，对市政机构发放贷款等。西方国家早期的储蓄银行，其吸收的存款主要用来购买政府债券和由政府担保的证券，有的也投资于房地产，其闲置资金则转存于商业银行，赚取利息。

在西方不少国家，储蓄银行大多是专门的、独立的。对储蓄银行也大多有专门的管理法令。管理法令的颁布是为了保护小额储蓄人的利益，以及规定储蓄银行所集聚资金的投向。管理法令中有限制储蓄银行业务经营活动范围的条款，如不得经营支票存款，不得经营一般工商贷款等。但近年来随着金融创新业务的开展，已有所突破。有些储蓄银行已经经营过去只有商业银行才能经营的许多业务。例如，美国在20世纪70年代末期之前，法令规定储蓄银行只能接受储蓄存款，对长期债券和抵押贷款等进行投资，但后来储蓄银行和储蓄与放款协会都获准向客户提供类似支票存款的账户，缩小了与商业银行的区别。

三、抵押银行

抵押银行是“不动产抵押银行”的简称，是以土地、房屋等不动产作抵押办理放款业务的专业银行。

（一）业务特点

抵押银行主要发放长期贷款，属于长期信贷，需要以房地产作抵押，但也可以用股票、债券和黄金作抵押。

（二）贷款对象

抵押银行的业务对象在西方国家大体可分为两类：

（1）办理以土地为抵押的长期放款。主要贷给土地所有者或购买土地的农业主。

（2）办理以城市房屋为抵押的长期放款。主要贷给房屋所有者或经营建筑业的企业。法国的房地产信贷银行、德国的私人抵押银行和公营抵押银行等，均属此类。

（三）资金来源

抵押银行贷款的资金主要是通过出售不动产抵押贷款和发行不动产抵押证券筹集。不动产抵押证券是一种以抵押在银行的土地及其他不动产作保证而发行的证券，可以在金融市场上流通转让，是资产证券化的一种方式。

专门的抵押银行较少。当抵押贷款不能到期偿还本金和利息时，抵押品不易出售，常常造成资金占压，使银行流动性受到影响。一般不动产抵押银行也兼营一般信贷业务，如德国联邦区域银行之一的巴伐利亚抵押汇总银行，既经营抵押放款业务，也经营一般信贷业务。

我国没有专门的抵押银行，在《中华人民共和国商业银行法》、《中华人民共和国担保法》及《贷款通则》等法规中规定了抵押贷款。抵押的财产必须具有担保价值并能转让，一般为不动产和动产，如土地使用权、房屋、运输工具、机器设备等。

四、清算银行

（一）清算银行的概念

清算银行亦称“交换银行”“划拨银行”“汇划银行”，是指能直接参加票据交换所进行票据清算的银行。票据交换是指在同城范围内银行间相互代收、代付票据进行相互清算。这是一种集中办理转账清算的制度。票据清算一般由中央银行管理，通过票据交换所和票据交换系统进行。办理结算的银行，当其应收大于应付时，差额就增加在中央银行的存款；当其应收小于应付时，差额就减少在中央银行的存款。

票据清算的原则是维护收付双方的正当权益，清算银行不予垫款。其优点是便利资金清算，节省大量现金使用。国际上最早的票据交换组织为英国伦敦的票据交换所，成立于1775年。

（二）各国清算银行概况

在英国，清算银行实质上就是一些商业银行。这些商业银行能参加伦敦票据交换所办理票据结算。各类银行能否参加票据交换所直接进行清算，因各国情况而异。英、美的票据交换所为少数大银行所控制，小银行被剥夺直接进行票据清算的权利。在日本，组成清算机构的是日本银行和办理各种民间存款的金融机构。由各种资本交易产生的金融机构间借贷差额最终要在日本银行的活期存款账户间转账清算。日本银行作为最终的清算机构，处于中枢地位。近年来随着计算机通信技术的显著发展，在一些国家的清算机构内部出现了清算账户和投资账户组合在一起的新金融产品——综合账户。清算业务体系上的机械化与自动化达到很高的水平，清算形成网络体系，在银行间四通八达。

中国早在清朝时期，上海的钱庄就设立了“钱业总公所”，办理票据清算。参加“钱业总公所”可以办理票据清算的称为“汇划庄”，俗称“大同行”。1933年，上海银行业成立了自己的票据交换所，负责组织银行和钱庄间的票据清算。上海外国的银行则在汇丰银行办理票据交换。抗日战争胜利后，由当时的中央银行对票据清算进行了统一管理，各银行、钱庄间的交换差额的划拨清算集中于中央银行办理，所有的银行和钱庄均可直接参加票据交换。中华人民共和国成立后，票据交换由各地中国人民银行统一管理，在同城范围内，各行均可直接参加交换，清算资金。目前，中国人民银行已经拥有了中国金融卫星通信网和功能齐全的电子联行系统，资金清算质量和速度大大提高，从而加速了资金周转，促进了国民经济的发展。

国际清算银行成立于1930年，总部设在瑞士巴塞尔，最初是为了清算德国在第一次世界大战后的战败赔款。目前国际清算银行已演变成一个协调全球主要经济体的货币政策、处理国际清算、管理外汇储备，以及召开主要成员中央银行会议的“央行中的央行”。

国际清算银行董事会于1996年9月9日通过决议，接纳中国等九个国家的中央银行和货币当局为该行的新成员，这有利于促进中国人民银行与国际清算银行及各国中央银行之间的合作。

五、政策性银行

政策性银行具有专业银行的特征。它多是由政府创立、参股或保证的，不以盈利为目的，专门为配合政府社会经济政策的贯彻实施，在特定的业务领域内，从事政策性融资活动的金融机构。一般来说，大多数国家成立的政策性银行主要有开发银行、农业政策性银行、进出口政策性银行。

（一）开发银行

开发银行是指那些专门为经济开发提供长期投资贷款的金融机构。

1. 开发银行在各国的发展情况

1822年第一家开发银行诞生于比利时，主要职能是促进新工业的创立。

1852年，法国信贷动产银行成立，该行通过接受存款和出售股票来动员资金投资于长期开发项目，然后再将这些项目向公众出售。由于没有对其投资风险进行适当管理，该行于1867年秋关闭，但它被视为现代开发银行的先驱。

19世纪末到20世纪初，欧美国家投资银行蓬勃发展，为政府和企业提供长期发展资金的融资服务，促进了各国工业化发展。第二次世界大战后，西方各国纷纷成立开发性金融机构，如德国复兴信贷银行、日本开发银行等。同时，在世界银行等有关机构支持下，发展中国家普遍设立开发性金融机构，如墨西哥设立了国家金融开发银行等。发展中国家开发银行几乎均为政府创立或参与，政府要求开发银行在促进工业化、配合实施经济发展计划和产业政策上发挥重要作用。

2. 开发银行的类型

（1）按地域划分，开发银行可分为国际性开发银行和国家性开发银行两种类型。

国际性开发银行由若干国家出资共同设立，又可分为全球性和区域性两种，前者如世界银行、国际开发协会，后者如亚洲开发银行、泛美开发银行、非洲开发银行等。

国家性开发银行又可分为全国性开发银行和地方性开发银行。前者一般由一国中央政府建立，服务于全国，后者一般由地方政府设立，专为本地区经济开发服务。

（2）开发银行按所有权性质划分，大多为政府所有或控制，部分为公私合营，少数为私人所有，即使是私人所有，一般也与政府开发性金融机构或政府部门有着密切联系。

3. 开发银行的资金来源

（1）政府资金。其全部资本金和部分营运资金由政府提供。

（2）发行债券。开发银行发行的债券一般由政府担保或被视为“政府债券”，风险很小，具有较大吸引力。发行债券成为主要的筹资手段和资金来源。

（3）吸收存款。主要吸收定期存款、储蓄存款，发行大额可转让存单。吸收存款易与商业银行形成竞争局面，有悖于开发银行的宗旨。因此，广泛吸收存款的开发银行为数不多，且主要集中在发展中国家。

（4）借入资金。开发银行可从政府得到官方资助，还可以从中央银行、其他金融机构、契约储蓄机构借入资金。借用政府资金一般条件极为优惠，成本低廉，数额庞大，有助于开发银行降低经营成本，保持充足的资金量，致力于社会效益好的项目，不为盈利所动，并能承担由于发放优惠贷款和投资所造成的利差“损失”。

（5）借入外资。开发银行通过借入一定比例的外资，用于引进先进技术设备，对重大建设项目发放贷款和投资，支持本国经济的发展。

4. 开发银行资金运用的主要方式

（1）贷款。开发银行的主要业务是对开发项目提供项目贷款，满足开发项目对资金的需求。其贷款的特点是中长期、资本性，贷款条件是项目要符合国家经济政策，尤其是产业政策。开发银行贷款除直接发放外，还采取联合贷款的方式，以满足大型建设项目的资金需求。

（2）投资。它指开发银行的直接投资，即参与某一项目的筹建并购买一定量的股权资本。开发银行的投资活动要遵循投资面宽、减少风险损失、投资比例适当、持有股份比例适当等原则。

（3）债务担保。开发银行从事担保的目的在于使项目（企业）能得到更广泛的融资渠道，从而获得更多的开发资金。

中国国家开发银行于1994年4月成立，其成立的目的是更有效地集中资金和力量保证国家重点建设，解决经济发展中的“瓶颈”制约，增强国家对固定资产投资的宏观调控能力，这是进一步深化金融体制改革和投资体制改革的重大举措。根据变化后的社会经济发展需要，2008年12月16日，国家开发银行转为国家开发银行股份有限公司，当日在京挂牌成立，国家开发银行股份有限公司成为我国第一家由政策性银行转型而来的商业银行，但其仍部分发挥政策性银行的职能作用。

5. 开发银行与商业银行的区别

（1）任务特殊。作为政策性银行，着重于贯彻国家经济政策意图，满足国家宏观调控经济、促进经济和社会发展的需要。

（2）经营目标特殊，不以营利为目标，而主要从社会经济发展的角度来评价和选择项目。

（3）融资原则特殊。它主要的资金来源是国家财政划拨的资金和其他财政性资金、向金融机构发行的债券、向社会发行由财政担保的建设债券和经批准在国外发行的债券，它不吸收居民储蓄存款。

(4) 开发银行不以营利为目的，但必须按照市场经济的原则，讲求效益，择优选定项目，建立投资约束和风险责任机制。

思考：开发银行的资金来源和资金运用与商业银行有何不同？房地产开发商可以申请国家开发银行的贷款吗？

(二) 农业政策性银行

为贯彻配合政府农业政策，为农业提供特别贷款，主要是低利中长期优惠性贷款，促进和保护农业生产与经营，这种农业金融机构一般称为农业政策性银行。

1. 农业政策性银行在各国的发展情况

美国在 20 世纪二三十年代得到联邦政府的帮助，以合作信用为基础，建立了具有政策性的农业信贷体系。它主要由联邦土地银行、联邦中期信贷银行、合作银行构成，至今仍在美国农业信贷中发挥作用。

法国最早在 19 世纪颁布《土地银行法》，试图通过建立农业金融制度促进农业的发展。1920 年成立国家农业信贷管理局，后将其改建为国家农业信贷银行，各地方也成立了相应的机构，形成全国性的农业信贷体系，是专门从事农业信贷的政策性金融机构。

德国是世界上最早建立农业金融制度的国家，至今已有 200 多年的历史。德国农业金融以信用合作为主体，政府设立了一系列政策性金融机构来保护和扶植农业，如土地抵押信用协会、土地信用银行、农业中央银行、地租银行等均由政府控制，不以营利为目的，承担政府扶助农业发展的责任。

2. 农业政策性银行的资金来源

其资金来源主要包括借入政府资金、发行由政府担保的债券、向中央银行和其他机构借入资金、从国外借款和少数农业政策性银行吸收存款等。

(1) 借入政府资金。美国农业合作信贷机构均由联邦政府出资建立；法国农业信贷银行在较长时期内一直向政府借款，只是近些年逐步减少；泰国农业和农村合作银行、印度国家农业和农村开发银行等均以向政府借款为主要资金来源。一般而言，发展中国家的农业政策性银行比发达国家的农业政策性银行更多地依赖政府资金。

(2) 发行由政府担保的债券。美国农业合作信贷机构发行联合的统一债券，法国农业信贷银行、泰国农业和农村合作银行、韩国“农协”均发行债券，筹措社会基金。由于这些债券得到政府担保，被视为政府债券，颇受欢迎，筹资能力较强。

(3) 向中央银行和其他机构借入资金。一些国家尤其是发展中国家的农业政策性银行从中央银行借款，即由中央银行充当农业信贷“最后贷款人”。此外，有些国家的政策性农贷机构还从商业性金融机构借入资金，满足短期周转金需求。

(4) 从国外借款。借款途径有国际金融机构，如世界银行及其附属机构——国家开发协会、国际农业开发委员会，外国政府和外国金融机构等。

(5) 少数农业政策性银行吸收存款。法国农业信贷银行可以吸收存款，拓展了业务范围，向“综合性”银行不断发展。

3. 农业政策性银行的资金运用

（1）贷款。贷款是最主要的资金运用形式，通过贷款向农业生产经营者提供所需的资金和特别资助。日本农林渔业金融公库贷款包括土地改良贷款、自耕农维持贷款、农业结构改善贷款、综合设施贷款等，基本上是根据农业发展的要求而增加贷款项目，利率优惠3%～7.9%，期限10年以上，最长可达45年，是日本农业贷款的第二大来源。

（2）担保。担保是以承保金融机构自身的实力弥补农贷生产经营者信用低的弱点，目的在于扩大农业融资规模。

（3）发放补贴。美国商品信贷公司对遭受洪水、干旱等自然灾害而造成种植面积减少或较大减产给予灾害补贴。

农业政策性银行的资金运用体现了其职能，它的主要职能是提供农业低利贷款，弥补农业信贷资金“缺口”，满足农业资金需求；提供特别政策性贷款，配合实施政府农业政策。

4. 我国的农业政策性银行

中国农业发展银行是我国的农业政策性银行，于1994年11月成立。

（1）主要任务。按照国家法律、法规和方针、政策，以国家信用为基础，筹集农业政策性信贷资金，承担国家规定的农业政策性金融业务，代理财政性支农资金的拨付，为农业和农村经济发展服务。

（2）中国农业发展银行的经营范围。办理由国务院确定，中国人民银行安排资金并由财政予以贴息的粮食、棉花、油料、猪肉、食糖等主要农副产品的国家专项储备贷款；办理粮、棉、油、肉等农副产品的收购贷款及粮油调销、批发贷款；办理承担国家粮、油等产品政策性加工任务企业贷款和棉麻系统棉花初加工企业的贷款；办理国务院确定的扶贫贴息贷款、老少边穷地区发展经济贷款、贫困县县办工业贷款、农业综合开发贷款及其他财政贴息的农业方面的贷款；办理国家确定的小型农、林、牧、水利基本建设和技术改造贷款；办理中央和省级政府的财政支农资金的代理拨付，为各级政府设立的粮食风险基金开立专户并代理拨付；发行金融债券；办理业务范围内开户企事业单位的存款；办理开户企事业单位的结算；境外筹资等。

（三）进出口政策性银行

进出口政策性银行是国家支持和推动进出口尤其是出口，促进国际收支平衡，带动经济增长的金融机构。各国名称不统一，有的国家称作进出口银行或输出入银行、外贸银行；有的国家称为出口信贷公司、出口信贷担保公司、出口信贷保险公司等。

1. 进出口政策性银行建立和发展的原因

（1）进出口贸易是各国经济的重要组成部分。工业发达国家把进出口尤其是出口视作“生命线”，出口成为其持久性的使命。发展中国家采取“奖出限入”的政策，在其经济发展战略政策措施中，出口被放在十分重要甚至首要的位置。

（2）满足本国出口融资需要。由于出口融资具有风险高、期限长、额度大、条件优惠、利率较低等特殊性，无论是发达国家还是发展中国家，面对竞争激烈的出口市场，若要战胜对手，就要采取措施，鼓励出口，促进商品输出。而设立专门的进出口政策性银行并提供融资是重要做法之一。这些政策性进出口金融机构承担商业性金融机构和普通出口商不愿或无力承担的高风险，弥补商业性金融机构不足，改善本国出口融资条件，增强本国商品出口竞争能力。

2. 进出口政策性银行在各国的发展情况

最早出现的专门从事进出口融资的金融机构是 1919 年成立的英国出口信贷担保局。美国于 1934 年成立美国进出口银行，1945 年确定该行为联邦政府独立机构，办理美国进出口融资、保险、担保业务。

第二次世界大战后，各国开始恢复和发展经济，为促进出口，法国于 1946 年设立对外贸易银行；日本于 1950 年设立进出口银行；德国于 1952 年设立出口信贷有限公司；瑞典于 1962 年建立出口信贷公司。

第二次世界大战后，很多发展中国家走上了发展民族经济的道路，如韩国、泰国、印度等，在经济发展过程中，重视出口的作用，也先后设立了政策性金融机构。

进出口政策性银行，从其所有权看，多为官方或半官方所有，极少数为私营机构。

3. 进出口政策性银行的职能

（1）融通资金，如提供出口信贷和各种有利于刺激出口的贷款。

（2）为融资提供便利，提供贷款担保、保险等。

（3）提供其他服务，如提供咨询服务等。

（4）经办对外援助，服务于政府的对外政策。

4. 进出口政策性银行的资金来源与运用

进出口政策性银行的资金来源主要有政府拨入资金、借入资金、发行债券和其他渠道。

其资金运用主要有贷款、担保与保险等。各国金融机构一般均以不同方式提供贷款，支持出口。开展贷款担保业务是指进出口政策性银行为进出口商获得银行贷款提供担保，即做贷款保证人。此外，还开展出口信用保险业务，出口商可以投保出口信用保险，当因为进口商的信用原因不付款时，出口商可向进出口政策性银行索赔。

5. 中国进出口银行

中国进出口银行于 1994 年 4 月组建并于同年 7 月 1 日正式开业。它主要承担一般商业银行不愿或无力承担的信贷风险，用优惠的信贷条件增强本国出口商品的竞争力，以扩大出口、增加就业并促进国家的经贸增长。

中国进出口银行的主要任务是：

（1）设立基金，为出口商提供长期、低息贷款，鼓励出口。

（2）为大宗货物出口提供卖方、买方贷款和信贷担保，以抵消他国出口补贴，推动本国商品出口。

（3）参与国家外贸战略方针的制定和贯彻执行。

（4）为本国金融机构在海外开拓业务提供支持。

（5）广泛参与国内、国际银团，向他国提供援助和信贷。

进出口政策性银行的成立是一个国家外贸体制健全程度的重要体现。规范化、法制化是世界贸易的发展趋势。建立与国际管理接轨的、规范化的进出口银行已被视为一个国家加入世界贸易组织的重要条件。

第二节　非银行金融机构

一、保险公司

保险公司是经营保险业务的金融机构，是依法成立的在保险市场上提供各种保险产品，分散和转移他人风险并承担经济损失补偿和保险给付义务的法人。它的主要经营活动包括财产、人身、责任、信用等方面的保险与再保险业务及其他金融业务。各国按照保险业务种类分别建立财产保险公司、人寿保险公司、再保险公司、存款保险公司等。

保险公司通过开展业务获取的保费收入远远大于其保险支付金额，因而积聚起大量的货币资金，它是有特定用途的资金，即社会公众用于风险保障的资金，这与银行积聚的闲散资金是不同的。这些货币资金比银行存款更具稳定性，是国家金融体系长期资本的重要来源。保险公司的资金运用业务范围主要是长期证券投资，如购买公司债券、公司股票、市政债券、政府公债和发放不动产抵押贷款等。

相关链接 5-3

保险的起源和中国保险业的发展

危险与人类社会发展相伴，危险是不会随着科学技术的进步而消除的。保险的本质特征是分散危险和消化损失，“蚂蚁抱团过河”的故事说明了在应对危险时，群体的力量较之个人会得到更好的结果。保险就是这样一种工具，在防范或减少危险的领域，实现社会成员之间的经济互助。

近代保险起源于欧洲中世纪末期的海上保险，船主在开航前，从资本方融通资金，以船或船上货物的风险作为融资条件。如果船或船上货物在航行期间遭遇海难，则依照损害程度免除船主或货主之全部或部分债务。如果安全到达目的地，则应向资本方偿还本金和利息。随着海上贸易的发展，保险观念开始向海上保险以外的领域渗透。14世纪，以人的死亡、疾病、养老等为保障目的的人寿保险的雏形开始出现。15世纪末，开始出现专营保险业务的组织，例如专业经营船舶保险的相互保险组织。在17—19世纪，欧洲各国出现了大量的保险公司，由于保险公司过多，竞争激烈，促使各国对保险业的经营开始进行直接或间接的管理，近代保险业开始向现代保险业转型。

我国的保险业始于清朝末期。1805 年，保险制度传入我国。1835 年，英国人在香港设立了保安保险公司。1836 年，英国人又设立了广东保险公司。洋务运动期间，北洋通商大臣、直隶总督李鸿章主张设立招商局，获同治皇帝批准。1872 年，招商局正式成立，这是中国最早的航运企业。1876 年，招商局创立了上海"仁和"保险公司，经营水火保险业务，开创了我国民族保险业的先河。1878 年，招商局又设立"济和"保险公司。1885 年，招商局将以上两家公司合并，设立"仁济和"保险公司。

随着经济的发展、国民财富的积累、危险管理技术的提升、保险制度的健全、保险观念的普及，我国保险业得到很大发展，尤其是人身保险、责任保险得到大力推广和普及。目前保险集团控股公司 12 家，人身保险公司 96 家，财产保险公司 87 家，再保险公司 12 家，保险资产管理公司 24 家，外资保险公司代表处 190 家。

购买保险主要通过三种渠道：一是保险公司直属的保险代理人；二是保险经纪公司；三是互联网线上自助购买。

根据 2018 年披露的数据，我国寿险保单持有人只占总人口的 8%，人均持有保单仅为 0.13 张。我国的保险赔付占灾害损失比重远低于国际上 30%的平均水平。我国的保险深度和保险密度相对较低，与发达国家相比仍然有很大差距。

二、证券公司

在日本，证券公司就是投资银行。在我国，证券公司又称"券商"，是指依法成立的专门从事各种有价证券经营及相关业务的金融机构。我国证券公司分为综合类证券公司和经纪类证券公司两类。证券公司不仅是证券交易所的重要成员，也是有价证券柜台交易的组织者、参与者。

证券公司的主要业务包括：有价证券的自营买卖业务、委托买卖业务、认购业务和销售业务等。证券公司除代理客户买卖外，还办理如下业务：

（1）为客户保管证券，代理客户收取债券的利息或股票的分红等。

（2）为客户融资和融券。即当客户采用信用交易方式时，如保证金交易，证券公司给予贷款，贷款利率通常略高于银行优惠贷款利率；如果客户采用卖空交易方式，证券公司可以贷给证券，等客户将来在合适价格买入后归还。我国现阶段，这项业务受到限制。

（3）提供证券投资的信息和咨询。

证券公司在金融市场上起着重要作用，在证券发行市场上，通过申购、代销、助销、包销有价证券，保障发行市场的正常运行，使证券发行者能够筹集到所需资金，使资金盈余者买到证券，实现投资。在证券的流通转让市场上，通过代理或自营买卖有价证券，为证券的流通转让提供服务，提高证券的流动性。

三、信托投资公司

信托投资公司，也称信托公司，是以资金及其他财产为信托标的，根据委托者的意愿，以受托人的身份管理及运用信托资财的金融机构。信托公司具有财产管理和运用、融通资金、提供信息和咨询等功能。

现代信托业务源于英国，但最早办理信托业务的经营性机构产生于美国。据记载，最早正式办理信托业务的机构是 1818 年核准许可营业的美国“马萨诸塞慈善人寿保险公司”。英国第一家信托公司“伦敦信托执行和证券保险公司”成立于 1886 年。

现代信托业务比较发达的是美国、英国、日本、加拿大等国。英国、美国等除了一些专营信托业务的公司外，相当部分的信托业务由各商业银行的信托部门来办理。日本、加拿大的情况与美国、英国有所不同，政府从法律上限制商业银行和信托机构的业务交叉，实行银行业务与信托业务相分离的政策。

一般来说，信托投资公司主要经营资金和财产信托、资产保管、金融租赁、经济咨询、证券发行及投资等。根据我国现阶段金融机构分业经营、分业管理的原则，要求信托投资公司要与银行业、证券业分业经营、分业管理，不得吸收存款，不得自营期货，不得用负债资金发放贷款和进行实业投资。其主要业务是：受托经营资金信托业务，受托经营动产、不动产及其他财产的信托业务；受托经营经国家有关法规允许从事的投资基金业务，作为基金管理公司发起人从事投资基金义务；受托经营国务院有关部门批准的国债、企业债务业务；代保管业务；信用鉴证、资信调查及经济咨询业务；以自有财产为他人提供担保等。

四、财务公司

财务公司，也称财务有限公司。根据各国金融体制的不同，财务公司承办的业务有很大的差别。例如，有的专门承办抵押放款业务，有的依靠吸收大额定期存款作为贷款或投资的资金来源；有的专门经营耐用品的租赁或分期付款销售业务。

财务公司在 18 世纪始建于法国，后美国、英国相继开办。财务公司的短期资金来源主要是在货币市场上发行商业票据，长期资金来源于发行股票和债券，多数财务公司可以接受定期存款。大的财务公司还兼营外汇、联合贷款、不动产抵押贷款、包销证券、财务及投资咨询服务等，与投资银行所经营的业务相同。

美国的财务公司依靠自有资金和银行贷款进行经营，不吸收定期存款。英国财务公司的资金来源除银行借款外，还吸收金融机构、公司和个人一年以内的定期存款。我国香港的财务公司在 20 世纪 70 年代有较大发展，可以接受存款，很多财务公司是商业银行的附属机构。我国内地的财务公司，多为企业集团内部各分公司集资而建立的。其成立目的是为本企业集团内部融通资金，促进其技术创新和发展，一般不得吸收外部企业的存款。其在业务上接受银保监会的领导、管理、监督和稽核，在行政上隶属于各企业集团，是自主经营、自负盈亏、自求平衡、自担风险、独立核算的企业法人。其主要经办业务是企业集团内部的人民币存款、人民币贷款、投资、信托和融资性租赁等。

五、金融租赁公司

金融租赁公司是指专门经营融资租赁业务的机构，即通过融物的形式起到融资作用的企业。

第二次世界大战后，美国企业界迫切需要巨额投资，以实现军需品生产向民用品生产的转变。由于科技飞速发展与设备陈旧落后的矛盾日益突出，投资需要不断增加，但企业获取中长期贷款的数量有限，于是出现了新的中长期融资方式——融资租赁。通过借助金融租赁业务，企业不必追加大量投资即可通过租赁获得新技术设备的使用，减少因科技迅猛发展而产生的无形损耗。同时，各国政府对租赁业提供政策优惠与支持。1952 年 5 月，美国旧金山创立第一家现代专业租赁公司，标志着现代租赁体制的确立和现代租赁业务的开始。20 世纪 60 年代，现代租赁业扩展到欧洲和日本，20 世纪 70 年代开始向世界各地渗透，20 世纪 80 年代后期已发展成为一种国际性设备投资的多功能新型产业。

1981 年 2 月，中国第一家租赁公司——东方租赁有限公司成立，该公司由中国国际信托投资公司、北京机电设备公司和日本东方租赁公司三方合资经营，该公司的成立标志着现代租赁业在中国的兴起。截至 2018 年 8 月底，中国金融租赁公司已达 70 家，注册资本已达 2 004 亿元人民币。它是受银保监会审批、监管的非银行金融机构。金融租赁公司融资渠道主要是吸收股东 3 个月以上的存款、发行金融债券、进入同业拆借市场借款等。

国际上租赁行业基本上有三种类型的机构：一是银行或与银行有关的金融机构所属的租赁公司；二是属于制造商的租赁公司；三是综合经营并独立开展业务的租赁公司。中国的租赁公司大都属于第一类和第三类，截至 2018 年 8 月底，我国由国有银行、股份制银行、城商行、农商行控股和参股的金融租赁公司有 48 家。

租赁公司的业务范围涉及各个领域，可以租赁单机设备，也可以租赁成套工程设备；可以租赁生产资料，也可以租赁工业产权；可以租赁工商业设施，也可以租赁办公用具。租赁方式多种多样。从征税角度看，可以是享受税收优惠的减税租赁，也可以是没有税收优惠的销售式租赁；从出租人购置租赁物的资金来源和付款对象看，可以是直接租赁、转租赁、杠杆租赁和售后回租；从出租人与承租人的地域关系看，可以是国内租赁，也可以是国际租赁。

六、信用合作社

（一）信用合作社的概念

信用合作社是由个人集资联合组成的，以互助为主要宗旨的合作金融组织。其基本的经营目标，是以简便的手续和较低的利率，向社员提供信贷服务，帮助经济力量薄弱的个人解决资金困难，以免遭高利盘剥。

（二）信用合作社的资金来源与运用

成员缴纳的股金和吸收的存款，是其主要资金来源，贷款主要用于解决其成员的资金需要。起初，信用合作社主要发放短期生产贷款和消费贷款。现在，一些资金充裕的信用社已开始为解决生产设备更新、改进技术等提供中长期贷款，并逐步采取了以不动产或有价证券为担保的抵押贷款方式。

（三）信用合作社的基本准则

入社和退社实行自愿原则；每个成员都应提供一定数额的股金并承担相应的责任；实行民主管理，社员具有平等的权利，每位社员只有一个投票权；信用合作社的盈利主要用于业务的发展和增进社员福利。这些原则可以避免信用合作社成为少数人所控制和为少数人谋取利益的企业。

（四）信用合作社的类型

信用合作社按照地域不同，可分为农村信用合作社和城市信用合作社。

1. 农村信用合作社

农村信用合作社简称农村信用社，是由农民或农村的其他个人集资联合组成，以互助为主要宗旨的合作金融组织。在创办初期，社员都是农民，农村信用合作社的规模较小，社员贷款被严格地用于农业生产。随着信用社的发展，信用合作社的成员由原来主要是农民，逐渐扩大到兼业农民、农村的小工商业者、农场的工人和职员；在信用合作社以下还设有若干分社。农村信用合作社由原来主要办理种植业的短期生产贷款，发展到综合办理农林牧副渔和农村工商业及社员消费性的短期贷款。资金充裕的信用社，还对农业生产设备、中小工商业提供中长期贷款，并逐步采取抵押贷款方式，以不动产或有价证券担保。

我国的农村信用合作社始建于第一次国内革命战争时期，当时建立农村信用合作社的目的在于抵制地主、商人的高利贷剥削。不断发展的根据地和解放区的中国农村信用合作社，对解决农民生产、生活困难，打击高利贷，促进农业生产发展，支援革命战争都起到了积极作用。中华人民共和国建立以后，农村信用社得到进一步发展。1996 年，我国对农村信用社的改革重点在于规范农村信用社。明确农村信用社主要由农户、农村集体经济组织和农村信用社职工入股，实行民主管理，最高权力机构是社员代表大会，坚持主要为社员服务的方针。

相关链接 5－4

中国农村的金融机构——村镇银行

村镇银行是指经中国银行保险业监督管理委员会依据有关法律、法规批准，由境内外金融机构、境内非金融机构企业法人、境内自然人出资，在农村地区设立的主要为当地农民、农业和农村经济发展提供金融服务的银行业金融机构。它加强了对农村地区的金融支持力度。

2006 年 12 月，中国银行监督管理委员会放宽农村银行业金融机构准入政策，在湖北、四川、吉林等 6 个省（自治区）的农村地区设立村镇银行试点，全国的村镇银行试点工作由此启动。2007 年 3 月，国内首家村镇银行四川仪陇惠村镇银行诞生。2007 年 10 月，中国银行监督管理委员会宣布试点从 6 个省（自治区）扩大到 31 个省（自治区）。2007 年 12 月，首家外资村镇银行湖北随州曾都汇丰村镇银行开业。2007 年 12 月，国家开发银行作为主发起人组建的村镇银行挂牌。2008 年 8 月，中国农业银行作为发起人在湖北、内蒙古同时成立村镇银行。2008 年 9 月，中国民生银行发起的村镇银行在彭州开业。截至 2018 年 6 月底，全国共组建村镇银行 1 605 家，县市覆盖率达 67%，覆盖了 415 个国家级贫困县和集中连片特困地区县。其中，中西部地区共组建村镇银行 1 050 家，占村镇银行总数的 65.4%。已开业的村镇银行资产总额 1.4 万亿元，农户和小微企业贷款合计占比 91.8%，户均贷款 34.9 万元。

2018 年 1 月，为贯彻落实党中央、国务院关于建设普惠金融体系、推进金融精准扶贫和实施乡村振兴战略的决策部署，经国务院批准，中国银监会同意河北、山西、内蒙古等 15 个省（自治区）开展首批“多县一行”制村镇银行试点和建立投资管理型村镇银行。投资管理型村镇银行（简称投资管理行）仅调整增加了村镇银行的业务范围，其机构类别仍然是村镇银行。投资管理行在村镇银行现有业务范围的基础上，增加了投资和收购村镇银行、为村镇银行提供代理支付清算、政策咨询、信息科技、产品研发、运营支持、培训等中后台服务，以及受村镇银行委托申请统一信用卡品牌等业务。

2. 城市信用合作社

城市信用合作社是城市居民集资建立的合作金融组织，旨在为城市小集体经济组织和个体工商户服务，通过信贷活动解决资金困难，促进生产发展。其为集体所有制企业，是具有独立法人地位的经济实体。城市信用合作社实行独立经营，由社员进行民主管理，盈利归集体所有，并按股金分红。

它经营的业务主要有：吸收单位和个人的存款；对经营企业发放短期贷款；办理抵押贷款；办理同城及部分异地的结算业务；信息和咨询服务；代办企业保险业务等。

七、养老基金组织

养老基金组织是向参加养老基金计划的公司雇员以年金形式提供退休收入的金融机构，是一种向加入基金计划的人们提供养老金的金融机构。其资金来源有两方面：一是雇主缴纳和雇员工资的扣除，其中雇主缴纳占主要部分；二是基金的投资收益，即养老基金用于投资取得的投资收益。养老基金组织的资产与保险公司的资产基本相同，养老基金组织多投资于股票、债券及不动产等高收益资产项目。

养老基金是第二次世界大战后在西方各国发展起来的，到20世纪80年代末期，美国养老基金的资产规模已经超过人寿保险公司。关于养老基金的立法和税收优惠对它的发展起了极大的推动作用。

八、投资基金组织

投资基金组织，也称互助基金组织。它通过向许多小投资者发行基金来聚集资金，代投资者购买证券以获取投资收益。

我国的证券投资基金管理公司（以下简称基金管理公司），是指经中国证券监督管理委员会批准，在中华人民共和国境内设立，从事证券投资基金管理业务的企业法人。基金管理公司应当遵守法律、行政法规和中国证监会的规定，恪守诚信，审慎勤勉，忠实尽责，为基金份额持有人的利益管理和运用基金财产。基金管理公司可以依照规定，按管理基金资产规模提取基金管理费用，作为其收入来源。

九、金融监管机构

金融监管是指金融管理当局根据金融法规，对各类金融机构及其金融活动实施监督与管理，以保证金融体系的安全、稳定，保证公众的利益。金融监管机构的设立取决于金融监管模式。金融监管模式分为混业监管模式（统一监管模式）和分业监管模式。

混业监管模式是指不同的金融行业、金融机构和金融业务均由一个统一的监管机构负责监管，这个监管机构一般是该国的中央银行或其他专门设置的金融管理当局。分业监管模式是在银行、证券和保险三个业务领域内分别设立一个专职的监管机构，负责各行业的审慎监管和业务监管。实行分业监管的国家有德国、美国、波兰和中国等。

新中国成立后，与高度集中的计划经济相适应，实行高度集中的金融管理体制。在很长一段时间内，中国人民银行既有中央银行职能，又有商业银行职能，并承担金融活动的调节和监管职责。从1984年开始正式专门行使中央银行职能，并担负金融监管职能。一直延续到1992年，中国人民银行是全国唯一的金融监管机构，它在国务院的领导下承担对全国所有银行和非银行金融机构的监管职能。随着金融体制的改革和中国金融业对外开放不断扩大，金融业面临更多的风险和挑战，要求必须加强金融监管，防范和化解金融风险。1992年10月起，先后成立了中国证券监督管理委员会（证监会）、中国保险监督管理委员会（保监会）和中国银行业监督管理委员会（银监会），银监会的成立使我国金融业分业经营、分业监管的局面正式形成。

随着对外开放的深入与发展，金融市场的开放度也越来越高，许多金融机构的经营范围越来越广，涉及银行、保险、证券、信托、租赁等多种金融业务，银行和非银行金融机构、证券、保险分别由三个监管部门进行分业监管，但缺乏有效的沟通渠道和相互协调机制，存在监管上的盲点，为金融风险留下隐患。为防范系统性金融风险，在国务院设立了金融稳定发展委员会，领导协调银监会、证监会、保监会之间的关系，织密了风险监控的网络。随着普惠金融制度的建立和发展，小额贷款公司、融资担保投资公司、互联网金融公司如雨后春笋般成长壮大，地方金融风险隐患加剧。为防范地方金融风险爆发及向全国蔓延，各省、自治区、直辖市建立了地方金融管理局。我国目前形成了中央和地方相互分工、相互配合的金融监管格局。2018 年 4 月中国银保监会正式挂牌，这意味着我国处于由分业监管向混业监管的过渡时期。

相关链接 5－5

互联网金融

2015 年 7 月 18 日，经党中央、国务院同意，中国人民银行、工业和信息化部、公安部、财政部、国家工商总局、国务院法制办、中国银行业监督管理委员会、中国证券监督管理委员会、中国保险监督管理委员会、国家互联网信息办公室联合印发了《关于促进互联网金融健康发展的指导意见》。在大众创业、万众创新的大背景下，互联网金融迅速发展起来，它在满足小微企业、中低收入阶层投融资需求，提升金融服务质量和效率，引导民间金融走向规范化，以及扩大金融业对内对外开放等方面将发挥独特功能和作用。

互联网金融是传统金融机构与互联网企业利用互联网技术和信息通信技术实现资金融通、支付、投资和信息中介服务的新型金融业务模式。互联网金融的主要业态包括互联网支付、网络借贷、股权众筹融资、互联网基金销售、互联网保险、互联网信托和互联网消费金融等。

1. 互联网金融监管职责的划分

中国人民银行负责互联网支付业务的监督管理；银保监会负责包括个体网络借贷和网络小额贷款在内的网络借贷、互联网信托、互联网消费金融和互联网保险的监督管理；证监会负责股权众筹融资和互联网基金销售的监督管理。

2. 互联网金融应遵守的基本业务规则

个体网络借贷业务及相关从业机构应遵守《合同法》《民法通则》等法律法规以及最高人民法院相关司法解释，相关从业机构应坚持平台功能，不得非法集资；网络小额贷款应遵守现有小额贷款公司监管规定；股权众筹融资应定位于服务小微企业和创新创业企业；互联网基金销售要规范宣传推介，充分披露风险；互联网保险应加强风险管理，完善内控系统，确保交易安全、信息安全和资金安全；信托公司、消费金融公司通过互联网开展业务的，要严格遵循监管规定，加强风险管理，确保交易合法合规，并保护客户信息；信托公司通过互联网进行产品销售及开展其他信托业务的，要遵循合格投资者监管规定，审慎甄别客户身份和评估客户风险承受能力，不能将产品销售给与风险承受能力不相配的客户。但在实践中，由于一些互联网金融机构违规操作，再加上监管缺失，致使出现了一些金融诈骗案，影响整个行业的发展，目前已进入清理整顿期。

3. 互联网金融的发展路径

互联网金融的发展路径有三条：一是金融机构建设创新型互联网平台，开展网络银行、网络证券、网络保险、网络基金销售和网络消费金融等业务；二是互联网企业依法合规设立互联网支付机构、网络借贷平台、股权众筹融资平台、网络金融产品销售平台；三是电子商务企业在符合金融法律法规规定的条件下自建和完善线上金融服务体系，拓展电商供应链业务。互联网金融从业机构应进行产品、服务、技术和管理创新，提升自身核心竞争力，为互联网金融创造良好的生态环境和产业链。

4. 互联网金融发展的资金支持

一是社会资本可以发起设立互联网金融产业投资基金；二是符合条件的优质互联网金融从业机构可以在主板、创业板等境内资本市场上市融资；三是银行业金融机构按照支持小微企业发展的各项金融政策，对处于初创期的互联网金融机构予以支持。

本章小结

专业银行是指有专门经营范围和提供专门性金融服务的银行。

投资银行，英国称为商人银行，日本称为证券公司，德国称为私人承兑公司，法国称为实业银行，泰国称为金融证券公司，新加坡称为商人银行或证券银行。投资银行主要依靠发行自己的股票和债券来筹集资金，即使一些国家允许投资银行接受存款，也主要限于定期存款，不准开展活期存款业务。现代投资银行的主要业务分为四大类：一是为客户提供发行股票、债券服务；二是代理客户买卖有价证券；三是企业重组、兼并和收购；四是咨询服务。

储蓄银行是指办理居民储蓄并以吸收储蓄存款为主要资金来源的银行。储蓄银行的类型包括互助储蓄银行、信托储蓄银行、储蓄与放款协会、储蓄会、邮政储蓄系统等。储蓄银行所汇集起来的储蓄存款余额较为稳定，所以主要用于长期投资。

抵押银行是“不动产抵押银行”的简称，是以土地、房屋等不动产作抵押办理放款业务的专业银行。其特点是主要发放长期贷款，属于长期信贷，需要以房地产作抵押，但也可以用股票、债券和黄金作抵押。

清算银行亦称“交换银行”“划拨银行”“汇划银行”，是指能直接参加票据交换所进行票据清算的银行。票据清算的原则是维护收付双方的正当权益，清算银行不予垫款。其优点是便利资金清算，节省大量现金使用。

政策性银行具有专业银行的特征。它多是由政府创立、参股或保证的，不以营利为目的，专门为配合政府社会经济政策的贯彻实施，在特定的业务领域内，从事政策性融资活动的金融机构。一般来说，大多数国家成立的政策性银行主要有开发银行、农业政策性银行、进出口政策性银行。

非银行金融机构主要有保险公司、证券公司、信托投资公司、财务公司、金融租赁公司、信用合作社、养老基金组织、投资基金组织、金融监管机构等。

保险公司是经营保险业务的金融机构，是依法成立的在保险市场上提供各种保险产品，分散和转移他人风险并承担经济损失补偿和保险给付义务的法人。它的主要经营活动包括财产、人身、责任、信用等方面的保险与再保险业务及其他金融业务。各国按照保险业务种类分别建立财产保险公司、人寿保险公司、再保险公司、存款保险公司等。

在日本，证券公司就是投资银行。在我国，证券公司又称“券商”，是指依法成立的专门从事各种有价证券经营及相关业务的金融机构。我国证券公司分为综合类证券公司和经纪类证券公司两类。信托投资公司，也称信托公司，是以资金及其他财产为信托标的，根据委托者的意愿，以受托人的身份管理及运用信托资财的金融机构。

信托投资公司具有财产管理和运用、融通资金、提供信息和咨询等功能。

财务公司，也称财务有限公司。根据各国金融体制的不同，财务公司承办的业务有很大的差别。例如，有的专门承办抵押放款业务，有的依靠吸收大额定期存款作为贷款或投资的资金来源；有的专门经营耐用品的租赁或分期付款销售业务。

金融租赁公司是指专门经营融资租赁业务的机构，即通过融物的形式起到融资作用的企业。在我国租赁公司的组织形式主要有两种：一种是银行或其他非银行金融机构所属的租赁公司；另一种是独立经营的租赁公司。

信用合作社是由个人集资联合组成的，以互助为主要宗旨的合作金融组织。其基本的经营目标是，以简便的手续和较低的利率，向社员提供信贷服务，帮助经济力量薄弱的个人解决资金困难，以免遭高利盘剥。

养老基金组织是向参加养老基金计划的公司雇员以年金形式提供退休收入的金融机构。

投资基金组织也称互助基金组织，它通过向许多小投资者发行基金来聚集资金，代投资者购买证券以获取投资收益。

金融监管是指金融管理当局根据金融法规，对各类金融机构及其金融活动实施监督与管理，以保证金融体系的安全、稳定，保证公众的利益。金融监管机构的设立取决于金融监管模式。金融监管模式分为混业监管模式（统一监管模式）和分业监管模式。在中国，基本形成“一委一行两会一局”的监管框架。

重点概念

专业银行　　投资银行　　政策性银行　　储蓄银行
不动产抵押银行　　保险公司　　证券公司

章后训练

一、名词解释

专业银行　　投资银行　　政策性银行　　储蓄银行
不动产抵押银行　　保险公司　　证券公司

二、思考题

1. 投资银行可以经办哪些业务？它有什么作用?

2. 储蓄银行的资金来源与运用有哪些特点?

3. 政策性银行一般有哪几种类型?

4. 非银行金融机构一般有哪些?

5. 简述各类非银行金融机构的主要业务。

三、案例分析

调查你所在地区的金融机构设置情况，并根据所学知识进行分类。分析哪些方面需要完善与改进。

四、通读相关法律法规

1. 《中华人民共和国担保法》，中国人民银行网站（http：//www. pbc. gov. cn/）。

2. 《中华人民共和国保险法》，中国人民银行网站（http：//www. pbc. gov. cn/）。

3. 《中华人民共和国信托法》，中国人民银行网站（http：//www. pbc. gov. cn/）。

第六章

金融市场

章前引言

套用曾经很流行的一句话："爱他吗？那么就让他炒股，因为股市是天堂。恨他吗？那么就让他炒股，因为股市是地狱。"资本市场是魔方，它瞬时让投资者富有，转眼间又回到赤贫。在2015年4月10日上证综合指数站上4 000点时，新华社、《人民日报》发表了《4 000点是新历史起点》的文章。几千万新股民排队开户入市，场面甚为壮观。2015年6月12日上证综合指数5 178.19点，但到2015年7月9日最低点探至3 373.54点，最大跌幅达53.49%，市值快速蒸发30万亿元人民币。2015年7月9日上海证券交易所和深圳证券交易所共有2 800多只股票，为自救，其中有1 200多家公司宣告停牌。资本市场使"纸上富贵"成为流行语。

2007年11月20日，餐饮第一股全聚德（002186）登陆中小板，因涨幅过快，刚刚开盘就被临时停牌，创下中小板上市首日临时停牌最快纪录。全聚德当日开于36.81元/股，发行价11.39元/股，大幅高开223.18%。当日最终收盘价格42.3元/股，按照券商预测的年终利润，动态市盈率已经接近100倍。餐饮第一股全聚德40元/股，贵不贵？有人从品牌概念分析，认为不贵；有人从市盈率分析，认为已远远超出投资价值。全聚德到底值多少钱？

我们该如何认识金融市场？金融市场有什么功能？证券市场与金融市场是什么关系？证券交易价格由什么来决定，受哪些因素影响？我们如何调控金融市场保障经济的健康运行？这都是值得我们学习和思考的问题。

通过本章的学习，你应该能够：

1. 掌握金融市场的概念和金融市场要素；
2. 了解金融市场的分类；
3. 理解金融市场的功能；
4. 掌握货币市场交易种类；
5. 了解资本市场的证券发行、交易；

6. 掌握证券投资收益计算及股票行市、股票价格指数；
7. 掌握证券投资基金的特点、类型；
8. 了解外汇市场和黄金市场。

第一节 金融市场概述

一、金融市场的概念

金融市场有广义和狭义之分。广义的金融市场通常是指以金融资产为交易对象而形成的供求关系及机制的总和。也可以说是通过金融工具交易，进行资金融通的场所与行为的总和。狭义的金融市场仅指证券市场。

二、金融市场要素

金融市场的构成要素包括交易对象、金融商品、交易主体、交易价格和交易组织系统五个方面。

（一）交易对象

在传统金融市场上，交易对象是指货币或货币资金的使用权。资金供给者通过交易出让资金使用权获得利息或股息，资金需求者通过承诺偿还债权或承诺对方获得股权并且支付相应的利息或股息而得到资金使用权。流通市场日益完善，衍生金融工具不断推出，金融市场不再仅仅是融资的场所而成为重要投资场所，人们关注的重点也从交易对象转向了交易工具，交易的对象是什么如今变得不那么重要了。

（二）金融商品

金融商品，也称交易工具或金融工具，它是交易的载体。传统的金融商品包括存单凭证、商业票据、股票、债券等；创新的金融商品有期货合约、期权合约、掉期合约等，这些也称为金融衍生工具。交易工具从制作成本来看，它的价值可以忽略不计，其价值在于能够给投资者带来多少收益。传统金融工具代表交易对象的价值进行交易，金融衍生工具是人为赋予它一定价值，它可以有也可以没有实体交易对象。如股票期权合约的交割对象是股票，它代表着资金使用权的买卖；股票价格指数期货，就没有能够进行交割的交易对象，交易目的在于规避股票价格变动风险和获得买卖的价差。

（三）交易主体

交易主体是指金融市场活动的参与者。按参与目的划分，交易主体包括资金供给者、资金需求者、中介人、金融监管机构和中央银行。具体为：居民（也称个人或家庭)、工商企业、政府部门、金融机构。其参与金融市场的目的具有多样性，而且具有可变性。

1. 居民

居民主要作为资金供给者参与金融市场。居民通过银行存款即居民储蓄为金融市场提供资金，除储蓄方式外，居民还通过购买债券、股票和证券投资基金等多种金融工具向金融市场提供资金。当然，居民也通过使用消费信贷成为金融市场的资金需求者。

2. 工商企业

工商企业是金融市场主要的资金需求者。工商企业在生产经营或扩大再生产过程中需要巨额资金，如短期资金周转困难、新产品开发资金短缺、扩大生产规模需要资金投入等。为解决资金短缺问题，工商企业可以申请贷款，发行债券、股票、短期票据等获得资金使用权。当然，工商企业在生产经营过程中也有暂时闲置的资金，成为金融市场上资金的供给者。

3. 政府部门

政府部门主要作为资金需求者参与金融市场。为解决财政收支不平衡、财政赤字和经济建设需要，政府利用国内金融市场和国际金融市场发行国债筹集资金。

4. 金融机构

金融机构是金融市场的重要参与者，按其目的不同可分为三类：一是中介人。其目的是营利，连接资金盈余者和资金需求者，起桥梁作用，从而实现资金从短期到长期、从小到大、从储蓄到投资的转化。这类金融机构有商业银行、证券公司、投资银行、信托投资公司等。二是金融监管机构。它们是代表政府对资金融通进行监督和管理的金融机构，如证监会、银保监会。三是金融市场的特殊参与者——中央银行。它除了作为监管者参与金融市场外，也进行买进或卖出，但不以营利为目的，而是利用金融市场调节货币供应量，实现宏观调控目标。

（四）交易价格

金融交易是按一定价格成交的。根据交易价格适时选择买点或卖点，是盈亏的关键。价格通常是由交易工具的价值决定的，交易工具价值的大小取决于它能够为持有者带来多少收益，它可以用收益额或收益率来表示。交易工具的价值是很难确定的，而且交易价格与价值是否相一致很难判断，根据两者关系选择买或卖关系到交易盈亏。如果交易价格高于交易价值时卖出，交易价格小于交易价值时买入，意味着实际收益高于平均收益，就盈利；反之，实际收益低于平均收益，就亏损。

（五）交易组织系统

交易组织系统是金融交易特定的制度安排。大部分金融交易是在金融机构的营业场所内按规定程序完成的，双方既可以面对面直接完成交易，也可以通过电讯手段进行交易。证券市场的交易组织系统可以分为场内交易（证券交易所）和场外交易两种。随着信息技术的发展和渗透，现代金融交易系统日趋电子化、网络化。

三、金融市场的分类

（一）按融资方式分为直接金融市场和间接金融市场

直接金融市场是指可以有也可以没有金融机构参与，资金供需双方实现资金融通的市场。在直接金融市场上，资金供方独立承担资金需方的信用风险，即使有金融机构参与其中，也仅起牵线搭桥作用而不承担融资信用风险，这种融资方式称为直接融资。例如，股票、债券市场是典型的直接金融市场。

间接金融市场是指通过金融中介机构以实现资金供需双方的资金融通，由金融机构承担融资信用风险的市场。金融机构首先进行筹资，再将资金加以运用，并承担融资风险，这种融资方式叫间接融资，形成的市场为间接金融市场。间接金融市场一般包括两个过程：一是金融机构通过吸收存款筹资的过程；二是金融机构发放贷款的过程。例如，银行存、贷款市场是典型的间接金融市场。

银行资产负债业务不断创新，使直接金融市场和间接金融市场的界限变得模糊。例如，商业银行通过发行金融债券筹资，这显然是直接融资过程，通过信贷方式运用资金，这显然是间接融资过程；商业银行通过吸收存款筹集资金是间接融资，吸收的存款通过购买公司股票、债券运用出去又是直接融资，在融资中介机构内部，存在直接融资与间接融资的对应或间接融资与直接融资的对应。

（二）按融资期限长短分为货币市场和资本市场

货币市场是指融通资金期限在一年以内的市场，也称短期金融市场。其特点是融通资金期限短，主要目的是解决交易媒介不足；交易工具风险小且流动性强；融资具有货币特点。货币市场主要包括拆借市场、票据市场、短期债券市场、存单市场和短期信贷市场等。交易工具主要有存单、商业票据、国库券和其他短期债券等。

资本市场是指融通资金期限在一年以上的市场，也称长期金融市场。其特点是融通资金期限长，主要目的是解决投资资本不足；交易工具风险大且流动性比较低，但收益较高；融资具有资本特点。资本市场主要包括股票市场、中长期债券市场、投资基金市场、长期信贷市场等。交易工具主要有股票、债券、基金份额。

（三）按金融交易程序分为发行市场和流通市场

发行市场也称一级市场或初级市场，是票据或证券等金融工具发行的市场。各类筹资者必须借助发行市场出售各类金融交易工具以获得资金使用权。流通市场也称二级市场或次级市场，是票据或证券流通转让的市场。流通市场为金融工具提供了交易流通的渠道，增强了金融工具的流动性。

健全发达的金融市场必须包括发行市场和流通市场。发行市场可以直接解决筹资规模问题，流通市场可以解决金融工具流动性问题，两者联系密切。一方面，没有发行市场也就没有流通市场上金融商品的供给，流通市场就成为无源之水；另一方面，如果没有流通市场，投资者会担心变现性使长期金融工具很难发行成功，资本市场就难以存在。此外，发行市场的适度扩张会影响流通市场的平稳运行（防止过度投机或萧条），而流通市场的健康发展又为发行市场的适度扩张创造了良好条件。

（四）按金融商品交割时间分为即期交易市场和远期交易市场

按照当前金融商品交割情况来划分，应该把金融市场分为即期交易市场和远期交易市场，而不是许多教科书划分的现货市场和期货市场。

即期交易市场也称现货市场，是指交易双方成交后在两三个营业日内进行交割的金融市场。一般采用“T＋日期”模式表示，如“T＋0”表示当天成交，当天交割；“T＋1”表示当天成交，下一个营业日交割。当天成交，当天交割，在技术上已没什么问题，规定先成交，在较短时间内交割主要是出于管理需要（控制投机）。我国深沪证券交易所在20世纪90年代曾经实行“T＋0”交割模式，为了抑制投机，后来改为“T＋1”模式。

远期交易市场是指交易双方成交后不立即进行交割而是在约定的未来日期按约定的金融商品种类、价格、数量进行交割的市场。它有普通的远期交易市场和标准化的远期交易市场（期货市场）。

（五）按金融交易具体的场地或空间分为有形市场和无形市场

有形市场有具体的固定交易场地，如证券交易所；无形市场则是观念上的市场，没有具体的、固定的交易场地，如资金拆借可以电话成交，也可以在柜台成交。无形市场因不像证券交易所有固定场所，又称为场外交易、店头交易、柜台交易等。

对于金融市场中的证券市场，通常出于管理需要，把其划分为有形市场和无形市场。国家通过法律规定了对各种证券交易的限制，进入有形市场交易的证券需满足特定条件。依据法律，一些证券可以在有形市场（证券交易所）交易，也可以在无形市场交易，而有些证券只能在无形市场进行交易。

（六）按金融资产存在形式分为拆借、贴现、证券、证券投资基金、金融期货、金融期权、互换、外汇、黄金、保险市场

拆借市场是指金融机构之间买卖它们在中央银行存款账户余额的场所；贴现市场是指票据贴现机构买进未到期票据或其他短期债券以对持票人提供资金的市场；证券市场是指股票和债券发行与流通转让的市场；证券投资基金市场是指基金管理人为了获得基金管理收益和基金投资者为了获取投资收益、资本增值进行基金单位买卖的市场；金融期货市场是买卖标准化合约的市场，即先成交，在到期日或到期前按成交的商品种类、价格、数量进行交割或对冲的市场；金融期权市场是交易双方对表明权利的合约进行买卖的市场；互换市场是供交易双方就在未来一段时期内交换资产或资金的流量而达成协议的市场；外汇市场是指买卖外汇的金融市场；黄金市场是指买卖黄金等贵金属的市场；保险市场是指保险单、年金单发行和转让而形成的市场，是一种特殊的金融市场。

（七）按地域分为国内金融市场和国际金融市场

国内金融市场是指交易双方都是本国居民，交易对象是本币或以本币表示的金融商品的市场。其金融交易活动受到本国法律和制度的管辖。国际金融市场是指交易双方中至少

一方是非居民，交易对象可以是本国货币或外国货币，以及由本国货币或外国货币表示的金融商品的市场。国际金融市场包括传统的和新兴的两种。传统国际金融市场交易双方中有一方是非居民，交易对象是以本国货币标价和交易的金融商品；新兴国际金融市场也称欧洲货币市场或离岸金融市场，交易双方可以都是非居民，交易对象通常是可以自由兑换的境外货币（也称欧洲货币），金融交易基本不受任何国家法规的约束，从 20 世纪六七十年代起发展十分迅速。

四、金融市场的功能

（一）为筹集资金、配置资源提供交易机制的功能

首先，金融市场为资金需方和供方提供了多种筹资、投资渠道，以及多种筹资、投资工具，使他们能够选择有利于自己的投融资渠道和工具，最大限度地满足他们投融资的需要。其次，投融资的过程重新配置了资金使用权，而物随钱走，在社会总供求平衡的情况下，自然也实现了资源配置。最后，在利率、金融资产价格及风险的作用下，只有具有优势的企业才可利用金融市场筹到资金，实现了优胜劣汰，使资金或资源得到优化配置。

（二）为闲置资金向生产资金转化提供交易机制的功能

债券、股票和其他各种金融商品通过金融市场发行和出售，金融市场便集中了所有的资金供方和需方。从宏观来看，它是储蓄转化为投资的桥梁。从微观来看，通过金融市场把分散的机关团体、企事业单位、居民个人的闲置资金集聚在一起与企业所需巨额资金实现对接。从个体来看，他们闲置的资金额是较小的、期限是较短的，是不能当做生产经营资金使用的，但通过金融市场的交易机制可以把分散的、短期的、小额的资金集聚起来，变为巨额的、长期的货币资本，这样可以用来弥补企业生产经营周转金不足和扩大再生产所需资金的缺口。

（三）为经济活动提供信息的功能

金融市场是国民经济的“晴雨表”和“气象台”，既可以综合反映宏观经济运行状况，也可以反映微观经济组织的经营状况。首先，利率变化反映着宏观经济运行状况。利率是资金的价格，如果市场利率（实际利率而非名义利率）上升，表明货币供应小于货币需求，如果同时存在商品库存增加、失业率上升的现象，说明社会总供给超过社会总需求，发生了通货紧缩；反之，如果市场利率（实际利率而非名义利率）下降，表明货币供应大于货币需求，如果同时出现商品供应短缺、物价上涨的现象，说明社会总供给小于社会总需求，发生了通货膨胀。其次，金融工具价格的变化反映着企业经营状况。以上市公司股票价格变化为例，投资者通过上市公司公布的财务报告了解其经营状况，并结合经济发展趋势对发展前景作出研判，然后决定股票的买点和卖点，这直接影响着股票价格的涨跌。在一定条件下，如果股票价格上涨，说明企业经营前景好、业绩好，否则就比较差。

（四）为中央银行调控宏观经济提供场所的功能

各国中央银行是货币政策的制定者，承担着币值稳定的责任，中央银行经常运用提高或降低法定存款准备率、提高或降低再贴现率、公开市场业务的买进或卖出等手段调节货币供应量，这些手段的运用都是建立在健全有效的金融市场基础上的，没有完善的金融市场，中央银行就无法运用这些手段来调节货币供应量。金融市场为中央银行调控宏观经济提供了场所。

第二节　货币市场

货币市场包括同业拆借市场、票据市场、大额可转让定期存单市场、国库券市场、回购协议市场和短期信贷市场。短期信贷市场是商业银行的放款业务形成的市场，这里不述及。

一、同业拆借市场

拆借是指金融机构同业之间为了平衡头寸而发生的短期资金借贷活动，包括拆入和拆出。

头寸是中国传统的商业、金融用语，指款项。如果银行当日全部收入款项大于付出款项，称多头寸；如果付出款项大于收入款项，称缺头寸；对头寸盈余和短缺进行预计，叫轧头寸。

拆入是指资金短缺者从资金盈余者借入款项，也称拆借；拆出是指资金盈余者向资金短缺者拆出款项，也称拆放。

（一）买卖中央银行存款账户余额

1. 买卖中央银行存款账户余额的原因

商业银行必须按一定比例向中央银行缴存法定存款准备金，形成商业银行的最低储备。中央银行根据经济发展需要，会适时调整法定存款准备率。由于各商业银行的存款每日都在增加或减少，以及中央银行对法定存款准备率的调整，商业银行在中央银行的准备金存款余额会多余或不足。法定存款准备金余额的不足或多余必须进行调整，因为余额不足的银行会受到中央银行的处罚，该银行必须买入资金；余额超出的银行表明资金闲置（因为中央银行存款账户余额不计息或计很少的利息），会影响商业银行的盈利，该银行必须卖出资金。这样就形成了商业银行之间经常发生买卖中央银行存款账户余额业务，即同业拆借的一种。

美国各商业银行均以存放在联邦储备银行的准备金账户的资金为借贷工具，称为买卖联邦基金。

2. 买卖中央银行存款账户余额的意义

中央银行存款准备金账户余额的买进或卖出，虽然没创造出任何新的银行储备，但提高了现有银行储备的利用程度，因此在一定储备基础上借助银行系统准备金账户资金交易市场，能够支撑更大的信贷量，而且使各地区各银行的资金盈余反映在中央银行的账面上，为中央银行调整金融政策和措施提供客观依据。

（二）票据交换所日拆

票据交换所是对同城银行之间因办理转账结算、资金划拨而相互代收、代付的票据集中进行交换及清算资金的场所。票据交换所日拆，也称隔夜拆。

票据交换所日拆的操作过程如下：

（1）参加票据交换的银行在票据交换所开设存款账户，其账户余额必须满足对外付款的需要，但不必过多。如果存入资金过多，会降低其资金运用，必然会影响其盈利。对于在票据交换中可能发生的资金不足或多余，可以通过相互拆借来解决。

（2）票据交换所及时公布各票据交换银行的头寸。票据交换所一般通过电子显示屏公布本场票据交换结果和各行资金余额状况，以便于各银行之间进行拆借。

（3）拆入行签发本票，拆出行签发支票。一般资金不足的银行开出一张本行的本票交付同意拆放的银行，拆出行开出在中央银行存款账户付款的支票交给拆入行，即可使用。这种资金拆借时间很短，往往只需一天，第二天就偿还，所以称为隔夜拆，一般按日计息。

（三）经纪人贷款

1. 经纪人贷款的概念

银行对证券经纪人和自营商以所持证券为抵押品的贷款，称为经纪人贷款。

对经纪人贷款要收取一定的保证金，即购买证券不能全额用银行贷款，必须使用一定比例的自有资金作保证，超过自有资金的部分由银行提供贷款。贷款比例往往用保证金比例来表示。

保证金比例就是指证券经纪人贷款时自有资金数量占抵押证券价值的比例。例如，某证券经纪人要购买100万元股票，规定保证金比例为40%，那么该证券经纪人必须有40万元的自有资金，可以向银行借款60万元，同时把100万元证券抵押给银行；如果保证金比例提高到60%，该证券经纪人就只能向银行借款40万元，必须自筹60万元。保证比例越高，借款比例越低，银行贷款风险越小；相反，保证比例越低，借款比例越高，银行贷款风险越大。

2. 经纪人贷款的意义

（1）为银行资产流动性提供了一个重要途径，使银行找到了短期资金利用的新途径，有利于银行盈利。

（2）为货币市场与资本市场的连接提供了通道。通过向证券经纪人贷款，打开了货币市场资金流入资本市场的通道，通过对保证金比例的调整，可以调节资本市场供求关系，目的是保证资本市场健康运行。例如，当银行信用过度流入证券市场，引起证券市场价格暴涨，中央银行便提高保证金比例，经纪人贷款随之下降，减少了流入证券市场的资金数量，使证券价格回归理性；当证券价格暴跌时，中央银行可适当降低保证金比率，对经纪人贷款随之增加，目的是使证券价格回归合理价位。保证金比例成为中央银行实施宏观调控的重要的选择性手段之一。

（四）同业借贷

1. 同业借贷市场的概念和特点

同业借贷市场是同业拆借市场构成之一，是金融机构之间买卖短期资金的市场。与买卖中央银行存款账户余额相比，同业借贷期限要长一些，但一般不超过一年。

2. 中国同业借贷

旧中国同业拆借市场很发达，中华人民共和国计划经济时期，取消了同业拆借，由国家统一调度资金。改革开放后，随着金融机构多样化，又恢复了同业借贷。1996 年 1 月，全国统一的同业拆借市场投入运行。它分一级网和二级网两个系统。一级网是中国人民银行总行利用上海外汇交易中心建立的全国统一的资金拆借屏幕市场。其成员包括各商业银行总行、全国性金融信托投资公司及各融资中心。各家总行可以通过一级网调剂头寸，各地融资中心也可通过这一网络平衡本地区的资金。二级网以融资中心为核心组织，包括各商业银行总行授权的分支机构、当地的信托投资公司、城乡信用合作社、金融租赁公司、财务公司、保险公司等。融资中心一方面负责促成本辖区的资金融通，将差额在一级网中平衡，另一方面负责一级网和二级网之间的信息传递和保持拆借利率的大体一致。中国人民银行负责整个网络系统的监督管理。以融资中心网络建立的同业借贷市场，成为拆借市场的主要形式。其优越性在于充分运用现代先进通信技术，快速敏捷，有利于金融机构融通资金，加快资金的周转速度，充分利用资金。

3. 美国同业借贷

20 世纪 60 年代以前，美国的同业拆借市场——联邦基金，只局限于联邦储备会员银行之间的交易，而且交易对象仅限于准备金余额。之后，美联储逐步放宽政策，除美联储会员行之外，非会员行、互助储蓄银行、储蓄协会、外国银行分行、证券商和联邦政府机构都成为联邦基金市场的参与者；交易对象除了存款准备金余额外，还包括可以在一个营业日内拆入拆出的各种负债，如部分的通知存款和定期存款。美国联邦基金的拆借额通常都在 100 万美元以上，很少有低于 50 万美元的，联邦市场成为各金融机构之间进行大规模短期资金融通的批发市场。拆借市场规模较大，拆借利率对市场资金供求状况反应灵敏，通常同业拆借利率是货币市场的基准利率，也成为中央银行进行货币政策操作的重要指标。

二、票据市场

票据市场主要是指商业票据的发行和转让构成的市场，即签发、承兑、抵押、背书、贴现等活动所形成的市场，可分为商业汇票市场和商业本票市场。

（一）商业汇票市场

商业汇票市场由承兑市场和流通市场构成。

1. 商业汇票的承兑市场

商业汇票承兑是指商业汇票签发后，由汇票的付款人或银行按照汇票记载事项做出保证到期无条件兑付款项的行为。简而言之，是一种付款承诺行为。承兑人是票据的主债务人，承担第一付款责任。

根据汇票承兑人不同，承兑分为商业承兑和银行承兑。商业承兑的承兑人是工商企业，银行承兑的承兑人是银行，在我国实务中主要是银行承兑，商业承兑很少见。

银行承兑商业汇票，承兑申请人要按承兑金额的一定比例向银行支付一定的承兑费。这就形成了商业汇票的承兑市场。承兑票据是我国银行近年来新开展的一项表外业务。

2. 商业汇票的流通市场

商业汇票在到期前可以背书转让和到银行或票据贴现机构进行贴现，这构成了商业汇票的流通市场。

商业汇票持有人可以将汇票作为支付手段转让给新的持票人，但每次转让一般都需要背书。背书是指汇票的转让人在汇票背面签章或签字并记载转让日期，表示对汇票的兑付负责，此人称为背书人。背书分为记名背书和不记名背书两种。记名背书是指在背书时除记载背书人的名称外，还要记载被背书人的名称，即受让人的名称；不记名背书也叫空白背书，是指只记载背书人的名称，没有记载被背书人的名称。在记名背书中，背书人一般称为前手，被背书人称为后手，背书人（前手）是被背书人（后手）的债务人。

商业汇票的持有人在汇票到期前，除背书转让外，还可以到银行或票据贴现机构贴现。贴现是指票据持有人将经银行承兑后的汇票在到期之前，交给办理贴现的金融机构，该金融机构扣除从贴现日到付款日前一日的利息后，将余款付给票据持有人，由该金融机构在票据到期日，向汇票付款人收取票据款的行为。

票据贴现是票据持有人在票据到期前，为提前获得票据款项向金融机构作的票据转让；对金融机构而言，实质上是以票据作抵押的放款，是一种与商业信用相结合的授信业务。

票据持有人可以在货币市场上以贴现方式提前获得现款，如果贴进票据的金融机构急需资金，也可将持有的未到期票据向其他金融机构贴现，这称为转贴现，或向中央银申请再贴现，获得信用支持。转贴现可以多次进行，但到中央银行的贴现只能进行一次。在中央银行的贴现是最后贴现，也称再贴现。中央银行通过调节再贴现率及票据再贴现机制，影响着市场利率水平和货币供应量，这成为中央银行调节货币市场的一大工具。

（二）商业本票市场

1. 商业本票市场的概念

商业本票市场是指商业本票的签发和流通市场，由一级市场和二级市场构成。商业本票是付款人出票，承诺在一定时间、地点，支付一定金额给收款人的债权债务的凭证。目前，商业本票的签发已脱离了商品交易行为，商业本票演变成一种企业短期融资票据，商业本票的一级市场就是商业本票的发行市场。

2. 商业本票市场的特点

（1）商业本票的发行仅限于少数著名的大企业。因为商业本票是一种无担保的短期信用凭证，一般小企业不被社会所了解，通过发行商业本票筹资很难成功；在短期内必须筹措巨额货币资金兑付本票，中小企业也难以做到。

（2）商业本票利率与银行短期贷款利率联系密切。银行对信用良好的大企业都实行优惠利率贷款，如果短期优惠贷款利率低于商业票据利率，企业会贷款筹资，否则企业就会发行商业本票筹资。由此可见，发行商业本票对于大企业而言可以降低筹资成本，此外，由于仅限于少数著名企业才可发行商业本票，所以用商业本票筹资有助于提高企业信誉，树立良好企业形象。

（3）商业本票二级市场很弱。商业本票由于偿还期短，如在美国有的只有 20 天～40 天，所以一般投资者很少进行转让。

3. 我国的商业本票市场

在我国，商业本票市场是指企业短期融资券市场，短期融资券市场属于直接融资市场。

（1）企业发行短期融资券的优缺点。

优点主要表现为：短期融资券的筹资成本较低、筹资数额比较大；发行短期融资券可以提高企业信誉和知名度。

缺点主要表现为：发行短期融资券募资风险比较大，即有可能筹资失败；短期融资券到期必须兑付，不能展期，期限弹性比较小；短期融资券发行条件比较严格。

（2）企业申请发行短期融资券应具备的条件。

1）在中华人民共和国境内依法设立的企业法人；

2）具有稳定的偿债资金来源，最近一个会计年度盈利；

3）流动性良好，具有较强的到期偿债能力；

4）发行融资券募集的资金用于本企业生产经营；

5）近三年没有违法和重大违规行为；

6）近三年发行的融资券没有延迟支付本息的情形；

7）具有健全的内部管理体系和募集资金的使用偿付管理制度；

8）中国人民银行规定的其他条件。

（3）短期融资券发行和流通的一般规定。

1）发行人为非金融企业或者金融行业，发行企业均应在中国境内工商注册且由具备债券评级能力的评级机构进行信用评级，并将评级结果向银行间债券市场公示；

2）发行和交易的对象是银行间债券市场的机构投资者，不向社会公众发行和交易；

3）由符合条件的金融机构承销融资券，企业不得自行销售，发行融资券募集的资金用于本企业的生产经营；

4）对企业发行融资券实行余额管理，待偿还融资券余额不超过企业净资产的 40%；

5）融资券采用实名记账方式在中央国债登记结算有限责任公司（以下简称中央结算

公司）登记托管，中央结算公司负责提供有关服务；

6）融资券在债权债务登记日的次工作日，即可在全国银行间债券市场的机构投资人之间流通转让。

（4）短期融资券的发行程序。

1）企业做出发行短期融资券的决策；

2）办理发行短期融资券的信用评级；

3）向有关审批机构提出发行申请；

4）审批机构对企业提出的申请进行审查和批准；

5）正式发行短期融资券，取得资金。

三、大额可转让定期存单市场

（一）大额可转让定期存单市场的概念

大额可转让定期存单市场也称CD市场，是经营大额可转让定期存单的市场。

大额可转让定期存单的一级市场比较发达，二级市场比较薄弱。原因是期限短，转让少。

大额可转让定期存单一般采用批发和零售两种方式发行。所谓批发，是指必须经过批准，按照规定时间、规定额度出售存单，发售数量受发行时间和发行金额限制；所谓零售，是指没有发行时间和发行额限制，像银行的存款业务一样，是银行的一项日常业务。

大额可转让定期存单的利率由发行人根据市场利率水平和银行本身的信用而定。一般它比同期限国库券的利率高。

大额可转让定期存单是货币市场上的一种金融工具创新，于20世纪60年代初期开始流行。大额可转让定期存单是由美国花旗银行在1961年推出的，目的是规避美联储“Q条例”中定期存款最高利率的限制，在定期存款利率低于市场利率的情况下，能够吸引资金以保持银行的负债规模不下降。大额可转让定期存单的推出在商业银行经营管理史上具有划时代意义，经营管理理论由资产管理阶段进入负债管理阶段。

（二）大额可转让定期存单的特点

银行发行的大额可转让定期存单与普通存单不同，其特点是：

（1）不记名。一般存款单为记名存款单。

（2）可以转让。一般存款单不能转让买卖，只能由存款人支取。

（3）面额大，金额比较固定。如美国的最低金额为10万美元，一般在50万美元以上。一般存款单的面额不固定，最低存款额也不受限制。

（4）期限短。大额可转让定期存单的存款期限短，平均为4个月，最短为14天，最长一般在1年以内，而一般定期存款单期限相对较长。

（5）利率浮动。大额可转让定期存单利率可参照市场利率上下浮动，定期存单一般按固定利率计息。

大额可转让定期存单从名义上看是存款凭据，是存款人的债权凭证，实际上是银行发行的承诺在一定日期（到期日）按票面金额和约定利率支付本金和利息的债券，属于允诺支付的银行本票，是银行负债管理的一种形式。

（三）我国的大额可转让定期存单市场

我国在 1986 年由交通银行和中国银行首次发行了大额可转让定期存单。根据中国人民银行的规定，我国发行的大额可转让定期存单分对个人和对单位两种。对个人发行的面额有 500 元、1 000 元、5 000 元三种，对单位发行的面额有 1 万元、5 万元、10 万元、50 万元、100 万元五种；存单不管对个人还是对单位，期限都有 1 个月、3 个月、6 个月、9 个月和 12 个月五种；存单利率一般比同类定期存款利率上浮 1～2 个百分点；存单不能提前支取，也不能转让，到期一次还本付息，逾期不计利息。1997 年取消了这项业务。2015 年 6 月 15 日，中国工商银行、中国银行、中国农业银行、中国建设银行、交通银行同时发行首批大额可转让定期存单，有 1 年期和 6 个月期两款，面向个人客户发行，利率为中国人民银行基准利率的 1.4 倍，认购起点为 30 万元，到期一次还本付息；面向非金融机构客户起点为 1 000 万元，其他条件相同。之后，多家银行相继发行了大额可转让定期存单，期限有 1 个月、3 个月、6 个月和 12 个月四种。

四、国库券市场

（一）国库券市场的概念与特点

1. 国库券市场的概念

国库券是中央政府发行的短期债券，国库券市场是货币市场的重要组成部分，是发行和流通政府短期债券的市场。国库券市场的主要参与者为：中央银行、证券商、商业银行、企业和个人投资者。

2. 国库券市场的特点

(1) 信用风险很小。国库券代表国家信用，在美国称为金边债券，基本没有信用风险。

(2) 流动性强，收益高。国库券有很发达的二级市场，变现能力很强。个人投资国库券，比活期存款和同类定期存款获得的利息高；金融机构把国库券资产作为次级储备资产，比持有货币资产（准备金账户存款和现金资产）收益高。

(3) 税收优惠。投资者持有国库券获取的收益无须缴纳所得税。

（二）国库券发行程序

国库券一般采用拍卖方式发行，即通过公开招标方式发行。例如，美国每个星期都发行一次国库券，通过竞争性投标和非竞争性投标两种方式发行。竞争性投标是指在投标书中列出国库券的购买数量和购买价格；非竞争性投标是指在投标书中只报出购买的数量，不报价格，而以中标价格的平均价为购买价格，但购买数量有最高限制。一般中小投资者采用非竞争性投标方式。

（三）国库券发行价格

国库券按券面折扣发行，到期按券面金额偿还，两者之差为国库券的利息。因此，国库券一般不记名、不附息票、不载明利率。

（四）国库券年收益率

国库券年收益率的计算公式为：

$$国库券年收益率=\frac{面值-买价}{买价}\div 未到期的天数\times 360\times 100\%$$

（五）我国的国库券市场

我国在 1981 年恢复发行国库券，虽然名称为国库券，但因期限都在 1 年以上，实际上应称为国家公债。1994 年初，为配合中国人民银行的公开市场操作，采用无纸化方式向银行、证券公司等金融机构发行了两期国库券。1996 年又发行了期限为 3 个月的国库券，同时发行了 6 个月和 1 年期的国库券。

自 1988 年我国开始建立国债二级市场，目前已形成了柜台交易和证券交易所交易两个系统。证券交易所交易主要面向机构投资者，包括上海、深圳证券交易所和一些省市证券交易中心；柜台交易主要面向个人，可以在银行、证券公司营业网点进行。

思考：针对货币市场各种交易行为各列举一例。

五、回购协议市场

（一）回购协议市场的概念

回购是指卖方在出售证券的同时，与证券买方签订协议，约定在到期日按约定价格购回所卖证券，以便获得短期资金的交易行为。回购协议是美国商业银行的一项金融创新。回购市场是通过回购协议进行短期资金交易的市场，实质上是一个证券抵押贷款市场。

回购协议曾经是美国商业银行为绕过活期存款不计息的金融管制进行的一种金融产品创新，解决了商业银行短期负债不足的问题。

（二）回购协议市场的特点

（1）实现双赢。回购协议市场为回购方提供了有效的筹措资金方式，可以避免由于急需变现造成的证券资产损失；同时为证券买方提供了风险小的短期投资途径。

（2）融资期限延长。近年来，回购协议市场发展迅速，期限由 1 天发展到 1～3 个月，甚至更长。

（3）交易具有批发性质，属于柜台交易市场，是通过电话、电传达成交易的。

（4）回购协议市场是近年来中央银行对银根松紧进行扭转性微调的场所。

在美国，参与者一般为：商业银行、证券商、工商企业、美联储，以及州和地方政府。其中，商业银行和证券商是主要的资金需求者，而工商企业及州和地方政府是主要的资金供给者。

（三）我国的回购协议市场

我国的回购协议市场主要是国债回购市场，是中国人民银行实施公开市场操作的场所。中国人民银行为了调节货币供应量，根据需要随时进行正回购和逆回购业务。正回购是中国人民银行向交易商卖出国债，并约定在未来特定日期从交易商买回国债的交易行为，正回购是中国人民银行从市场收回流动性，到期则向市场投放流动性的操作；逆回购是中国人民银行向交易商买进国债，并约定在未来特定日期向交易商卖出国债的交易行为，逆回购是中国人民银行向市场投放流动性，到期则向市场收回流动性的操作。我国的国债回购业务始于1991年。最初国债回购业务采取场外交易的方式，集中于地方性的证券交易中心进行，如天津证券交易中心、武汉证券交易中心等。自1995年起，国债回购业务主要在上海证券交易所和深圳证券交易所内进行。1997年，为了防范金融风险、规范和引导银行资金流向，中国人民银行将回购市场分为两部分：一是依附两大证券交易所的国债回购市场，参与者主要为券商、机构投资者和个人投资者；二是依附全国银行同业拆借市场的国债回购市场，参与者主要是商业银行和其他非银行金融机构。在这两个回购市场上，交易的品种主要是国债，融资期限为短期，一般为1天、7天、14天、21天、1个月、2个月、3个月和4个月。

第三节　资本市场

资本市场是融通资金期限在一年以上的长期金融市场，主要包括资本证券市场、证券投资基金市场和中长期信贷市场。中长期信贷市场是商业银行放款业务形成的市场，在这里不述及，只介绍资本证券市场和证券投资基金市场。

一、资本证券市场

资本证券市场包括股票市场和中长期债券市场。它由股票和中长期债券的发行市场与流通市场构成。

（一）资本证券发行市场

1. 资本证券发行市场的概念

它是资金短缺者通过出售中长期有价证券筹措资金的市场，同时也是资金盈余者进行投资的市场。资本证券发行市场包括股票发行市场和中长期债券发行市场。

2. 资本证券发行市场的主体

资本证券发行市场的主体包括发行人、承销机构和投资者。股票市场和债券市场的承销机构与投资者大体相同，但发行人有很大差异。

承销机构即证券承销商，是指经营证券承销业务的金融中介机构，是发行市场的媒介。当公开发行有价证券时，必须由证券承销商代为销售。从各国情况来看，证券承销主要由投资银行、信托投资公司、证券公司来从事，但国债的承销机构一般只能是各国的中央银行。

投资者即有价证券的购买人，是资金的供方，可以是法律允许的境内自然人，企业法人、投资基金、证券公司、信托投资公司、保险公司等金融机构，以及经批准的境外投资者等。

股票发行人是指为募集资金而发行股票的股份有限公司。债券发行人是指为筹集资金而发行债券的政府和企业。中央政府和地方政府、金融机构和工商企业经批准都可以发行债券。一般中央政府发行的中长期债券称为国家公债券。金融机构（包括银行和非银行金融机构）发行的债券称为金融债券，工商企业发行的债券称为公司债券。

3. 资本证券发行方式

资本证券发行从不同角度观察就有不同的发行方式，一般有如下几种：

（1）按发行对象可分为公募和私募。公募是发行人按一定条件向社会上所有投资者公开发售有价证券，也称公开发行；私募是发行人按一定条件向特定投资者发售有价证券，也称非公开发行。公募所筹集到的资金数量大，发行证券经批准可以上市流通，但发行审批程序复杂、手续费较高；私募证券具有发行条件低、程序简单、手续费低的特点，但所发行证券不能上市流通，也不利于筹集较大数额的资金。

（2）按是否有中介机构参与可分为直接发行和间接发行。直接发行是指发行人不通过发行中介，直接向投资者出售证券。一般私募采用直接发行方式。间接发行是指通过发行中介即承销商向社会出售有价证券。一般公募采用间接发行方式，即通过证券公司承销发行有价证券。

相关链接 6－1

股票承销与国债发行方式

承销商对股票的承销有三种方式：一是全额承销，即承销商以某一价格向发行人买断其所有新发行的股票，再以较高的价格将股票出售给其他投资者，价差是承销商的收益。如果股票未能售出，其损失由承销商承担，因此此种方式是承销商承担股票发行风险，发行人只要找到承销商就意味着股票发行成功了。二是余额包销，即承销商尽力销售股票，剩余部分由承销商出资买进，承销商承担部分发行风险。三是代销，即承销商只是接受发行人委托，在一定时期内代销发行股票，承销商尽力推销，发行期满未发售出去的股票退回发行人，承销商不承担发行风险，只按承销额收取一定比例的手续费。

国债是我国发行数量最多的债券，主要采取间接方式。国债可以采用直接发行、代销发行、承购包销发行、招标发行等发行方式，后三种称为间接发行方式。直接发行是指财政部面向全国直接销售国债。代销发行、承购包销发行与股票的代销和全额承销发行方式类似。招标发行是指通过招标方式来决定国债的承销商。美国和欧洲大部分国家采用这种方式发行国家债券，我国从1996年开始也经常采用这种方式。

4. 资本证券的期限

股票是无期限的。股票在公司持续经营期间无须偿还本金，即投资者一旦买入股票无权要求退股。

债券与股票不同，债券有固定的期限，在债券发行章程中必须明确规定债券的期限。债券期限是指从发行之日起到全部还本付息完毕之日止的时间间隔。与债券期限有关的概念是债券的偿还期，债券的期限是固定不变的，偿还期随着还本付息日的到来，逐渐缩短。偿还期是指距偿还债券本金、支付债券利息的时间间隔。资本市场的债券是指偿还期限在1年以上的债券。

债券期限的确定一般取决于两个主要因素：一是资金使用周期。发债人为了确保到期还本付息，在确定债券期限时一般应与资金使用周期相一致。二是市场利率发展趋势。如果发行的是固定利率债券，当预测市场利率下降时，发债人就尽量缩短发行债券期限；反之，如果预测市场利率上升，发行者应结合资金使用情况，考虑发行期限较长的债券。

5. 资本证券发行价格

资本证券发行价格包括股票发行价格和中长期债券发行价格。

（1）股票发行价格。股票发行价格，即发行人出售股票的价格，一般有五种：一是面值发行，即发行价格与面值相等，也叫平价发行；二是溢价发行，即以高于面值的价格发行；三是折价发行，即以低于面值的价格发行，大多数国家（包括我国）禁止股票折价发行；四是市价发行，即增资扩股发行股票时，可以依照规定按该公司股票的市价发行；五是中间价发行，即对于再次融资发行的股票，可以按照公司股票市价和面值的中间平均价发行。

案例6-1

2008年1月25日，中国远洋控股股份有限责任公司首次发行人民币普通股A股178 386.74万股，面值1元，发行价8.48元，主承销商中国国际金融有限公司，上市地点上海证券交易所。这是什么发行方式？谁是发行人？谁是中介机构？投资者可以是哪些人？按哪种价格发行？

（2）债券票面利率的确定。债券的发行价格受债券票面利率和市场利率之间关系的影响。在确定债券票面利率时应主要考虑四个方面的因素：

1）债券期限长短。一般债券的利率与期限成正比，即期限越长，利率越高；反之，期限越短，利率越低。

2）债券信用等级。在期限相同的情况下，信用等级高的债券风险小，利率可以低一点；反之，信用等级低的债券风险大，利率就必须高一点，否则筹资会失败。

3）市场利率。确定发行债券的利率时，必须参考市场利率及银行同期定期存款利率，否则会导致筹资失败或筹资成本过高。

4）资金供求状况。如果市场上资金供应充足，证券流通量小，债券利率可低点；反之，资金供应紧张，利率就高点。

此外，还应考虑债券还本付息方式和国家政策，如一次还本付息还是分期或分次还本付息、最高利率限制、利息所得税缴纳等。

（3）中长期债券发行价格。债券的发行一般有平价发行、折价发行和溢价发行。平价发行是按面值发行，按约定票面利率付息，到期按面值还本；折价发行是按低于面值的价格发行，按约定票面利率付息，到期按面值还本；溢价发行是按高于面值的价格发行，按约定票面利率付息，到期按面值还本。发行价格主要取决于票面利率和市场利率之间的关系。当票面利率等于市场利率时，按面值发行；当票面利率低于市场利率时，折价发行；当票面利率高于市场利率时，溢价发行。

相关链接 6-2

债券评级

国际上最负盛名的债券评级机构是标准普尔公司和莫迪投资公司，两者债券的评级标准有所不同，但都是把债券分为两类：投资级和投机级。如标准普尔公司 BBB 级以上（含）的四个级别的债券定义为投资级；BB 级以下（含）的债券定义为投机级，也称为垃圾债券。美国标准普尔公司评定公司债券等级划分如下：

AAA	最高级	还本付息能力很强
AA	高级	还本付息能力强，仅次于 AAA 级
A	中上级	还本付息能力较强，但易受不利经济因素和环境影响
BBB	中级	有充足的还本付息能力，但不利的经济条件会改变这一能力
BB	中低级	有投机因素，经济条件变化会使本息偿还缺乏保障
B	半投机级	投机性债券，不能保障按期还本付息
CCC	投机级	本息尚能支付，但有可能拖欠、停付
CC	较强投机级	投机性强，一旦出现不利条件风险就很大
C	充分投机级	信誉差，无利息支付能力
D	最低等级	违约债券，不能履行债务

我国信用评级与风险分析研究的专业机构，面向全球的中国信用信息与决策解决方案的主要服务商是大公国际资信评估有限公司。它是为发行债券的企业进行信用等级评估的权威机构，在中国得到广泛认可。

（二）资本证券流通市场

资本证券流通市场，即已发行的有价证券在投资者之间进行交易、转让的市场，属于二级市场。

1. 资本证券流通市场的组织形式

资本证券流通市场一般有两种组织形式，即场内交易市场和场外交易市场。

（1）场内交易市场，即证券交易所。证券交易所是指集中交易已发行股票、债券的场所。世界上比较著名的证券交易所有纽约证券交易所（世界上最大的）、伦敦证券交易所（世界上最早的）、东京证券交易所、巴黎证券交易所和香港联交所等；我国内地的证券交易所有上海证券交易所和深圳证券交易所。

证券交易所有会员制和公司制两种组织形式。会员制是由证券经纪商和自营商自愿组织的、不以营利为目的的法人团体。按照规定，只有证券交易所会员才可进场交易，非会员的交易只能采用委托形式。公司制是由证券经纪人和证券自营商共同出资组织、以营利为目的的股份有限公司。两种交易所组织形式不同，但功能是相同的。在证券交易所内进行交易的股票、债券称为上市股票和上市债券，发行上市股票的公司称为上市公司。

证券交易所对证券价格没有影响力，它有如下四个方面的作用：

1）证券交易所提供设施齐全的交易场所。

2）制定规章制度以维持市场的公平和稳定。

3）收集发布所有上市公司的有关信息，编制各种行情表、统计表向社会公布。

4）仲裁在交易中发生的各种纠纷。

（2）场外交易市场，即在证券交易所以外进行各种证券交易的市场总称。场外交易存在的原因主要有两个：一是场内交易有严格的市场准入条件和严格的信息披露制度，交易成本高且不利于保守商业秘密；二是随着信息技术的发展，证券自营商的大量交易可以通过计算机、电话、电传等来完成，导致场外交易发展迅速。

场外交易市场包括柜台交易市场（第二市场）、第三市场、第四市场三个市场。柜台交易市场也叫店头市场，是指在证券公司营业网点完成交易的市场。一般交易的证券是非上市的证券，因此把证券交易所市场称为第一市场，柜台交易市场就被称为第二市场。第三市场是指已上市证券的场外交易市场。它是 20 世纪 60 年代交易所非会员投资者和证券商，为了交易方便而开辟的一种直接交易形式，后来吸引了很多交易所会员加入其中。第四市场是大的投资者（机构投资者）为绕开证券商，彼此通过计算机网络直接进行交易的市场。这是国际上近几年流行的场外交易方式。

相关链接 6-3

我国股票市场一瞥

随着我国市场经济体制改革的逐步推进，我国股票市场已形成由主板、创业板、三板、科创板构成的多层次市场体系。

1. 主板市场的建立

1984 年 7 月，北京天桥股份有限公司和上海飞乐音响股份有限公司经中国人民银行批准向社会公开发行股票。1990 年 12 月，深圳证券交易所和上海证券交易所相继成立，具有向社会公开发行股票和公众股流通转让功能，标志着 1949 年后的中国股票市场的初步建立。大型企业的股票在这两个交易所发行和交易，这一市场被称为主板市场或一板市场。

2. 创业板市场的建立

创业板市场也称二板市场，它的地位次于主板市场，在国际上以纳斯达克市场为代表。我国推出创业板是十分慎重的，采取分步骤建立的方式。2004 年 5 月，首先在深圳证券交易所正式启动中小企业板；2008 年 10 月，首批高新技术创业型公司挂牌亮相；2009 年 10 月，创业板市场在深圳证券交易所举行开板仪式。

3. 三板市场的建立

2001 年 4 月建立“代办股份转让系统”，称为三板市场，它是一种场外交易或柜台交易形式。在 20 世纪 90 年代初，国务院明确规定在我国证券市场，国家股、法人股、公众股、外资股四种股权形式并存。1992 年 7 月和 1993 年 4 月，我国建立 NET、STAQ 系统以解决法人股流通问题，但相当数量的个人违反系统规定进入交易，1999 年这两个系统关闭。取而代之的是“代办股份转让系统”，其交易的股票，一部分是 STAQ、NET 系统中转移过来的公司股票，另一部分是从沪、深证券交易所主板市场退市的公司股票，被称为“旧三板”。2006 年，中关村科技园区非上市股份公司开始进入“代办股份转让系统”进行股份报价转让，被称为“新三板”。截至 2019 年 11 月 8 日，新三板挂牌公司 9 158 家，其中按照转让方式分：做市 732 家，集合竞价 8 426 家；按照市场分层：基础层 8 483 家，创新层 675 家。总股本 5 723.23亿股，其中无限售股本 3 383.92 亿股。

4. 科创板的建立

科创板是指设立于上海证券交易所下的创业板，于 2019 年 6 月 13 日正式开板。科创板实行注册制，这有利于提升服务科技创新企业能力、增强市场包容性、强化市场功能。发行股票实行注册制是资本市场重大改革举措。科创板不限制首次公开募股的定价，亦允许企业采取双重股权结构。双重股权结构是指在持股数量相同的情况下，基于持股等级的差异，部分股东可获得更多的投票权。

2. 资本证券的交易价格

债券的交易价格相对稳定，股票的交易价格波动比较大，而且受多种因素影响，十分复杂，这里介绍几个与股票交易价格相关的问题。

（1）股票的价值。

股票的交易价格是流通市场上股票的成交价。其特点是不断变动，投资者从其变动中获得价差收益。如果把股票看作是一种商品，它是有价值和价格的。股票的价值即投资价值，也称股票行市。投资价值决定着价格，价格围绕投资价值上下波动。

股票投资价值大小，主要取决于两个因素，即股息或红利收益和利息率。投资价值与股息或红利收益成正比，与利息率成反比。用公式表示如下：

$$股票的价值=\frac{股息或红利收益}{利息率}$$

（2）影响股票价格的因素。

股票的价格除了由投资价值决定外，还受以下几个因素的影响：

1）政治因素。主要包括战争、政局变化、国际局势、劳资纠纷等，这些因素影响着企业的经营环境，对企业盈利增长、资产安全产生影响。

2）宏观经济因素。宏观经济因素对股价有普遍影响，主要包括经济增长率、经济周期、货币供应量大小、利率、投资与消费、物价、国际收支、汇率变动等。

3）行业因素。公司股价与其所在行业的生命周期、景气度等有关。

4）公司自身因素。公司本身的经营状况及发展前景，影响着公司股价，如公司的盈利水平、股利分配政策、公司投资决策、产品市场前景、企业竞争力等。

5）社会心理因素。投资者的心理状况对公司股价产生着重要影响，由于信息的不对称，投资者对未来股价的判断带有很强的主观性，同时也有强烈的从众倾向，往往在某种心理预期下进行大量的买进或抛出，引起股价的巨大波动。

6）股票供求关系。股票发行数量多和社会公众预期股票价格下跌选择卖出时，股票市场供给增加，股票价格下跌；相反，社会公众预期股票价格上涨，货币供给量大，流动性过剩，股票市场需求增加，股票价格会上涨。

（3）股价指数。

1）股价指数的概念。它是用来反映股票市场价格总体水平变动的指标。一般用报告期的股票价格与特定的基期股票价格相比，反映报告期股价水平与基期价格水平的变动情况。股票价格指数的单位为“点”，以“点”反映股票价格的升或降。股价指数利用所有上市流通股票的价格或通过选取具有代表性的股票价格为样本进行计算，因此它相对客观、灵敏地反映出股票价格总体变动情况。

2）国际上有影响力的股价指数。最负盛名、历史最悠久的是美国道·琼斯股票价格指数，它是由美国道·琼斯公司编制的，最初采用算术平均数，后改用加权平均数；其次是美国的标准普尔股价指数，它是由标准普尔公司编制的；再次是伦敦金融时报指数，是反映英国股票市场价格变化趋势最为权威的指数；此外还有日经平均股价，它是由日本经济新闻社编制并公布的，反映日本股票市场价格变动的平均数。我国的股价指数在国际上影响最大、历史最悠久的是香港恒生指数，它由香港恒生银行编制，以银行和房地产股票价格为主要计算依据，反映香港股票价格平均变动情况。

3）我国的股价指数。我国的股价指数种类很多，除了香港恒生指数之外，上海证券交易所的上证综合指数和深圳证券交易所的深证成份股价指数，以及上海证券交易所和深圳证券交易所联合编制的沪深 300 指数、上证 50 指数和中证 500 指数影响力比较大。

上证综合指数于 1991 年 7 月 15 日由上海证券交易所开始公布，基期为 1990 年 12 月 19 日，基期值为 100，以上交所上市的全部股票为样本，采用市值加权平均法计算。

深证成份股价指数由深交所编制，从深交所上市的所有股票中选取 40 只作为样本股，其中 A 股用于计算深证成份 A 股指数，B 股用于计算深证成份 B 股指数，以成份股的可流通股本数为权数加权平均计算，基期为 1994 年 7 月 20 日，基期指数定为 1 000。

上证 50 指数是由上海证券交易所，选取在上交所上市交易的规模大、流动性好、最具代表性的 50 只股票组成样本股，采取加权方法计算的指数。其反映上交所最具市场影响力的龙头企业的股价整体变动情况，于 2004 年 1 月 2 日起正式发布。

沪深 300 指数简称沪深 300，在上海和深圳证券市场中选取规模大、流动性好的 300 只 A 股作为样本，其中沪市 179 只，深市 121 只，以 2004 年 12 月 31 日为基日，基日点位 1 000 点，采用市值加权平均计算股价指数。它于 2005 年 4 月 8 日正式发布。沪深 300 指数样本覆盖了沪深市场六成左右的市值，具有良好的市场代表性。

中证 500 指数是中证指数有限公司按照一定方法，选取在上海和深圳证券交易所上市的 500 只股票为样本，采用加权平均方法计算的指数。它综合反映沪深证券市场内小市值公司股价变动的整体情况，为指数产品的推出奠定了基础。

3. 资本证券的交易方式

资本证券的交易方式一般有现货交易、期货交易、信用交易和期权交易四种方式。

（1）现货交易是指证券买卖成交后在两三个营业日内进行交割，是最基本的证券交易形式。它是现货市场的交易方式。

（2）期货交易是证券买卖双方成交后，按合约规定的品种、价格、数量，在未来规定的交割日进行交割的交易形式。它是一种标准化的远期合约交易，是 20 世纪 70 年代由美国进行的金融工具创新，是远期金融市场的交易形式。

1）期货交易的特点。其特点表现在如下四个方面：第一，先成交后交割。期货交易成交和交割在不同时间完成，因为不同的时间点上存在着价差，给交易双方带来盈利或损失。第二，期货交易多数以对冲结束。买进期货一般称建立多头地位，卖出期货一般称建立空头地位，多头和空头都称持仓。对期货交易双方而言，如果只是为了赚取买卖价差，就不用实际交割，而是平仓结清价差，即以对冲方式结束期货交易。具体操作是：或者首先开仓建立多头地位，即首先按期货价格买入一定数量的证券，在交割日到来之前，按当时的期货价格卖出种类相同、数量相等、交割日期一致的证券以结束期货交易；或者首先开仓建立空头地位，即首先按期货价格卖出一定数量的证券，在交割日到来之前，按当时的期货价格买进种类相同、数量相等、交割日期一致的证券以结束期货交易。第三，期货交易是标准化交易。一般表现为交易的品种、数量、交割时间是标准化的，而且在期货交易所内通过公开竞价进行交易。第四，期货交易实行保证金制度。保证金一般为合约价值的 3%～5%，体现了以小搏大，保证金起着杠杆作用，表明了期货交易的高风险性。

2）期货交易的功能。其功能表现在价格发现、风险转移和投机三个方面。

价格发现功能是指在一个公开、公平、高效、竞争的期货市场中通过集中竞价形成期货价格的功能。期货价格具有预期性、连续性和权威性特点，能够比较准确地反映出未来商品价格的变动趋势。期货市场的交易价格与现货市场的价格存在着密切关系，即影响现货价格的因素同样也影响期货的价格，随着交割日的临近，期货价格与现货价格的价差变得越来越小。

风险转移功能也可称为套期保值功能，是指利用期货交易和现货交易进行买或卖的反向操作以消除价格变动的影响，即消除价格变动带来的风险。买进现货的同时卖出期货，称顺套；卖出现货的同时买进期货，称逆套。

投机是指在期货市场上做多或做空，通过对冲结束交易以获取价差收益。

案例 6-2

某年 11 月，中国香港的 M 先生为控股 A 公司，买入 A 公司上市流通股票，总市值为 200 万港元。该投资者预计香港股市有可能整体下跌，为规避风险，他该怎么做呢？

M 先生选择了利用股指期货市场进行套期保值。说明：根据香港股指期货交易规定，恒生指数每点价格为 50 港元，即恒生指数每降低一个点，合约买者就亏 50 港元，卖者则赚 50 港元；恒生指数每上升一个点，期货合约卖者就亏 50 港元，买者则赚 50 港元。

套期保值过程：

11 月，M 先生在买入 A 公司股票时，参与期货市场，建仓，即 M 先生 11 月在 31 000 点的价位上卖出 3 份 3 个月到期的恒生指数期货。

在 11 月、12 月两个月中，股市果然大幅下跌，这时恒生指数下跌至26 000点。

现货市场：12 月，M 先生持有股票的市值由 200 万港元贬值为 125 万港元，股票现货市场损失 75 万港元。

期货市场：12 月，M 先生在期货市场上以平仓方式买进恒生指数期货合约 3 份，平仓盈利：

(31 000－26 000) ×50×3＝750 000（港元）

M 先生在期货市场的盈利恰好抵消了在现货市场的亏损，较好地实现了套期保值。

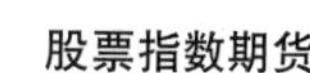

股票指数期货

股指期货也像其他期货品种一样，可以利用买卖的差价进行投机交易。

想一想，如何利用股指期货交易进行投机？

(3) 信用交易。它也称垫头交易或保证金交易，是指客户凭借自己的信誉，缴纳一定比例的保证金，委托证券经纪人买进或卖出一定数量的有价证券。如果投资者预计股票价格上涨，要买进价值100万元的股票，保证金比例为30%，那么该投资者只需向证券经纪人交付30万元，就可委托经纪人买入100万元的股票，等股票价格上涨后，该投资者卖出股票，获取的价差收益首先归还证券经纪人的本金和利息，剩余部分是其买卖股票的投资收益；如果投资者预计股票价格下跌，要卖出价值100万元的某种股票，保证金比例为30%，那么该投资者只需向证券经纪人交付30万元，就可委托经纪人卖出100万元的股票，等股票价格下跌时再买入同等数量的证券归还证券经纪人，以赚取价差收益。先买后卖，叫保证金买长；先卖后买，叫保证金卖短。

信用交易的特点：一是便利客户用较少的资金做较大的证券买卖，赚取较大的投资收益（预测错误会承担更大的损失）；二是造成证券市场的虚假需求与供给，导致市场波动大。因此，各国证券管理当局都对信用交易实行严格管理。

信用交易在我国被称为融资融券业务。2008年10月5日，中国证监会宣布启动融资融券试点。2010年3月31日，我国融资融券交易试点启动，正式进入市场操作阶段。融资融券和做空机制、股指期货等是紧密相连的，它们同时为资金规模和市场风险带来巨大的放大效应。

（4）期权交易。它也称选择权交易，是指期权买方在支付一定费用后，就可取得在一定时期内按约定价格买进或卖出规定数量证券的权利。支付的费用称为期权费，支付期权费的一方称为期权买方，收取期权费的一方称为期权卖方。期权买方可以在规定的时间内行使买或不买、卖或不卖的权利，而期权卖方只能服从买方的选择。期权费一般为交易额的1%～2%。期权交易是美国在20世纪80年代进行的一种金融创新。

期权最主要的功能是规避投资风险。当投资者参与现货交易、信用交易、期货交易时，如果预测失误，最大损失锁定在期权费，可避免高于期权费的损失。

股指期权

期权有多种类型。按合约执行日期的规定，分为欧式期权和美式期权。欧式期权的合约购买者只能在到期日当天执行合约，美式期权规定合约购买者可以在合约规定的执行期内任意一天执行合约。按期权合约规定对标的物的权利，分为买进期权和卖出期权。买进期权也叫择购期权，是指期权合约赋予期权买方按约定的价格、在约定日期或时期购买约定数量的有价证券的权利。预期证券价格上涨，可选择买进期权。卖出期权也叫择售期权，是指期权合约赋予期权卖方按约定价格、在约定日期或时期卖出约定数量的有价证券的权利。预期价格下跌，可选择卖出期权。

4．证券投资收益

（1）股票投资收益。股票买卖的重要目的之一是获取投资收益。股票买卖带来的收益有两种：一是股利收益。它是指投资者以股东身份，按照持股数量，从公司盈利分配中获得的股息或红利，简称股利。股利是根据公司经营状况好坏及公司未来规划而定的，因此投资者的股利收益是变化的。二是买卖股票所获得的价差收入，也称资本利得。

（2）债券投资收益。债券投资收益一般用收益率来衡量。收益率是指投资者获取的收益与本金之比，通常可用三种收益率指标来表示，即票面收益率、持有期收益率和到期收益率。

票面收益率也称名义收益率，一般是在债券上标明的年收益率，即债券的票面利率。用公式表示如下：

$$票面收益率=\frac{票面收益}{票面金额}\times 100\%$$

持有期收益率是指投资者从买进债券到卖出债券的整个持有期内所获得的年均收益率。该指标一般用来衡量投资者在二级市场买入债券，又在债券到期前卖出债券所获得的收益大小。用公式表示如下：

$$持有期收益率=\frac{年息收入+（卖出价-买入价）\div 持有年数}{买入价}\times 100\%$$

到期收益率是指购买债券并持有到期所获得的年平均收益率。对于溢价发行的债券，到期收益率小于票面收益率；对于折价发行的债券，到期收益率高于票面收益率；对于平价发行的债券，到期收益率等于票面收益率。到期收益率还可用来衡量投资者在二级市场购入债券并持有到期所获收益大小。用公式表示如下：

$$到期收益率=\frac{（到期本息和-买入价）\div 偿还期（年）}{买入价}\times 100\%$$

二、证券投资基金市场

证券投资基金市场是进行证券投资基金认购、申购和赎回的市场，即进行投资基金发售和交易的市场。

（一）证券投资基金的概念和特点

1. 证券投资基金的概念

证券投资基金指一种利益共享、风险共担的集合证券投资方式，即通过发行基金单位，集中投资者的资金，由基金托管人托管，由基金管理人管理和运用资金，从事股票、债券等金融工具投资以获取投资收益和资本增值。

根据《中华人民共和国证券投资基金法》的规定，基金托管人必须符合一定条件并经国家证监会和国家银保监会批准，一般由符合法律规定条件的商业银行担任；基金管理人必须是依法设立的专业基金管理公司；基金投资者必须是符合法律法规规定的个人投资者、机构投资者及合格境外机构投资者，他们享受证券投资基金的收益，也承担亏损。

投资基金产生于英国，在美国得到迅速发展，并迅速推向世界许多国家和地区。在美国，投资基金又称共同基金或互助基金，在英国和我国香港地区称为单位信托基金，在我国内地称为证券投资基金。我国证券投资基金开始于 1998 年 3 月，在较短的时间内就成功地实现了从封闭式基金到开放式基金、从资本市场到货币市场、从内资基金管理公司到合资基金管理公司、从境内投资到境外理财的几大历史性的跨越，走过了发达国家几十年甚至上百年走过的历程。证券投资基金的规模发展很快，其已成为我国证券市场最重要的机构投资力量和广大投资者最重要的投资工具之一。

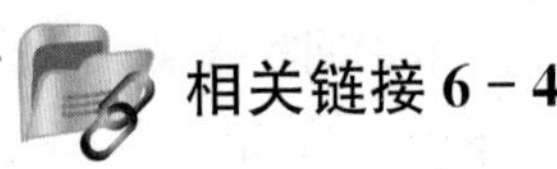

相关链接 6-4

我国证券投资基金市场

我国证券投资基金市场始于 1998 年，经历了“从无到有、逐步导入”的发展过程。截至 2019 年 6 月底，公募基金市场的规模为 134 051 亿元，较 2018 年底增加了 4 000 亿元。

基金业是风险较高的行业。2002 年，基金市场轰轰烈烈的大扩容和惊天动地的行业亏损形成了鲜明反差。首先，2002 年是名副其实的基金发展年，该年度共发行封闭式基金 4 只，总募集规模为 110 亿元；发行开放式基金 14 只，首发募集的规模为 447.9 亿元，两者合计 557.9 亿元，超过了 2001 年底基金规模的七成。2002 年是基金市场历史上的第三次扩容期，也是历史上扩容规模最大的时期。但同时 2002 年也是基金市场名副其实的亏损年，基金市场走势之弱，超出了市场预期，基金持有人陷入巨额亏损境地。2002 年底，54 只封闭式基金中 53 只出现亏损，亏损额合计 82 亿元；17 只开放式基金中 13 只出现亏损，亏损额合计 18 亿元。整个行业的亏损，预示着市场预期的年末分红已成为水中月。当时基金业面临着有史以来的寒冬。2006 年至 2007 年，牛市促使基金公司的盈利能力发生了历史性转折，基金管理公司的总体盈利水平加速上升，整体盈利面达到了九成左右的高水平，基金投资人所获收益达到空前水平。从 2007 年 10 月中旬开始，中国股市进入调整期。2007 年第四季度，58 家基金公司旗下 341 只开放式基金总体亏损 721 亿元，且超过六成基金出现亏损。这是 2005 年 6 月底至 2007 年底基金首次出现季度整体亏损。从单只基金来看，共有 197 只基金呈现负增长，其中，40 只基金跌幅超过 5%。中国基金资产结构过于偏重高风险的股票型和混合型基金，这两类基金占比大约为 95%，这种结构导致在不利市场环境下亏损的风险很高。

中国银河证券基金研究中心统计显示，1998 年至 2018 年间，公募基金整体利润为 2.11 万亿元，共有 14 个年度为投资者赚钱。其中 2007 年是公募基金为投资者赚取最多利润的年份，高达 1.1 万亿元，其次是 2009 年，为投资者赚取了 9 099 亿元的利润。1998 年至 2018 年混合基金最赚钱，盈利达 1.09 万亿元；其次是货币基金，盈利 8 727 亿元；而股票基金亏损最多，达 1 504 亿元。

2. 证券投资基金的特点

（1）它是由专家运作、管理并专门投资于证券市场的基金。证券投资基金由基金管理公司运用和管理，基金管理公司有一支具有丰富证券投资经验的专业投资团队，具有专家理财的优势。

（2）它是一种间接的证券投资方式。基金投资者通过购买基金单位，成为证券基金的投资者，由证券投资基金投资债券、股票等有价证券，因此基金投资者是间接投资于证券市场。它与债券发行人、股票发行人没有直接关系，不直接参与发行人的利息、红利分配，也不参与股份公司的经营管理。

（3）它具有利于中小投资者的优点。在我国，每份基金单位面值为1元人民币，至少认购1 000元。因此只需1 000元就可投资，投资门槛低，解决了中小投资者钱不多、入市难的问题；基金交易费用相对低廉，基金认购和申购时一般只需缴纳认购额或申购额的1.5%的管理费，持有基金单位达到一定年限，赎回时可以免交费用。

（4）它具有组合投资、分散风险的优点。投资基金积聚了巨额资金，可以投资于多种股票和其他证券，通过投资组合，可以很好地分散非系统性风险。

（二）证券投资基金的类型

证券投资基金可以有多种分类，常见的有下述几种。

1. 按基金公司组织方式分为契约型基金和公司型基金

契约型基金又称为单位信托基金，是指投资者、管理人、托管人三者作为基金的当事人，通过签订基金契约的形式发行受益凭证而设立的一种基金。它是基于契约原理而组织起来的代理投资行为，没有基金章程，也没有公司董事会，而是通过契约三方当事人的行为。基金管理人负责基金的管理操作，基金托管人作为基金资产的名义持有人，负责基金资产的保管和处置，对基金管理人的运作实行监督。我国投资基金是契约型基金。

公司型基金又叫作共同基金，指首先注册成立一家股份有限公司，公司通过发行股票或受益凭证的方式来筹集资金，然后由公司委托一家投资顾问公司进行投资。一般投资者则为认购基金而购买该公司股份，也就成为该公司股东，凭其持有股份依法享有投资收益。美国的投资基金是公司型基金。

2. 按基金单位是否可以赎回分为封闭式基金和开放式基金

封闭式基金是指事先确定发行总额，在封闭期内基金单位总数不变，基金上市后投资者可以通过证券市场转让、买卖基金单位的一种基金。

开放式基金是指基金发行总额不固定，基金单位总数随时增减，投资者可以按基金的报价在国家规定的营业场所申购或者赎回基金单位的一种基金。

3. 按基金募集对象不同分为公募基金和私募基金

公募基金是指受政府主管部门监管的、向社会广大投资者公开发行受益凭证的证券投资基金。目前，国内大部分投资基金属于公募基金。

私募基金是指向特定投资者募集资金进行集合投资的基金。

4. 按基金投资对象可分为货币型基金、股票型基金、债券型基金、指数型基金等

货币型基金是投资于银行定期存款、商业本票、承兑汇票等风险低、流通性好的短期金融工具的基金。它具有流通性好、低风险和较低收益的特性。

股票型基金是指主要投资于股票的基金。它并不要求基金全部投资于股票，也可以少量投资于债券或其他证券。我国股票型基金一般投资于股票的比例不得低于65%，不得高于95%。股票型基金收益波动性大，风险高。

债券型基金是指基金全部或大部分投资于债券的基金。全部投资于债券，可以称其为纯债券基金，如我国华夏债券基金；大部分基金资产投资于债券，少部分投资于股票，可以称其为债券型基金，如我国南方宝元债券型基金，其规定债券投资占基金资产的45%～95%，股票投资占基金资产的0～35%，股市不好时，则可以不投资股票。

指数型基金是按指数化的方式进行投资的基金，简单地说，就是选择一定的市场指数进行跟踪，被动地投资证券，目标是使基金的收益与这个市场指数的收益一致。评价指数基金优劣的标准是基金收益增长率是否高于跟踪指数的增长幅度，因此这种基金也常被称为跟踪基金或被动基金。根据跟踪指数的不同，指数型基金可以分为跟踪内涵广大的市场指数和跟踪某种专门制定的指数，前者是被动的投资管理，后者由于对股票指数的选择性，也就对跟踪的股票有了选择，所以就不再是完全的被动管理。

5. 按基金收益目标分为成长型基金、收入型基金、平衡型基金、保本基金

成长型基金是基金中最常见的一种。该类基金的目标是长期增值。围绕这一目标，基金管理人通常将基金资产投资于信誉较高、具有长期成长前景或长期盈余的公司股票。一般属于股票型基金。

收入型基金的目标是获取当期最大收入。基金主要投资于可带来现金收入的有价证券。收入型基金资产成长的潜力较小，损失本金的风险相对也较低，一般可分为固定收入型基金和权益收入型基金。

平衡型基金的投资目标是既要获得当期收入，又要追求长期增值，通常是把资金分散投资于股票和债券，以保证资金的安全性和盈利性。

保本基金是一种风险低但具有升值潜力的投资工具。基金在一定的投资期（如3年或5年）内为投资者提供固定比例（如100%或更高）的本金回报保证，基金除投资收益相对较低，风险相对较小的金融工具外，还投资一些高收益金融工具（股票、衍生证券等）以形成给投资者提供额外回报的潜力。投资者持有基金到期，至少可以收回本金，此外，还可能获得一定的投资收益。在市场波动较大或市场整体低迷时，它是风险承受能力较低，同时又期望获取高于银行存款利息回报，并且以中长线投资为目标的投资者的投资工具。

（三）证券投资基金的收益和风险

1. 证券投资基金的收益

证券投资基金的收益有两个方面：一是买卖投资基金单位的价差收益；二是投资基金的分红派息。无论是开放式基金还是封闭式基金，其价格都是随着证券市场的波动而不断变动的。开放式基金买卖价格主要取决于基金的净值；封闭式基金的买卖价格，既取决于该基金投资业绩好坏，也取决于市场供求。证券投资基金分红派息的资金主要来自它投资证券的股息、利息收益和资本利得。基金投资收益分配一般采用现金形式，每年至少一次，基金收益分配的比例一般不得低于基金净收益的90%。

2. 证券投资基金的风险

投资基金的收益分配是不固定的，价格是波动的，因此也是有风险的。

投资基金的风险主要来自两个方面：一是市场风险。投资基金是一种集合投资，可以实现投资多元化，能够分散非系统性风险，而不能规避由于整个市场低迷造成的系统性风险。因此当证券市场整体下跌时，开放式、封闭式基金资产净值也会随之下降，而且封闭式基金的供求关系会发生变化，导致基金价格下跌。二是基金管理人的经营管理水平风险和道德风险。投资基金本质上是一种委托投资机制，基金管理人对证券市场的研判能力、操盘能力等都会影响基金业绩。此外，对投资基金的监管，难度是很大的，在很大程度上要依靠基金管理人的自律，因此其道德水平对基金业绩影响很大。

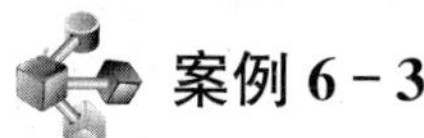

案例 6-3

陈先生于 2019 年 1 月 15 日，购买了某基金公司一只开放式基金 15 万元人民币。基金单位为 1 元人民币，申购费率为 1.5%，赎回费率按持有年数逐年递减。如果持有年数在 1 年以内，赎回费率为 1.8%；持有年数为 1 年～2 年，赎回费率为 1%；持有年数为 2 年～3 年，赎回费率为 0.5%；持有年数在 3 年以上，免收赎回费。2019 年 6 月 15 日，基金单位净值上涨到 1.5 元人民币，陈先生决定赎回。陈先生购买了多少基金单位？计算陈先生的投资收益。

计算过程如下：

$$\text{净申购金额}=\frac{\text{申购金额}}{1+\text{申购费率}}=\frac{150\ 000}{1+1.5\%}=147\ 783.251\text{（元）}$$

$$\text{申购费用}=\text{申购金额}-\text{净申购金额}=150\ 000-147\ 783.251=2\ 216.749\text{（元）}$$

$$\text{申购份额}=\frac{\text{净申购金额}}{\text{申购价格}}=\frac{147\ 783.251}{1}=147\ 783.251\text{（份）}$$

$$\text{赎回总额}=\text{赎回份数}\times T\text{ 日基金份额净值}=147\ 783.251\times 1.5=221\ 674.877\text{（元）}$$

$$\text{赎回费用}=\text{赎回总额}\times\text{赎回费率}=221\ 674.877\times 1.8\%=3\ 990.148\text{（元）}$$

$$\text{赎回金额}=\text{赎回总额}-\text{赎回费用}=221\ 674.877-3\ 990.148=217\ 684.729\text{（元）}$$

$$\text{投资收益}=217\ 684.729-150\ 000=67\ 684.729\text{（元）}$$

第四节　外汇市场和黄金市场

一、外汇市场

（一）外汇市场的概念

外汇市场有狭义和广义之分。狭义的外汇市场是指银行同业间的外汇市场，是批发市场。参与者包括中央银行、外汇银行或专门的外汇经纪人。广义的外汇市场除了狭义的外汇市场外，还包括外汇银行或外汇经纪人与一般客户之间的外汇交易。一般客户是指参与外汇兑换的企事业单位或个人，这部分是零售市场。因此，外汇市场包括批发市场和零售市场两个层次。

（二）外汇市场的基本交易种类

外汇市场的交易主要有外汇现货交易、外汇期货交易和掉期交易三种基本类型。

外汇现货交易也称即期外汇交易或现汇交易，指买卖双方成交后在两个营业日内进行交割。即期外汇交易使用成交当时的汇率（即期汇率），即期外汇交易有电汇、信汇和票汇三种方式，电汇速度是最快的，它们分别使用电汇汇率、信汇汇率和票汇汇率三种不同汇率。

外汇期货交易是远期外汇交易，也称期汇交易，是指买卖双方成交后，在约定的未来交割日，按合同规定的币种、数量和汇率进行交割。常见的远期外汇交易包括期货交易形式，期货交易是一种标准化的远期交易。外汇期货交易是标准化的外汇合约买卖，是买卖双方按照规定的币种、数量、交割时间，按照远期汇率达成协议，在交割日到来之前进行对冲或在交割日按照合约规定进行交割的交易。

掉期交易也称时间套汇，是指同时买进或卖出相同金额但交割期限不同的某种外汇的交易。进行掉期交易可以赚取汇率升贴水，还可以避免汇率变动风险。例如，即期买入甲货币、卖出乙货币的同时，远期卖出甲货币、买入乙货币的外汇买卖交易，就是一种掉期交易。也就是说一笔掉期交易可以是由一笔即期交易和一笔远期交易组合而成的。

（三）中国外汇市场

中国外汇市场包括两个层次，即银行间外汇市场和客户与外汇银行之间的外汇零售市场。

银行间外汇市场采用有形市场的组织形式，称为中国外汇交易中心。中心设在上海，实行会员制。凡是在中国境内注册，经主管机关批准设立，并允许经营外汇业务的金融机构和经批准的企业，以及其授权在外汇交易中心进行交易的分支机构均可申请中国外汇交易中心会员资格。中国人民银行的“公开市场操作室”作为会员对外汇市场进行适时干预和调控。交易币种是以美元兑人民币为主。

外汇零售市场在中国称为银行结售汇市场。在现行结售汇制度下，办理结售汇业务的外汇指定银行根据中国人民银行公布的基准汇率，在规定幅度内制定挂牌汇率，对企事业单位和个人办理结售汇业务。银行结售汇包括结汇、售汇和付汇。结汇是指企事业单位和个人通过银行或外汇经纪人卖出外汇换取本币；售汇是指企事业单位和个人通过银行或外汇经纪人用本币买入外汇；付汇是指企事业单位和个人通过银行对外支付外汇。

二、黄金市场

黄金在 20 世纪 70 年代被国际货币基金组织宣布非货币化，至此，黄金作为货币继退出国内流通之后，也退出了国际流通。但由于黄金在货币史上的重要地位、黄金的增值潜力，以及业已存在的完备的市场体系，许多国家还把黄金作为国际储备资产之一，黄金市场仍是金融市场的组成部分。

（一）黄金市场概述

黄金市场历史是非常悠久的，在实行金币本位制的国家，黄金和银行券是自由兑换的，黄金也是自由买卖的。在金块本位制和金汇兑本位制，在国际上还可以用黄金支付，国内黄金买卖受到一定条件约束，国际黄金市场交易量还是比较大的。在纸币本位制下，黄金作为货币退出流通，但仍是许多国家的国际储备资产，黄金交易十分便利，交易机制也很完善，国际黄金市场的交易规模稳定增长。

黄金市场的主要参与者是：产金国的采金企业、各国中央银行、外汇银行、以黄金作为原料的企业，以及机构和个人投资者。

黄金市场的交易主要有现货交易、期货交易和期权交易三种交易形式。

（二）主要的黄金市场

国际黄金市场一般分为世界性黄金市场和地区性黄金市场两个层次。世界性黄金市场在价格上起着主导作用，伦敦、苏黎世、纽约、香港是世界性四大黄金市场；地区性黄金市场是随着黄金交易的扩展和区域性交易需要而产生的，如欧洲的法兰克福、亚洲的东京、非洲的开罗，其规模相对较小。

伦敦黄金市场是历史最悠久的黄金市场，早在 1919 年伦敦就成为组织比较健全的世界性黄金市场。伦敦是重要的国际金融中心，英国还掌握着黄金主要产地南非黄金的产销，因此伦敦黄金市场发挥着世界黄金产销、转运和调剂的枢纽作用。当前伦敦黄金市场的交易规模不一定最大，但伦敦黄金市场的报价一直起着基础性作用，代表着黄金行市。它是管制的黄金市场，限制黄金的进出口，只准非居民自由买卖黄金，限制居民买卖。

苏黎世黄金市场是仅次于伦敦的黄金市场。它是在第二次世界大战爆发后，因伦敦黄金市场受战争影响而发展起来的，苏黎世通过给予南非储备银行信贷优惠来同伦敦黄金市场争夺黄金资源。它是自由化黄金市场，可以自由进出口，居民和非居民可以自由买卖黄金。

纽约黄金市场主要是指纽约商品交易所的黄金期货市场。美国是黄金期货交易的中心，除纽约商品交易所外，芝加哥国际货币市场也是世界上重要的黄金期货交易市场。另外，黄金期权交易也是美国黄金市场的重要组成部分。

香港黄金市场，在20世纪70年代由一个区域性的市场发展为世界性黄金市场，其发展是伴随着香港金融市场的国际化而展开的。伦敦五大金商都在香港设立分公司，其将在伦敦交割的黄金买卖带到香港，逐渐形成了一个无形的当地“伦敦黄金市场”，促使香港成为世界主要的黄金市场之一。

（三）中国的黄金市场

中华人民共和国成立后，黄金交易受到严格管制，黄金市场是不存在的。上海黄金交易所在2002年10月30日正式开始交易，标志着新中国黄金市场的诞生。这是一个全国性的有形黄金市场，实行会员制。境内黄金生产与冶炼、首饰加工、黄金进出口贸易企业和一些商业银行可以经过申请取得会员资格，直接入场进行交易。一些中小投资者是非会员交易主体，可以通过委托形式参与黄金交易。2007年6月，中国人民银行正式批准了上海黄金交易所吸收外资银行成为会员的申请，汇丰银行、渣打银行、加拿大丰业银行、UBS瑞士银行及法国兴业银行五大外资银行获得交易所发放的首批外资会员牌照，中国黄金市场开始从国内走向国际。中国黄金市场在初期主要是黄金现货交易，同时开展白银和铂金交易，2008年1月9日，黄金期货在上海期货交易所成功上市，标志着中国黄金市场的进一步发展，也标志着中国黄金行业在市场化进程中又迈出了坚实的一步。

相关链接6－5

黄金的金融属性与中国黄金市场的国际地位

1. 黄金的金融属性

大约4 000年前，黄金进入人类视野，黄金作为货币大约有3 000年的历史，黄金作为一种投资品也经历了很长的历史阶段。黄金特殊的物理性质决定了其特别的用途。

1944年第二次世界大战即将结束之时，美国为了战后重建恢复经济，建立了布雷顿森林体系，使美元成为国际中心货币。其重要原因是当时全球2/3的黄金都储备在美国，美元与黄金挂钩，拥有了美元就拥有了黄金，美元以黄金为基础使美元成为国际中心货币。布雷顿森林体系被打破后，美元与黄金不再挂钩，黄金彻底退出流通领域。

不过，黄金仍然具有金融属性且很重要。全球现存的黄金中，有40%被各国央行储备。世界黄金协会公布的2018年数据显示：黄金储备量第一位的仍是美国，有8 133.5多吨；第二位是德国，大概储备3 371吨；中国大约储备了1 842.6吨。黄金保有量实际上代表了一个国家的国际影响力。现在全球持有黄金较多的国家，都是全球经济实力较强的国家。黄金作为金融投资标的，包括衍生品在内，每天的交易额有几千亿美元，这也说明黄金有很重要的金融属性。

黄金具备投资功能。首先，黄金是重要的避险工具，在几次重大的世界性事件中，黄金的价格往上走，说明它的避险价值非常明显。其次，黄金可以对抗通货膨胀，从1791年到现在，黄金价格上涨幅度一直高于通胀率，保值作用从长期来看是很明显的。此外，黄金还是对冲工具，美元汇率波动会影响黄金价格，储备一点黄金可以和美元对冲。美元汇率走低时黄金升值，黄金价格走低时美元升值。

2. 黄金定价权在伦敦、纽约

从全球黄金市场看，最有影响力的市场在伦敦和纽约。

伦敦黄金市场有300多年历史，但是它真正成为有影响力的市场还是在1919年。伦敦之所以能够成为国际金融中心，就是它的话语权和定价权。伦敦市场有两个著名定价权，即资金定价权和黄金定价权。资金定价权叫作LIBOR（伦敦同业拆借利率），它是全球美元离岸市场资金价格，每天发布的资金价格是全球通过各种方式融通借贷资金的参照和基准。黄金定价权叫作伦敦金，伦敦金形成于1919年。

除伦敦市场外，影响力较大的还有纽约市场。伦敦市场现货交易、衍生品交易规模都很大，纽约市场主要进行衍生品交易。在这两个市场之外，东京、香港、上海、新加坡、印度都有黄金市场，但是从交易量来看，这些市场与伦敦市场、纽约市场相比差距非常大。因此从整个黄金市场格局看，伦敦市场和纽约市场占主导地位，其他市场影响有限。

3. 中国在全球黄金市场中的地位

中国黄金生产量和消费量连续多年占据世界第一位，依托中国庞大的黄金消费，上海黄金交易所成为全球最大的现货黄金交易所。中国黄金协会发布的数据显示：2019年前三季度，全国黄金实际消费量为768.3吨，国内原料黄金生产量为275.4吨。

虽然中国现货黄金交易规模很大，但在很长时期中国没有黄金定价权，我们的价格还是影子价格，要看伦敦市场。随着亚洲经济的发展，黄金市场出现"西金东移"现象，这反映了世界经济格局的变化。黄金实物是"西金东移"，我们期望定价权也能由西向东转移。直到2016年上海黄金交易所推出"上海金"定价交易机制，这是中国争取黄金定价权和中国黄金市场国际化进程中的重要里程碑。

本章小结

金融市场有广义和狭义之分。广义的金融市场通常是指以金融资产为交易对象而形成的供求关系及机制的总和。狭义的金融市场只是指证券市场。金融市场的构成要素包括交易对象、金融商品、交易主体、交易价格和交易组织系统五个方面。金融市场按融资方式分为直接金融市场和间接金融市场；按融资期限长短分为货币市场和资本市场；按金融交易程序分为发行市场和流通市场；按金融商品交割时间分为即期交易市场和远期交易市场；按金融交易具体的场地或空间分为有形市场和无形市场；按金融资产存在形式分为拆借、贴现、证券、证券投资基金、金融期货、金融期权、互换、外汇、黄金、保险市场；按地域分为国内金融市场和国际金融市场。金融市场的功能表现为：为筹集资金、配置资源提供交易机制的功能；为闲置资金向生产资金转化提供交易机制的功能；为经济活动提供信息的功能；为中央银行调控宏观经济提供场所的功能。

货币市场包括同业拆借市场、回购协议市场、票据市场、大额可转让定期存单市场、国库券市场和短期信贷市场。回购协议市场是指卖方在出售证券的同时，与证券买方签订协议，约定在一定期限后按约定价格购回所卖证券，以便获得短期资金的交易行为。回购协议是美国商业银行的一项金融创新。票据市场主要是指商业票据的发行和转让构成的市场，即签发、承兑、抵押、背书、贴现等活动所形成的市场，可分为商业汇票市场和商业本票市场。大额可转让定期存单市场也称 CD 市场，是经营大额可转让定期存单的市场。国库券是政府发行的短期债券，国库券市场是货币市场的重要组成部分，是发行和流通政府短期债券的市场。国库券市场的主要参与者是：证券商、商业银行、中央银行、企业和个人投资者。

资本市场是融通资金期限在一年以上的长期金融市场，主要包括资本证券市场、证券投资基金市场和中长期信贷市场。资本证券发行市场是资金短缺者通过出售中长期有价证券筹措资金的市场，同时也是资金盈余者进行投资的市场。资本证券发行市场包括股票发行市场和中长期债券发行市场。资本证券发行方式按发行对象可分为公募和私募；按是否有中介机构参与可分为直接发行和间接发行。资本证券发行价格包括股票发行价格和中长期债券发行价格。债券的发行价格受债券票面利率和市场利率的影响。资本证券流通市场，即已发行的有价证券在投资者之间进行交易、转让的市场，属于二级市场。证券流通市场一般有两种组织形式，即场内交易市场和场外交易市场。债券的交易价格相对稳定，股票的交易价格波动比较大，而且受多种因素影响。股票的交易价格是流通市场上股票的成交价。其特点是不断变动，投资者从其变动中获得价差收益。如果把股票看作是一种商品，它是有价值和价格的。股票的价值即投资价值，也称股票行市。股票价格除了由投资价值决定外，还受以下几个因素的影响：政治因素、宏观经济因素、行业因素、公司自身因素、社会心理因素等。股价指数是用来反映股票市场价格总体水平变动的指标。一般用报告期的股票价格与特定的基期股票价格相比，反映报告期股价水平与基期价格水平的变动情况。证券交易的基本方式一般有现货交易、期货交易、信用交易和期权交易四种方式。证券投资收益包括股票投资收益和债券投资收益。股票买卖带来的收益有两种：一是股利收益；二是买卖股票所获得的价差收入，也称资本利得。债券投资收益一般用收益率来衡量。收益率是指投资者获取的收益与本金之比，通常可用三种收益率指标来表示，即票面收益率、持有期收益率和到期收益率。投资基金市场是进行证券投资基金认购、申购和赎回的市场，即进行投资基金发售和交易的市场。在我国一般把它称为证券投资基金市场。证券投资基金的主要特点有：它是由专家运作、管理并专门投资于证券市场的基金；它是一种间接的证券投资方式；它具有利于中小投资者的优点；它具有组合投资、分散风险的优点。证券投资基金可以有多种分类，按基金公司组织方式分为契约型基金和公司型基金；按基金单位是否可以赎回分为封闭式基金和开放式基金；按基金募集对象不同分为公募基金和私募基金；按基金投资对象分为货币型基金、股票型基金、债券型基金、指数型基金等；按基金收益目标分为成长型基金、收入型基金、平衡型基金、保本基金。证券投资基金的收益有两个方面：一是买卖投资基金单位的价差收益；二是投资基金的分红派息。证券投资基金的风险主要来自两个方面：一是市场风险；二是基金管理人的经营管理水平风险和道德风险。

外汇市场有狭义和广义之分。狭义的外汇市场是指银行同业间的外汇市场。参与者包括中央银行、外汇银行或专门的外汇经纪人。广义的外汇市场除了狭义的外汇市场外，还包括外汇银行或外汇经纪人与一般客户之间的外汇交易。一般客户是指参与外汇兑换的企事业单位或个人，这部分是零售市场。因此，外汇市场包括批发市场和零售市场两个层次。外汇市场的交易主要有外汇现货交易、外汇期货交易和掉期交易三种基本类型。黄金市场仍是金融市场的组成部分。黄金市场的主要参与者是：产金国的采金企业、各国中央银行、外汇银行、以黄金作为原料的企业，以及机构和个人投资者。黄金市场的交易主要有现货交易、期货交易和期权交易三种交易形式。国际黄金市场一般分为世界性黄金市场和地区性黄金市场两个层次。世界性黄金市场在价格上起着主导作用，伦敦、苏黎世、纽约、香港是世界四大黄金市场；地区性黄金市场是随着黄金交易的扩展和区域性交易需要而产生的，如欧洲的法兰克福、亚洲的东京、非洲的开罗，其规模相对较小。中国的黄金市场有了很大发展，“上海金”的推出使中国黄金市场在国际上的影响力大大提高。

重点概念

金融市场	货币市场	资本市场	发行市场
流通市场	证券市场	股票价值	股票价格指数
期货交易	期权交易	证券投资基金	

章后训练

一、名词解释

金融市场	货币市场	资本市场	发行市场
流通市场	证券市场	股票价值	股票价格指数
期货交易	期权交易	证券投资基金	

二、思考题

1. 金融市场有哪些构成要素？
2. 如何对金融市场进行分类？
3. 金融市场的功能有哪些？
4. 货币市场有哪些特点和哪些交易形式？
5. 资本市场有哪些特点和哪些交易形式？

6. 股票、债券分别有哪几种发行价格？

7. 决定和影响股票价格的因素有哪些？

8. 债券的利率受哪些因素影响？

9. 证券投资基金如何进行分类？

三、操作练习题

1. 某债券面值为 100 元，偿还期为 5 年，年息 10 元，则该债券的名义收益率或票面利率是多少？

2. 投资者王女士 9 月 3 日投资 2 万元购买了若干股某种股票，12 月 3 日以 2.5 万元的价格全部卖出，其间获取税后股利收入 0.2 万元，不计其他税收，帮她计算一下投资收益。假如她以 1.9 万元卖出，再帮她计算一下投资收益。

3. 投资者陈先生以 92 元发行价格认购了面值为 100 元的国库券 5 张，期限为 180 天。如果他持有到期兑付，他投资国库券的收益率是多少？如果他在持有 90 天后，以 98 元的价格卖出，他投资国库券的收益率是多少？

4. 某投资者于 2015 年 7 月 3 日以 108 元的价格买进面值为 100 元、票面利率为 5%、期限为 10 年、到期日为 2018 年 12 月 25 日的债券。2018 年 7 月 3 日卖出，价格为 120 元，债券到期一次还本付息。该投资者持有期的收益率是多少？假如该投资者购入的债券一直持有到期，其到期收益率是多少？

四、通读相关法律法规

《同业拆借管理办法》，中国人民银行网站（http：//www.pbc.gov.cn/）。

第七章

涉外金融

章前引言

21 世纪以来，中国对外经济交往发展强劲，除 2012 年资本与金融账户为逆差外，国际收支呈现经常账户和资本与金融账户双顺差，外汇储备迅猛增长。2006 年 2 月底，中国外汇储备超过日本，跃居世界第一；据国家统计局官网消息，2018 年末我国外汇储备余额达 30 727 亿美元，连续 13 年居世界之首。经常项目和非储备性质的金融账户均呈现顺差，储备资产增加，我国国际收支呈现自主平衡，但贸易顺差出现收窄。那么，什么是国际收支？什么是经常项目？什么是贸易顺差？什么是国际储备？它有什么作用？一国的外汇储备是否越多越好？

2005 年 7 月 21 日起，中国开始实行以市场供求为基础、参考一篮子货币进行调节、有管理的浮动汇率制度；人民币对美元即日升值 2%，至 1 美元兑 8.11 元人民币。2006 年 5 月 15 日，人民币对美元汇率中间价突破 8∶1 的心理关口，达到 1 美元兑换 7.998 2 元人民币，此后人民币汇率加速上升。2008 年 4 月 10 日，人民币对美元汇率中间价报 1 美元兑换 6.992 0 元人民币，突破 7∶1 的整数关口，美元兑人民币进入“6 时代”。由于美国率先对中国进口产品加征关税，打响中美贸易战，我国产品出口受阻，国际收支顺差收窄，到 2019 年美元兑人民币汇率重返“7 时代”。

2008 年 8 月 6 日，我国公布修订后的《中华人民共和国外汇管理条例》，其中指出：人民币汇率实行以市场供求为基础的、有管理的浮动汇率制度。那么，如何认识汇率？汇率变动受哪些因素的影响？汇率变动对一国经济又会产生什么影响？此外，如何到国际金融市场上融资？采取怎样的方式融资？等等。上述诸多问题将在本章一一阐述。

学习目标

通过本章的学习，你应该能够：

1. 理解国际收支的含义；
2. 掌握国际收支平衡表的内容及编制原理；
3. 理解国际收支平衡与否的判断标准；
4. 掌握国际收支失衡的原因及政策调节；

5. 掌握外汇的概念与构成内容；
6. 掌握汇率的标价方法及汇率的种类；
7. 掌握影响汇率变动的因素和汇率变动对经济的影响；
8. 掌握国际储备的概念、特征、构成及作用；
9. 了解国际贸易融资、国际贷款、国际证券融资、国际租赁等主要的国际融资方式。

第一节　国际收支

一、国际收支的含义

（一）国际收支的概念

国际收支的概念是随着国际经济的变化和发展而不断丰富的。

最早的国际收支概念出现在 17 世纪初重商主义时代，表述为一国对外贸易的差额。当时最主要的国际经济交易是对外贸易，并由此产生了国家间的结算清偿与金银货币的收付。重商主义者认为，贸易顺差可以聚集金银，经常维持出口超过进口是国家致富的永恒原则。国际收支的这一概念流行了很长时间，一直到金币本位制崩溃。

第一次世界大战后到第二次世界大战之前，一国的国际收支通常是指一国的外汇收支，这是狭义的国际收支概念。这一概念具有两个特点：一是以支付为基础，即只有现金支付的国际经济交易才能计入国际收支；二是外汇的收支必须立刻结清。

第二次世界大战后至今，各国普遍采用广义的国际收支概念，即一个国家在一定时期内居民与非居民之间的全部经济交易的系统记录。这是由于国际经济交易的内容和方式都发生了很大变化，国际收支的内容更加丰富，而且不是所有的国际经济交易都表现为外汇的收与支。例如，易货贸易、补偿贸易、无偿援助和私人捐赠中的实物部分，以及清算支付协定下的记账等。

国际货币基金组织在《国际收支手册》中对国际收支作出如下解释：国际收支是指一国在一定时期内（通常为 1 年）全部对外经济往来的系统的货币记录。包括如下几方面：

（1）一个经济体与世界其他经济体之间商品、劳务和收益的交易。

（2）一个经济体持有的货币黄金、特别提款权的所有权变动与其他变动，以及这个经济体对世界其他经济体的债权、债务的变化。

（3）无偿转移，以及从会计意义上讲，需要对上述不能相互抵消的交易和变化加以平衡的对应记录。

（二）对国际收支概念的理解

正确理解广义的国际收支概念及国际货币基金组织对国际收支的定义，要把握下述几点。

1. 国际收支所反映的内容以经济交易为基础，而不是以外汇支付为基础

国际收支中的经济交易涉及所有的从一个经济实体向另一个经济实体转移的经济价值，既包括用外汇收付的经济交易，也包括以实物、技术形式进行的经济交易，这些交易不涉及货币收支或根本无须支付货币，如易货贸易、补偿贸易、以实物形式提供的无偿援助等，但应将其折算成货币记录在国际收支中。因而，国际收支记录的是全部的国际经济交易，它包括：

（1）物物交换，即商品、服务与商品、服务之间的交换，如易货贸易、补偿贸易等。

（2）物币交换，即金融资产与商品、服务之间的交换，如商品进出口、劳务输出入等。

（3）金融资产与金融资产之间的交换，如货币资金借贷，货币或商品的直接投资，有价证券投资，以及无形资产（如专利权、版权）的转让等。

（4）无偿的商品、服务转移，如无偿的物资捐赠、服务和技术援助等。

（5）无偿的金融资产转移，如债权国对债务国给予债务注销，富有国家对低收入国家的投资捐赠等。

（6）根据推论存在的交易，如以直接投资的投资收益对当地进行再投资，并没有发生实际资源（资金或商品）在两国间的流动，但根据推论它属于居民与非居民之间的交易，因而也需要在国际收支中予以记录。

2. 国际收支是一个流量概念，也是一个事后的概念

国际收支记录的是在一段时期（通常指 1 年）内，一国与他国发生的各项经济往来情况。这与记录一个国家或地区在一定日期对外资产和对外负债的国际借贷不同。

国际借贷是指一个国家或地区在一定日期对外资产和对外负债的汇总记录，它反映的是某一时点上一国（或某一地区）居民对外债权债务的综合情况。国际借贷与国际收支既有联系，又有区别。两者的联系是，在非现金结算条件下，国家之间的经济交往总是先形成债权债务关系，即国际借贷关系。国际借贷关系一经结算即告消失，但在结算过程中却引起国际收支的发生，债权国会得到外汇收入，债务国会支出外汇，这就分别形成两国的国际收支。可见，国际借贷是产生国际收支的直接原因。但有时，国际收支又反作用于国际借贷，因为国际收支的某些变化会引起国际借贷活动的展开。

两者的区别表现在：

（1）国际借贷表示一个国家在一定日期对外债权债务的综合情况；而国际收支则表示一个国家在一定时期对外全部经济交易的综合情况。

（2）国际借贷是个静态的概念，表示的是一种存量（余额）；国际收支是个动态的概念，表示的是一种流量（发生额）。

（3）国际借贷只包括形成债权债务关系的经济交易，范围小；国际收支则包括一切对外发生的经济交易，范围大。

3. 国际收支记录的交易必须是在一个国家居民与非居民之间进行的

所谓居民，是指在一个国家的经济领土内居住达一年或一年以上的具有一个经济利益

中心的经济单位，否则为非居民。居民与公民在概念上有交叉，但两者并不等同。公民是一个法律上的概念，仅指个人，是基于国籍标准来划分的；而居民是一个经济上的概念，是以居住地为标准划分的，包括个人、政府、法人和社会团体等经济体。按照上述原则，移民属于其工作所在国的居民。国外子公司是其所在国的居民，是其母公司所在国的非居民。官方外交使节、驻外军事人员永远是派出国的居民，所在国的非居民。国际性机构如联合国、国际货币基金组织、世界银行等是任何国家的非居民。

我国国际收支的所有交易均发生在我国居民（不包括港、澳、台地区）与我国非居民之间。我国居民是指：(1) 除外国驻华使领馆外籍工作人员及其家属以外的所有在我国境内居留一年以上的自然人；(2) 我国短期出国人员（在外居留时间不超过一年），在外留学、就医人员及我国驻外使领馆工作人员及其家属；(3) 所有在我国境内登记注册的企事业单位；(4) 我国各级政府机关（含我国所有的驻外使领馆）、部队以及除国际组织驻华办事处、外国驻华使领馆以外的所有法人或团体。

思考：外商投资企业是我国的居民还是非居民？

二、国际收支平衡表

（一）国际收支平衡表的概念

国际收支平衡表，也称国际收支账户，是系统地记录一国一定时期内各种国际经济交易项目及金额的一种统计报表。它根据经济分析的需要，按照一定的原则，以某一特定的货币为计量单位，并采用简明的表格形式，将一个国家在某一特定时期内（1 年或半年或 1 季度）与世界上其他国家发生的各种经济交易，通过设置账户或项目的方式表现出来。国际收支平衡表集中反映了一国国际收支的总貌和具体构成，提供了一国国际经济地位和对外经济实力的资料与信息，是一国政府或货币当局制定对外经济及国内经济发展政策的重要依据。

（二）国际收支平衡表的编制原理

国际收支统计以权责发生制为统计原则，并采用复式记账法。对每一笔国际经济交易都要以相同金额分别记录在借、贷两方，按照“有借必有贷、借贷必相等”的会计复式记账原理编制。凡是收入项目以及资产（本国对外金融资产）的减少和负债（外国在本国的金融资产）的增加都记录在贷方，称为正号项目，记为“+”；凡是支出项目以及资产的增加或负债的减少都记录在借方，称为负号项目，记为“-”。换言之，一笔交易的结果如果是收到外国货币，就在贷方记录；相反，如果是向外国支出货币就在借方记录。

绝大多数交易都是商品、劳务或金融资产的双向转移，即以提供或取得一种经济价值的资产换取另一种经济价值的资产的交易。不过，也有些国际经济往来不是用于交换，而是基于特殊原因发生的单方面转移，如甲国向乙国捐赠救灾物资，这一行为形成了甲国的商品出口，应记录在其国际收支平衡表贷方的“出口”项下。但这种官方捐赠是一种无偿转移交易，不能自动成双，不像真正的出口那样能带来对等的收入，为此需要设置一个抵消性项目（如经常转移）来达到平衡。这样，每一笔国际经济交易都会产生金额相同的一项借方记录和一项贷方记录。因此，从理论上说，国际收支平衡表的借方总额和贷方总额是相等的，国际收支平衡表也由此而得名。

思考：我国某出口商向美国出口价值500万美元的纺织品。该笔经济交易应如何记录在我国的国际收支平衡表中？

（三）国际收支平衡表的内容

世界各国编制国际收支平衡表的格式因其对外交易的内容与范围有所不同，经济分析的需要也不完全一样而不尽相同。为规范成员国国际收支平衡表的编制，国际货币基金组织用专门的《国际收支手册》提出建议各国在编制国际收支平衡表时使用的概念和规则；国际货币基金组织定期发表有关各成员国国际收支情况的《国际收支统计年报》。截至目前，2008年12月更名出版的《国际收支和国际投资头寸手册》第六版为最新版本，其对国际收支账户的标准构成做出了最新规定，不同于原有的账户设置；同时，强调国际投资头寸账户统计的重要性。其中，国际收支内的不同账户根据提供和获得经济资源的性质加以区分，包括：经常账户，可细分为货物和服务、初次收入、二次收入；资本账户；金融账户，可细分为直接投资、证券投资、金融衍生工具、其他投资和储备资产；净误差与遗漏。具体见表7-1。

表7-1 国际收支平衡表

国际收支	贷方	借方
1. 经常账户		
经常账户差额（+顺差；-逆差）		
1.A 货物和服务		
货物和服务差额（+顺差；-逆差）		
1.A.a 货物		
货物贸易差额（+顺差；-逆差）		
1.A.a.1 国际收支口径的一般商品		
1.A.a.2 转手买卖下的货物净出口		
1.A.a.3 非货币黄金		
1.A.b 服务		
服务贸易差额（+顺差；-逆差）		
1.A.b.1 对他人拥有的实物投入的制造服务（加工服务）		
1.A.b.2 别处未涵盖的维护和维修服务		
1.A.b.3 运输		
1.A.b.4 旅行		
1.A.b.5 建设		
1.A.b.6 保险和养老金服务		
1.A.b.7 金融服务		

续表

国际收支	贷方	借方
1. A. b. 8　别处未涵盖的知识产权使用费		
1. A. b. 9　电信、计算机和信息服务		
1. A. b. 10　其他商业服务		
1. A. b. 11　个人、文化和娱乐服务		
1. A. b. 12　别处未涵盖的政府货物和服务		
1. B　初次收入		
初次收入差额（+顺差；一逆差）		
1. B. 1　雇员报酬		
1. B. 2　投资收益		
1. B. 2. 1　直接投资		
1. B. 2. 1. 1　股权和投资基金份额收益		
1. B. 2. 1. 2　利息		
1. B. 2. 2　证券投资		
1. B. 2. 2. 1　股权和投资基金份额的投资收益		
1. B. 2. 2. 2　利息		
1. B. 2. 3　其他投资		
1. B. 2. 3. 1　准公司收益提取		
1. B. 2. 3. 2　利息		
1. B. 2. 3. 3　归属于保险、养老金计划和标准化担保计划投保人的投资收益		
1. B. 2. 4　储备资产		
1. B. 2. 4. 1　股权和投资基金份额收益		
1. B. 2. 4. 2　利息		
1. B. 3　其他初次收入		
1. B. 3. 1　生产税和进口税		
1. B. 3. 2　补贴		
1. B. 3. 3　租金		
货物、服务和初次收入差额（+顺差；一逆差）		
1. C　二次收入		
二次收入差额（+顺差；一逆差）		
1. C. 1　广义政府		
1. C. 1. 1　对所得、财富等征收的经常性税收		
1. C. 1. 2　社会保障缴款		
1. C. 1. 3　社会福利		
1. C. 1. 4　经常性国际合作		
1. C. 1. 5　广义政府的其他经常转移		
1. C. 2　金融公司、非金融公司、住户和为住户服务的非营利机构		
1. C. 2. 1　个人转移（居民和非居民住户间的经常转移）		
1. C. 2. 2　其他经常转移		
1. C. 3　养老金权益变化调整		
2. 资本账户		
资本账户差额（+顺差；一逆差）		
2. 1　非生产非金融资产的取得（借记）/处置（贷记）总额		

续表

国际收支	贷方	借方
2.2 资本转移		
2.2.1 广义政府		
2.2.1.1 债务减免		
2.2.1.2 其他资本转移		
2.2.2 金融公司、非金融公司、住户和为住户服务的非营利机构		
2.2.2.1 债务减免		
2.2.2.2 其他资本转移		
净贷出（+）/净借入（-）（经常账户和资本账户差额）		
国际收支	金融资产的净获得	负债的净产生
3. 金融账户		
净贷出（+）/净借入（-）（金融账户）		
3.1 直接投资		
3.1.1 股权和投资基金份额		
3.1.2 债务工具		
3.2 证券投资		
3.2.1 股权和投资基金份额		
3.2.2 债务证券		
3.3 金融衍生工具（储备除外）和雇员认股权		
3.3.1 中央银行		
3.3.2 存款性公司（中央银行除外）		
3.3.3 广义政府		
3.3.4 其他部门		
3.4 其他投资		
3.4.1 其他股权		
3.4.2 货币和存款		
3.4.3 贷款		
3.4.4 保险、养老金和标准化担保计划		
3.4.5 贸易信贷和预付款		
3.4.6 其他应收/应付款——其他		
3.4.7 特别提款权		
3.5 储备资产		
3.5.1 货币黄金		
3.5.2 特别提款权		
3.5.3 在国际货币基金组织的储备头寸		
3.5.4 其他储备资产		
资产/负债总计　国际收支	贷方	借方
4. 净误差与遗漏		

资料来源：国际货币基金组织．国际收支和国际投资头寸手册．6版．2008.

我国国际收支平衡表是反映特定时期内我国（不含香港、澳门和台湾地区）与世界其他国家或地区的经济交易的统计报表。表7-2是我国2017年国际收支平衡表。

表 7-2　2017 年中国国际收支平衡表　　单位：亿美元

项目	行次	2017 年
1. 经常账户	1	1 649
贷方	2	27 089
借方	3	−25 440
1. A　货物和服务	4	2 107
贷方	5	24 229
借方	6	−22 122
1. A. a　货物	7	4 761
贷方	8	22 164
借方	9	−17 403
1. A. b　服务	10	−2 654
贷方	11	2 065
借方	12	−4 719
1. A. b. 1　加工服务	13	179
贷方	14	181
借方	15	−2
1. A. b. 2　维护和维修服务	16	37
贷方	17	60
借方	18	−23
1. A. b. 3　运输	19	−561
贷方	20	372
借方	21	−933
1. A. b. 4　旅行	22	−2 251
贷方	23	326
借方	24	−2 577
1. A. b. 5　建设	25	36
贷方	26	122
借方	27	−86
1. A. b. 6　保险和养老金服务	28	−74
贷方	29	41
借方	30	−115
1. A. b. 7　金融服务	31	18
贷方	32	34
借方	33	−16
1. A. b. 8　知识产权使用费	34	−239
贷方	35	48
借方	36	−287
1. A. b. 9　电信、计算机和信息服务	37	77
贷方	38	270
借方	39	−193

续表

项目	行次	2017 年
1. A. b. 10　其他商业服务	40	161
贷方	41	587
借方	42	−426
1. A. b. 11　个人、文化和娱乐服务	43	−19
贷方	44	8
借方	45	−27
1. A. b. 12　别处未提及的政府服务	46	−18
贷方	47	17
借方	48	−35
1. B　初次收入	49	−344
贷方	50	2 574
借方	51	−2 918
1. B. 1　雇员报酬	52	150
贷方	53	217
借方	54	−67
1. B. 2　投资收益	55	−499
贷方	56	2 349
借方	57	−2 848
1. B. 3　其他初次收入	58	5
贷方	59	8
借方	60	−3
1. C　二次收入	61	−114
贷方	62	286
借方	63	−400
2. 资本和金融账户	64	570
2. 1　资本账户	65	−1
贷方	66	2
借方	67	−3
2. 2　金融账户	68	571
资产	69	−3 782
负债	70	4 353
2. 2. 1　非储备性质的金融账户	71	1 486
资产	72	−2 867
负债	73	4 353
2. 2. 1. 1　直接投资	74	663
2. 2. 1. 1. 1　直接投资资产	75	−1 019
2. 2. 1. 1. 1. 1　股权	76	−997
2. 2. 1. 1. 1. 2　关联企业债务	77	−22
2. 2. 1. 1. 2　直接投资负债	78	1 682

续表

项目	行次	2017 年
2.2.1.1.2.1　股权	79	1 422
2.2.1.1.2.2　关联企业债务	80	260
2.2.1.2　证券投资	81	74
2.2.1.2.1　资产	82	−1 094
2.2.1.2.1.1　股权	83	−377
2.2.1.2.1.2　债券	84	−717
2.2.1.2.2　负债	85	1 168
2.2.1.2.2.1　股权	86	341
2.2.1.2.2.2　债券	87	829
2.2.1.3　金融衍生工具	88	5
2.2.1.3.1　资产	89	15
2.2.1.3.2　负债	90	−10
2.2.1.4　其他投资	91	744
2.2.1.4.1　资产	92	−769
2.2.1.4.1.1　其他股权	93	0
2.2.1.4.1.2　货币和存款	94	−370
2.2.1.4.1.3　贷款	95	−397
2.2.1.4.1.4　保险和养老金	96	0
2.2.1.4.1.5　贸易信贷	97	−194
2.2.1.4.1.6　其他	98	192
2.2.1.4.2　负债	99	1 513
2.2.1.4.2.1　其他股权	100	0
2.2.1.4.2.2　货币和存款	101	1 054
2.2.1.4.2.3　贷款	102	496
2.2.1.4.2.4　保险和养老金	103	7
2.2.1.4.2.5　贸易信贷	104	−12
2.2.1.4.2.6　其他	105	−32
2.2.1.4.2.7　特别提款权	106	0
2.2.2　储备资产	107	−915
2.2.2.1　货币黄金	108	0
2.2.2.2　特别提款权	109	−7
2.2.2.3　在国际货币基金组织的储备头寸	110	22
2.2.2.4　外汇储备	111	−930
2.2.2.5　其他储备资产	112	0
3. 净误差与遗漏	113	−2 219

注：1. 本表根据《国际收支和国际投资头寸手册》第六版编制。

2. “贷方”按正值列示，“借方”按负值列示，差额等于“贷方”加上“借方”。本表除标注“贷方”和“借方”的项目外，其他项目均指差额。

3. 本表计数采用四舍五入原则。

数据来源：国家外汇管理局。

国际收支平衡表具体项目的含义如下：

1. 经常账户：包括货物和服务、初次收入、二次收入。

1. A　货物和服务：包括货物和服务两部分。

1. A. a　货物：指经济所有权在我国居民与非居民之间发生转移的货物交易。贷方记录货物出口，借方记录货物进口。货物账户数据主要来源于海关进出口统计，但与海关统计存在以下主要区别：一是国际收支中的货物只记录所有权发生了转移的货物（如一般贸易、进料加工贸易等贸易方式的货物），所有权未发生转移的货物（如来料加工或出料加工贸易）不纳入货物统计，而纳入服务贸易统计；二是计价方面，国际收支统计要求进出口货值均按离岸价格记录，海关出口货值为离岸价格，但进口货值为到岸价格，因此国际收支统计从海关进口货值中调出国际运保费支出，并纳入服务贸易统计；三是补充了部分进出口退运等数据；四是补充了海关未统计的转手买卖下的货物净出口数据。

1. A. b　服务：包括加工服务，维护和维修服务，运输，旅行，建设，保险和养老金服务，金融服务，知识产权使用费，电信、计算机和信息服务，其他商业服务，个人、文化和娱乐服务，别处未提及的政府服务。贷方记录提供的服务，借方记录接受的服务。

1. A. b. 1　加工服务：又称“对他人拥有的实物投入的制造服务”，指货物的所有权没有在所有者和加工方之间发生转移，加工方仅提供加工、装配、包装等服务，并从货物所有者处收取加工服务费用。贷方记录我国居民为非居民拥有的实物提供的加工服务。借方记录我国居民接受非居民的加工服务。

1. A. b. 2　维护和维修服务：指居民或非居民向对方所拥有的货物和设备（如船舶、飞机及其他运输工具）提供的维修和保养工作。贷方记录我国居民向非居民提供的维护和维修服务。借方记录我国居民接受非居民的维护和维修服务。

1. A. b. 3　运输：指将人和物品从一地点运送至另一地点的过程及相关辅助和附属服务，以及邮政和邮递服务。贷方记录居民向非居民提供的国际运输、邮政快递等服务。借方记录居民接受非居民的国际运输、邮政快递等服务。

1. A. b. 4　旅行：指旅行者在其作为非居民的经济体旅行期间消费的物品和购买的服务。贷方记录我国居民向在我国境内停留不足一年的非居民以及停留期限不限的非居民留学人员和就医人员提供的货物和服务。借方记录我国居民境外旅行、留学或就医期间购买非居民的货物和服务。

1. A. b. 5　建设：指建筑形式的固定资产的建立、翻修、维修或扩建，工程性质的土地改良、道路、桥梁和水坝等工程建筑，相关的安装、组装、油漆、管道施工、拆迁和工程管理等，以及场地准备、测量和爆破等专项服务。贷方记录我国居民在经济领土之外提供的建设服务。借方记录我国居民在我国经济领土内接受非居民的建设服务。

1. A. b. 6　保险和养老金服务：指各种保险服务，以及同保险交易有关的代理商的佣金。贷方记录我国居民向非居民提供的人寿保险和年金、非人寿保险、再保险、标准化担保服务以及相关辅助服务。借方记录我国居民接受非居民的人寿保险和年金、非人寿保险、再保险、标准化担保服务以及相关辅助服务。

1. A. b. 7　金融服务：指金融中介和辅助服务，但不包括保险和养老金服务项目所涉及的服务。贷方记录我国居民向非居民提供的金融中介和辅助服务。借方记录我国居民接受非居民的金融中介和辅助服务。

1. A. b. 8　知识产权使用费：指居民和非居民之间经许可使用无形的、非生产/非金融资产和专有权以及经特许安排使用已问世的原作或原型的行为。贷方记录我国居民向非居民提供的知识产权相关服务。借方记录我国居民使用非居民提供的知识产权服务。

1. A. b. 9　电信、计算机和信息服务：指居民和非居民之间的通信服务以及与计算机数据和新闻有关的服务交易，但不包括以电话、计算机和互联网为媒介交付的商业服务。贷方记录本国居民向非居民提供的电信服务、计算机服务和信息服务。借方记录本国居民接受非居民提供的电信服务、计算机服务和信息服务。

1. A. b. 10　其他商业服务：指居民和非居民之间其他类型的服务，包括研发服务，专业和管理咨询服务，技术、贸易相关等服务。贷方记录我国居民向非居民提供的其他商业服务。借方记录我国居民接受的非居民其他商业服务。

1. A. b. 11　个人、文化和娱乐服务：指居民和非居民之间与个人、文化和娱乐有关的服务交易，包括视听和相关服务（电影、广播、电视节目和音乐录制品），其他个人、文化娱乐服务（健康、教育等）。贷方记录我国居民向非居民提供的相关服务。借方记录我国居民接受的非居民相关服务。

1. A. b. 12　别处未提及的政府服务：指在其他货物和服务类别中未包括的政府和国际组织提供和购买的各项货物和服务。贷方记录我国居民向非居民提供的别处未涵盖的货物和服务。借方记录我国居民向非居民购买的别处未涵盖的货物和服务。

1. B　初次收入：指由于提供劳务、金融资产和出租自然资源而获得的回报，包括雇员报酬、投资收益和其他初次收入三部分。

1. B. 1　雇员报酬：指根据企业与雇员的雇佣关系，因雇员在生产过程中的劳务投入而获得的酬金回报。贷方记录我国居民个人从非居民雇主处获得的薪资、津贴、福利及社保缴款等。借方记录我国居民雇主向非居民雇员支付的薪资、津贴、福利及社保缴款等。

1. B. 2　投资收益：指因金融资产投资而获得的利润、股息（红利）、再投资收益和利息，但金融资产投资的资本利得或损失不是投资收益，而是金融账户统计范畴。贷方记录我国居民因拥有对非居民的金融资产权益或债权而获得的利润、股息、再投资收益或利息。借方记录我国因对非居民投资者有金融负债而向非居民支付的利润、股息、再投资收益或利息。

1. B. 3　其他初次收入：指将自然资源让渡给另一主体使用而获得的租金收入，以及跨境产品和生产的征税和补贴。贷方记录我国居民从非居民获得的相关收入。借方记录我国居民向非居民进行的相关支付。

1. C　二次收入：指居民与非居民之间的经常转移，包括现金和实物。贷方记录我国居民从非居民处获得的经常转移。借方记录我国向非居民提供的经常转移。

2. 资本和金融账户：包括资本账户和金融账户。

2. 1　资本账户：指居民与非居民之间的资本转移，以及居民与非居民之间非生产非金融资产的取得和处置。贷方记录我国居民获得非居民提供的资本转移，以及处置非生产非金融资产获得的收入。借方记录我国居民向非居民提供的资本转移，以及取得非生产非金融资产支出的金额。

2.2 金融账户：指发生在居民与非居民之间，涉及金融资产与负债的各类交易。根据会计记账原则，当期对外金融资产净增加记录为负值，净减少记录为正值；当期对外负债净增加记录为正值，净减少记录为负值。金融账户细分为非储备性质的金融账户和储备资产。

2.2.1 非储备性质的金融账户：包括直接投资、证券投资、金融衍生工具和其他投资。

2.2.1.1 直接投资：以投资者寻求在本国以外运行企业获取有效发言权为目的的投资，包括直接投资资产和直接投资负债两部分。相关投资工具可划分为股权和关联企业债务。股权包括股权和投资基金份额，以及再投资收益。关联企业债务包括关联企业间可流通和不可流通的债权和债务。

2.2.1.1.1 直接投资资产：指我国作为直接投资者对外国直接投资企业的净资产，作为直接投资企业对直接投资者的净资产，以及对境外联属企业的净资产。

2.2.1.1.2 直接投资负债：指我国作为直接投资企业对外国直接投资者的净负债，作为直接投资企业对直接投资者的净负债，以及对境外联属企业的净负债。

2.2.1.2 证券投资：包括证券投资资产和证券投资负债，相关投资工具可划分为股权和债券。股权包括股权和投资基金份额，记录在证券投资项下的股权和投资基金份额均应可流通（可交易）。股权通常以股份、股票、参股、存托凭证或类似单据作为凭证。投资基金份额指投资者持有的共同基金等集合投资产品的份额。债券指可流通的债务工具，是证明其持有人（债权人）有权在未来某个（些）时点向其发行人（债务人）收回本金或收取利息的凭证，包括可转让存单、商业票据、公司债券、有资产担保的证券、货币市场工具以及通常在金融市场上交易的类似工具。

2.2.1.2.1 证券投资资产：记录我国居民投资非居民发行或管理的股权、投资基金份额的当期净交易额。

2.2.1.2.2 证券投资负债：记录非居民投资于我国居民发行或管理的股权、投资基金份额的当期净交易额。

2.2.1.3 金融衍生工具：又称金融衍生工具和雇员认股权，用于记录我国居民与非居民金融衍生工具和雇员认股权交易情况。

2.2.1.3.1 金融衍生工具资产：又称金融衍生工具和雇员认股权资产，用于记录我国居民作为金融衍生工具和雇员认股权资产方，与非居民的交易。

2.2.1.3.2 金融衍生工具负债：又称金融衍生工具和雇员认股权负债，用于记录我国居民作为金融衍生工具和雇员认股权负债方，与非居民的交易。

2.2.1.4 其他投资：除直接投资、证券投资、金融衍生工具和储备资产外，居民与非居民之间的其他金融交易。包括其他股权、货币和存款、贷款、保险和养老金、贸易信贷和其他。

2.2.1.4.1.1/2.2.1.4.2.1 其他股权：指不以证券投资形式（上市和非上市股份）

存在的、未包括在直接投资项下的股权，通常包括：在准公司或非公司制企业中的、表决权小于10%的股权（如分支机构、信托、有限责任和其他合伙企业以及房地产和其他自然资源中的所有权名义单位）、在国际组织中的股份等。资产项记录我国居民投资于非居民的其他股权。负债项记录非居民投资于我国居民的其他股权。

2.2.1.4.1.2/2.2.1.4.2.2　货币和存款：货币包括由中央银行或政府发行或授权的，有固定面值的纸币或硬币。存款是指对中央银行、中央银行以外的存款性公司以及某些情况下其他机构单位的由存单表示的所有债权。资产项记录我国居民持有外币及开在非居民处的存款资产变动。负债项记录非居民持有的人民币及开在我国居民处的存款变动。

2.2.1.4.1.3/2.2.1.4.2.3　贷款：指通过债权人直接借给债务人资金而形成的金融资产，其合约不可转让。贷款包括普通贷款、贸易融资、透支、金融租赁、证券回购和黄金掉期等。资产项记录我国居民对非居民的贷款债权变动。负债项记录我国居民对非居民的贷款债务变动。

2.2.1.4.1.4/2.2.1.4.2.4　保险和养老金：又称保险、养老金和标准化担保计划，主要包括非人寿保险技术准备金、人寿保险和年金权益、养老金权益以及启动标准化担保的准备金。资产项记录我国居民作为保单持有人或受益人所享有的资产或权益。负债项记录我国居民作为保险公司、养老金或标准化担保发行者所承担的负债。

2.2.1.4.1.5/2.2.1.4.2.5　贸易信贷：又称贸易信贷和预付款，是因款项支付与货物所有权转移或服务提供非同步进行而与直接对手方形成的金融债权债务。如相关债权债务不是发生在货物或服务的直接交易双方，即不是基于商业信用，而是通过第三方或银行信用形式发生，则不纳入本项统计，而纳入贷款或其他项目统计。资产项记录我国居民与非居民之间因贸易等发生的应收款或预付款。负债项记录我国居民与非居民之间因贸易等发生的应付款或预收款。

2.2.1.4.1.6/2.2.1.4.2.6　其他（资产/负债）：除直接投资、证券投资、金融衍生工具、储备资产、其他股权、货币和存款、贷款、保险准备金、贸易信贷、特别提款权负债外的对非居民的其他金融债权或债务。资产项记录债权。负债项记录债务。

2.2.1.4.2.7　特别提款权负债：指作为基金组织成员国分配的特别提款权，是成员国的负债。

2.2.2　储备资产：指我国中央银行拥有的对外资产，包括外汇、货币黄金、特别提款权、在基金组织的储备头寸。

2.2.2.1　货币黄金：指我国中央银行作为国际储备持有的黄金。

2.2.2.2　特别提款权：是国际货币基金组织根据会员国认缴的份额分配的，可用于偿还国际货币基金组织债务、弥补会员国政府之间国际收支赤字的一种账面资产。

2.2.2.3　在国际货币基金组织的储备头寸：指在国际货币基金组织普通账户中会员国可自由提取使用的资产。

2.2.2.4　外汇储备：指我国中央银行持有的可用作国际清偿的流动性资产和债权。

2.2.2.5　其他储备资产：指不包括在以上储备资产中的，我国中央银行持有的可用作国际清偿的流动性资产和债权。

3. 净误差与遗漏：国际收支平衡表采用复式记账法，由于统计资料来源和时点不同等原因，会形成经常账户与资本和金融账户不平衡，形成统计残差项，称为净误差与遗漏。

相关链接 7-1

国际收支中的净误差与遗漏

一国国际收支中的净误差与遗漏必须是有限度的。国际公认的合理范围是不超过一国进出口贸易总额的5%。“净误差与遗漏”是衡量资本管制下资本非法出入的一个指标。这一指标过大，很可能对经济产生较大的负面影响。如果该项表现为过大的贷方余额，即外汇支出大于外汇收入，表示出现了非法的资本流入；反之，如果该项表现为过大的借方余额，即外汇收入大于外汇支出，则表示出现了非法的资本外逃。前者使本国货币升值的压力增加，通货膨胀的压力也因此会产生；后者则令本币出现贬值的压力。总之，两者都会削弱外汇管制的作用。一切统计上的净误差均归入净误差与遗漏项目，若这个项目数目大且长时间得不到扭转，应当引起注意。当一国国际收支持续出现同方向、较大规模的净误差与遗漏时，常常是人为因素造成的。

三、国际收支的平衡与失衡

（一）国际收支差额

国际收支平衡表是根据复式簿记原理来编制的，一笔国际经济交易总是会产生金额相同、方向相反的借方记录和贷方记录。因此，一国的国际收支在账面上总是平衡的，即使由于统计误差造成借贷方失衡，也会通过净误差与遗漏项目加以平衡。但这种平衡只是会计意义上的平衡，不能反映一国国际收支的真实情况。在实际当中，国际收支经常存在不平衡，即国际收支总会出现不同程度的顺差或逆差，称为国际收支失衡。各国政府和国际经济组织都将国际收支平衡作为金融运行良好的指标，把国际收支失衡作为政策调整的重要对象。

在考察国际收支状况时，需要借助于一定的方法对国际收支平衡表进行分析，进行差额分析是其中基本的方法之一。差额分析是对国际收支平衡表的静态分析，即对某国在某一时期的国际收支平衡表中各个项目及其差额进行定量的账面上的分析。各国在考察国际收支状况时，对下述几个项目差额的分析一般都比较重视。

1. 贸易收支差额

贸易收支差额，即货物进出口差额。这是传统上用得比较多的一个口径。它集中反映一国在国际市场上的竞争能力，也在一定程度上反映一国的经济实力。实际上，贸易收支仅仅是国际收支的一个组成部分，不能代表国际收支的整体。但对多数国家来说，贸易收支在全部国际收支中所占的比重相当大，贸易收支差额在很大程度上决定了国际收支的总差额。此外，商品的进出口情况综合反映了一国的产业结构、产品质量和劳动生产率状况，反映了该国产业在国际上的竞争能力。因此，对贸易收支的差额进行分析是十分重要的，甚至可将贸易收支作为国际收支的近似代表。

2. 经常项目收支差额

经常项目收支差额包括贸易收支差额、无形贸易收支差额和经常转移收支差额。虽然经常项目收支不能代表全部国际收支，但它综合反映了一个国家对外经济交易的一般态势，各国和国际货币基金组织都特别重视经常项目差额情况。如果经常项目有逆差，表示从国外净动用了一些商品、服务供国内使用，相应地会减少本国在外国的资产或增加对外的负债。如果经常项目有顺差，表示向国外净供应了一些商品和服务，相应地会增加本国在外国的资产或减少对外的负债。

3. 资本和金融项目差额

资本和金融项目差额具有两方面的分析作用。首先，通过资本和金融项目差额可以看出一个国家金融市场的开放和发达程度，对一国货币政策和汇率政策的调整提供有益的借鉴。其次，资本和金融项目与经常项目之间具有融资关系，所以资本和金融项目差额可以折射出一国经常项目的状况和融资能力。根据复式记账原则，在国际收支中一笔贸易流量通常对应一笔金融流量，在不考虑净误差与遗漏因素时，经常项目中的余额必然对应着资本和金融项目在相反方向上的数量相等的余额，也就是说，经常项目余额与资本和金融项目余额之和等于零。当经常项目出现赤字时，必然对应着资本和金融项目的相应盈余，这意味着一国利用金融资产的净流入为经常项目赤字融资。但是，值得注意的是，该项目中直接投资和证券投资对经常项目逆差的弥补效果是不同的，直接投资不构成一国的对外债务，而其他方面的投资则是要偿还的。因此，若一国国际收支平衡是通过资本和金融项目中证券投资和其他投资的顺差来弥补经常项目的逆差而获得的，则此平衡是不健康的；反之，若平衡是由经常项目盈余或直接投资引起的，则此平衡是良性的。

4. 综合项目差额或总差额

综合项目差额或总差额是指经常项目与资本和金融项目中的资本项目、直接投资项目、证券投资项目、其他投资项目等所构成的余额，也就是将国际收支项目中的官方储备项目剔除后的总体余额（包括“净误差与遗漏”项）。综合项目差额必然导致官方储备的反方向变动，所以综合项目的意义在于可以用它来衡量国际收支对一国储备造成的压力。综合项目差额为正，则储备资产记负号，表示该国储备资产增加，国际收支顺差；反之，综合项目差额为负，则储备资产记正号，表示该国储备资产减少，国际收支逆差。通常，人们所讲的国际收支盈余或赤字就是指综合收支差额盈余或赤字。

（二）国际收支平衡与失衡的判断标准

判断一个国家的国际收支是否平衡，涉及两个概念：自主性交易和调节性交易。自主性交易，亦称事前交易，是指一国居民基于特定的经济目的而自主进行的对外交易。例如，为追求利润而进行的商品和劳务的输出入、海外直接投资等。经常项目的各项交易、不包含储备资产的资本和金融项目中的一些交易都属于自主性交易。这种交易活动体现的是各居民主体的意志，不代表哪一个国家政府的意志，具有自发性和分散性的特点。而这种自发交易引起的收支活动，总是会产生差额，或者收大于支，或者支大于收，不可能完全相等。调节性交易，亦称事后交易或适应性交易，是指货币当局出于调节国际收支差额的目的而进行的交易活动。这种交易活动体现的是一国政府的意志，具有被动性和集中性的特点，当自主性交易出现较大差额时，需要增减官方储备和利用短期投融资人为地进行弥补或调节。比如，当国际收支盈余时，政府就会吸纳自主性项目下创造的多余的外汇收入；当国际收支赤字时，官方储备就会减少以满足自主性项目下多余的外汇需求。因而调节性交易主要是指官方储备资产。

自主性交易反映的是国际收支中最主要的也是最重要的内容，其本质代表着一个国家的对外交易能力，因此，若一国在长时期里自主性交易平衡（自动相等与基本相等），无须依靠调节性交易来弥补，那么这个国家的国际收支就是平衡的；反之，若一国自主性交易失衡，需要通过调节性交易来实现平衡，而形成一种虚假的形式上的平衡，国际收支就是失衡的。因此，自主性交易是否平衡，是衡量国际收支平衡与否的一个重要标准。

（三）国际收支失衡的原因及类型

一国的国际收支失衡是由多种原因引起的，按照这些原因的不同，国际收支失衡可以分为下述五种类型。

1. 临时性失衡

临时性失衡是短期的、由非确定或偶然因素引起的国际收支失衡。如由生产和消费的季节性变化、自然灾害、外汇投机等因素造成国内产量下降、出口供应减少、进口需求增加，或由资本外逃等引起国际收支逆差，或相反的效果。这种性质的国际收支失衡程度一般较轻、持续时间不长、带有可逆性，可以认为是一种正常现象。在浮动汇率制度下，这种性质的国际收支失衡有时根本不需要政策调节，市场汇率的波动有时就能将其纠正。在固定汇率制度下，一般也不需要采用政策措施，只需动用官方储备便能加以克服。

2. 结构性失衡

结构性失衡是指国内经济、产业结构不能适应世界市场的变化而发生的国际收支失衡。结构性失衡通常反映在贸易账户或经常账户上。结构性失衡有两层含义。第一层含义是因经济和产业结构变动的滞后与困难所引起的国际收支失衡。比如，一国的国际贸易在一定的生产条件和消费需求下处于均衡状态，当国际市场发生变化、新产品不断淘汰老产品、新款式高质量产品不断淘汰旧款式低质量产品、新的替代品不断出现的时候，如果该国的生产结构不能及时根据形势加以调整，那么其原有的贸易平衡就会遭到破坏，贸易逆差就会出现。这种含义的结构性失衡，在发达国家和发展中国家都有发生。第二层含义是一国的产业结构比较单一，或其产品出口需求的收入弹性低，或虽然出口需求的价格弹性高，但进口需求的价格弹性低所引起的国际收支失衡。这层含义的结构性失衡在发展中国家表现得尤为突出。结构性失衡具有长期性，扭转起来相当困难。

3. 货币性失衡

货币性失衡是指在一定汇率水平下，一国货币成本和一般物价水平与他国相比发生变化而引起的国际收支失衡。一国发生通货膨胀，物价普遍上升，从而导致国际收支逆差；反之，如通货紧缩，则国际收支顺差。货币性失衡可以是短期的，也可以是中期的或长期的。

4. 周期性失衡

周期性失衡是指一国处于经济周期不同阶段所引起的国际收支失衡。当一国经济处于衰退期时，社会总需求下降，进口需求也相应下降，国际收支发生盈余；反之，当一国经济处于扩张期或繁荣期时，国内投资与消费需求旺盛，对进口的需求也相应增加，尤其是就发展中国家而言，其经济增长常常依赖于附加值较大、价格较高的先进技术和机器设备的大量进口，国际收支便出现逆差。

5. 收入性失衡

收入性失衡是指因一国国民收入发生变化而引发的国际收支不平衡。国民收入变动的原因可能是经济周期的变化，也可能是经济增长率的高低不同。当国际收入相对快速增长，导致进口需求的增长超过出口增长或其他方面的国际支付增加时，国际收支容易发生逆差；相反，国民收入减少，居民消费和投资的需求都会下降，进口也会减少，国际收支容易发生顺差。

（四）国际收支失衡的调节

国际收支失衡的调节包括自动调节和政策调节。

国际收支自动调节机制是指国际收支失衡必然会直接或间接地引起市场经济系统内其他经济变量发生变化，后者又反作用于国际收支，在不考虑政府干预的情况下，这一相互作用的过程会引起国际收支失衡缩小并趋于平衡。国际收支自动调节机制主要包括货币-价格机制、收入机制、利率机制、汇率机制。

国际收支自动调节机制只能在纯粹的自由经济中充分发挥作用，而且作用的程度和效果无法保证，在市场失灵时会被削弱或失效，调节所需要的过程也比较长。因此，当各国面临国际收支失衡时，政府或货币当局一般会主动采取各种适当的经济政策和措施对国际收支加以人为的调节，如财政和货币政策、汇率政策、直接管制、外汇缓冲政策和信用手段等。

1. 财政和货币政策

（1）财政政策是指一个国家通过扩大或缩小政府财政开支，提高或降低税率的办法来平衡国际收支。当一国国际收支逆差时，政府可以实行紧缩的财政政策，削减财政开支或提高税率，抑制投资和消费，降低社会总需求，迫使物价下跌，从而促进出口、抑制进口，逐步消除国际收支逆差。反之，当一国国际收支顺差时，实行扩张性的财政政策，增加政府开支或降低税率，刺激投资和消费，增加对商品的需求，从而使物价上升，抑制出口，增加进口，达到减少国际收支顺差的目的。但是一国最终会实行什么样的财政政策，主要取决于国内经济的需要。

（2）货币政策是指一国货币当局通过调整再贴现率、法定存款准备率和公开市场操作等手段影响银根的松紧和利率的高低，引起国内货币供应量和总需求，以及物价水平的变化，以实现对国际收支的调节。当一国出现国际收支逆差时，一般采取紧缩性的货币政策，中央银行提高再贴现率及法定存款准备率，或在公开市场上出售政府债券，回笼基础货币，从而使市场利率提高，银行缩减信贷规模，货币供应量减少，社会总需求受到抑制，物价下跌，促进出口、限制进口，同时吸引国外资本流入，进而改善国际收支。当出现顺差时，则实行扩张性的货币政策，央行调低再贴现率和法定存款准备率，或在公开市场上买入债券，投入基础货币，利率下降，投资就会增加，总需求增加，从而经济扩张，外汇支出增加，使国际收支顺差减少。但是，在实施货币政策调节国际收支时，要注意货币政策对国内经济会同时发生影响作用。

2. 汇率政策

汇率政策是指一个国家通过调整汇率改变外汇的供求关系，影响进出口商品的价格和资本流出入的实际收益，进而调节国际收支失衡的一种政策。

在不同的汇率制度下，各国制定汇率政策的方式是不一样的。在固定汇率制度下，政府通过直接制定汇率水平来实施其汇率政策，并采用货币法定贬值或升值的方法来调节国际收支。当一国国际收支出现逆差时，实行本币法定贬值，刺激出口，抑制进口，缩小国际收支逆差。反之，当国际收支出现顺差时，实行本币法定升值，减少国际收支盈余。在浮动汇率制度下，汇率是由外汇市场的供求关系决定的，政府的汇率政策是通过对外汇市场进行干预，人为地促使本国货币下浮或上浮，进而实现国际收支平衡。当一国国际收支发生逆差时，政府买进外汇以提高外汇汇率，降低本币汇率，扩大出口，抑制进口。反之，当一国国际收支出现顺差时，卖出外汇以降低外汇汇率，提高本币汇率，扩大进口，抑制出口。

汇率政策能否奏效，要视其他具体情况和因素而定，具体有如下几方面：

（1）汇率政策有效与否取决于进出口商品的需求弹性。马歇尔-勒纳条件，即出口商品的国外需求弹性与进口商品的国内需求弹性之和大于1，是本币贬值改善贸易收支的前提。

相关链接 7-2

马歇尔-勒纳条件

“马歇尔-勒纳条件”是以本币贬值改善国际收支的充分必要条件。以公式表示为：

$$|e_{xd}+e_{md}|>1$$

式中，e_{xd}表示出口商品需求弹性，即出口商品需求量变动率与出口商品外币价格变动率的比值；e_{md}表示进口商品需求弹性，即进口商品需求量变动率与进口商品本币价格变动率的比值。

只有当 $|e_{xd}+e_{md}|>1$ 时，即只有当进出口商品相对价格变动引起的进出口商品需求量变动幅度大于其价格的变动幅度时，本币贬值才可能起到增加出口总值或减少进口总值，从而改善国际收支的作用。如果 $|e_{xd}+e_{md}|=1$，则本币贬值虽然会使进出口商品数量发生变化，但由于商品的数量变动与商品的相对价格变动作用相抵消，进出口总值不会发生变化，因而国际收支逆差不会改变。而如果 $|e_{xd}+e_{md}|<1$，则本币贬值可能会使出口总值下降大于进口总值的下降，不但不会改善国际收支逆差，反而会使国际收支更加恶化。

（2）汇率政策受“时滞”因素的影响，即出现“J 曲线效应”。

相关链接 7-3

J 曲线效应

在实际经济生活中，汇率调整不会立刻显示出其有利于国际收支的一面，而是有一个时间滞后的过程，有时还表现为对经济先产生不利影响，而后才转为产生有利影响。此过程描绘出来形似英文字母“J”，因此这种现象被称为 J 曲线效应。它反映如下关系：一国货币贬值后在短期内会使国际收支状况进一步恶化，只有经过一段时间后才会使贸易收支差额得到改善。如图 7-1 所示，假定在 t_0 点本国货币实行贬值，但贬值并没有带来贸易收支的迅速改善，在 t_0 至 t_1 阶段，贸易收支差额越来越大，在 t_1 点贸易收支的恶化达到顶点。此后，贸易收支状况开始好转。在 t_2 点，贸易收支平衡。t_2 点之后，进出口对货币贬值的反应充分大，贸易收支将从逆差变为顺差。

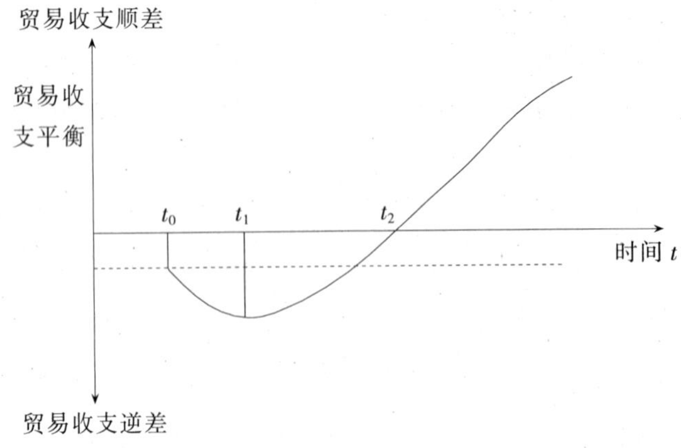

图 7-1　J 曲线效应

（3）人们的预期往往会抵消汇率调整的效应。当汇率下调时，如果人们预期汇率还将进一步下跌，那么，本国资金就会大量外逃，以避免贬值所带来的损失，因而汇率下调不但起不到改善国际收支的作用，还可能恶化国际收支状况。

（4）一国的货币贬值可能会引起其贸易伙伴国也宣布货币贬值，从而引发货币战，这样货币贬值的效果势必会被抵消。所以，只有在各国没有贸易限制和不采取报复措施的条件下，货币贬值才能扩大出口。

3. 直接管制

直接管制是指政府通过发布行政命令对国际经济交易进行直接的行政干预，以求实现国际收支平衡的政策措施。主要包括外汇管制、贸易管制和财政管制等手段。

（1）外汇管制是指国家通过颁布外汇管理法令、法规和条例，对外汇买卖、国际结算、资本流动和外汇汇率等直接加以管制，以控制外汇供给或需求，维持本国货币汇率的稳定，调节国际收支。当一国国际收支发生长期逆差时，一般要加强外汇管制，使逆差减少。当一国国际收支发生长期顺差时，则放松外汇管制，使顺差减少。

（2）贸易管制是指对商品输出输入实行管制，旨在增加外汇收入，限制外汇支出，改善国际收支。

（3）财政管制是一国政府在关税、补贴、出口信贷等方面采取相应措施以实施“奖出限入”政策，改善国际收支。

实施直接管制的好处在于比较灵活、见效快，不会牵动整个经济。但是，直接管制政策也有很多局限性。首先，它并不能真正解决国际收支失衡问题，只是将显性国际收支赤字变为隐性国际收支赤字；一旦取消管制，除非经济结构得到改善，否则国际收支赤字仍会重新出现。其次，直接管制政策的实行容易引起他国报复，导致贸易伙伴国之间的“贸易战”，使管制措施不能达到预期效果。最后，容易造成本国产品生产效率低下，对外竞争能力减弱。

4. 外汇缓冲政策和信用手段

外汇缓冲政策和信用手段统称为“资金融通政策”，即利用自有储备或借入储备来调节国际收支。一般适用于一国国际收支出现暂时性的失衡的调节。

（1）外汇缓冲政策是指一国政府将持有的黄金、外汇储备作为缓冲体，在外汇市场上进行操作，来消除国际收支失衡所形成的外汇供求缺口，从而使国际收支失衡所产生的影响仅限于外汇储备的增减。具体做法是中央银行拨出一定数量的外汇储备，建立外汇平准基金，当国际收支发生短期失衡时，通过中央银行在外汇市场上买卖外汇来调节外汇供求关系，以影响汇率，把汇率稳定在一定的水平，使之起到推动出口、增加外汇收入和改善国际收支的作用。

（2）信用手段是指一国政府利用国际信贷来调节国际收支。逆差国可以向国际金融市场借款，也可以利用国际金融机构贷款和政府贷款；顺差国可以利用国际信贷把其国际收支盈余投向国际金融市场，或贷款给国际金融机构和其他国家政府。

资金融通政策是一种简便易行、收效迅速的调节方法。当一国发生临时性国际收支逆差时，运用外汇储备或通过对外举债方式，来抵消市场的超额外汇需求，稳定汇率，进而平衡国际收支。但是这种方法也有其局限性。由于一国外汇储备的数量是有限的，因而外汇缓冲政策不适合于调节长期、巨额的国际收支逆差，如果完全依靠动用外汇储备，将可能造成外汇储备枯竭；而借款最终是要偿还的，利用信用手段来填补外汇储备的不足，会加重外债负担，不能从根本上解决国际收支失衡问题。

第二节 外汇与汇率

一、外汇的概念

外汇的概念可以从动态和静态的角度来理解，静态的外汇又有广义与狭义之分。

（一）动态与静态的外汇

从动态角度来理解，外汇是国际汇兑的简称，是指人们将一国货币兑换成另一国货币，借以清偿国家间债权债务关系的一种专门性的经营活动。

从静态角度来理解，外汇是指可以在国际结算中使用的各种支付手段和各种对外债权。现在习惯上把“外汇”理解成静态的含义。

（二）广义与狭义的外汇

外汇的内涵随着国际交往的扩大和信用工具的发展而日益丰富。对静态外汇有狭义和广义两种理解。

广义的外汇是指一切以外国货币表示的、在国际上可以自由兑换且能被各国普遍接受与使用的一系列金融资产。各国涉及外汇管理的诸多法令中多采用这一概念。外汇包括：外国货币，包括纸币、铸币；外币支付凭证，包括票据、银行存款凭证、邮政储蓄凭证；外币有价证券，包括政府债券、公司债券、股票等；特别提款权；其他外汇资产。

狭义的外汇是指以外币表示的、可以用于国际结算的支付手段。

狭义的外汇主要包括银行汇票、支票、银行存款等，但存放在持有国境内的外币现钞、外币有价证券则不是。因为外国钞票禁止在非发行国流通，只有把外钞运回发行国，并贷记在银行账户上后，才能称为外汇。广义的外汇除包括狭义的外汇之外，还包括存放在持有国境内的外币现钞、外币有价证券等，它是指一切用外币表示的能用于国际结算，以及在国际收支逆差时可以动用的各种对外债权。

二、汇率及其标价方法

（一）汇率的概念

汇率也称汇价、外汇牌价或外汇行市，就是用一国货币表示的另一国货币的相对价格，即两国货币之间的兑换比率。

外汇作为一种资产，可以和其他商品一样进行买卖。商品买卖是用货币购买商品，而货币买卖却是以货币购买货币。在进行外汇买卖时，必须有一个兑换比率作为标准，这就是汇率，它解决了一单位的甲货币能兑换多少单位的乙货币的问题。

（二）汇率的标价方法

由于汇率是两种货币价值的对比，因此在计算两种货币的比价时，首先要确定用哪个国家的货币作为折算标准，这便产生了外汇汇率的标价方法问题。

1. 直接标价法

直接标价法，又称“应付标价法”，它以一定单位（如 1 或 100 等）的外国货币作为标准，折算成一定数额的本国货币。例如，中国外汇市场上的 100 美元＝699.12 元人民币，东京外汇市场上的 1 美元＝113.50 日元等。

目前，世界上绝大多数国家采用直接标价法。这种标价方法的特点是：外币金额始终保持不变，其折合成本币的数额则随着本币同外币的相对价值变化而变动。如果现在需要更多的本币才能兑换到原定数额的外币，这说明外币的价值在上升（外币升值）或外汇的汇率在上浮，而本币的价值在减少（本币贬值）或本币的汇率在下浮。反之，如果现在能以较少的本币兑换到原定数额的外币，则说明外币贬值或外汇汇率下浮，而从本币的角度看，则是本币升值或本币汇率上浮。即在直接标价法下，外汇汇率的升降与本币数量的多少正比例变化。

2. 间接标价法

间接标价法，又称“应收标价法”，它以一定单位的本国货币作为标准，折算成一定数额的外国货币。世界上采用间接标价法的国家很少。从历史上看，伦敦外汇市场一直采用间接标价法，如英镑与美元的汇率为 1 英镑＝1.885 8 美元。除了英国以外，爱尔兰镑、澳大利亚元、新西兰元和南非兰特等也采用间接标价法。美国的纽约外汇市场原先采用直接标价法，后来由于美元逐步取代了英镑而成为国际经济交易的主要计价标准，用美元结算的进出口贸易和国际投资交易越来越多。因此，从 1978 年 9 月 1 日起该市场也改用间接标价法，但在报出美元与英镑的汇价时，仍采用直接标价法。为了方便各种外汇交易的结算，美国的报刊在金融版的汇率栏内总是同时刊印两种价格，即外币的美元价格和美元的外币价格，这实际上是同时采用了两种标价方法。另外，欧元也采用间接标价法，即它总是以 1 欧元值若干外币的方式报价。

间接标价法的特点正好同直接标价法相反，即本币金额不变，其折合成外币的数额则随着两种货币相对价值的变化而变动。如果一定单位本国货币折合外国货币的数额增加，即本币升值、外币贬值，称为外汇汇率下降；反之，如果一定单位本币折合外币的数额减少，即本币贬值、外币升值，称为外汇汇率上升。在间接标价法下，外汇汇率的升降与外币数量的多少反比例变化。

直接标价法和间接标价法之间存在着一种倒数关系。

3. 美元标价法

美元标价法是以美元为基础货币来表示各国货币的价格，即以单位美元折合成其他国家货币来表示该国货币的价格。

世界各主要外汇市场常以美元为基准来表示各国货币的价格。当交易员在外汇市场上询问日元或新加坡元价格时，他所指的是美元对日元的汇率或美元对新加坡元的汇率。美元以外的其他货币之间的汇率，一般通过各自对美元的汇率进行套算。在美元标价法下，美元的单位始终不变，美元与其他货币的比值是通过其他货币的量的变化来表现的。

三、汇率的种类

（一）基本汇率和套算汇率

从汇率制定方法的角度来考察，汇率可以分为基本汇率和套算汇率。

（1）基本汇率（Basic Rate）是指本国货币与国际上某一关键货币之间所确定的汇率。所谓关键货币，是指该国在国际收支中使用最多、外汇储备中占比重最大，同时又可以自由兑换、在国际上被普遍接受的货币。由于美元是当今世界上使用最广泛，也是最重要的国际货币，故各国一般把美元作为关键货币。但非洲一些国家因历史原因把英镑作为关键货币。中国的关键货币包括美元、港元、日元和欧元。从 2005 年 7 月 21 日起，人民币汇率开始参考篮子货币，首次进入货币篮子的是美元、欧元、日元、韩元四种货币。

（2）套算汇率（Cross Rate），也叫交叉汇率，是指两种货币通过基本汇率换算出来的汇率。

（二）买入汇率、卖出汇率、中间汇率和钞价

按照银行买卖外汇的角度划分，汇率可分为买入汇率、卖出汇率、中间汇率和钞价。

（1）买入汇率，也称外汇买入价，即银行向同业或客户买入外汇时所使用的汇率。采用直接标价法时，外币折合本币数额较少的那个汇率就是买入价；采用间接标价法时，本币折合成外币较多的那个汇率就是买入价。

（2）卖出汇率，也称外汇卖出价，即银行向同业或客户卖出外汇时所使用的汇率。采用直接标价法时，外币折合本币数额较多的那个汇率就是卖出价；采用间接标价法则相反，本币折合成外币较少的那个汇率就是卖出价。

买入、卖出都是从银行买卖外汇的立场来看，两者之间的差价称买卖差价，一般为1‰～5‰，它是外汇银行经办外汇业务的收入来源。一般外汇市场越发达，差价越小。

（3）买入汇率与卖出汇率的平均数称为中间汇率（Medial Rate）。计算公式为：

中间汇率＝（买入汇率＋卖出汇率）/2

为了方便，各种新闻媒体在报道外汇行情时有时采用中间汇率，人们在了解和研究某种货币汇率变化时也往往参照中间汇率。

（4）钞价，即银行购买外币钞票（包括铸币）的价格。前述的买入汇率、卖出汇率是指银行购买或出卖外币支付凭证的价格。银行买入外国钞票的价格低于买入各种形式的支付凭证价格。原因是，银行在购入外币支付凭证后，通过航邮划账，可很快地存入国外银

行，开始生息，调拨动用；而银行买进外国的钞票，要经过一段时间，积累到一定数额以后，才能将其运送并存入外国银行调拨使用。在此以前买进钞票的银行要承受一定的利息损失，同时，将现钞运送并存入外国银行的过程中还有运费、保险费等支出，银行要将这些损失及费用开支转嫁给出卖现钞的顾客。不过，银行卖出外国现钞时，则使用一般的支付凭证的卖出汇率，现钞卖出价不再单列。

（三）电汇汇率、信汇汇率和票汇汇率

按照外汇交易支付的方式，汇率可以分为电汇汇率、信汇汇率和票汇汇率。

（1）电汇汇率是银行卖出外汇以后，以电报、电传等方式通知国外的分支机构或代理机构付款时使用的汇率。在国际支付中，大额的资金调拨一般都采用电汇。电汇付款快，一般可以当天到达，银行无法占用客户的资金头寸，并且国际电报、电传费用比较高，使得电汇汇率较信汇汇率、票汇汇率高。电汇汇率在外汇交易中占有较大的比重，成为计算匡定其他汇率的基础，因此电汇汇率又称基础汇率。

（2）信汇汇率是银行卖出外汇后，以信函方式通知国外分支机构或代理行付款时使用的汇率。因信汇邮程时间较长，银行利用在途资金时间较长，故信汇汇率较低。在外汇交易中，信汇量较少，主要在港澳及东南亚一带使用。

（3）票汇汇率是银行卖出外汇后，签发一张由其在国外的分支行或代理行付款的支付命令给汇款人，由其自带或寄往国外取款的一种汇率。由于卖出汇票与支付外汇间隔一段时间，因此票汇汇率需要在电汇汇率的基础上对利息因素作一些调整，并且汇票付款期限越长，汇率越低。

（四）即期汇率和远期汇率

按照外汇买卖的交割期限，汇率可以分为即期汇率和远期汇率。

（1）即期汇率（Spot Rate）又称现汇汇率，用于外汇的现货买卖，是买卖双方成交后，在两个营业日内办理外汇交割时所用的汇率。

（2）远期汇率（Forward Rate）又称期汇汇率，用于外汇远期交易和期货买卖，是买卖双方事先约定，据以在将来一定日期进行外汇交割的汇率。

即期汇率与远期汇率通常是不一样的，它们之间存在差额，这种差额称为远期差价。远期差价有升水、贴水和平价之分。当某种外汇的远期汇率高于即期汇率时，该外汇的远期汇率升水；反之，当远期汇率低于即期汇率时，该外汇的远期汇率贴水；当两者相等时，则为平价。

（五）同业汇率和商人汇率

按照外汇买卖的对象，汇率可分为同业汇率和商人汇率。

（1）同业汇率是指银行与银行之间买卖外汇的汇率。同业汇率的银行买入价与卖出价的差别较小。

（2）商人汇率是指银行对客户买卖外汇的汇率。商人汇率是根据同业汇率卖出价增、买入价减一定的差额确定的，所以商人汇率的银行买入价与卖出价的差别较大。

（六）固定汇率和浮动汇率

按汇率制度不同，汇率可以分为固定汇率和浮动汇率。

(1) 固定汇率是指一国货币对另一国货币的汇率基本固定，同时将汇率的波动幅度限制在一个特定的范围内的汇率。

(2) 浮动汇率是指一国货币的对外汇率不予固定，也不规定上下限的波动幅度，而是根据外汇市场的供求状况任其自由涨落的汇率。外国货币供过于求，则外币贬值而本币升值，称外汇汇率下浮；外币供不应求，则外币升值而本币贬值，称外汇汇率上浮。

在金本位制下，汇率决定的基础是两国铸币含金量的对比，汇率的波动幅度受黄金输送点的制约，故被称为固定汇率制度。在第二次世界大战后建立的布雷顿森林货币体系下，两国货币法定含金量的对比决定着两种货币的汇率，汇率的波动被限制在一定范围之内，也被称为固定汇率制度。1973 年以后，各国政府不再公布本国货币的含金量，各国政府不再承担维持汇率在规定范围内浮动的义务，在全球范围内，固定汇率制度转变为浮动汇率制度。

（七）官方汇率和市场汇率

按外汇管制的宽严程度，汇率可以分为官方汇率和市场汇率。

(1) 官方汇率是货币当局规定的，要求一切外汇交易都采用的汇率，可以是单一汇率，也可以是多重汇率。

(2) 市场汇率是在外汇市场上自由买卖外汇的实际汇率。各国货币金融当局经常运用各种手段干预外汇市场，使市场汇率保持基本稳定和向预定目标方向变动。

官方汇率与市场汇率之间往往存在差异，在外汇管制较严的国家不允许存在外汇自由买卖市场，官方汇率就是实际汇率，一切外汇交易都按这一汇率执行。我国在 1994 年以前实行的就是官方汇率，人民币汇率由国家外汇管理局统一制定公布，并按此汇率进行外汇买卖，没有外汇市场汇率。而在外汇管制较松的国家，官方汇率往往流于形式，通常有行无市，实际外汇买卖都是按市场汇率进行的。

相关链接 7－4

名义汇率、实际汇率和有效汇率

从衡量货币价值的角度，汇率可分为名义汇率、实际汇率和有效汇率。

名义汇率是用一种货币所能兑换的其他货币的数量来表示该货币的汇率。

实际汇率也称真实汇率，是以不变价格计算出来的某国货币汇率，是将名义汇率中的物价因素扣除后得出的。其计算公式为：

$$e_r = e \times \frac{p^*}{p}$$

其中，e_r 为实际汇率，e 为名义汇率，p^* 为外国基期物价指数，p 为本国基期物价指数。

有效汇率是指某种加权平均汇率，通常以对外贸易比重为权数。一国的产品出口到不同国家可能会使用不同的汇率。另外，一国货币在对某一种货币升值时也可能同时在对另一种货币贬值。即使该种货币同时对所有其他货币贬值（或升值），其程度也不一定完全一致。因此，从 20 世纪 70 年代末起，人们开始使用有效汇率来观察某种货币的总体波动幅度及在国际经贸和金融领域中的总体地位。有效汇率的计算公式如下：

$$\begin{array}{c}\text{A 国货币的}\\\text{有效汇率}\end{array}=\sum_{i=1}^{n}\text{A 国货币对 }i\text{ 国货币的汇率}\times\frac{\text{A 国同 }i\text{ 国的贸易值}}{\text{A 国的全部对外贸易值}}$$

名义汇率可分为名义双边汇率和名义有效汇率。名义双边汇率是指用另一国货币的数量所表示的某种货币的汇率，即一般的市场汇率，各种报刊所登载的汇率都是名义双边汇率。名义有效汇率是指用若干种其他国家货币数量的加权平均值来表示某种货币的汇率，即各种名义双边汇率的加权平均，所以也被称为汇率指数。

有效汇率可分为名义有效汇率和实际有效汇率。一国的名义有效汇率等于其货币与所有贸易伙伴国货币双边名义汇率的加权平均数，如果剔除通货膨胀对各国货币购买力的影响，就可以得到实际有效汇率。实际有效汇率不仅考虑了所有双边名义汇率的相对变动情况，而且还剔除了通货膨胀对货币本身价值变动的影响，能够综合地反映本国货币的对外价值和相对购买力。

四、影响汇率变动的主要因素

影响汇率变动的因素很多，这些因素通过引起两种货币币值的对比发生变化和外汇供求状况发生变化，使汇率发生变动。

（一）经济状况

一国经济发展状况可以用其经济增长率来表示，国内外经济增长率的差异对一国货币的汇率有多方面的影响：一是一国经济增长率较高意味着该国收入较高，高收入引致的进口较多，不利于本国国际收支；二是一国经济增长率较高也可能意味着该国劳动生产率提高较快，产品成本降低较快，可改善本国出口品在国际竞争中的地位，有利于增加出口，抑制进口，改善经常收支；三是一国经济增长率较高又意味着一国的投资利润率较高，可吸引国外资金流入，改善资本和金融项目收支。一般说来，高经济增长率短期内由于贸易收支问题可能会不利于本币的汇率，但长期却是支持本币成为国际货币市场硬通货的有利因素。

（二）国际收支状况

一国的国际收支状况直接决定着该国外汇供求状况，外汇供求状况的变化直接影响汇率发生变动。国际收支的收入项目形成了该国的外汇供给，国际收支的支出项目形成了该国的外汇需求。当国际收支出现顺差时，外汇的供给大于需求，外汇汇率下跌，本币对外升值；

反之，当国际收支出现逆差时，外汇的需求大于供给，外汇汇率上涨，本币对外贬值。

（三）货币流通状况

在其他条件不变的情况下，若一国发生通货膨胀，该国单位货币所代表的价值量减少，本币对内贬值，则其对外价值也下降，导致外汇汇率上升，本币汇率下跌；反之，若一国发生通货紧缩，该国单位货币所代表的价值量增加，本币对内升值，则其对外价值也上升，导致本币汇率上升，外币汇率下跌。

另外，通货膨胀使国内物价上涨、出口商品成本增加，对出口不利，对进口有利，这样会使贸易收支恶化、外汇需求增加，导致外币汇率上升和本币汇率下跌。若存在通货紧缩，物价下跌，有利于出口而不利于进口，会使贸易出现顺差、外汇供给增加，导致本币汇率上升和外币汇率下跌。

（四）利率水平的变动

利率是资金的交易价格，在开放经济和市场经济条件下，利率水平变化与汇率变化息息相关，主要表现在当一国提高利率水平或本国利率高于外国利率时，会引起资本流入该国，由此对本国货币需求增大，使本币升值、外汇贬值；反之，当一国降低利率水平或本国利率低于外国利率时，会引起资本从本国流出，由此对外汇需求增大，使外汇升值、本币贬值。

除上述因素之外，中央银行的外汇干预、一国的宏观经济政策、市场预期心理、政局的动荡和突发事件等也会对汇率的变动产生影响。

五、汇率变动对经济的影响

汇率变动对一国的对外经济及国内经济会产生较为深刻的影响。

（一）汇率变动对一国国际收支的影响

1. 对贸易收支的影响

汇率变动对贸易收支的影响一般表现为：一国货币对外贬值后，有利于本国商品的出口，不利于外国商品的进口，因而会减少贸易逆差，增加贸易顺差；而一国货币对外升值后，则有利于外国商品的进口，不利于本国商品的出口，因而会减少贸易顺差或扩大贸易逆差。

2. 对非贸易收支的影响

一国货币汇率下浮或上浮，对该国国际收支经常项目中的旅游和其他劳务收支的状况也会产生一些影响。如果一国货币汇率下浮，外国货币的购买力相对提高，该国的劳务商品价格相对降低，这对外国游客或客户无疑增加了吸引力，扩大了非贸易收入的来源。如果一国货币汇率上浮，外国货币购买力相对下降，该国的劳务商品价格相对提高，就会减少非贸易收入的来源；同时，由于本国货币购买力的相对提高，使外国劳务商品价格相对降低，还会刺激非贸易支出的增加。

3. 对资本流动的影响

当一国货币汇率存在下浮趋势时，资本所有者担心该国货币汇率下跌造成损失，就会将资本调出国外，以避免遭受更大损失；如果市场普遍认为贬值已使该国货币处于均衡水平，或认为贬值过度，该国货币汇率将出现反弹，则人们会将资金从他国转移至本国以获利；该国货币汇率具有上升趋势时，资本所有者为了取得货币汇率上浮带来的收益，就会将资本调入该国，而一旦该国货币汇率上升终止，资本流入就会停止。

4. 对外汇储备的影响

汇率变动对外汇储备的影响表现在两个方面：一是汇率变动会引起外汇储备实际价值的变动；二是汇率变动会引起一国国际收支的变动，从而引起外汇储备变动。如果储备货币汇率上升，会增加外汇储备的折算价值；如果储备货币汇率下跌，则会减少外汇储备的折算价值。此外，如果一国货币汇率下浮后处于偏低的状态，则有利于出口而抑制该国进口，导致贸易顺差，会增加该国外汇储备。由于该国存在贸易顺差，其货币有升值的趋势，就会吸引外资流入，又将导致资本项目的顺差，也会增加该国外汇储备。相反，若一国货币汇率上浮后处于偏高的状态，则会形成贸易项目和资本项目的双逆差，会减少该国外汇储备。

（二）汇率变动对一国国内经济的影响

1. 对国内物价的影响

在货币发行量一定的情况下，本币汇率上升会引起国内物价水平下降。本币汇率上升、外汇汇率下降，会使以本币表示的进口商品的国内售价相对较低，刺激进口增加，并带动用进口原料生产的本国产品价格下降。另外，由于本币汇率上升，以外币表示的出口商品在国外市场价格升高，降低了出口商品的竞争力，促使一部分出口商品转内销，增加了国内市场供给量，也会引起国内物价水平的下降。

在货币发行量一定的情况下，本币汇率下浮会引起国内物价水平上升。因为本币汇率下浮，一方面有利于本国商品出口，出口商品数量增加会使国内市场供应发生缺口，促使价格上涨；另一方面，进口商品用本币表示的价格因本币汇率下跌而上升，促使进口的生产资料价格提高，导致以此为原料的国产商品价格上涨，同时，进口的消费资料因本币汇率的下浮而价格上涨，进口商品数量减少，国内市场商品供应相对减少，引起国内物价总水平上涨。

2. 对国内利率水平的影响

在货币发行量一定的条件下，本国货币汇率上升，使国内利率总水平上升。因为本币汇率上升会对商品出口和资本流入产生不利的影响，而对商品进口和资本流出产生有利的影响，引起本国外汇收入减少、外汇支出增加，从而使国内资金总供给减少，引起国内利率总水平上升。相反，本国货币汇率下降，有利于增加本国外汇收入，国内资金供应增加，导致国内利率总水平下降。因此，凡是货币汇率高估而有逆差的国家，其国内利率水平必偏高；凡是货币汇率低估而有顺差的国家，其国内利率水平必偏低。

3. 对国内就业和国民收入的影响

在其他条件不变时，本币汇率下跌，有利于出口而不利于进口，从而有利于本国第一产业、第二产业和第三产业的发展，促进国内就业岗位增多和国民收入增加；反之，本国货币汇率上升，不利于出口而有利于进口，限制了本国经济的发展，必然减少国内就业量和国民收入。在经济相对过剩、国内就业压力日益加大的情况下，许多国家不时采用各种措施降低本国货币汇率，以达到增加国民收入和充分就业的目的。

第三节　国际储备

一、国际储备的概念与特征

（一）国际储备的概念

国际储备是指一国货币当局所持有的，能随时用于弥补国际收支逆差，维持本币汇率稳定，以及用于应付紧急支付，作为对外偿债的信用保证并为世界各国所普遍接受的各种形式的资产。

国际储备的概念有广义和狭义之分。广义的国际储备实际上是一国的国际清偿能力，包括自有储备和借入储备。狭义的国际储备仅指自有储备。通常所说的国际储备是指狭义的国际储备。国际储备仅仅是一国具有的现实的对外清偿能力，而国际清偿能力则是该国具有的现实的对外清偿能力和可能的对外清偿能力的总和。国际储备与国际清偿能力的关系如表 7-3 所示。

表 7-3　国际储备与国际清偿能力的关系

<table>
<tr><td rowspan="2">国际清偿能力</td><td>自有储备</td><td>1. 黄金储备
2. 外汇储备
3. 在 IMF 的储备头寸
4. 特别提款权</td><td>国际储备</td></tr>
<tr><td>借入储备</td><td colspan="2">1. 备用信贷
2. 互惠信贷
3. 支付协议
4. 商业银行的对外短期可兑换货币资产
5. 其他类似的安排</td></tr>
</table>

（二）国际储备的特征

1. 官方持有性

官方持有性，即作为国际储备的资产必须是一国中央当局直接掌握的，可以自由地无条件支配的官方资产。非官方金融机构、企业和私人持有的黄金、外汇等资产，不能算作国际储备。这一特征使国际储备亦被称为官方储备，并且使国际储备与国际清偿能力区分开来。

2. 普遍接受性

普遍接受性，即国际储备资产必须是在外汇市场上或在政府间清算国际收支差额时，能被世界各国在事实上所普遍承认和接受的资产。如果一种金融资产仅在小范围或区域内被接受和使用，尽管它也具备可兑换性和流动性，仍不能称为国际储备。这一特征使储备资产具备了国际性。

3. 充分流动性

充分流动性，即国际储备资产必须能随时动用或变为现金，能在其各种形式之间自由兑换。这一特征使储备资产居于第一线储备的地位。

二、国际储备的构成

（一）黄金储备

黄金储备是指一国货币当局持有的货币性黄金（Monetary Gold）。在国际金本位制度下，黄金是最主要的储备资产，充当世界货币和平衡国际收支的最后手段。在布雷顿森林体系时期，黄金与美元共同作为国际货币体系的基础，黄金仍是重要的国际储备资产。布雷顿森林体系崩溃后，IMF 于 1976 年实行黄金非货币化政策，黄金储备的地位显著下降。各国货币与黄金脱离联系，黄金不再作为货币制度的基础，也不再用于各国政府间及各国与基金组织之间的结算支付手段，货币当局将其持有的黄金拍卖，换成可用于国际支付的货币，而使货币用途的黄金转为非货币用途的黄金。但是，由于黄金的贵金属特性及良好的保值功能，没有一个国家愿意完全放弃和废除黄金储备，甚至世界黄金储备的实物量没有明显的变化，黄金储备在各国的国际储备中仍占有一席之地。然而，按价值计算，目前黄金储备在 IMF 会员国国际储备总额中不足 5%，已降到二线储备的地位。

（二）外汇储备

外汇储备是指一国货币当局持有的可兑换外国货币及外币金融资产，其主要形式为国外银行存款与外国政府债券。外汇储备是当今各国国际储备的主体。

外汇储备由各种能充当储备货币的资产构成。一国货币成为储备货币，必须符合以下条件：

（1）为可兑换货币，即不受任何限制而随时可与其他货币相兑换。

（2）在国际货币体系中占有重要地位，为各国普遍接受，能随时转换成其他国家的购买力，或偿付国际债务。

（3）其汇率或货币购买力相对稳定，中央银行和贸易商对之具有信心。

（4）供给数量能同国际贸易、国际投资乃至世界经济的发展相适应。

在第一次世界大战前，英镑是最主要的储备货币。20 世纪 30 年代，美元崛起，与英镑共享主要储备货币的地位。第二次世界大战后，美元是唯一在一定条件下可兑换成黄金的货币，处于“等同”黄金的地位，成为各国外汇储备中最主要的储备货币。从 20 世纪 60 年代开始，美元频频发生危机，其储备货币地位逐渐下降，马克、日元的储备货币地位却不断上升，形成储备货币多元化的局面。20 世纪 90 年代以后，世界外汇储备结构发生了明显变化，欧元已成为第二大储备货币。目前，我国和世界其他国家在对外贸易与国际结算中经常使用的外汇储备主要有美元、欧元、日元、英镑等。

思考：外汇储备的主要特点是什么？

（三）在国际货币基金组织的储备头寸

储备头寸是指成员国在基金组织的普通提款权账户中的债权头寸，是成员国可以自由提取和使用的资产。国际货币基金组织犹如一个股份制性质的储蓄互助会。按照基金组织的规定，加入 IMF 的国家须按一定份额缴纳一笔钱，称为份额。份额中 25%用可兑换货币和特别提款权（《牙买加协议》生效前是黄金）缴纳，75%用本国货币缴纳。当成员国发生国际收支困难时，有权向基金组织申请可兑换货币贷款（普通贷款），即成员国拥有普通提款权。贷款最高限额可达成员国所缴份额的 125%，分为五档，每档 25%。第一档由于是成员国认缴的可兑换货币，因此条件较宽松，成员国只要提出申请便可提用，是一种无条件贷款，这一档称为储备部分提款权。其余四档使用条件逐渐严格，称为信用提款权，是成员国以本国货币为抵押的形式，在 IMF 可能的借入储备。储备头寸等于成员国以可兑换外汇资产向 IMF 认缴其份额的 25%部分而产生的对 IMF 的债权，再加上 IMF 用去的本国货币持有量部分而产生的对 IMF 的债权。

（四）特别提款权

特别提款权（简称 SDRs）是国际货币基金组织创设的一种储备资产和记账单位，亦称“纸黄金”。它是基金组织分配给成员国的一种使用资金的权利。成员国在发生国际收支逆差时，可用它向基金组织指定的其他会员国换取外汇，以偿付国际收支逆差或偿还基金组织的贷款，还可与黄金、自由兑换货币一样充当国际储备。但由于其只是一种记账单位，不是真正货币，使用时必须先换成其他货币，不能直接用于贸易或非贸易的支付。因为它是国际货币基金组织原有的普通提款权以外的一种补充，所以称为特别提款权。

SDRs 创立于 1969 年，起初以黄金定值，与美元等值，即 1 SDRs＝0.888 671 克纯金＝1 美元，或 1 盎司黄金＝35 SDRs。随着黄金非货币化及美元币值波动，美元与 SDRs 之间的比率也相应地进行调整。1974 年 7 月 1 日起，SDRs 与黄金脱钩，改用一篮子 16 种货币作为定值标准。1980 年 9 月 18 日，又改为以美元、马克、日元、法郎和英镑定值。欧元发行后，用欧元代替马克和法郎的地位。目前，特别提款权是以由美元、欧元、人民币、日元和英镑 5 种货币组成的货币篮子定值的，2016 年 10 月 1 日，国际货币基金组织发布的 5 种货币的权重分别为 41.73%、30.93%、10.92%、8.33%和 8.09%，对应的货币数量分别为 0.582 52、0.386 71、1.017 4、11.900、0.085 946。

特别提款权的分配是无偿的，它具有价值尺度、支付手段、贮藏手段的职能，但没有流通手段的职能，不能被私人用来直接媒介国际商品的流通，因此它还不是一种完全的世界货币。特别提款权至今未能成为国际货币制度中的主要储备资产。

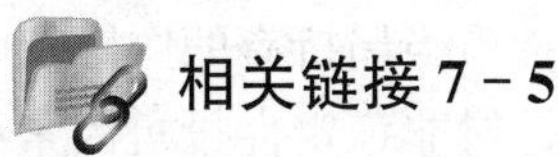

相关链接 7-5

借入储备

除自有储备外，一国政府还可以通过各种途径获得借入储备，主要包括：

(1) 备用信贷。这是成员国在国际收支发生困难或预计要发生困难时同国际货币基金组织签订的一种备用借款协议，成员国在需要时无须办理新的手续便可提用。凡按规定可随时使用但未使用的部分，计入借入储备。

(2) 互惠信贷协议。又称互换货币安排和支付协议，是指两个国家签订的使用对方货币的协议。当其中一国发生国际收支困难时，便可按协议规定的条件自动使用对方的货币，然后在规定的期限内偿还。互惠信贷协议不是多边的，而是双边的，它只能用来解决协议国之间的收支差额，而不能用作清算同第三国的收支差额。

(3) 本国商业银行对外短期可兑换货币资产，尤其是离岸金融市场上的资产。虽然这种资产不属于政府所有，也未被政府借入，但其流动性和投机性很强，对政策的反应特别迅速，政府可以通过政策的、新闻的、道义的手段来诱导其流动方向，从而间接地达到调节国际收支的目的。因此，这类资产又称为诱导性储备资产。

三、国际储备的作用

(一) 清算国际收支差额，维持对外支付能力

当一国国际收支失衡时，可以利用国际储备缓解失衡的压力，使其国内经济在一定程度上免受国际收支变化的冲击，同时也可以为该国政府赢得时间以采取措施对国际收支进行调节。如果国际收支失衡是暂时的，一般首先选择动用国际储备来予以解决，这样可以避免采取影响整个宏观经济的财政货币政策或压缩进口等限制性措施，减少其对国内经济的负面影响。如果国际收支失衡是长期的、巨额的或根本性的，则国际储备可以使政府有时间渐进地推进其财政货币政策加以调节，避免因猛烈的调节措施而带来的国内社会震荡。但是，需要注意的是，一国的国际储备数额在一定阶段和周期是有限的，因而其调节国际收支逆差的力度和周期也是有限的。针对根本性的国际收支失衡，动用国际储备不但不能彻底解决问题，反而会导致国际储备枯竭。

(二) 干预外汇市场，保持本国货币汇率的稳定

当一国货币汇率在外汇市场上发生变动或波动时，可以利用外汇储备来缓和汇率的波动，甚至改变其变动方向。通过外汇储备干预外汇市场，影响外汇供求，将本国货币汇率维持在一国政府所希望的水平或有利于本国经济发展的水平上。当外汇汇率上升而本币汇率下跌超出政府的目标界限时，货币当局将抛售外汇储备，购入本国货币，从而抑制本币汇率的下跌，或使本币汇率上升；相反，货币当局将购入外汇，抛出本币，增加市场上本

币的供应，从而使本国货币汇率下浮，外汇汇率上升。然而，各国货币当局持有的国际储备总是有限的，用它来干预外汇市场只能对汇率产生短期的影响（针对非稳定性投机因素引起的本国货币汇率波动的调节是较为奏效的），但它无法从根本上改变决定汇率的基本因素。因而，国际储备的这一作用是有限的。

（三）提供举债和偿债的信用保证，增强国际清偿能力

首先，一国拥有充足的国际储备，表明该国有较强的金融实力和较高的国际地位，对外资信状况好，有助于减少国际银行、国际金融机构和外国政府向该国提供贷款的风险，这就意味着该国能够顺利地以较为优惠的条件在国际金融市场上融资，且还本付息能力稳定，国际清偿能力高。其次，充足的国际储备可以维持并增强国际上对该国货币的信心，提高本国货币在国际上的信誉。

四、国际储备的管理

（一）国际储备的规模管理

国际储备的规模管理是指对国际储备规模进行确定和调整，使一国的国际储备数量保持在适度的水平上。适度的国际储备规模，应当既能满足国家经济增长和对外支付的需要，又不因储备过多而形成积压浪费。

一国持有的国际储备并非越多越好。因为持有国际储备具有一定的机会成本，即该国放弃了将它转化为进口生产资料等实际资源所可能获得的收益。

一国持有的国际储备过少会使该国蒙受损失。因为这会使该国由于缺乏国际清偿能力而可能面临偿债困难和支付危机，同时由于缺乏足够的外汇平准基金而难以维持本币汇率稳定。

各国在确定适度的国际储备规模时，主要参照下述三个经济指标。

1. 国际储备与贸易进口额相比（或国际储备能支付进口的月数）

一般认为，一国的国际储备应能保证支付 3 个月的进口额，或者认为储备对进口额的比例不低于 25%。发达国家有较强的借款能力，其储备额可以低于支付 3 个月的进口额；发展中国家则需要保证支付。

2. 国际储备与国民生产总值相比

两者之比基本上呈正比例变化关系。一般来说，一国的经济规模越大，发展速度越快，对市场的依赖程度也就越大，因此需要更多的国际储备作为后盾；反之，需要的国际储备就少。

3. 国际储备与外债相比

这是反映一国对外清偿能力和资信的指标之一，通常情况下，一国的国际储备应以相当于该国对外债务总额的 1/2 为宜。

（二）国际储备的结构管理

国际储备的结构管理是指如何使各项储备资产实现最佳的组合搭配，以及如何使外汇储备的各种储备货币保持合适的比例，主要包括储备资产流动性结构管理和储备货币币种

结构管理两个方面。

1. 储备资产流动性结构管理

一般来说，国际储备的结构管理主要遵循安全性、流动性和盈利性原则。由于国际储备的主要作用是弥补国际收支逆差，因而各国货币当局更重视储备资产的流动性。按照流动性的高低，西方经济学家和货币当局把储备资产划分为三级：

(1) 一级储备资产，富于流动性，但收益性较低，它包括活期存款、短期存款和短期政府债券。

(2) 二级储备资产，收益性高于一级储备资产，但流动性低于一级储备资产，如 2 年～5 年期的中期政府债券。

(3) 三级储备资产，收益性高于二级储备资产，但流动性低于二级储备资产，如长期公债券。

此外，普通提款权，由于会员国能随时从 IMF 提取和使用，所以类似一级储备资产。特别提款权，由于它只能用于其他方面的支付，须向 IMF 提出申请，并由 IMF 指定参与特别提款权账户的国家提供申请国所需货币（这个过程需要一定时日才能完成），因此，特别提款权可视为二级储备资产。而黄金储备，由于各国货币当局一般只在黄金市价对其有利时，才会转为储备货币，可视为三级储备资产。

2. 储备货币币种结构管理

储备货币币种结构管理是指合理地确定各种储备货币在一国外汇储备中所占的比重。在进行储备货币的币种选择时，应注意以下几方面：

(1) 要考察储备货币发行国的经济、金融状况，从而较准确地预测各储备货币汇价变动的中、长期趋势。

(2) 要考察主要储备货币发行国家的经济政策和利率动向，以及政治、经济等偶发事件，从而可以避免某些储备货币的汇率突然变动带来的风险。

(3) 要根据本国对外贸易的结构，以及金融支付对储备货币的需求确定储备构成及比重，从而保证储备货币的币种和数量与对外支付的币种和数量保持大体一致。

(4) 要考虑在外汇市场上为支持本币汇率实施干预措施时所需货币的类型和比重，从而确保国际储备干预外汇市场作用的实现。

(5) 储备货币的持有除了追求安全因素之外，还需使之尽可能有盈利，即尽可能多持有一些盈利性较高的储备货币。

第四节　国际融资

国际融资是指跨国界的资金的融通，是各国或地区的资金需求者通过各种途径向资金供应者进行资金融通，以调剂资金余缺的经济活动。国际融资方式多种多样，主要包括国际贸易融资、国际贷款、国际证券融资、国际租赁等形式。

一、国际贸易融资

国际贸易融资可分为国际贸易短期借贷融资和国际贸易中长期借贷融资两大类，其具体形式有多种，如延期支付、预收货款、出口信贷等。延期支付、预收货款是短期借贷融资，属于商业信用，是直接融资形式。出口信贷属于中长期借贷融资，由银行提供信用，是间接融资形式。

出口信贷的目的是促进本国大型机械设备或成套设备的出口，它是由出口国银行对出口商、进口商、进口商的银行提供的中长期、低利率贷款，期限一般为 1 年～5 年或 5 年以上。出口信贷是为了解决出口商因赊销造成资金周转困难或进口商支付货款的困难。出口信贷额是货款的一定比例，它是附有采购限制的贷款。

相关链接 7－6

福费廷

福费廷又称票据包买，是指在延期付款的大型设备贸易中，出口商把经过进口商承兑的期限在半年以上、6 年以下的远期汇票无追索权地向出口商所在地的银行或大型金融公司贴现，以便提前获得资金，并免除一切风险的融资形式。福费廷业务的特点主要有：

（1）该项业务涉及的都是金额大、付款期限长的大型设备出口。

（2）叙作福费廷业务后，出口商必须放弃对所出售债权凭证的一切权益，而包买商也必须放弃对出口商的追索权。

（3）出口商开出的汇票必须经过进口商往来银行担保。

福费廷交易与一般贴现业务的最大区别是：当出口商把票据贴现给银行时，实际上是一种卖断行为，如果发生票据遭到拒付的情况，与出口商无关。这就是说，出口商将票据拒付的风险及汇率风险等完全转嫁给办理福费廷业务的银行。

二、国际贷款

国际贷款是指国际金融组织、外国政府和外国银行提供的贷款。

国际金融组织贷款是指全球性国际金融机构和区域性国际金融机构利用其成员国缴纳的股金和以其名义筹措的借款对其成员国发放的长期和短期贷款。

全球性的金融组织包括：国际货币基金组织、国际复兴开发银行（世界银行）及其下属的国际开发协会和国际金融公司。区域性的金融组织包括：亚洲开发银行、非洲开发银行、泛美开发银行等。

外国政府贷款是指一国政府利用国库资金向另一国政府提供的优惠性贷款。这种贷款一般由某一发达国家向某一发展中国家提供，其利率较低，期限较长，具有双边援助性质，但一般有一些附加条件，如规定采购限制，即借款国必须将贷款的全部或一部分用于向贷款国购买设备和物资，有时还带政治附加条件。

外国银行贷款是指国家间的银行相互提供的贷款。这种贷款一般不指定用途，利率随行就市，对期限较长的贷款多采用浮动利率。

思考：什么叫银团贷款？

三、国际证券融资

（一）国际证券融资的概念

国际证券融资是指一国政府当局、公司、银行及其他金融机构为了筹措资金或获得投资收益，在他国或国际金融市场上发行和买卖外币债券与股票等有价证券。

在国际证券市场上买进有价证券，就是投资；在国际证券市场上出售有价证券，就是筹资。

证券投融资是国际资本流动的重要方式，在20世纪80年代后国际投资证券化趋势发展迅速。

（二）国际证券融资的主要形式

国际证券融资主要包括国际股票融资和国际债券融资，即通过股票和债券进行投资和筹资。

国际股票投资是指在国际股票市场上买进一些国家的公司发行的股票；国际股票筹资是本国公司到国际金融市场出售股票，筹措资金。

国际债券投资是指投资者在国际债券市场上买入其他国家政府和公司发行的债券；国际债券筹资是指本国政府、公司到国际债券市场出售债券，以筹措资金。

国际债券分为外国债券和欧洲债券。外国债券是指非居民以货币发行国货币为面值在货币发行国发行的债券。如在美国，非居民发行的以美元为面值的债券、在日本非居民发行的日元债券、在英国非居民发行的英镑债券等，它们分别称为扬基债券、武士债券、猛犬债券。欧洲债券也称欧洲货币债券，是公司企业在欧洲货币市场上为筹措某种境外货币而发行的债券。目前发行数量最多的是欧洲美元债券。

四、国际租赁

（一）国际租赁的概念

国际租赁是指处于不同国家（或地区）的出租人与承租人之间的租赁活动，是出租人在一定期限内以收取租金为条件，将资本货物等租赁物交付承租人使用的一种融物和融资相结合的活动。

（二）国际租赁的主要形式

1. 金融租赁

金融租赁又称融资租赁，是指当企业需要购置设备而又缺乏资金时，由企业作为承租人选定设备，出租人代其购置后出租给承租人使用，承租人按期交付租金，租赁期满后，租赁设备退租、续租或作价卖给承租人的一种租赁类型。金融租赁中的杠杆租赁是相对单一投资租赁而言的，是一种常见的现代租赁形式。它又称平衡租赁，是指在一项租赁交易中，出租人只需投资租赁设备购置款项的20％～40％，在法律上拥有该设备的完整所有权，设备购置款项的60％～80％由银行等金融机构提供的无追索权贷款解决，但需出租人以租赁设备作抵押、以转让租赁合约和收取租金的权利作担保的一项租赁交易。

2. 经营租赁

经营租赁也称服务性租赁，即出租人不仅要向承租人提供设备的使用权，还要向承租人提供设备的保养、保险、维修和其他专门性技术服务的一种中短期租赁形式。

3. 维修租赁

维修租赁是在金融租赁的基础上附加多种服务条件的租赁形式。它的特点与金融租赁基本一致，但租赁公司要向用户提供一切所需服务。以租赁汽车为例，出租人需提供有关购货、登记、上牌、保险、维修保养、事故处理和人员培训等方面的服务，因此租金较高。

国际租赁能有效地发挥投资、融资和促销作用，第二次世界大战后成为发达国家制造业投资和出口设备的重要方式，也是发展中国家利用外资引进设备的新途径。

本章小结

国际收支是指一个国家在一定时期内其居民与国外非居民之间的全部经济交易的系统记录。国际收支的内容用国际收支平衡表来反映。国际收支平衡表是按复式记账法编制的。国际收支的政策性调节手段主要有财政和货币政策、汇率政策、直接管制、外汇缓冲政策和信用手段等。

汇率是用一国货币表示的另一国货币的相对价格，即两国货币之间的比率。汇率的标价方法有三种：直接标价法、间接标价法、美元标价法。汇率的种类很多，按照不同的标准有不同的划分，如基本汇率和套算汇率；买入汇率、卖出汇率、中间汇率和钞价；电汇汇率、信汇汇率和票汇汇率；即期汇率和远期汇率；固定汇率和浮动汇率等。

国际储备是指一国货币当局为了弥补国际收支逆差和保持汇率稳定，以及紧急支付需要而持有的国际上可以接受的各种形式的资产。外汇储备、黄金储备、储备头寸、特别提款权共同构成了国际储备。国际储备的作用：一是清算国际收支差额；二是维持本国货币汇率稳定；三是提供举债和偿债的信用保证。国际储备的管理包括国际储备的规模管理和国际储备的结构管理。

国际融资是指跨国界的资金的融通，是各国或地区的资金需求者通过各种途径向资金供应者进行资金融通，以调剂资金余缺的经济活动。国际融资方式多种多样，主要包括国际贸易融资、国际贷款、国际证券融资和国际租赁等。

重点概念

国际收支　　外汇　　汇率　　国际储备
国际融资

章后训练

一、名词解释

国际收支　　居民　　经常项目　　资本和金融项目
贸易收支差额　　自主性交易　　调节性交易　　外汇汇率
直接标价法　　间接标价法　　美元标价法　　国际储备

二、思考题

1. 中国国际收支平衡表的主要项目有哪些？
2. 考察国际收支失衡的口径主要有哪些？
3. 国际收支失衡的原因及政策调节措施有哪些？
4. 汇率有哪些种类？
5. 影响汇率变动的因素及汇率变动的经济影响有哪些？
6. 国际储备的特征和作用是什么？
7. 国际储备的构成如何？
8. 出口信贷有什么特点？

三、案例分析

1. 登录国家外汇管理局的网站，查阅任意一年的国际收支平衡表和国际收支报告，分析我国的国际收支状况。

2. 表 7-4 是 2019 年 2 月 25 日交通银行外汇牌价。

表 7-4　交通银行外汇牌价　　单位：人民币/100 外币

币种	单位	现汇买入价	现汇卖出价	现钞买入价	现钞卖出价
澳大利亚元（AUD/CNY）	100	477.34	480.68	463.69	480.68
加拿大元（CAD/CNY）	100	507.38	511.44	491.08	511.44

续表

币种	单位	现汇买入价	现汇卖出价	现钞买入价	现钞卖出价
瑞士法郎（CHF/CNY）	100	666.34	671.68	644.93	671.68
丹麦克朗（DKK/CNY）	100	101.33	102.13	98.07	102.13
欧元（EUR/CNY）	100	756.55	761.85	731.87	761.85
英镑（GBP/CNY）	100	871.44	877.56	843.02	877.56
港币（HKD/CNY）	100	85.04	85.38	84.36	85.38
日元（JPY/CNY）	100 000	6 020.51	6 062.79	5 827.18	6 062.79
韩元（KRW/CNY）	100 000	—	619.43	576.39	619.43
澳门元（MOP/CNY）	100	82.57	82.89	81.91	82.89
挪威克朗（NOK/CNY）	100	77.59	78.21	75.10	78.21
新西兰元（NZD/CNY）	100	458.18	461.86	443.46	461.86
菲律宾比索（PHP/CNY）	100	—	—	12.42	—
瑞典克朗（SEK/CNY）	100	71.48	72.04	69.18	72.04
新加坡元（SGD/CNY）	100	493.68	497.14	477.58	497.14
泰铢（THB/CNY）	100	21.30	21.46	20.62	21.46
新台币（TWD/CNY）	100	—	—	20.88	22.62
美元（USD/CNY）	100	667.58	670.38	662.10	670.38

（1）认识主要的外汇，熟悉其货币名称，并查找各种货币的货币代码符号和货币符号。

（2）人民币采用什么标价方法？

（3）我国将什么货币作为关键货币？

（4）区分现汇买入价、现汇卖出价、现钞买入价、现钞卖出价等，理解它们的含义，学会正确使用各种不同的汇率。

（5）某出口企业将出口所得的 10 万欧元现汇向银行卖出，可兑得多少人民币？

（6）如果你到美国旅游需要 2 000 美元现钞，你应以什么价格从银行买入？需支付多少人民币？

（7）如果你到欧元区国家旅游，拟花费 5 万元人民币，能兑换多少欧元？

四、通读相关法律法规

《中华人民共和国外汇管理条例》，中国人民银行网站（http：//www.pbc.gov.cn/）。

第八章

货币供求均衡

章前引言

小张与小李在争论货币需求问题。小张说货币具有价值贮藏功能，是流通手段，是支付手段，人们对货币的占有欲望是无限大的，因此货币需求和货币需求量是无限大的。小李认为小张说的不对，他认为研究客观的货币需求量，并且以此为基础确定货币供给量才是有意义的。你能帮小李说服小张吗？

关于货币供给问题，小张认为在货币供给过程中，中央银行和商业银行起着决定作用，企事业单位和社会公众对货币供给不起什么作用。小李认为小张说的不对，但不知道如何说服小张。你的看法是什么呢？

通过本章的学习，你应该能够：

1. 掌握货币层次的划分；
2. 掌握凯恩斯的货币需求动机和需求函数；
3. 了解其他货币需求理论；
4. 理解影响货币需求的因素；
5. 理解货币供给机制；
6. 理解货币供需均衡与社会总供需均衡的关系。

第一节　货币的范围与货币层次的划分

一、货币的范围

货币是固定地充当一般等价物的特殊商品，具有价值尺度、流通手段、贮藏手段和支付手段等职能。凡是具备这些职能的，都应列入货币的范围。但是，随着商品经济的发展、金融市场规模的不断扩大和金融市场功能的延伸，金融资产与货币的相互转化变得十分便捷，因此在确定货币供应量时，我们必须重新界定一下什么是货币，即货币的计量范围。

在货币产生初期，货币具有价值和使用价值，是交易双方共同接受的商品，如贝壳、牲畜、一些金属等都曾充当过货币；当可兑现的银行券被人们普遍接受而成为流通中的货币时，它具有货币的流通手段和支付手段两种职能，但它不能以自身的价值充当价值尺度，也不能以自身的价值贮藏。银行券之所以成为货币，是因为它是金的符号，它以金作为后盾，它可以随时与金相兑换。可兑现银行券虽然不是独立的货币形态，也不能作为世界货币使用，但它的出现是货币形式发展的一个重要转折。当纸币完全取代金币，成为流通中唯一的本位货币时，纸币能独立地执行价值尺度、流通手段、支付手段职能，是否能执行贮藏手段的职能取决于币值的稳定程度。这时，人们识别货币的准则开始发生变化，如不再把货币同价值与使用价值联系在一起。但无论纸币与以前流通的货币有多大的差异，两者还是有共性的。例如，两者均有实体，可以触摸。当人类进入 20 世纪，人们对货币的认识由于存款货币的出现又向前发展一步。20 世纪初，随着银行业的发展，银行机构形成了规模浩大的网络体系，使人们可以根据存在银行账户中的活期存款开出转账支票，用以购买商品和支付劳务费用。这种能够购买商品的活期存款因可以充当流通手段和支付手段，得以进入货币的范围，这种货币脱离了实体（不能触摸），它只是在银行存款账户中的数字记载。到目前为止，现金（纸币和硬辅币）、活期存款是被人们普遍承认的货币。

随着金融市场的发展，以及金融机构不断进行业务创新和金融工具创新，一些金融资产具有很强的流动性，很容易转化为现金或活期存款，如定期存款、储蓄存款和一些证券。统计货币供应量不考虑流动性强的金融资产是不科学的，因此货币统计范围必须扩大。但这些流动性强的金融资产与现金和活期存款还是有区别的，有的不能直接充当流通手段和支付手段（定期存款、国库券），有的能直接充当流通手段但范围受到限制（商业票据背书流通仅限于工商企业之间），因而不能将其视为与现金和活期存款完全相同的货币。通常把这类流动性很强的金融资产看作准货币。货币与准货币的区分通过货币层次来实现。

二、货币层次的划分

各国货币管理当局为了便于监控宏观经济运行和货币政策操作，根据货币的流动性划分了货币层次。货币的流动性是指货币作为流通手段和支付手段的方便程度。

（一）美国的货币层次划分

美国的货币层次划分如下：

M_1＝流通中的现金＋旅行支票＋活期存款＋其他支票存款

$M_2=M_1$＋储蓄存款＋小额定期存款＋零售货币市场共同基金余额＋调整项

$M_3=M_2$＋大额定期存款＋机构持有的货币市场共同基金余额＋所有存款机构发行的回购负债＋调整项

$L=M_3$＋其他短期流动资产

（二）我国的货币层次划分

我国的货币层次划分如下：

M_0＝流通中的现金

$M_1=M_0$＋企业活期存款＋机关团体部队存款＋农村存款＋个人持有的信用卡存款

$M_2=M_1$＋城乡居民储蓄存款＋企业机关定期存款＋外币存款＋信托类存款＋证券公司的客户保证金

$M_3=M_2$＋金融债券＋商业票据＋大额可转让定期存单

其中，M_1 是通常所说的狭义货币供应量，M_2 是广义货币供应量，M_2 与 M_1 之差是准货币。

第二节　货币需求

一、货币需求的概念

货币需求指各类经济主体（个人、企业、政府）在既定的国民收入水平和分配范围内对占有货币的欲望或能力。货币需求经常用货币需求量来表示，现代经济中的货币需求是指人们通过对各种资产的安全性、流动性和盈利性综合衡量后所确定的最优资产组合中所愿意持有的货币量。

要正确认识货币需求，首先必须把货币需求看作是一种现实需求，而非潜在需求，即各经济主体对货币的需求是受收入能力约束的，不是无限的；其次要区分名义需求与实际需求。例如，在纸币流通的情况下，纸币供给的过多或过少会引起单位纸币代表价值量的变化（价格标准的变化），这会造成交易同样数量商品需要的货币数量发生变化，这代表的是名义货币需求量的变化，并非实际货币需求量的变化。货币需求的大小决定于各类经济主体的各种持币动机。

二、货币需求分析

人们对货币需求的研究已有 100 多年的历史，已形成相对完整的货币需求理论，随着社会的发展及货币信用关系的发展变化，货币需求理论的研究也不断深入。从宏观角度出发，把货币需求定义为：为完成一定的交易量，需要有多少货币来支撑，或者说流通中的商品需要多少货币作为交换媒介，马克思的货币必要量公式和费雪方程式就是这种类型；从微观角度出发，把货币看作个人持有的一种资产，把货币理解为在收入一定的前提下人们愿意用货币保留的财富量。从剑桥学派提出现金余额学说后，许多经济学家主要是从这种角度来研究货币需求的。

（一）马克思的货币必要量公式

按照马克思对货币必要量的论述，流通中必需的货币量是实现流通中待售商品价格总额所需的货币量。在商品流通中，货币是交换的媒介，因此待售商品的价格总额决定了所需要的货币数量。但考虑到单位货币可以多次媒介商品交易，因此应考虑货币周转速度。流通中需要的货币量，其计算公式为：

$$\text{流通中需要的货币量}=\frac{\text{待出售商品数量}\times\text{商品价格}}{\text{货币流通速度}}$$

商品价格总额等于待出售商品数量与商品价格的乘积，因此货币量取决于商品价格、待出售商品数量和货币流通速度三个因素，它与商品价格和待出售商品数量成正比，与货币流通速度成反比。

马克思的货币必要量理论强调待出售商品的价值决定其价格，即商品是带着价格进入流通的，价格是取决于生产过程的，货币数量不影响价格水平。这个结论适用于金属货币流通时期。在金属货币流通时期，不是通过价格的大幅度波动而是通过货币的贮藏手段和流通手段的自发转换，来解决货币量的过多或过少问题，最终实现货币供应量和货币需求量的相适应。当金属货币被不兑现的信用货币所取代时，不兑现信用货币已经失去了金属货币贮藏手段对流通手段的自发调节机制，已不具备货币供应量与货币需求量在没有价格波动下的自动适应性能。当货币供应量与货币需求量存在差异时，必然会引起商品价格变动，通过商品价格的上升以吸收多供应的货币，通过商品价格的下降，自动收缩货币需求量以适应较少的货币供应。

针对纸币流通下货币量对价格的影响，马克思在货币必要量规律的基础上提出了纸币流通规律。即在纸币流通下，单位纸币代表的金属货币量等于流通中需要的金属货币量除以流通中的纸币总额。用公式表示为：

$$\text{单位纸币代表的金属货币量}=\text{流通中需要的金属货币量}\div\text{流通中的纸币总额}$$

单位纸币代表的金属货币量，即单位纸币代表的价值量，也就是纸币的价格标准。在流通中需要的货币量一定的条件下，流通中纸币量过多和过少会引起纸币价格标准发生变化，进而引起物价变化。当价格标准下降时，物价就会上升，当价格标准上升时，物价就会下降。

货币必要量公式反映的是货币的交易需求。所谓交易需求，是指人们进行商品与劳务交换时所需要的货币量。随着社会商品货币关系的发展，金融交易开始越来越多地进入人们交易的范围，成为资金融通、资产保值和增值的重要方式，因此货币需求量不应仅限于商品交易需求，还应包括金融资产交易需求。

（二）传统的货币数量论

1. 费雪方程式

费雪认为，从货币的交易媒介职能出发，商品交换总额与货币流通总额总是相等的。即

$$MV=PT$$

其中，M 代表货币量；V 代表货币流通速度（流通次数）；P 代表一般物价水平；T 代表总产出；PT 代表国民收入。

费雪方程式的含义是：货币数量乘以一定时间内的货币使用次数等于名义收入。费雪在分析时认为：V 在短期内不变，因此货币需求 M 只与实际收入 PT 有关，即当实际收入上升时，货币需求上升。在短期内可以认为货币流通速度是常数，T 为产出水平，在短期内也是大体稳定的，所以货币量 M 的变化完全体现在价格 P 的变动上，即货币数量的变化引起商品价格的变化。

从形式上看，费雪方程式与马克思的货币必要量公式没有大的区别，但两者的含义截然不同。马克思强调商品生产过程对商品价格的决定作用，特别强调货币数量变化对价格的影响，费雪方程式仅考虑了货币的交易需求。

2. 剑桥方程式

剑桥方程式属于现金余额学说，是由剑桥学派的经济学家马歇尔和庇古等人发展起来的。

他们认为，人们的财富要在三种用途上进行分配：一是用于投资取得收益；二是用于消费取得享受；三是手持现金以获得便利。第一种和第二种用途的财富是非现金财富，无须以货币形式来代表。第三种选择，即把货币保持在手中，便形成货币余额。人们需要货币只是为了保有现金，所以货币需求就是收入中用现金形式保有的部分。剑桥方程式为：

$$M=kPY$$

其中，k 代表手持现金占总财富的比例，为常量；P 代表物价水平；Y 代表总财富。

k 一般受三个重要因素的影响：第一，便利与安全，即人们持有货币能获得的便利与避免的风险；第二，投资所能获得的实际收入程度；第三，直接消费，即把货币用于立即消费所获得的满足程度。

从剑桥方程式我们可以看出：货币需求与交易水平成正比例变化，与名义国民收入成正比例变化。

剑桥方程式是对费雪方程式的发展，具体表现为三点：第一，剑桥方程式把货币需求与经济主体的动机联系起来，从而成为真正的货币需求理论；第二，它除了研究货币的交易数量外，还研究了货币作为贮藏手段的数量；第三，费雪方程式中的 V 是常数，而剑桥方程式中的 k 是变量，更符合实际。

（三）凯恩斯的货币需求理论

凯恩斯早期是剑桥学派的重要人物。在 1936 年出版的《就业、利息和货币通论》一书中，凯恩斯系统地提出了货币需求理论。他首次提出了货币需求的三个动机，建立了货

币需求函数，首次分析了货币需求的利率弹性问题。

1. 凯恩斯的货币需求动机

凯恩斯认为货币需求的动机有三个方面：

（1）交易动机。交易动机的货币需求是指人们为进行日常交易而产生的货币需求。它是为解决收入与支出不一致，需要人们保留一定的货币在手中，从而产生的货币需求。它主要决定于收入，且与收入成正比。

（2）预防动机。预防动机的货币需求是为应付那些意料之外的支出而产生的货币需求。它主要决定于收入，且与收入成正比。

（3）投机动机。投机动机的货币需求是指人们持有暂时闲置的货币余额，以便在利率变动中进行债券投机并获取较高收益的需求。凯恩斯同意古典剑桥学派的观点，认为货币具有财富贮藏的功能，并将持有货币的这一动机称为投机动机，他也同意古典剑桥学派“财富与收入密切相关”的观点，但他更为细致地分析了影响人们财富贮藏持有的货币量，作为财富贮藏的货币需求除与收入成正比之外，利率的作用也是不可忽视的。假设市场只有货币与债券两种资产。因为市场利率与债券价格成反比，因此当利率高时，人们预期利率在未来会下降，即预期债券价格将上升，会抛出货币购进债券，即人们的投机性货币需求减少；当利率低时，人们预期利率在未来会上升，会抛出债券获得货币，即人们的投机性货币需求增加。因此，投机性货币需求是利率的递减函数。但是在极端情形下，当利率低到一定程度时，所有经济主体都预期利率将上升，从而所有的人都希望持有货币而不愿持有债券。在这种情况下，投机动机的货币需求将趋于无穷大，此时，若继续增加货币供给，将被无穷大的投机动机货币需求全部吸收，从而利率不再下降。这种极端的情形，就是所谓的“流动性陷阱”。

2. 凯恩斯的货币需求函数

凯恩斯在分析货币需求动机的基础上，认为货币总需求包括交易性货币需求与投机性货币需求。交易性货币需求是交易动机和预防动机产生的货币需求，它是收入的递增函数；投机性货币需求是投机动机产生的货币需求，它是利率的递减函数。用公式表示如下：

$$M=M_1+M_2=L_1(Y)+L_2(r)$$

其中，M 代表货币总需求；M_1 代表交易性货币需求；M_2 代表投机性货币需求；Y 代表收入；r 代表市场利率；L_1 代表 M_1 与 Y 的函数关系；L_2 代表 M_2 与 r 的函数关系。

3. 凯恩斯货币需求理论的政策含义

根据凯恩斯的货币需求理论，中央银行增加货币供应量，可降低利率，诱使投资扩大，增加就业和产出，刺激货币需求增加，进而使社会总需求增加，使就业量与国民收入成倍增长。这是凯恩斯提出的解决失业问题的政策措施。当货币供应量大量增加，利率降到某一极限时，进入流动性陷阱，货币需求量无限增大，货币政策完全失效。这时候，解决失业问题的办法是财政政策，即通过政府扩大财政支出，直接进行投资，以刺激有效需求增加。因此，国家对经济的宏观调控是必要的。

4. 凯恩斯货币需求理论的发展

后凯恩斯学派对凯恩斯货币需求理论的发展表现在两个方面：一是由交易动机和预防

动机引起的货币需求不但是收入的函数，也是利率的函数；二是人们多样化资产的选择行为对投机性货币需求的影响。

(1) 对交易性货币需求和预防性货币需求的发展研究。鲍莫尔和托宾从收入和利率两个方面，对交易性货币需求进行了细致的研究，证明了交易性货币需求不但是收入的函数，也是利率的函数，证明了利率和预防性货币需求是负相关的关系。

(2) 对投机性货币需求的研究。托宾和马克维茨等提出了资产组合理论。他们认为，人们可以选择货币和债券的不同组合来持有财富，在选择不同比例的组合时，不仅要考虑各种资产组合带来的预期报酬率，还要考虑风险。人们进行资产组合的基本原则是，在风险相同时选择预期报酬高的组合，在预期报酬相同时选择风险低的组合。预期收益率可以用数学期望来计算，风险用标准差来计算。

(四) 现代货币数量论关于货币需求理论的一般内容

弗里德曼的新货币数量说是现代货币数量论的代表。1956 年，米尔顿·弗里德曼发表《货币数量说的重新表述》一文，以货币需求理论的形式，提出新货币数量说。

1. 货币需求的决定因素

(1) 总财富。总财富（包括人力财富与非人力财富）是制约人们货币需求规模的变量。但是，由于总财富无法用货币来加以直接测量，因而它以恒久性收入为代表而成为货币需求函数中的一个变量。

(2) 人力财富与非人力财富的比例。一般地说，人力财富在总财富中所占的比例越大，则货币需求就相对越多。

(3) 货币及其他资产的收益。其他资产的收益是人们持有货币的机会成本。所以，其他资产的收益率越高，货币需求就越少；反之，其他资产的收益率越低，货币需求就越多。在弗里德曼的货币需求函数中，被作为机会成本变量的主要有债券的预期收益率、股票的预期收益率及实物资产的预期收益率（预期物价变动率）。

(4) 影响货币需求的其他因素。例如，制度变化、技术变化、心理预期等因素。

2. 货币需求函数

货币需求函数如下：

$$\frac{m_d}{p}=f\left(y,\ w,\ r_m,\ r_b,\ r_e,\ \frac{1}{p}\cdot\frac{d_p}{d_t},\ u\right)$$

其中，$\frac{m_d}{p}$代表实质货币需求量；p 代表物价水平；r_m 代表货币的预期名义收益率；r_b 代表债券的预期收益率；r_e 代表股票的预期收益率；$\frac{1}{p}\cdot\frac{d_p}{d_t}$代表物价水平的预期变动率，实物资产的预期收益率；$w$ 代表非人力财富占总财富的比例；y 代表实际恒久性收入；u 代表影响货币需求的其他因素。

3. 结论

现代货币数量论的货币需求理论与凯恩斯的货币需求理论完全不同，主要表现在如下两个方面：

（1）现代货币数量论认为货币需求是稳定的，因为恒久性收入是稳定的，货币需求对利率变动不敏感。

（2）货币需求通过货币数量影响总支出，从而转到货币供给量的变动影响价格与产量上。

根据以上两点，货币数量论认为：要稳定经济，就必须稳定货币供应。

三、货币需求的影响因素

从对货币需求的理论分析中我们看出影响货币需求的因素是复杂的，货币需求是多种变量综合影响的结果。这些变量主要有：收入水平、物价及其变动率、利率、金融资产价格、技术、制度、心理与习惯等。

在一定时期，当收入增加时，交易性货币需求、预防性货币需求都会增加；物价上升较快并持续上涨，在其他因素不变时，货币需求扩大，反之则减少；提高利率，金融资产价格下降，在其他因素不变时，货币需求减少，反之则增加；技术、制度、心理和习惯等因素对货币需求的影响是不确定的，如心理与习惯包括人们的消费心理、储蓄心理、预期心理及人们的支付习惯等，一般而言，消费倾向高，货币需求相应增加；预期价格上涨，货币需求少，预期利率上涨，则货币需求多；用支票存款等货币形式支付，则货币周转速度快，货币需求少；社会的通信条件、运输条件、业务人员素质、金融机构网点设置这类技术因素，若发展良好，则货币周转速度快，货币需求少；一个国家的产业部门比例、社会分工粗细程度、经营与收入单位的个数多少、金融市场发达与否等都会对货币需求产生影响。

第三节　货币供给

一、货币供给的概念

关于货币供给，可以从动态角度理解，也可以从静态角度理解。从动态角度来看，货币供给是指中央银行和商业银行向流通中投入、扩张或收缩货币量的行为和过程。流通中的现金与存款共同构成社会的货币供应量。其中，现金由中央银行供给，存款货币由商业银行供给。从静态角度来看，货币供给是指一国各经济主体所持有的现金（通货）与存款货币的总和。它是一个存量概念。

二、货币供给形成的机制

在市场经济条件下，货币通过中央银行发行出来，再通过商业银行体系的存款创造机制成倍地形成流通中的货币供给量，但货币供给量的形成也受社会公众对货币需求的影响。

（一）商业银行在货币供给中的作用

商业银行对货币供给的作用表现在商业银行具有存款货币的创造功能，理解了商业银行存款货币创造机制，也就理解了商业银行在货币供给中的作用。

1. 相关概念

要理解商业银行的存款货币供给过程，需要理解原始存款、派生存款、存款准备金、法定存款准备金、超额存款准备金这几个重要概念。

（1）原始存款。它是指客户以现金存入银行形成的存款，称为原始存款。在金属货币制度时期，在商业银行经营活动中，只需保留一小部分现金作为付现准备，可以将大部分现金用于放款。客户在取得银行贷款后，一般并不立即提取现金，而是转入其在银行的活期存款账户，这时银行一方面增加了放款，另一方面增加了存款。但在不兑现信用货币制度时期，商业银行体系的新增存款一是吸收客户的现金形式的存款和对客户转账贷款而增加的存款；二是通过利用中央银行开展再贴现、再贷款，以及中央银行在公开市场上买进有价证券而增加的存款。在商业银行体系新增存款中，除客户的非现金存款是通过转账贷款而形成的存款外，其他部分是原始存款。因此在纸币流通时代，原始存款应该是商业银行吸收客户的现金存款，以及因为中央银行开展再贴现、再贷款和在公开市场上买进有价证券而增加的存款。

（2）派生存款。银行在经营活动中，只需保留小部分存款准备金作为提存准备，可以将大部分原始存款用于放款。客户取得银行贷款后，在不提取现金的情况下，就会形成其在银行的存款，当其用这笔存款转账支付时，就会形成其他企业、机关团体等在银行的存款。总之，从整个银行体系观察，银行在放款的同时，增加了存款。银行用转账方式发放贷款、贴现和投资所创造的存款，称为派生存款。在信用制度发达的国家，银行的大部分存款都是通过这种营业活动创造出来的。可见，原始存款是派生存款创造的基础，而派生存款是信用扩张的结果。

（3）存款准备金。它是由商业银行的现金库存，以及在中央银行的存款两部分构成的。现代各国的银行制度，一般均采用部分准备金制，因为如果是全额准备金制，则银行根本不可能利用所吸收的存款去发放贷款。当然，商业银行也不能无限制地运用存款，否则存款货币创造过多，会导致通货膨胀。

（4）法定存款准备金。它是指各国货币管理当局以法律形式规定商业银行必须保留的最低数额的准备金。

法定存款准备金的数量可以限制商业银行的信用创造能力。法定存款准备金（R_d）是银行按照法定存款准备率（r_d），对活期存款总额（D）应保留的准备金，用公式表示：

$$R_d = D \cdot r_d$$

法定存款准备率的高低，直接影响银行创造存款货币的能力。法定存款准备率越高，银行吸收的存款中可用于放款的资金越少，创造存款货币的数额则越小；反之，法定存款准备率越低，创造存款货币的数额越大。可见，法定存款准备率决定银行创造存款的能力，与信贷规模的变化有密切关系，因此，许多国家的中央银行都把调高或调低法定存款准备率作为紧缩或扩张信用的一个重要手段。

（5）超额存款准备金。它是指商业银行存款准备金中超过法定存款准备金的部分。超额存款准备金（E）是银行实有准备金（R）与法定存款准备金之差。正值表示 R 的有余部分，负值则表示不足部分，用公式表示：

$$E=R-D\cdot r_d$$

2. 最大存款货币创造的假定

商业银行之所以能够进行存款货币创造，有两个重要前提：一是实行部分准备金制度。如果商业银行吸收的存款全部用作提取存款的准备金，不能放款，则不能进行存款货币创造。二是实行非现金结算。如果社会上都使用现金结算方式，取得银行贷款的客户就会将资金提现，使资金在银行体系之外运转，商业银行就不会因为贷款而增加存款，也不会有存款货币创造。

为了便于理解存款创造的原理，先分析最简单的情形，即商业银行最大的信用创造过程。现有如下假设：

（1）超额存款准备金等于零，即每家银行只保留法定存款准备金，其余部分全部贷出。

（2）提现率为零，即客户收支一切款项均通过银行转账，不提取现金。

（3）活期存款向定期存款的转化率为零。

（4）央行法定存款准备率不为零。

3. 派生存款的创造过程

现假设中央银行的法定存款准备率为 20%，A 企业将 10 000 美元存入第一家银行，该行增加原始存款 10 000 美元，按 20%提留 2 000 美元法定存款准备金后，将超额存款准备金 8 000 美元全部贷给 B 企业，B 企业用来支付 C 企业货款，C 企业将款项存入第二家银行，第二家银行提留 1 600 美元法定存款准备金后，将超额存款准备金 6 400 美元贷给 D 企业，D 企业用来向 E 企业支付货款，E 企业将款项存入第三家银行，第三家银行继续贷款，如此循环下去（见表 8－1）。

表 8－1　派生存款的创造过程　　单位：美元

银行名称	存款增加数（ΔD）	按 20%提留法定存款准备金数（R_d）	放款增加数（ΔL）
第一家银行	10 000.00	2 000.00	8 000.00
第二家银行	8 000.00	1 600.00	6 400.00
第三家银行	6 400.00	1 280.00	5 120.00
第四家银行	5 120.00	1 024.00	4 096.00
第五家银行	4 096.00	819.20	3 276.80
第六家银行	3 276.80	655.36	2 621.44
第七家银行	2 621.44	524.29	2 097.15
第八家银行	2 097.15	419.43	1 677.72
第九家银行	1 677.72	335.54	1 342.18

续表

银行名称	存款增加数（ΔD）	按 20%提留法定存款准备金数（R_d）	放款增加数（ΔL）
第十家银行	1 342.18	268.44	1 073.74
十家银行合计	44 631.29	8 926.26	35 705.03
⋮	⋮	⋮	⋮
总计	50 000.00	10 000.00	40 000.00

由表 8－1 可知，在部分准备金制度下，10 000 美元的原始存款可使银行共发放贷款 40 000 美元，并可使活期存款总额增至 50 000 美元，活期存款总额超过原始存款的数额，便是该笔原始存款所派生的存款总额。银行的这种扩张信用的能力决定于两大因素，即原始存款数额的大小和法定存款准备率的高低。如果原始存款用 ΔP 表示，法定存款准备率用 r_d 表示，ΔD 表示经过派生的活期存款总额的变动，ΔL 表示放款增加数，派生过程如表 8－2 所示。

表 8－2　派生存款的创造过程

银行名称	存款增加数（ΔD）	按 r_d 提留法定存款准备金数（R_d）	放款增加数（ΔL）
第一家银行	ΔP	$\Delta P \cdot r_d$	$\Delta P\ (1-r_d)$
第二家银行	$\Delta P\ (1-r_d)$	$\Delta P \cdot r_d\ (1-r_d)$	$\Delta P\ (1-r_d)^2$
第三家银行	$\Delta P\ (1-r_d)^2$	$\Delta P \cdot r_d\ (1-r_d)^2$	$\Delta P\ (1-r_d)^3$
第四家银行	$\Delta P\ (1-r_d)^3$	$\Delta P \cdot r_d\ (1-r_d)^3$	$\Delta P\ (1-r_d)^4$
第五家银行	$\Delta P\ (1-r_d)^4$	$\Delta P \cdot r_d\ (1-r_d)^4$	$\Delta P\ (1-r_d)^5$
⋮	⋮	⋮	⋮
第 n 家银行	$\Delta P\ (1-r_d)^{n-1}$	$\Delta P \cdot r_d\ (1-r_d)^{n-1}$	$\Delta P\ (1-r_d)^n$
⋮	⋮	⋮	⋮
总计	$\Delta P \cdot \frac{1}{r_d}$	ΔP	$\Delta P\left(\frac{1}{r_d}-1\right)$

从表 8－2 可见，当商业银行体系没有超额存款准备金时，创造过程终止。同时，我们发现存款增加过程、法定存款准备金变动过程，以及贷款增加变动过程分别构成一个等比数列，我们运用等比数列求和公式，得到存款变动额公式如下：

$$\Delta D=\Delta P \cdot \frac{1}{r_d} \tag{1}$$

贷款变动额公式如下：

$$\Delta L=\Delta P\ (\frac{1}{r_d}-1)$$

缴纳的法定存款准备金之和为 ΔP，$\Delta D-\Delta P$ 为派生存款总额，贷款变动额等于派生存款总额。

从上述分析中可知，活期存款的变动与原始存款的变动显然存在着一种倍数关系

（K），用公式表示：

$$\Delta D=\Delta P\cdot K \tag{2}$$

由（1）式和（2）式可知：

$$\Delta P\cdot\frac{1}{r_d}=\Delta P\cdot K$$

$$K=\frac{1}{r_d} \tag{3}$$

4. 存款货币的最大派生倍数

假定商业银行的超额存款准备金为零，提现率为零，活期存款向定期存款的转化率为零，法定存款准备率 r_d 为已知，则银行的贷款机制所决定的存款货币的最大扩张倍数为 K，称为派生倍数。该倍数即 r_d 的倒数。

法定存款准备率越高，存款扩张的倍数值越小；法定存款准备率越低，存款扩张的倍数值越大。商业银行如果出现超额存款准备金，可用于发放贷款，同时创造出派生存款。如果法定存款准备金不足，商业银行或者紧缩贷款和紧缩投资，使其在中央银行的存款达到 r_d 的水平；或者向中央银行借款，向同业拆借，扩大原始存款等以增加 R 的数额，这都会导致货币供应量减少。

5. 派生倍数的修正及影响商业银行存款创造的因素

前面分析的商业银行创造存款货币的能力，是在三个假定基础上进行的，信用创造决定于原始存款和派生倍数。但是在实际经济活动中，三个假定是不存在的，派生倍数会因种种因素的影响而大为缩减，因此必须做进一步的修正。

（1）第一个修正为现金漏损。前面为了叙述方便，我们对银行创造存款货币的过程曾做过简单的假定，即客户将收入的一切款项均存入银行系统，而不提现金。事实上，多数客户总会有提现的行为。如果在存款派生过程中某一客户提取现金，则现金就会流出银行系统，出现现金漏损（ΔC），而使银行系统的存款准备金减少，派生倍数也必然缩小。由于 ΔC 常与 ΔD 有一定比例关系，设 ΔC 占 ΔD 的比例为现金漏损率，记为 c，这样存款额变动（ΔD）对原始存款变动（ΔP）的比率可以修正为：

$$K=\frac{\Delta D}{\Delta P}=\frac{1}{r_d+c} \tag{4}$$

（2）第二个修正为超额存款准备金。前面曾假定银行将超额存款准备金全部贷出，但实际上，银行的实有准备金总会多于法定存款准备金，有一定数额的超额存款准备金（E）尚未贷出。前面提出，法定存款准备金等于存款总额乘以法定存款准备率，即 $\Delta R_d=\Delta D\cdot r_d$，超额存款准备金 ΔE 占 ΔD 的比例为 e，这样，存款额的变动由于 e 的存在，必使银行创造存款货币的能力削弱，从而引起派生倍数的变动。派生倍数 K 可修正为：

$$K=\frac{\Delta D}{\Delta P}=\frac{1}{r_d+c+e} \tag{5}$$

（3）第三个修正为活期存款转为定期存款。企业持有的活期存款中，会有一部分转化为定期存款，有的国家对活期存款和定期存款规定了不同的法定存款准备率，一般而言，定期存款法定存款准备率低，活期存款法定存款准备率高。因此，银行要按定期存款

(D_t) 的法定存款准备率 (r_t) 提留准备金，从而影响存款的派生倍数 (K)。定期存款准备金 ($r_t \cdot D_t$) 同活期存款总额 (D) 之间保有一定的比例关系。设 t 为定期存款占活期存款的比例，则：

$$t=\frac{D_t}{D}$$

$$r_t \cdot \frac{D_t}{D}=r_t \cdot t$$

$r_t \cdot t$ 的存在可视同法定存款准备率 (r_d) 的调整，银行创造存款货币的能力相应变化，因此派生倍数 K 可修正为：

$$K=\frac{1}{r_d+c+e+r_t \cdot t} \tag{6}$$

由 (6) 式可知，银行吸收一笔原始存款能够创造多少存款货币，要受到法定存款准备率、提现率、超额存款准备率、定期存款转化率的影响。分母数值越大，则派生倍数的数值越小。从影响商业银行信用创造的部门看：中央银行的行为影响着商业银行吸收原始存款的数量，中央银行通过变动法定存款准备率对商业银行的信用创造产生影响，当其他因素不变，商业银行吸收原始存款越多，创造存款货币越多，中央银行调低法定存款准备率，创造存款货币增多，反之减少；社会公众通过提现率和定期存款转化率对商业银行的信用创造产生影响。

（二）中央银行在货币供给中的作用

中央银行在货币供给中的作用主要是通过控制基础货币的供给和调整法定存款准备率以影响商业银行存款货币的派生能力。基础货币又称强力货币，从来源看，它是中央银行的货币供应量；从资金运用来看，它由商业银行的存款准备金和流通中的现金构成。商业银行的存款准备金是商业银行进行信用创造的基础。中央银行对基础货币的决定作用主要表现在下述几方面。

1. 创造现金货币（现金供给的形成）

垄断现金货币的发行是中央银行的重要职能，流通中的现金都是通过中央银行的货币发行业务流出的。中央银行发行的现金，是基础货币的构成部分。

2. 中央银行对金融机构提供贷款，增加基础货币

中央银行对金融机构贷款主要有两个渠道，即再贴现和再贷款，无论采用哪种形式对金融机构贷款都会增加基础货币。首先，从再贴现的结果看，中央银行按当时利率扣除贴息后，将剩余金额贷记在商业银行在中央银行的准备金账户上，从而使商业银行所持有的中央银行负债即存款准备金增加，中央银行对商业银行开展贴现业务相应增加基础货币；其次，从中央银行对金融机构贷款的结果看，中央银行与商业银行在协商好贷款的数量、期限和利率等有关条件后，直接在商业银行的存款准备金账户贷记相应的存款金额，使商业银行所持有的中央银行负债即存款准备金等量增加，也增加了基础货币。

3. 中央银行公开市场业务操作影响基础货币

中央银行在金融市场出售有价证券会减少基础货币。因为当中央银行出售有价证券

时，购入者是金融机构，这会导致它们在中央银行存款准备金减少，因此基础货币减少；相反，当中央银行在金融市场买进有价证券时，出售有价证券的金融机构在中央银行的存款准备金就会增加，这使基础货币增加。

4. 中央银行金银外汇占款增加，基础货币增加

当中央银行从国内生产厂商购进金银时，基础货币增加；当中央银行从外国中央银行购进金银时，若外国中央银行对出售金银形成的存款不支用，基础货币不增加，如果支用其存款，就会变为国内工商企业等经济主体的收入，则会增加基础货币。中央银行净购进外汇资产，基础货币增加；中央银行净出售外汇资产，基础货币减少。

5. 中央银行吸收的财政存款变动对基础货币的影响

在一定条件下，财政存款增加会使基础货币减少，其原因是财政存款主要来自财政收入，财政收入主要来自税款和发行债券收入，而纳税主体和国债投资者都会因此减少在金融机构的存款，使基础货币减少；相反，财政存款的减少，主要原因是财政开支，如经费支出、国家重点项目建设资金的支出、社会保障和福利方面的开支，这些支出会增加相应各经济主体在金融机构的存款和社会公众持有的现金，导致基础货币增加。

6. 中央银行对财政贷款影响基础货币

国家财政收入主要来源于税收，当国家财政入不敷出时，如果国家财政要求中央银行对其发放贷款且支用这笔贷款，就形成各经济主体的收入，这时中央银行被迫增加了基础货币供给。若法律制度允许财政向中央银行借款或透支以弥补赤字，由于中央银行在与政府信贷关系中一般处于被动地位，中央银行一般无力对这一影响基础货币变化的因素进行直接控制。

中央银行对上述几方面的影响和控制程度是不同的，如中央银行对财政存款变动、金银外汇占款数量的影响力较小，中央银行对金融机构贷款和公开市场业务操作的操控性比较强。如果由于财政存款变动、金银外汇占款发生变化，使基础货币的变动偏离了中央银行控制目标，中央银行会利用对金融机构的再贴现、再贷款和公开市场业务手段使基础货币发生反向变动，最终使基础货币总量保持不变。中央银行的这种操作在金融业务上称为“冲抵干预”。

（三）货币供给理论模型和货币乘数的决定

我们通过货币供给模型说明货币供给的形成过程。

1. 货币供给理论模型

弗里德曼和施瓦兹等通过对美国货币史（1867—1960年）进行实证研究，建立了货币供给模型，即

$$M=K\cdot B$$

其中，B 代表基础货币；K 代表货币乘数，即对基础货币放大和缩小的系数。

货币供给模型的基本含义是：基础货币按照一定的货币乘数扩张，形成一定时期的货币供应量。从货币供给模型可以看出，货币供给量受基础货币和货币乘数的制约，在货币

供给过程中，基础货币是由中央银行决定的，关于此我们已经做了分析，在货币供应过程中另一个重要变量是货币乘数，我们分析一下货币乘数的确定。它的确定有两种方法：一是经济统计法，即按照过去某连续时期已经形成的 M 及 B 的关系，测算 K，然后运用回归分析法，确定 K 的测算模型并由此测算未来的 K，这种方法的运用是以经济稳定发展和影响基础货币的因素基本未变为前提的；二是公式法，通常 M_1 层次的货币供给模型最具代表性，其货币乘数 K_1 的计算公式为：

$$K_1=\frac{c+1}{c+e+r_d+r_t\cdot t}$$

公式中字母的含义与商业银行存款货币派生倍数的字母含义相同，不再重述。

2. 货币乘数的决定

从货币乘数的计算公式可以看出，它取决于 5 个因素：活期存款的法定存放准备率（r_d）、定期存款的法定存放准备率（r_t）、定期存款比率（t）、超额存款准备率（e）及通货比率（c）。这些决定因素本身又分别受多种因素的影响，它们对货币乘数，从而对货币供给量的影响则更是纷繁复杂的。

（1）中央银行的法定存款准备率。在其他条件不变的情况下，货币乘数是法定存款准备率的递减函数，即法定存款准备率提高，货币乘数下降，货币供给趋减；相反，货币乘数上升，货币供给趋增。

（2）商业银行的超额存款准备率。在其他条件不变的情况下，货币乘数是超额存款准备率的递减函数，即超额存款准备率提高，货币乘数下降，货币供给趋减；相反，货币乘数上升，货币供给趋增。商业银行超额存款准备率的变动取决于商业银行自身、中央银行和社会公众行为。当商业银行贷款投资收益高而且风险相对小时，商业银行保留超额存款准备金下降，超额存款准备率降低，反之，会上升；当中央银行实施紧缩货币政策时，商业银行借入准备金成本升高，融资难度增大，超额存款准备率会上升，反之，会下降；当社会公众提现率提高时，流出银行体系的货币量增加，商业银行为应付客户提现需要，要保持较高的超额存款准备金，超额存款准备率提高。商业银行超额准备金余额受贷款客户影响，商业银行贷款的形成取决于借贷双方的共同意愿。例如，商业银行愿意提供贷款而且也有能力贷款，但客户不愿借（如在经济萧条时期），会使商业银行超额存款准备率比较高，不能扩大货币供给。

（3）社会公众通过提现和定期存款转化，影响货币乘数。在其他条件不变的情况下，货币乘数是提现率和定期存款转化率的递减函数，即提现率和定期存款转化率提高，货币乘数下降，货币供给趋减；货币乘数上升，货币供给趋增。由于提现率的上升意味着流出银行体系的资金减少，商业银行可支配资金下降，迫使商业银行减少贷款和投资，货币供给量减少。在货币乘数作用下，货币供给量会成倍减少。定期存款的增加和减少取决于定期存款利率的高低和非金融机构部门收入高低，它影响着商业银行负债结构，对商业银行资产结构也产生影响，影响着商业银行的贷款和投资。社会公众持有现金的数量受经济运行的影响。例如，经济繁荣期，利率上升，人们愿意放弃不生息的现金，将其转换为存款及各种有价证券，减少持币量；经济萧条期，对金融资产的不安全感使人们纷纷从银行提取现金以求安全。

从上述分析中我们看出，中央银行行为、商业银行行为和社会公众行为三个方面共同影响货币乘数。其中，法定存款准备率是中央银行直接控制的变量，而商业银行行为和社会公众行为作为影响货币乘数变动的经济变量，中央银行很难直接控制，只能通过改变贴现率或通过收缩和扩张基础货币来影响利率水平，进而间接影响商业银行和社会公众行为。因此，货币供给不完全取决于中央银行，社会公众对货币供给也有一定影响。即在货币供应这个链条中，存在多个环节，首先是中央银行对基础货币的影响程度，其次是商业银行准备金存款改变对货币供应量的影响程度。其中任何一环节都会影响货币供应量的最终形成。社会公众的货币需求对货币供给的制约作用说明：尽管银行部门可以提供或者调整货币量，但社会并不简单地接受这个量。货币供应量的最终形成是社会各部门共同作用的结果。

（四）财政收支对货币供给的影响

当财政收支出现赤字时，采用特定的方式弥补赤字，会影响货币供给量的变化。例如，从历史上看，政府经常会由于战争、自然灾害，或过去庞大的皇室支出导致财政赤字，经常增加铸币来弥补赤字，直接增加了货币的投放量。

在不兑现信用货币流通的情况下，财政赤字的弥补主要有两个途径：一是向社会公众借款，二是向银行部门借款。下面分析这两种途径对货币供给量的影响。

1. 向社会公众借款

社会公众用闲置资金购买政府发行的债券，使社会公众手中的闲置资金转移到政府部门。在这个过程中，现金和存款货币从社会公众手中转移到政府的存款账户上，基础货币减少，但当财政支出这笔债券款项时，基础货币增加。如果个人或企业因购买政府债券，而引起借款增加，而且银行为满足他们的贷款需求，增加从中央银行的贷款，就立即引起了货币供应量的增加。

2. 向银行部门借款

它又分为向商业银行借款和向中央银行借款两种情况。

（1）向商业银行借款。政府以发行债券的形式向商业银行借款。如果商业银行用超额存款准备金购买政府债券，并没有因此增加它向中央银行的借款，基础货币减少，货币供应量没有增加；如果由于商业银行购买政府债券，引起商业银行超额存款准备金不足，然后向中央银行进行再贷款、再贴现或者卖出中央银行票据，同时财政支出债券款项，这样就会增加基础货币，增加货币供给量。

（2）向中央银行借款。当财政向中央银行借款时，对基础货币的影响非常直接。财政向中央银行出售债券，中央银行购买国债的结果是：中央银行持有政府债券数量增加，同时财政存款增加，随着财政支出的过程，现金货币增加，商业银行的存款准备金增加，即基础货币增加，并在货币乘数作用下使货币供应量按乘数成倍扩张。如果财政以借款方式从中央银行取得资金，则中央银行对财政的贷款增加，同时财政存款增加，随着财政支出的过程，基础货币增加，同样在货币乘数的作用下，货币供应量成倍地增加。

第四节 货币供需均衡

一、货币供需均衡的判断

（一）货币供给与货币需求的关系

如果把货币供给看作外生变量，它决定着货币需求。当社会经济处在商品短缺阶段时，社会供给不能满足社会需求，存在着大量的投资机会，贷款投资的欲望非常强烈，中央银行对货币供给的数量起着决定性作用，因此货币供给的外生性非常明显。

如果把货币供给看作内生变量，它决定于货币需求。当社会经济处在商品供给相对过剩阶段时，社会总需求相对不足，市场萎缩，工商企业存货增多，投资机会比较少，贷款投资的欲望不强，中央银行增加货币供给的目标往往不能实现，货币供给的内生性变得非常明显。在纸币流通的情况下，发生通货紧缩现象，正说明了货币供给具有内生性。

（二）货币供需均衡的表现

货币供需均衡是指货币供给和货币需求大体相等的状态，如果 M_s 代表货币供给，M_d 代表货币需求，即有 $M_s \approx M_d$。

货币供需的非均衡就是 $M_s \neq M_d$，即或 $M_s > M_d$，存在通货膨胀；或 $M_s < M_d$，存在通货紧缩。

货币均衡和非均衡的判别标志是：物价和利率。当货币供给大于货币需求时，价格水平上升，存在通货膨胀；当货币供给小于货币需求时，价格水平下降，存在通货紧缩；当价格稳定时，货币供给与货币需求均衡。在市场经济条件下，货币的均衡和非均衡也表现为利率的变化。当货币供给大于货币需求时，产生通货膨胀，会使名义利率上升、实际利率下降；当货币供给小于货币需求时，产生通货紧缩，会使名义利率下降、实际利率上升；当利率稳定、名义利率和实际利率相等时，货币供给与货币需求均衡。

二、货币供需均衡与社会总供需均衡的关系

在现代经济中，如果社会总需求大于社会总供给，意味着市场处于供需紧张状态，物价上涨；如果社会总需求小于社会总供给，意味着市场处于疲软状态，物价下降，企业开工不足，失业率上升和经济萧条。各国政府通过财政政策、货币政策和行政手段调节经济运行，使经济在社会总供需均衡的基础上运行。在这个过程中，社会的总供需均衡状态与货币的供需均衡状态之间，始终存在紧密的联系。

在货币经济中，供给商品的目的是换取等值的货币，以作进一步的购买，并进行连续

的生产与消费，这形成了商品供给与货币需求的关系。此外，货币供给形成了社会购买力，即形成对商品的需求。所以，它们之间的关系可表述为：A_s 决定着 M_d，A_d 决定于 M_s，其中 A_s 表示社会总供给，A_d 表示社会总需求。由于社会总供给与社会总需求之间存在对立统一关系，在商品供给过剩、技术手段取得很大进步的今天，社会总需求更多地制约着社会总供给，货币供给从实质上看受制于货币需求，四者的关系如图 8-1 所示。

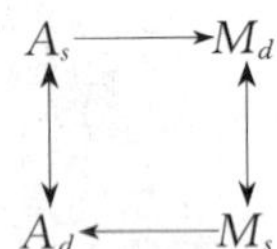

图 8-1　A_s、M_d、A_d、M_s 四者之间的关系

从图 8-1 可看出，如果 $A_s=A_d$，则会有 $M_d=M_s$；如果 $A_s<A_d$，则有 $M_d<M_s$，即存在通货膨胀；如果 $A_s>A_d$，则有 $M_d>M_s$，即存在通货紧缩。社会总供求的均衡与否和货币供求的均衡与否有密切关系，货币供求的不均衡必然反映到社会总供求之间的失衡，而社会总供求的失衡也必然表现为货币供求的失衡。

三、对货币供给与需求的调节

货币供需的均衡和非均衡表现为物价和利率水平的变化，在完全的市场经济状态下，价格和利率的波动会使货币供需由非均衡自动过渡到均衡，也就是说，在完全的市场经济中，货币均衡和非均衡是存在市场自动调节机制的。

在现代经济中，各国政府都有宏观调控职能，都无一例外地对经济进行宏观调控，对货币供需的调控主要由中央银行完成。中央银行可以通过运用货币政策工具调节货币供给量，使货币供需实现均衡。虽然中央银行对货币供给的控制能力较强，而货币需求更多地取决于企业、个人的行为，中央银行对货币需求的影响力较小。通过前面的分析可以看出，货币需求在一定程度上、一定条件下，决定着货币供给，而影响货币需求的因素是多样的，所以中央银行对货币供需均衡调节的有效性必然受到多种因素的影响。

本章小结

货币包括现金（纸币、铸币）和银行存款货币，但一些金融资产很容易转化现金和银行存款货币，一般把这类金融资产称为准货币。根据货币流动性大小不同，对货币划分层次。各国划分的货币层次是有区别的，我国把货币分为 M_0、M_1、M_2、M_3 四个层次，M_1 是狭义的货币，M_2 被称为广义的货币。

货币需求指各类经济主体（个人、企业、政府）在既定的国民收入水平和分配范围内对占有货币的欲望或能力。货币需求经常用货币需求量来表示，现代经济中的货币需求是指人们通过对各种资产的安全性、流动性和盈利性综合衡量后所确定的最优资产组合中所愿意持有的货币量。马克思的货币必要量规律从宏观角度分析了货币需求；凯恩斯首次系统分析了货币需求的三个动机，并建立了货币需求函数；现代货币数量论分析了货币需求的决定因素，并建立了货币需求函数。影响货币需求的因素主要有收入水平、物价水平、利率、金融资产价格、技术、制度、心理与习惯等。

货币供给从动态来看，是指中央银行和商业银行向流通中投入、扩张或收缩货币量的行为和过程。从静态来看，货币供给指一国各经济主体所持有的现金（通货）与存款货币的总和。货币供给形成的机制包括中央银行和商业银行两个层次，商业银行通过信用创造机制影响着货币供给量，中央银行通过决定基础货币的供给，与商业银行、社会公众一起共同对货币乘数产生影响，形成一定时期的货币供给量。此外，财政收支状况对货币供给也产生影响。

货币供需均衡是指货币供给和货币需求大体相等的状态。货币供需均衡与社会总供需均衡的关系可以表述为：A_s 决定着 M_d，A_d 决定于 M_s，M_d 与 M_s 和 A_s 与 A_d 之间的均衡是密不可分的，即货币领域的不均衡必然反映到社会总供需之间的不均衡，同样，社会总供需的不均衡必然表现为货币供需的不均衡。货币供求的失衡可以通过自发调节机制达到均衡，但现代经济下，各国政府都利用货币政策工具对货币供需不均衡进行调节。

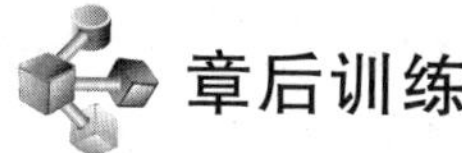

重点概念

货币需求	货币供给	法定存款准备金	原始存款
派生存款	基础货币	货币乘数	

章后训练

一、名词解释

货币需求	货币供给	法定存款准备金	原始存款
派生存款	基础货币	货币乘数	

二、思考题

1. 货币层次的划分依据是什么？我国的货币层次是如何划分的？
2. 简述马克思的货币流通规律。
3. 简述费雪方程式。
4. 简述剑桥方程式。
5. 凯恩斯是如何分析货币需求动机的？他建立了怎样的货币需求函数？
6. 影响货币需求的因素有哪些？
7. 货币供给是怎样形成的？

三、案例分析

1. 分析下列情况对基础货币会产生何种影响。

（1）中央银行在公开市场卖出央行票据。

（2）政府利用向公众发行债券的方式弥补赤字。

（3）中央银行提高贴现率。

（4）政府向中央银行透支。

（5）中央银行为阻止本币升值而购入外汇。

（6）公众到银行提取现金。

（7）中央银行向国内企业购入 1 000 台计算机。

（8）财政部核拨资金到国家储备粮库收购粮食。

（9）中央银行提高法定存款准备率。

（10）中央银行降低法定存款准备率。

2. 某年，中央银行规定商业银行活期与定期存款准备率分别为13%和5%，假定商业银行体系吸收现金存款 8 000 亿元，存款准备金 18 000 亿元，公众持有现金 400 亿元。根据以往经验，银行体系现金漏损率为5%，超额存款准备率为15%，活期存款转化为定期存款的比例为30%。计算商业银行最大存款创造倍数；计算货币乘数和基础货币；计算社会货币供给量。

四、通读相关法律法规

1.《汽车金融公司管理办法》，中国人民银行网站（http：//www.pbc.gov.cn/）。

2.《金融租赁公司管理办法》，中国人民银行网站（http：//www.pbc.gov.cn/）。

第九章

通货膨胀与通货紧缩

章前引言

小张告诉小李："我昨天花了5元钱才买了一个苹果，苹果价格上涨了。"小李叹了一口气："唉，通货膨胀了，今天去食堂吃饭，主食和炒菜的价格都上涨了。"小张说："这两年虽然工资涨了点，但什么都比以前贵了，相比之下还是前些年好，虽然收入低点，但什么东西都便宜。"小李说："东西是便宜，但那几年找工作有多难啊，你不知道我跑了多少场招聘会、碰壁多少次，才找到工作。"是不是物价上涨必然发生通货膨胀？我们应如何判断是否发生了通货膨胀？通货膨胀是有害的，但是不是物价持续下降会使人们从中获利呢？该如何正确认识物价持续下跌的现象呢？

通过本章的学习，你应该能够：

1. 理解通货膨胀和通货紧缩的定义；
2. 掌握通货膨胀的衡量指标；
3. 掌握通货膨胀与通货紧缩的主要类型；
4. 掌握通货膨胀和通货紧缩的主要成因及治理对策。

第一节　通货膨胀概述

一、通货膨胀的定义

通货膨胀是指在纸币流通条件下，因纸币发行过多，超过了流通中所需要的货币量，从而引起纸币贬值、物价总体水平持续上涨的现象。

从定义中我们了解到：通货膨胀产生的条件是纸币流通，即纸币本位制，通货膨胀出现的标志是存在物价总体水平持续上涨的现象。不能将通货膨胀与物价上涨画等号，通货膨胀下的物价上涨是物价总体水平的持续上涨，且是货币供给量过多造成的。

二、通货膨胀的衡量指标

通货膨胀的严重程度是通过通货膨胀率这一指标来衡量的。通货膨胀率通常以批发物价指数、零售物价指数、消费者物价指数和国民生产总值平减指数来确定。

通货膨胀率的计算公式为：

通货膨胀率＝各类指数－1

（一）批发物价指数

批发物价指数（Producer Price Index，PPI），又称生产者价格指数，是衡量生产者向商业部门出售商品的价格的指数。它是根据批发价格编制的指数，主要反映生产资料的价格变化状况，用于衡量各种商品在不同生产阶段的成本价格变化情况。该指标对未来（一般在 3 个月后）价格水平的上升或下降影响很大，也预示今后市场总体价格的趋势。因此，生产者价格指数是一个通货膨胀的先行指数，当生产原料及半制成品价格上升，数个月后，便会反映到消费产品的价格上，进而引起整体物价水平的上升，导致通胀加剧。相反，当该指数下降，即生产资料价格在生产过程中有下降的趋势，也会影响整体价格水平下降，减弱通胀的压力。但是，该数据由于未能包括一些商业折扣，故无法完全反映真正的物价上升速度，以致有时出现夸大的效果。另外，由于农产品是随季节变化的，而且能源价格会周期性变动，对该价格指数影响很大，所以使用该指数时须整理或剔除食品和能源价格。

（二）零售物价指数

零售物价指数（Retail Price Index，RPI），是指以现金或信用卡形式支付的零售商品的价格指数，即根据商品的零售价格编制的指数，反映商品零售价格水平变动的趋势和程度。美国商务部每个月对全国范围的零售商品抽样调查，包括家具、电器、超级市场售卖品、医药等，不过各种服务业消费则不包括在内。汽车销售额构成了零售额中最大的单一构成要素，约占总额的 25％。我国从 2000 年开始，价格指数的统计、公布和使用已由过去的以商品零售价格指数为主改为以居民消费价格指数为主。自 2001 年 1 月起，国家统计局计算和发布以 2000 年为基期的居民消费价格指数，即通常所称的定基价格指数。

（三）消费者物价指数

消费者物价指数（Consumer Price Index，CPI），又称生活费用价格指数，是对一个固定的消费品篮子价格的衡量，主要反映消费者支付商品和劳务的价格变化情况。在美国，构成该指标的主要商品包括：食品、住宅、衣着、交通、医药健康、娱乐、其他商品及服务。在美国，消费者物价指数由劳工统计局每月公布，有两种不同的消费者物价指数：一是工人和职员的消费者物价指数，二是城市消费者的消费者物价指数。该指数反映不同时期居民生活消费水平变动情况，反映不同时期生活消费的商品和劳务项目价格变动的趋势与程度。通常是以零售物价指数和服务项目价格指数为基础编制的。

（四）国民生产总值平减指数

国民生产总值平减指数（GNP Deflator）是按当年价格计算的国民生产总值与按不变价格计算的国民生产总值的比率。其优点是：范围广，既包括消费资料，也包括生产资料，既包括有形商品，也包括无形商品（劳务），能准确反映物价总体水平的变动情况。缺点是：资料难搜集，多数国家每年只统计一次，不能迅速反映通货膨胀的程度和动向；国民生产总值包括与居民生活并无直接联系的生产资料和出口商品，它不能准确反映对居民生活的影响。

相关链接 9-1

如表 9-1 所示，我国 20 世纪 80 年代以来，物价波动幅度较大。改革开放初期，由于物价制度改革，在 20 世纪 80 年代经历了一次明显的物价上涨过程。1993 年到 1995 年又经历了一次明显的物价上涨过程，商品零售价格指数上涨 13.2%、21.7% 和 14.8%；居民消费价格指数上涨 14.7%、24.1% 和 17.1%；固定资产投资价格指数上涨 26.6%、10.4% 和 5.9%。而从 1998 年开始，物价水平持续走低，甚至出现负增长。以商品零售价格为例，从 1998 年到 2002 年，价格上涨率为 −2.6%、−3.0%、−1.5%、−0.8%、−1.3%，我国经济出现了通货紧缩现象。2007 年、2008 年，再次经历了物价上涨比较快的过程，通货膨胀风险加剧。2010 年至 2019 年，物价指数一直保持相对平稳状态。

表 9-1　我国改革开放以来价格指数变动情况表（上年指数为 100）

年份	商品零售价格指数	居民消费价格指数	固定资产投资价格指数
1978	100.7	100.7	
1980	106.0	107.5	
1985	108.8	109.3	
1990	102.1	103.1	
1991	102.9	103.4	109.5
1992	105.4	106.4	115.3
1993	113.2	114.7	126.6
1994	121.7	124.1	110.4
1995	114.8	117.1	105.9
1996	106.1	108.3	104.0
1997	100.8	102.8	101.7
1998	97.4	99.2	99.8
1999	97.0	98.6	99.6
2000	98.5	100.4	101.1
2001	99.2	100.7	100.4
2002	98.7	99.2	100.2
2003	99.9	101.2	102.2

续表

年份	商品零售价格指数	居民消费价格指数	固定资产投资价格指数
2004	102.8	103.9	105.6
2005	100.8	101.8	101.6
2006	101.0	101.5	101.5
2007	103.8	104.8	103.9
2008	105.9	105.9	108.9
2009	98.8	99.3	97.6
2010	103.1	103.3	103.6

三、通货膨胀的类型

（一）按通货膨胀的程度分类

按通货膨胀的程度，可分为温和的通货膨胀、奔腾式的通货膨胀、恶性通货膨胀。

1. 温和的通货膨胀

温和的通货膨胀又称爬行的通货膨胀，其特点是通货膨胀率低而且比较稳定。一般，通货膨胀率在10%以下。

2. 奔腾式的通货膨胀

奔腾式的通货膨胀又称加速的通货膨胀，其特点是通货膨胀率较高（一般在两位数以上），而且还在加剧。人们普遍感到物价上涨的压力，不愿意保存货币，开始大量购买商品实物或寻找其他保值方式。

3. 恶性通货膨胀

恶性通货膨胀又称超速通货膨胀，其特点是通货膨胀率非常高（标准是每月通货膨胀率在50%以上），而且完全失去了控制。在这种情形下，人们对本国货币完全失去了信心，不愿保留货币。这种通货膨胀一般不会持续很长时间，因为它会带来一国货币体制的崩溃。

（二）按表现形式分类

按表现形式，可分为公开的通货膨胀和隐蔽的通货膨胀。

1. 公开的通货膨胀

公开的通货膨胀是指在市场经济条件下，存在物价上涨现象的通货膨胀。在市场经济条件下，价格可以根据供求状况自由波动，货币供给超过货币需求，就会引起物价上升，就存在通货膨胀。通货膨胀程度的大小可以用物价指数来衡量。

2. 隐蔽的通货膨胀

隐蔽的通货膨胀是一种受抑制的通货膨胀。这种通货膨胀是指经济中存在着通货膨胀的压力（货币供给超过货币需求），但由于政府实施了严格的价格管制与配给制，物价并没有上涨。一旦解除价格管制并取消配给制，就会发生较严重的物价上涨。隐蔽的通货膨胀往往是通过非价格形式表现出来的。例如，我国在改革开放前，政府对物价实行严格管制，虽然国家商品供应价格变动很小，据统计，在1959年至1962年间，政府零售物价指数只上涨了24.4%，但商品供应十分紧张，凭票供应，黑市活跃，黑市价格远远超过国家商品供应价格，说明通货膨胀还是存在的。

（三）按通货膨胀产生的原因分类

按通货膨胀产生的原因，可分为需求拉上型通货膨胀、成本推进型通货膨胀、结构型通货膨胀。

1. 需求拉上型通货膨胀

按照凯恩斯主义的通货膨胀理论，经济发展中社会总需求扩张超过总供给增长时所出现的过度需求，是拉动价格总水平持续上升的原因，即产生通货膨胀的主要原因。通俗的说法就是“太多的货币追逐太少的商品”，使得对商品和劳务的需求超出了在现行价格下可得到的供给，从而导致一般物价水平的上涨。需求拉上型通货膨胀的形成过程如图9-1所示。

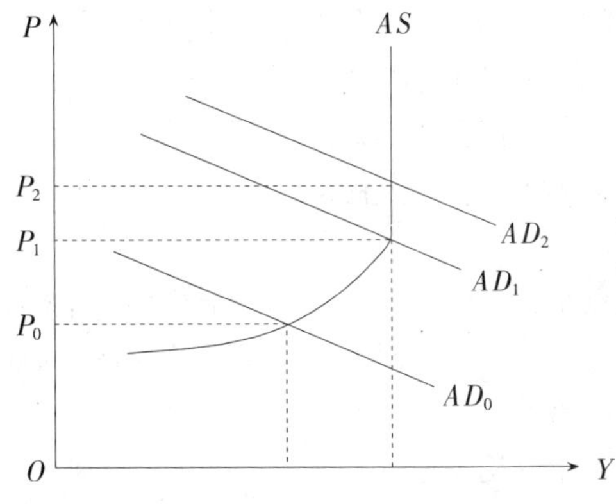

图9-1　需求拉上型通货膨胀的形成过程

图9-1表现了需求拉上型通货膨胀的形成过程。横轴Y代表总产出或国民收入，纵轴P代表物价水平，AS是总供给曲线，AD_0、AD_1、AD_2分别代表不同水平的总需求曲线。总供给曲线分为倾斜和垂直两段，总供给曲线向上倾斜时（有闲置资源的条件下），当总需求从AD_0增加到AD_1，物价从P_0上升到P_1，国民收入或总产出（总供给）随着物价的上升而扩大，即物价上涨刺激了国民收入或产出的增加；总供给曲线变为垂直方向时，表示资源已达到充分利用状态，当总需求从AD_1到AD_2，总需求的扩张只能带来物价上升（P_1到P_2），产生通货膨胀，而不会使国民收入或总产出增加。

2. 成本推进型通货膨胀

成本推进理论认为，通货膨胀的根源不在于总需求的过度增加，而在于总供给方面由于产品成本的上升而减少。通常，商品的价格由生产成本加上一定的利润构成，生产成本的上升必然导致价格水平的上升。促使产品成本上升的原因有三个方面：一是工资成本推进；二是利润推进；三是由于外汇汇率变动引起进出口产品和原材料成本上升，以及石油危机、资源枯竭、环境保护政策等造成原材料、能源生产成本的提高。成本推进型通货膨胀的形成过程如图 9－2 所示。

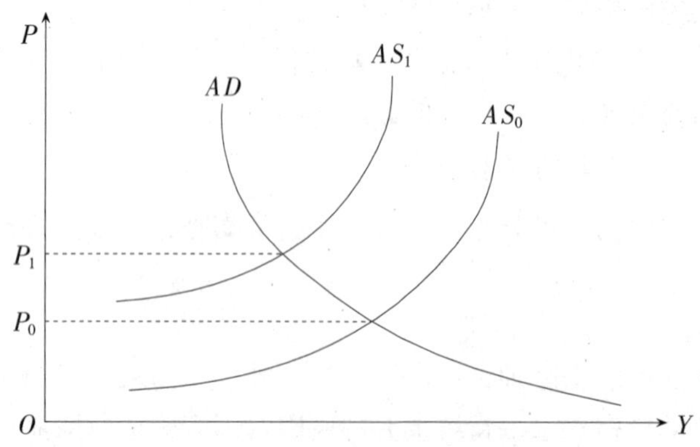

图 9－2　成本推进型通货膨胀的形成过程

图 9－2 表现了成本推进型通货膨胀的形成过程。横轴 Y 是国民收入或产出，纵轴 P 是物价水平，AD 表示总需求曲线，AS_0 和 AS_1 分别表示不同水平的总供给曲线。工资（强大的工会力量）或原材料（垄断）等价格上升，而产品售价不能同比例提高，使得厂商利润减少，总供给曲线从 AS_0 移至 AS_1，在同等价格水平下，国民收入或产出减少，若总需求不变，物价水平将上升，这就是成本推进型通货膨胀。

成本推进型通货膨胀

3. 结构型通货膨胀

部门结构说的基本观点是：由于各国经济部门结构特点不同，当一些产业或部门在需求方面和成本方面发生变动时，往往通过部门之间的传递过程而影响到其他部门，从而导致一般物价水平的上升。也就是说，即使在总需求与总供给平衡的条件下，某些结构性因素也可能导致通货膨胀，产生结构型通货膨胀。引发通货膨胀的结构性因素主要包括：

（1）“瓶颈制约”。有些国家由于缺乏有效的资源配置机制，有的行业如农业、交通、能源等发展严重滞后，形成经济发展的“瓶颈”。当这些部门因供不应求而价格上涨时，便带动其他部门的连锁反应，形成一轮又一轮的价格上涨。

（2）需求移动。社会对不同部门的产品和服务的需求不是固定不变的，它会不断地转移，而劳动力及其他生产要素从一个部门转移到另一个部门则需要时间。因此，原先处于均衡状态的经济结构可能因为需求的移动而出现新的失衡，即那些社会需求增加的行业出现价格上升，社会需求减少的行业本应该价格下降，却由于价格和工资向下调整的刚性，没有出现价格降低。因此，社会需求的移动导致了物价的上升。

（3）部门差异。同一个国家不同的经济部门（如第二产业部门与第三产业部门、工业部门与农业部门），其劳动生产率总是有差别的，而各部门之间的工资增长却存在着相互看齐倾向。当发展较快的部门提高工资时，其他部门也会相应要求增加工资，从而产生工资成本推进的通货膨胀。

结构型通货膨胀理论标志着人们对通货膨胀成因认识的进一步深入，特别是在许多发展中国家，经济结构的失衡和部门间劳动生产率的差异成为产生通货膨胀的主要原因。

四、通货膨胀对经济的危害

世界各国经济发展的实践证明，通货膨胀对经济的危害主要体现在下述几方面。

（一）对生产领域的危害

通货膨胀对生产领域的危害表现在三个方面：一是由于物价普遍上涨，生产者难于区分物价上涨的真正原因，常常作出错误的投资决策，使大量资源流入价格较高的生产部门，造成资源的不合理配置，导致产业结构失调。二是在通货膨胀期间，商品价格不稳定、生产成本不容易核算、利润难于预期等因素使得企业生产经营的难度增大，而投资于商业流转部门，则资金周转相对较快，风险小，获利容易，由此导致生产者将生产资金从生产部门抽出调到商业流转部门。因此，通货膨胀使大量资金从生产领域流向流通领域，造成生产资金短缺而导致生产萎缩。三是通货膨胀导致企业技术革新成本上升，使企业不愿意或不能进行技术改造，其结果必然影响技术进步，降低劳动生产率，影响产品的升级换代。

（二）对流通领域的危害

在通货膨胀时期，物价上涨分布不均衡，使得商品流向价格上涨较快的地区，扰乱了正常的商品流通秩序；物价持续上涨，货币失去了贮藏手段职能，存在提前消费、增加消费的倾向。投机者趁机哄抬物价、囤积居奇，使本来供需不平衡的市场更加不平衡，加剧市场供需矛盾，导致流通领域更加混乱。

（三）对分配领域的危害

在通货膨胀时期，虽然居民的名义货币收入可能有所提高，但如果提高幅度低于通货膨胀率，将导致居民实际收入下降。由于各阶层收入来源不同，通货膨胀的影响也各不相同，通常在通货膨胀时期，最大受害者往往是固定收入者和低收入者。比如，依靠固定的工资、固定的退休金和福利救济金生活的人，由于物价上涨、货币贬值，原来同等数量的货币买不到与原来同等数量的生活资料，他们的实际收入水平下降，消费能力下降。一些浮动收入者可能是受益者，这种不公正的国民收入再分配，会引起社会不稳定。

第二节　通货膨胀的成因与治理对策

一、通货膨胀的成因

（一）财政赤字

国家解决财政赤字的方法一是向中央银行贷款，二是发行公债。如果采用向中央银行贷款的方法解决财政赤字，就会造成中央银行增加基础货币，因而会引起市场货币供给量增加，导致通货膨胀；如果采用发行公债的方法解决财政赤字，如向中央银行推销，或以公债为抵押向中央银行贷款，这些资金通过财政支出，转变为商业银行存款，再通过商业银行贷款，数倍扩大货币供应量。这两个途径都会引发通货膨胀。如果向中央银行以外的经济主体发行公债解决财政赤字，则一般不会增加货币供应量，不会形成通货膨胀。

（二）信用膨胀

商业信用、银行信用、消费信用过快增长会引发通货膨胀。商业信用以商业票据为工具，商业票据经过背书可以流通转让，代替货币起交换媒介作用，商业票据的使用相当于增加了货币供给量。商业信用和一部分消费信用是由企业提供的，企业之所以能提供商业信用和消费信用，是因为得到了银行的信用支持。银行向工商业提供信用支持——贷款，必然有一部分转为存款，在商业银行派生机制的作用下，转换的存款数量数倍扩张，这就直接扩大了货币供应量。

商业信用、消费信用、银行信用的使用，一方面减少了流通中对货币的需要量，另一方面增加了流通中的货币供给量，因此信用膨胀如果超过了流通、生产的需要，必然出现通货膨胀。

（三）经济发展速度过快与经济结构不合理

经济发展速度过快，积累基金规模过大，建设的规模超过了工农业生产所能承担的范围，或消费基金增长过快，超过了消费资料的供应能力，使商品供不应求。在这种情况下，由建设投资而投放到市场上的货币与生产资料的供应不相适应，由工资、奖金等渠道投放到市场上的货币与消费资料的供应不相适应，使货币供应量超过货币需求量，出现通货膨胀。

如果一国重工业发展过快，超过了轻工业和农业所能承担的范围，使重、农、轻比例失调，在这种情况下，由于重工业发展而增加的货币供给超过了市场上商品的供应，引起商品供不应求，物价上涨，出现通货膨胀。

20 世纪 80 年代以后，拉丁美洲一些国家产生通货膨胀的重要原因之一是在经济发展上长期注重增长速度，而造成国民经济结构失衡。工业部门持续高速发展，而农业生产部门发展相对缓慢；耐用消费品生产增长较快，而生产资料生产增长较慢；面向出口的农业生产部门保持着一定的增长，而以国内市场供应为主的农业生产部门日益萎缩。经济增长越快，结构失衡越严重，通货膨胀越严重。

韩国在工业化过程中，以低利率和大的信贷规模鼓励重工业发展，导致投资膨胀，在投资过程中只创造需求不提供供给，诱发通货膨胀。20 世纪 70 年代，韩国通货膨胀率高达 40%。根据经验，韩国认为国民生产总值的增长速度应控制在 8%～9%，如果超过 10%，必然导致通货膨胀。

我国从 20 世纪 50 年代起至今，数度出现通货膨胀，无不源于经济过热和产业结构不合理。在货币供求均衡的年份，生产稳定发展，商品流通顺畅，物价水平合理，居民生活水平稳步提高。在经济前景乐观的条件下，生产高速增长，建设规模急剧扩大，导致财政赤字、信用膨胀，各地区都在追求高的经济增长速度，投资规模过大、投资结构不合理，导致产业结构和产品结构不合理，货币供应量超过货币需求量，出现通货膨胀。经过治理，货币供需恢复均衡，但很快又在追求高经济增长速度的刺激下，再度经济过热，新一轮通货膨胀重新开始。

（四）外债规模过大

大量举借外债的国家，背负着沉重的还本付息包袱，阻碍了这些国家经济的正常发展，经济发展速度的放缓和沉重的债务负担，有可能导致财政赤字甚至通货膨胀。例如，一些拉丁美洲国家所欠外债大部分是公共外债，国家税收的增加不能应付偿还外债资金的需要，出现财政赤字，增发货币是政府弥补财政赤字的重要手段，这必然导致通货膨胀。1978—1981 年，墨西哥贸易逆差从 23 亿美元增至 56 亿美元，1982 年，政府的财政赤字为 16 610 亿比索，高出 1976 年财政赤字 25 倍还多。面对严重的贸易赤字和财政赤字，墨西哥政府大量举借外债。外国银行家因为着魔于墨西哥的石油财富，当时都乐于借款给墨西哥，结果墨西哥的外债急剧上升，从 1978 年的 300 亿美元上升至 1982 年的 800 多亿美元，年通货膨胀率也从 20 世纪 70 年代中期的 20％上升至 1982 年的 100％。

（五）通货膨胀的国际传导

随着国际经济联系的日益加强，通货膨胀开始在国际上传播。通货膨胀的传播途径一般有价格途径、需求途径、国际收支途径和示范作用四个方面。

1. 价格途径

在汇率不变的情况下，如果一国发生通货膨胀，该国商品价格上涨，会刺激国外商品大量流入，而商品出口国在商品供应减少的同时（货币需求减少），由于出口的增加导致了货币供给增加，必然使商品价格上升，导致该出口国发生通货膨胀。

思考：如果一国发生通货膨胀，该国货币汇率随之下调，还会发生价格传导的通货膨胀吗？

2. 需求途径

在汇率不变的情况下，一国发生通货膨胀，会诱导其他国家向该国出口商品。如果商品出口国的资源已达到充分利用，由于出口增加而生产产量并不能同比例增加，在总需求不变的条件下，该出口国社会总供给小于社会总需求，货币需求小于货币供给，产生通货膨胀。

思考：在货币对内和对外币值变动一致的情况下，能发生需求途径传导的通货膨胀吗？

3. 国际收支途径

如果一国出现通货膨胀，在汇率不变的情况下，会刺激本国商品进口增加，当出口不变时导致该国的国际收支逆差。而商品出口国由于出口增加，导致该出口国的国际收支顺差。顺差国由于外汇收入增加，为收兑外汇，导致货币管理当局向流通领域注入大量的本国货币，使货币供给超过货币需求，使该出口国产生通货膨胀。

思考：在汇率相应变动的情况下，会发生国际收支途径传导的通货膨胀吗？

4. 示范作用

由于国际性的物价上涨，使一些尚不存在通货膨胀国家的企业，预期本国物价也会上涨。这些企业为避免损失，提前将物价上涨的因素计入成本，抬高物价，或囤积居奇，引起该国物价总水平上涨，出现通货膨胀。

二、通货膨胀的治理对策

通货膨胀是货币供应量超过货币需要量，社会总需求超过社会总供给引起的，应采取措施控制货币供应量，通过减少货币供应量，达到紧缩社会总需求的目的，或采取改善供给的措施，增加货币需求量以吸纳多增加的货币供应量，使货币供给与货币需求平衡、社会总供给与社会总需求平衡，消除通货膨胀。

（一）实施紧缩性货币政策

1. 中央银行提高法定存款准备率

中央银行通过提高法定存款准备率，使商业银行的超额存款准备金减少，以降低商业银行的货币扩张倍数，压缩商业银行放贷，减少货币供应量。

2. 中央银行提高再贴现率

中央银行提高再贴现率，加大了商业银行融资成本，这会促使商业银行提高贴现率和贷款利率，使企业利息负担加重，利润减少，从而抑制企业贷款需求，实现减少投资、减少货币供应量的目标；中央银行提高再贴现率，也会使存款利率提高，鼓励居民增加储蓄，这会减少居民当期对消费品的社会需求，利于社会总供需的平衡，消除通货膨胀。

各国均以提高利率作为抑制通货膨胀的措施。例如，英国提出通过提高利率来提高贷款成本和增加储蓄收益，以治理通货膨胀；日本在 1973 年 4—12 月，连续五次提高官定利率；1999—2000 年，美国也曾五次提高利率，以抑制经济过热，防止通货膨胀的出现；2007 年，中国人民银行多次调高金融机构的贷款利率，使一年期贷款基准利率从 6.57％调高到 7.47％，同时期中国人民银行也多次调高金融机构一年期存款基准利率，使一年期存款基准利率从 2.79％调高到 4.14％，以防止经济增长由偏快转为过热，防止物价由结构性上涨演变为明显的通货膨胀。

3. 中央银行利用公开市场业务出售政府债券

中央银行向商业银行或市场出售手中持有的有价证券，就会减少商业银行的超额存款准备金，达到减少经济体系中货币存量的目的。

4. 道义劝告

中央银行用口头或书面的要求去影响商业银行，实现其紧缩信贷总规模、减少货币供应量的目的。

（二）实施紧缩性财政政策

紧缩性财政政策的手段主要是增加税收、减少财政开支和缩小财政赤字等。具体包括削减政府支出，压缩公共工程支出，并提高个人所得税税率，使消费者可支配收入减少，以降低个人消费支出。通过减少政府和个人的支出，紧缩社会总需求，达到治理通货膨胀的目的。

总体看来，货币政策影响信贷需求，影响投资需求，从而影响货币供应量，影响社会总需求；财政政策直接影响政府、个人的消费支出，达到影响社会总需求的目的。

（三）实施改善供应政策

对于需求拉上型通货膨胀，紧缩政策是通过压缩社会总需求来实现总需求与总供给的平衡，但这容易造成生产、投资萎缩，使经济衰退，经济发展速度放慢，失业人口增加。改善供应政策是在压缩社会总需求的同时，运用刺激生产增长的方法来增加供应。这一方面解决了社会总需求与总供给的不平衡，使物价稳定；另一方面不会增加失业率，甚至还会降低失业率。改善供应政策主要有减税、提高机器设备的折旧率、实施差别利率和差别信贷等。例如，1981 年美国为控制通货膨胀所采取的供应政策包括：削减政府开支以降低社会总需求；降低所得税税率，并提高机器设备折旧率，以促进生产，促进投资，增加供应；限制货币增长率，压缩社会总需求。

供应政策的实施，改变了过去只着眼于解决过度需求的做法，而是从解决过度需求和增加供应两方面来解决社会总需求超过总供给的状况，实现稳定物价、消除通货膨胀的目的。

（四）进行货币制度改革

如果发生了恶性通货膨胀，即物价上涨率已达到不可遏制的状态，政府还在不断地发行纸币，该国货币制度已处于或接近于崩溃的边缘，采取的对策应该是货币制度改革。一些经济学家认为，每月物价上涨率在 50%以上，并持续一段时间，就意味着发生了恶性通货膨胀。货币制度改革的主要内容是发行新货币，废除旧货币，对新货币制定一些保值措施。例如，巴西曾经出现过恶性通货膨胀，采用过改换钞票的方法，每换一次就删去几个“0”，或者改换货币名称。发行新货币的目的是增加居民对货币的信任，增加居民的储蓄存款，使货币恢复其原有的职能。但是如果发行新币后通货膨胀仍然得不到治理，甚至还在继续恶化，则新发行的纸币信誉会迅速下降，新币发行失败。实践证明，用货币制度改革的方法治理通货膨胀，并不能从根本上消除通货膨胀，治标不治本。例如，中华人民共和国成立前的旧中国，滥发纸币，1947 年其纸币发行量达到 40 亿法币，到 1948 年其发行量高达 660 亿万法币，一年的时间里增加了 16 万倍，新发行的纸币很快就变成了废纸，国民党政府被迫进行货币制度改革，开始发行金圆券，以 1 元金圆券兑 300 万元法币的比例进行兑换，但通货膨胀并没有从根本上得以消除，金圆券很快又崩溃了。

（五）其他治理措施

治理通货膨胀的其他措施包括限价、保持经济低速增长、减少出口等。

西方经济学家针对成本推动型通货膨胀，认为价格的上涨是因为工人要求提高工资和垄断组织抬高垄断价格，而不是市场的过度需求拉上去的，实行紧缩货币政策和紧缩财政政策，压缩社会总需求，可能使通货膨胀消失，但会诱发经济衰退和失业率的提高。例如，英国 1979 年以来实行紧缩政策，其通货膨胀率由 1980 年的 20%降到 1981 年的 13%，但其失业人数却从 1979 年底的 144 万人，上升到 1981 年第一季度的 250 万人。针对这类通货膨胀，应采取以物价和工资管制为内容的收入政策，也就是政府拟订物价和工资标准，劳资双方共同遵守，其目的是一方面降低通货膨胀率，另一方面不至于造成大规模的失业。但是，冻结物价会导致囤积居奇，市场商品供应不足，产品质量下降。冻结工资，因为长期通货膨胀，居民预期物价将继续上涨，当期名义收入虽未增加，但提取存款、抢购商品，会进一步扩大市场缺口，加剧通货膨胀。

许多国家经济发展的实践证明：保持高的经济增长速度，往往会伴随较高的通货膨胀率；保持低的经济增长速度，通货膨胀率也比较低；为了降低通货膨胀率，实行紧缩政策，会使经济出现衰退。但经济发展的实践还证明：如果通货膨胀率长期居高不下，经济也难以长期保持较快增长。例如，1973 年，巴西为遏制通货膨胀，制定了一个高增长率和高投资率的全国发展计划，执行结果是经济增长速度未实现，却使通货膨胀率由 1973 年的 15.5%提高到 100%，因而许多国家放弃了以促进经济增长降低通货膨胀率或经济增长与反通货膨胀并举的目标。20 世纪 70 年代，一些国家的发展经验还证明，通货膨胀不可能促进经济迅速增长，只能导致经济停滞和失业率提高。因此，许多国家选择了低通货膨胀率、低经济增长速度的目标，把抑制通货膨胀作为首选目标。例如，1975 年，比利时为了控制通货膨胀，采取了适当控制经济增长速度的政策；1982—1989 年，其经济已持续增长八个年度，经济增长率最低为 0.2%，最高为 4.4%，平均增长率为 2.37%，经济平衡发展对控制通货膨胀发挥了积极作用；1986—1989 年，其通货膨胀率分别为 1.3%、1.6%、1.2%和 3.1%。我国改革开放的经济发展实践也证明，若经济发展过快，就会出现比较严重的通货膨胀；若经济发展速度较慢，物价稳定，没有通货膨胀。

对于传导型通货膨胀，出口国往往采取使本国货币升值的方法防止商品大量出口，阻断通货膨胀的国际传导。这种方法也使已经发生通货膨胀的国家因不能增加进口而使通货膨胀得到缓解。如今面对世界性的货币供应量过多而导致的世界性通货膨胀，彻底解决的方法是采取国际紧缩政策，共同削减货币供应量，但这种共同行动是很难实现的。

相关链接 9-2

改革开放以来我国通货膨胀的原因及治理

1988—1989 年、1993—1996 年，我国发生了明显的通货膨胀。我国发生通货膨胀的原因是多方面的，既有总需求扩张因素，也有成本推进因素，还有体制方面的原因。

第一，总需求的扩张。首先，财政支出有扩张的内在动力和压力。在我国，国家财政具有明显的公共财政功能和促进经济增长的职能，当财政收入不能满足财政支出时，往往通过财政借款或发行国债的方式实现对经济较高的投入。其次，企业投资需求扩张。在我国，经济体制改革初期，由于体制原因，投资主体——国有企业不承担投资风险，不自负盈亏，借钱可以拖欠，甚至可以不还，造成企业投资需求膨胀。最后，银行信贷扩张。企业投资需求膨胀，导致银行信贷扩张，倒逼中央银行不得不采取松的货币政策。

第二，生产资料、工资等成本推动。从 20 世纪 80 年代开始，我国逐步放开价格管制，各种价格均由市场供求决定，导致价格水平迅速上升。例如，在 1993 年，许多生产资料价格上升 40%，同时，工资水平大幅增长，成本的升高，推动了物价水平的上涨。

第三，结构性因素引发价格上涨。首先，工资攀比引发价格上涨。在体制转换时期，我国存在着多种所有制类型的企业，如国有企业、集体企业、个体企业、三资企业等，效益高低各有不同，工资的攀比性致使各种企业的职工工资有趋同的现象。工资的攀比最终引发价格上涨。其次，产品结构因素引发物价上涨。由于生产方面的原因，我国产品供给结构与居民的消费需求结构不相匹配，造成某些商品供不应求，某些商品的价格出现上涨，从而引起整体物价水平的上涨。

治理通货膨胀，我国采用以从紧货币政策为主的一系列措施。我国既有治理通货膨胀的经验，也有一些教训，总的来看要注意政策措施的力度和政策手段的搭配使用，经济不宜“急刹车”而适宜“软着陆”。在治理通货膨胀时，要防止财政和货币政策的过紧导致经济速度过慢甚至负增长。

第三节　通货紧缩

一、通货紧缩的定义

通货紧缩是与通货膨胀相对应的，通货紧缩是纸币供应过少，导致纸币价格标准上升，物价水平普遍、持续下跌的现象。在西方经济学教科书中，一般把通货紧缩定义为一段时期内价格总水平的持续下降。

东南亚金融危机后，1997—2001 年，我国经济逐渐出现通货紧缩状态，国内经济学者对通货紧缩的研究逐渐深入。他们将通货紧缩定义为：由于货币供应量相对于经济增长和劳动生产率增长减少而引起有效需求严重不足，一般物价水平持续下跌，货币供应量持续下降和经济衰退的现象。通货紧缩的根源是社会的总需求小于总供给。当总需求持续小于总供给时，就会出现通货紧缩现象。

通货紧缩通常具有两个特征：

第一，商品和劳务价格持续下跌。这是通货紧缩最基本的特征。通货紧缩是一个持续的、长期的物价下跌过程，而不是物价偶然的、短暂的下跌；是一般物价水平的下降，而不是局部性和结构性的物价下跌。经济学家普遍认为，物价持续半年以上的下降才能算是通货紧缩。

第二，通货紧缩通常伴随着生产下降、经济衰退。在通货紧缩时期，消费需求下降、投资意愿低迷、企业开工不足。随着市场的萎缩，商品价格下降，企业订单减少，利润降低，企业扩大再生产的意愿不强，从而失业人数增加，工资收入降低，而这反过来又进一步制约了有效需求，使总需求更加小于总供给。

二、通货紧缩的类型

通货紧缩可以按照其持续时间、严重程度和形成原因等进行分类。

（一）按通货紧缩的持续时间分类

按通货紧缩的持续时间，可分为长期性通货紧缩、中长期通货紧缩与短期性通货紧缩。

一般将10年以上的通货紧缩称为长期性通货紧缩，5年～10年为中长期通货紧缩，5年以下为短期性通货紧缩。例如，美国1866—1896年长达30年的通货紧缩是长期性通货紧缩。

（二）按通货紧缩的严重程度分类

按通货紧缩的严重程度，可分为轻度通货紧缩、中度通货紧缩与严重通货紧缩。

如果物价指数持续下跌的时间不超过两年即出现转机，可视为轻度通货紧缩；如果物价负增长超过两年仍未见好转，但物价指数下降幅度在两位数以内，则可视为中度通货紧缩；如果通货紧缩超过两年并继续发展，且物价下降幅度超过两位数，或者伴随着比较严重的经济衰退，则应视为严重通货紧缩。例如，美国在20世纪30年代大萧条时期物价下降幅度达30%以上，并伴随着严重的经济衰退，就属于严重通货紧缩。

（三）按通货紧缩的生成机理分类

按通货紧缩的生成机理，可分为需求不足型通货紧缩与供给过剩型通货紧缩。

总需求不足使得正常的总供给显得相对过剩，由此而引发的通货紧缩是需求不足型通货紧缩。总需求由消费需求、投资需求、政府购买需求与净出口需求构成，所以总需求不足可能是由消费需求不足、投资需求不足、政府购买需求不足、净出口需求不足等一个或多个因素引起的。

新技术采用与劳动生产率的提高使得产品相对过剩而导致的通货紧缩称为供给过剩型通货紧缩。值得注意的是：产品供给过剩并非是指社会产品极大地满足了人们的需求，出现了绝对过剩，而是指社会的消费已升级，而产品的升级换代未能及时跟上，某个层次的产品（如低档消费品）供给过剩了，而新产品正处于开发、研制中，出现了产品断层。

三、通货紧缩的原因

（一）货币供应量不足

与通货膨胀一样，通货紧缩也是货币现象，当货币供应量减少，低于货币需求量时，商品过多而货币过少，必然会导致物价水平的下降。而货币供应过少的主要原因是一国政府采取过度紧缩的财政政策与货币政策，大量减少货币发行，紧缩信用或削减政府开支。

（二）有效需求不足

从实体经济来看，通货紧缩的根源是社会总需求小于社会总供给。当社会总需求持续小于社会总供给时，就会出现通货紧缩。社会总需求各构成部分的不足都有可能形成通货紧缩。

（1）消费需求不足。消费需求不足的原因是多方面的，如居民收入降低、旧的消费需求已满足而没有新的消费热点、预期未来收入减少、由于社会保障和社会福利问题预期未来支出增加、失业压力增大等。

（2）企业投资需求不足。因为经济不景气，市场萎缩，企业的投资回报低，企业对未来的扩大再生产效果预期不乐观，使企业投资动力不足，导致投资需求不足。

（3）政府支出减少。根据凯恩斯的有关理论，当居民消费需求与企业投资需求不足时，可采用扩张型财政政策，即扩大政府支出，这成为带动需求的重要手段。但是在通货紧缩时期，政府由于各种原因，支出也会相应减少。政府支出的减少造成有效需求的下降，严重时引起通货紧缩。

（4）出口减少。出口需求是总需求的构成之一，尤其对于出口导向型国家，出口减少使本国的生产出现供过于求的情况，使出口产品价格下降，进而造成总体物价水平的持续下降，引起通货紧缩。

（三）生产能力相对过剩

生产能力相对过剩，使某些产品（如低档商品）供过于求，产品的价格必然下降。有关企业会被迫减产甚至停产，进行裁员和降低员工工资，这会使企业投资需求和居民的消费需求减少，加剧了市场需求的不足。当一国大多数产业部门都出现了生产能力相对过剩时，通货紧缩就不可避免。

四、通货紧缩的危害

从表面上看，似乎通货紧缩引起的物价持续下跌导致人们的购买力有所提高，给消费者带来一定利益，实际上通货紧缩与通货膨胀一样，都会对消费者造成不利影响。通货紧缩对经济的最大危害是导致经济持续衰退。

（一）通货紧缩造成经济的衰退

物价的持续普遍下跌，使厂商生产的产品价格下降，厂商利润减少甚至可能出现亏损。这严重挫伤生产者的积极性，使厂商减少生产或退出生产，经济增长速度放慢甚至出现负增长。厂商减少生产或退出生产，就会裁员，导致失业增加，如果降低在职员工的工资水平，就会使其收入下降。通货紧缩导致消费需求不足，第一轮的消费需求不足通过乘数放大作用加剧市场萎缩，加剧社会总需求不足，厂商利润进一步受到挤压，又会有厂商缩减生产或退出，导致经济严重衰退。

（二）通货紧缩使社会财富大大缩水

社会财富由企业财富、居民财富与政府财富组成。通货紧缩使社会财富收缩。

（1）企业财富缩水。企业财富用企业的资产价格来反映。在通货紧缩情况下，一方面，全社会物价水平普遍下降，企业固定资产价格、产品价格都下跌，减少了企业的资产价值；另一方面，加重了企业债务负担，因为大部分企业是负债经营，当通货紧缩时，名义利率未下降，实际利率会上升，加重了企业债务负担。

（2）居民财富缩水。居民财富由货币收入（如工资等）、金融资产（如股票和债券等）、实物资产（如住房等）组成。在通货紧缩情况下，劳动力市场供过于求，失业人数增加，居民的工资收入降低。在货币供应量减少的情况下，股市、债券市场、外汇市场、房地产市场等价格持续低迷，居民拥有的金融资产和实物资产价格下降，造成居民财富缩水。

（3）政府财富缩水。政府财富分为存量与流量两部分：其存量部分类似于前面的企业资产，在通货紧缩下存量部分是缩水的；其流量部分是指政府的收入和支出，在通货紧缩时期，如果财政赤字增长较快，政府财富的流量部分也缩水。

（三）通货紧缩加剧失业现象

通货紧缩意味着企业生产萎缩、企业投资规模降低、企业提供的就业岗位减少，必然结果是失业人员增多。特别是在劳动力资源丰富的国家，通货紧缩使投资、生产、消费低迷，劳动力供给远大于需求，劳动力供求失衡的矛盾十分突出。

五、通货紧缩的治理

通货紧缩原因的多样性决定了其治理措施的多样性。一般来说，治理通货紧缩有三种措施。

（一）扩张型财政政策和货币政策

根据通货紧缩的原因之一是社会总需求小于社会总供给，治理通货紧缩的重要措施之一就是采取多种方式扩大总需求。例如，实行扩张型的财政政策，扩张型财政政策意味着增加政府支出，在居民消费需求不足和企业投资需求不足的情况下，通过扩大政府需求来增大总需求；实行扩张型的货币政策，扩张型货币政策通过增加货币供应量（放松信用控制、降低利率水平），以扩大企业需求和消费者需求，通过实施宽松的货币政策来刺激有效需求的增加。

（二）调整产业结构

对于因生产能力过剩等结构因素导致的通货紧缩，必须进行产业结构的调整。产业结构的调整主要是推进产业结构的升级，培育新的经济增长点，形成新的消费热点。除此以外，产业结构调整也包括同一产业中不同企业的兼并与重组，即产业组织结构的调整。如果一个行业生产能力过剩，会经常出现恶性的市场竞争，打价格战，使整个行业的价格水平越来越低、利润越来越少。进行产业结构的组织调整，使一些企业退出市场，另一些企业并购重组形成新的具有优势的企业，就会防止过度竞争，从而避免价格的不断下降。

（三）其他措施

除了上述措施外，对工资和物价的管制政策也是治理通货紧缩的手段之一。比如，在通货紧缩时期进行工资制度改革，提高工资水平，限制价格的下降。这与通货膨胀时期的限制工资增加与物价上涨的措施作用方向相反，但原理相同。此外，还可以采取各种措施，如制定更完善的社会保障体系，增加社会福利开支，努力促进就业水平提高等，以增强人们对未来的信心，形成对未来的良好预期，刺激人们的消费意愿，提高人们的消费水平。

本章小结

通货膨胀是指在纸币流通条件下，因纸币发行过多，超过了流通中所需要的货币量，从而引起纸币贬值、物价总体水平持续上涨的现象。通货膨胀的严重程度是通过通货膨胀率这一指标来衡量的。通货膨胀率通常以批发物价指数、零售物价指数、消费者物价指数和国民生产总值平减指数来确定。通货膨胀按通货膨胀的程度分为温和的通货膨胀、奔腾式的通货膨胀、恶性通货膨胀；按表现形式分为公开的通货膨胀和隐蔽的通货膨胀；按通货膨胀产生的原因分为需求拉上型通货膨胀、成本推进型通货膨胀、结构型通货膨胀。通货膨胀对经济的危害主要体现在：对生产领域的危害、对流通领域的危害、对分配领域的危害。

通货膨胀形成的机理有三种学说，即需求拉上说、成本推动说和结构说。通货膨胀的具体原因有：财政赤字、信用膨胀、经济发展速度过快与经济结构不合理、外债规模过大、通货膨胀的国际传导。通货膨胀的治理对策有：实施紧缩性货币政策；实施紧缩性财政政策；实施改善供应政策；进行货币制度改革和其他治理措施。

通货紧缩是与通货膨胀相对应的，通货紧缩是纸币供应过少，导致纸币价格标准上升，物价水平普遍、持续下跌的现象。在西方经济学教科书中，一般把通货紧缩定义为一段时期内价格总水平的持续下降。通货紧缩通常具有两个特征：第一，商品和劳务价格持续下跌。第二，通货紧缩通常伴随着生产下降、经济衰退。通货紧缩按照其持续时间分为长期性通货紧缩、中长期通货紧缩与短期性通货紧缩；按通货紧缩严重程度分为轻度通货紧缩、中度通货紧缩与严重通货紧缩；按通货紧缩的生成机理分为需求不足型通货紧缩与供给过剩型通货紧缩。通货紧缩的原因有：货币供应量不足、有效需求不足、生产能力相对过剩。通货紧缩的危害表现为：通货紧缩造成经济的衰退、通货紧缩使社会财富大大缩水、通货紧缩加剧失业现象。通货紧缩的治理有三种措施：扩张型财政政策和货币政策、调整产业结构、其他措施。

重点概念

通货膨胀　　需求拉上型通货膨胀　　成本推动型通货膨胀

消费者物价指数　　通货紧缩

章后训练

一、名词解释

通货膨胀　　需求拉上型通货膨胀　　成本推动型通货膨胀

消费者物价指数　　通货紧缩　　结构型通货膨胀

国民生产总值平减指数　　批发物价指数

二、思考题

1. 如何计量通货膨胀？
2. 如何对通货膨胀进行分类？
3. 简述需求拉上型通货膨胀、成本推动型通货膨胀的形成过程。
4. 通货膨胀和通货紧缩有什么危害？
5. 如何治理通货膨胀？如何治理通货紧缩？

三、案例分析

1978—2007年，我国发生了两次明显的通货膨胀：一次是1988—1989年，当时物价上涨率达到18.5%和17.8%；另一次是1993—1996年，当时的物价上涨率分别为13.2%、21.7%、14.8%和6.1%。请结合我国经济发展的实际，分析我国两次通货膨胀发生的原因，并概括一下我国采取反通货膨胀的对策。

四、通读相关法律法规

《电子商业汇票业务管理办法》，中国人民银行网站（http：//www.pbc.gov.cn/）。

第十章
货币政策

章前引言

2007 年开始的美国次贷危机对美国、欧洲的金融和经济产生了很大的冲击，美联储多次通过降低利率来应对可能出现的经济衰退，同时美国还采取了其他一系列政策来防止经济衰退，如放松银根、进行财政补贴、减税或救助，欧洲中央银行和政府也相应采取了一些政策措施，以应对次贷危机带来的影响。

2007 年，中国全年 CPI 较 2006 年增长了 4.8%；2008 年 2 月，CPI 比 2007 年同期上涨 8.7%。防止经济由偏快转为过热、防止价格结构性上涨演变为明显通货膨胀成为 2008 年初宏观调控的首要任务。中国人民银行 2007 年连续 6 次提高一年借贷利率至 7.47%，而法定存款准备率也被上调 11 次至 15%。

中国人民银行自 1984 年至 2019 年 9 月进行了多达 56 次的法定存款准备率的调整，2011 年 11 月 30 日调到了历史高点 21.5%，此后进入数年连续下调通道。截至 2019 年 9 月，本年度连续下调三次，大型金融机构调至 13%，中小金融机构下调至 11%。自 2008 年起针对不同类型的金融机构实行高低不同的法定存款准备率。面对复杂的国际国内形势，中央银行如何选择货币政策目标？利率变动如何对宏观经济运行产生影响？中央银行如何运用货币政策工具实施从紧或宽松的货币政策以实现货币政策目标？本章将为你一一解答这些问题。

通过本章的学习，你应该能够：

1. 了解货币政策的最终目标；
2. 了解货币政策的中介目标；
3. 掌握一般性货币政策工具；
4. 掌握货币政策传导机制。

第一节　货币政策目标

一、货币政策的含义

货币政策是中央银行为实现其宏观经济目标所采用的调节货币、信用和利率等变量的方针和措施的总和。

货币政策作为一个系统，通常包括如下三个方面：

（1）货币政策目标。

（2）货币政策工具，即实现货币政策目标的操作工具或手段。

（3）货币政策效果，主要包括货币政策中介目标的实现和传导机制。

各国实施货币政策的主体是中央银行（或货币管理当局）。货币政策是对社会总需求进行管理的宏观经济政策。

二、货币政策的最终目标

货币政策的最终目标是指中央银行通过调节货币和信用所要达到的最终目标。它一般要经历较长时间才能实现，它基本上与国家的宏观经济目标一致。世界各国在不同时期确立的货币政策目标不尽相同，但主要有四个目标作为不同国家、不同时期的最终目标。

（一）货币政策的四个最终目标

1. 稳定物价

稳定物价是指物价基本稳定，即全社会的一般物价水平变动在可以承受的限度之内。因此，物价稳定并不是绝对没有物价变动。

在现代经济中，物价的稳定性与通货膨胀是相互表示或相互说明的，物价是否稳定通常用通货膨胀率来衡量。由于各国对物价的承受能力不同，因而物价稳定没有统一的标准。对物价稳定的基本判断是通货膨胀率保持在较低水平上，与其他经济目标相协调。

2. 充分就业

充分就业是衡量该国各种资源是否达到充分利用、经济运行是否正常的一个标志，它是西方国家货币政策的目标之一。

充分就业通常用失业率来表示。充分就业并不是指社会的失业率为零，摩擦性失业和自愿性失业是排除在充分就业目标之外的。充分就业追求的目标是消除非自愿性失业。美国多数经济学家认为失业率在5%以内就算充分就业，也有一些国家认为3%以内的失业率是充分就业追求的目标。

失业的几种类型

3. 经济增长

经济增长是指一国在一定时期内的商品与劳务产出的增长及与其相结合的供给能力的增长。经济增长的衡量指标是经济增长率，即以不变价格计算的年国民生产总值增长率。

以国民生产总值增长率为经济增长的衡量指标有两个缺陷：一是统计的数字可能有虚假成分；二是经济增长的背后可能是环境污染、资源浪费。目前，包括我们国家在内的许多国家以节约能源、减少排放、保护生态环境的绿色国民生产总值增长率作为经济增长的衡量指标。

4. 国际收支平衡

国际收支平衡是指一个国家或地区与世界其他国家或地区在一定时期内全部经济往来活动的收支持平，或略有逆差、顺差。

国际收支平衡的标志是反映在国际收支平衡表上的黄金、外汇储备不发生巨额的增减变化。

（二）货币政策最终目标之间的关系

货币政策最终目标之间存在着矛盾或不一致，主要表现如下所述。

1. 物价稳定与充分就业之间的关系

物价稳定有可能影响充分就业，而充分就业也有可能妨碍物价稳定。中央银行为了物价稳定，采取的必要措施是抽紧银根，紧缩信用，减少货币供应，降低通货膨胀率，但同时可能会导致经济衰退、失业率上升。中央银行为降低失业率，采用货币扩张政策，放松银根，增加货币供应，增加投资，刺激需求，实现经济增长，失业率下降，但同时可能会导致通货膨胀，加速物价上涨。

根据菲利普斯曲线，充分就业与物价稳定不能并行，失业率与物价上涨率之间存在着反比例关系：失业率低，物价上涨率高；失业率高，物价上涨率低。

物价稳定与充分就业之间的矛盾见图 10-1。

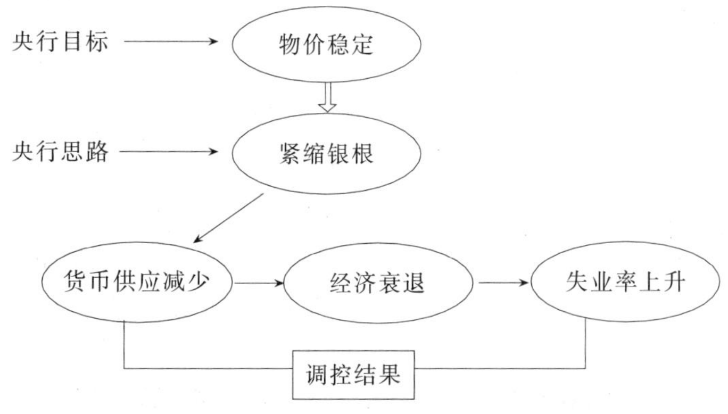

图 10-1　物价稳定与充分就业之间的矛盾

图10－1说明：央行为实现物价稳定目标，必然紧缩银根，使货币供应减少，但也同时导致经济衰退和失业率上升。换句话说，保持物价稳定是以经济衰退和失业率上升为代价的，这就是物价稳定与充分就业之间的矛盾。

2. 物价稳定与国际收支平衡之间的关系

世界各国家物价都稳定，有利于国际收支平衡，但只有本国物价稳定难以保持国际收支平衡。因为本国物价上涨而国外物价稳定表明本国货币贬值、外国商品价格相对较低，这会导致本国商品出口减少、进口增加，使国际收支出现逆差；如果本国物价下跌或稳定而国外物价稳定或出现通货膨胀，就会导致本国商品出口增加、进口减少，使国际收支出现顺差。

3. 经济增长与国际收支平衡的关系

经济增长过快可能会导致国际收支逆差，经济增长过慢又可能导致国际收支顺差。因为经济增长过快会使有效需求迅速增加，通常会引起对进口商品需求的增加，在其他条件不变的情况下，会使国际收支状况恶化，引起国际收支逆差。在经济增长过慢时，由于收入减少，有效需求随之降低，进口也会相应减少，在出口不变的情况下，有利于国际收支平衡和保持顺差。

4. 经济增长与物价稳定之间的关系

经济增长与物价稳定的关系看法不统一。有些西方经济学家认为只有物价稳定才能维护经济长期持续增长，有的则认为通货膨胀是经济增长的催化剂，也有人认为通货膨胀虽然不能促进经济迅速增长，但与经济增长形影不离，因为充分就业是经济增长的前提条件，但充分就业可能带来通货膨胀。中国改革开放后的经济发展状况表明：每当经济增长过快或出现过快苗头时，物价水平就会显著上涨；每当经济增长平稳或相对较慢时，物价就相对稳定或有下降趋势。

5. 充分就业与国际收支平衡的关系

在其他条件不变的情况下，充分就业不利于国际收支平衡。因为失业率下降，必然导致货币工资的增加、支付能力的提高，这会导致进口增加，国际收支失衡。当然，如果充分就业导致货币工资、进口商品金额、出口商品金额同比例变动即动态一致，则不会导致国际收支失衡。

6. 充分就业与经济增长之间的关系

通常，经济增长有利于实现充分就业，充分就业是经济增长的前提条件。但内涵型扩大再生产所实现的高经济增长，则不利于充分就业；而且过分强调充分就业，会造成人均产出减少，效益下降，导致经济增长速度下降。

由于货币政策目标之间存在矛盾与冲突，所以同一国家在不同时期就会采取不同的最终目标。货币政策是宏观经济政策的组成部分，货币政策的最终目标应该与国家宏观经济政策目标保持一致，宏观经济政策目标之间有时存在一定的矛盾或不一致性，中央银行最基本的任务是调节货币供应量，维护币值稳定，因此大多数国家的中央银行必须保持相对独立性，在保证币值稳定的前提下，尽量与其他宏观经济目标保持一致。

我国在1984年中国人民银行独立行使中央银行职能之前，是没有严格意义上的货币政策目标的。为适应当时高度集中计划经济管理体制的需要，经济计划目标是最高目标。《中华人民共和国中国人民银行法》颁布之前，中国人民银行的最终目标是经济增长和币值稳定。《中华人民共和国中国人民银行法》确定中国人民银行的货币政策目标是保持货币的币值稳定，并以此促进经济增长。

思考：假如国际收支存在巨额顺差，导致国内货币供给增长过快而面临通货膨胀风险，中央银行应如何选择货币政策最终目标？

三、货币政策的中介目标

（一）货币政策中介目标的含义和作用

中央银行实现货币政策最终目标需要较长过程。中央银行在实现最终目标的过程中，必然要寻找一些指标来观测最终目标的实现程度并据此对政策变量进行调整，这些指标就是中介目标。

中介目标的作用表现在三个方面：第一，可以表明货币政策实施的进度；第二，为中央银行提供追踪指标；第三，便于中央银行随时调整政策。

（二）货币政策中介目标的选择标准

货币政策中介目标必须符合下述三个标准。

1. 相关性

它是指中介目标必须与货币政策最终目标有密切的、稳定的和统计数量上的联系。

2. 可控性

它是指中介目标必须能由中央银行控制、能直接处于中央银行运用货币政策工具的作用范围之内。例如，财政收入、平均工资、固定资产投资额因中央银行不可控，都不能作为货币政策的中介目标。

3. 可观测性

它是指通过中介目标变化能够观测货币政策作用的效果和实施进度，而且反映目标变化程度的数据资料能够迅速取得。

（三）货币政策中介目标可采用的指标

根据货币政策中介目标的三个标准，中央银行可以选择下述指标作为中介目标。

1. 市场利率

市场利率是凯恩斯主义所坚持的货币政策中介目标，即在20世纪70年代以前，许多中央银行把市场利率作为主要中介目标。

市场利率作为中介目标有如下三方面理由：

（1）市场利率与经济活动高度相关。当经济繁荣时，货币需求量增加，利率会上升；反之，当经济衰退时，货币需求量缩减，利率会下降。市场利率是把货币供应量变动传导到生产和投资领域的重要渠道。市场利率变动会影响企业投资成本和收益，进而影响企业生产和投资规模，影响经济增长速度。

（2）市场利率的变动能反映货币与信贷的供求状况。市场利率水平提高，可能是银根紧缩，货币与信贷供给偏少；市场利率水平下降，可能是银根宽松，货币与信贷供给偏多。市场利率变化资料及货币信贷供给变化数据，中央银行是能够迅速获得的。

（3）市场利率水平受中央银行活动影响。中央银行通过再贴现、再贷款、买卖外汇和买卖有价证券等业务活动对市场利率变动方向产生着重要影响，具有一定的可控性。

思考：中央银行是如何进行业务活动来控制利率变动的？

市场利率作为中介目标有一定的缺陷，因为利率既受货币供给影响，也受货币需求影响，而中央银行只能直接影响货币供给。也就是说，利率在受政策性因素影响的同时也受非政策性因素影响，利率变动是政策效果和非政策效果共同作用的结果，中央银行难以选择货币政策工具的力度。

2. 货币供应量

货币供应量作为中介目标有如下三方面理由：

（1）与经济活动高度相关。第一，当经济繁荣时，生产和商品交易规模扩大，信贷需求增加。因为货币供给与货币需求要相适应，这就引起银行体系货币供应量增加。反之，经济衰退时，货币供应量减少。第二，货币供应量的变动直接作用于经济过程。当货币供应量增加，生产、商品交易和投资规模扩大，能提高国民生产总值；反之，会减少国民生产总值。第三，货币供应量的变化与物价变动密切相关。当货币供应量增加时，购买力就会上升，即社会总需求增加，在社会总供给一定的情况下，就会使物价上涨；反之，使物价下降。

（2）便于观测。货币供应量的数据资料可以通过中央银行负债项目获得。

（3）中央银行对货币供应量的控制性很强。中央银行可以通过它的业务活动来增加或减少货币供应量。

思考：中央银行可采用哪些方法增加货币供应量？

货币供应量作为中介目标是有缺陷的。货币供应量受非政策性因素的影响，如商业银行具有信用创造能力，对货币供应量有影响，公众持有现金比率通过商业银行信用创造机制对货币供应量影响很大，从而使中央银行难以精确地控制货币供应量。另外，还有货币供应量的口径问题。

3. 基础货币

思考：什么是基础货币？

基础货币作为中介目标有以下两方面的理由：

（1）基础货币对货币供应量影响非常大，而且对中央银行来说，基础货币比货币供应量更容易控制。

（2）基础货币变化在一定程度上反映货币政策最终目标变化。当实施扩张货币政策时，放松银根增加了基础货币供应，通过货币乘数作用，流通中货币量会成倍增长，实现经济增长的终极目标；反之，当实施紧缩货币政策时，紧缩银根减少了基础货币供应，通过货币乘数作用，流通中货币量会成倍减少，实现稳定物价的终极目标。基础货币与最终目标的关系如图 10-2 所示。

图 10-2　基础货币与最终目标的关系

基础货币作为中介目标也有缺陷。基础货币与货币供应量之间的关系受非政策性因素影响，因而不稳定。例如，社会公众提现率、定期存款与活期存款比率、商业银行保留超额存款准备金数量都会影响货币乘数的变化，使中央银行很难精确地通过控制基础货币来控制货币供应量。

4. 超额存款准备金

超额存款准备金是商业银行存放在中央银行、超过法定存款准备金的部分，是商业银行扩大贷款规模，增加货币供应量的基础。

超额存款准备金作为中介目标有以下两方面的理由：

（1）超额存款准备金影响货币供应量。超额存款准备金是商业银行扩大贷款和进行证券投资的基础，商业银行如有足够的超额存款准备金就可以随时满足信贷的需求，增加货币供给量；反之，商业银行如果超额存款准备金不足，就会减少贷款，收缩货币供应量。货币供应量与经济活动的关系前已述及，不再重述。

（2）中央银行对超额存款准备金控制能力很强。第一，中央银行通过提高法定存款准备率可以减少商业银行的超额存款准备金，反之，增加商业银行的超额存款准备金；第二，中央银行在公开市场买进有价证券，可以增加商业银行超额存款准备金，反之，减少商业银行超额存款准备金；第三，中央银行可以通过增加再贷款和再贴现，使商业银行超额存款准备金增加，反之，使商业银行超额存款准备金减少。

超额存款准备金作为中介目标也有缺陷。超额存款准备金受非政策性因素的影响。商业银行的超额存款准备金一方面是中央银行扩大或收缩货币供应量的结果，另一方面也是商业银行资金运用的结果。超额存款准备金数量大，可以说明两个方面的问题（而不是一方面的问题）：一方面是商业银行有可用资金，意味着扩大货币供应量的能力强；另一方面也可能是商业银行不愿意进行信贷、投资，保留着大量的剩余储备，货币供应量减少。中央银行如果只观察商业银行超额存款准备金的数量会产生错觉。

思考：中央银行通过什么方法控制商业银行的超额存款准备金？

现阶段，我国货币政策的中介目标是货币供应量。但随着金融体制改革的深化、金融创新的发展，同时受外汇管制和汇率制度的影响，货币供应量的可控性、可测性、相关性都大大降低了，货币供应量作为中介目标受到质疑。

第二节　货币政策工具

一、一般性货币政策工具

一般性货币政策工具从总量角度，即通过对货币供应量或信用量的调节与控制，对整个经济活动产生普遍性影响。这类工具包括法定存款准备率、再贴现率和公开市场业务三类。

（一）法定存款准备率

1. 法定存款准备率的定义

法定存款准备率是中央银行规定的存款类金融机构必须将其存款的一部分作为法定存款准备金上交中央银行的比例。这是存款准备率政策的核心。法定存款准备率政策还规定可充当存款准备金的资产内容，一般规定银行库存现金及其在中央银行存款才能充当存款准备金。

2. 法定存款准备率的作用原理

调整法定存款准备率是影响信贷规模和货币供应量的强有力政策。一方面，调高法定存款准备率会迫使存款类金融机构收回贷款或减少贷款或减少证券投资，以满足向中央银行缴纳最低存款准备的需要，这是信用收缩的过程，会使货币供应量减少；另一方面，调高法定存款准备率会减少存款类金融机构的超额存款准备金，降低存款类金融机构的货币创造能力，货币供应量减少。法定存款准备率调高，货币供应量减少；法定存款准备率调低，货币供应量增加，如图 10－3 所示。

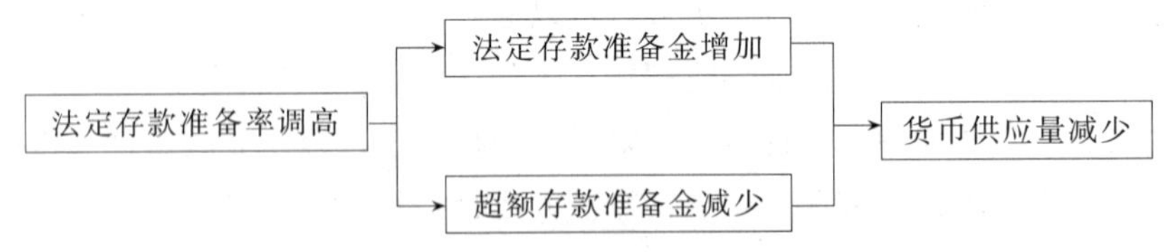

图 10－3　法定存款准备率与货币供应量的关系

3. 对法定存款准备率的评价

（1）法定存款准备率变动对超额存款准备金及货币乘数产生很大的影响，会显著增加或降低存款类金融机构贷款和投资能力，以及信用创造能力，货币政策效果显著。

（2）法定存款准备率变动缺乏伸缩性，不宜经常变动。

（3）提高法定存款准备率时，存款类金融机构要迅速压缩贷款和投资规模，容易引起经济的波动。

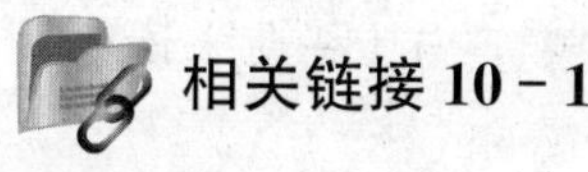

相关链接 10-1

我国存款准备金政策与制度

存款准备金是指金融机构为保证客户提取存款和资金清算需要而准备的资金，金融机构按规定向中央银行缴纳的存款准备金占其存款总额的比例就是存款准备率。存款准备金制度是在中央银行体制下建立起来的，美国最早以法律形式规定商业银行向中央银行缴存存款准备金。存款准备金制度的初始作用是保证存款的支付和清算，之后才逐渐演变成为货币政策工具，中央银行通过调整存款准备率，影响金融机构的信贷资金供应能力，从而间接调控货币供应量。

我国现行的存款准备金制度是在1998年改革后形成的。经国务院同意，中国人民银行决定，从1998年3月21日起，对存款准备金制度进行改革，主要内容有以下七项：

(1) 将原各金融机构在中央银行的“准备金存款”和“备付金存款”两个账户合并，称为“准备金存款”账户。

(2) 法定存款准备率从13%下调到8%。准备金存款账户超额部分的总量及分布由各金融机构自行确定。

(3) 对各金融机构的法定存款准备金按法人统一考核。法定存款准备金的交存分以下几种情况：

1) 中国工商银行、中国农业银行、中国银行、中国建设银行、中国农业发展银行、中信实业银行、中国光大银行、华夏银行、中国投资银行、中国民生银行的法定存款准备金，由各总行统一存入中国人民银行总行。

2) 交通银行、广东发展银行、招商银行、上海浦东发展银行、福建兴业银行、海南发展银行、烟台住房储蓄银行、蚌埠住房储蓄银行的法定存款准备金，由各总行统一存入其总行所在地的中国人民银行分行。

3) 各城市商业银行的法定存款准备金，由其总行统一存入当地中国人民银行分行。

4) 城市信用社（含县联社）的法定存款准备金，由法人存入当地中国人民银行分、支行。农村信用社的法定存款准备金，按现行体制存入当地中国人民银行分、支行。

5) 信托投资公司、财务公司、金融租赁公司等其他非银行金融机构的法定存款准备金，由法人统一存入其总部所在地的中国人民银行总行（或分行）。

6) 经批准，已办理人民币业务的外资银行、中外合资银行等外资金融机构，其人民币法定存款准备金，由其法人（或其一家分行）统一存入所在地的中国人民银行分行。

(4) 对各金融机构法定存款准备金按旬考核。

1) 各商业银行（不含城市商业银行）和中国农业发展银行，当旬第5日至下一旬第4日每日营业终了时，各行按统一法人存入的准备金存款余额，与上一旬末该行全行一般存款余额之比，不低于8%。

2）城市商业银行和城乡信用社、信托投资公司、财务公司、金融租赁公司等非银行金融机构法人暂按月考核，当月8日至下月7日每日营业终了时，各金融机构按统一法人存入的准备金存款余额，与上月末该机构全系统一般存款余额之比，不低于8%。

从1998年10月起，上述金融机构统一实行按旬考核。

3）各商业银行（不含城市商业银行）和中国农业发展银行法人按旬（旬后5日内）将汇总的全行旬末一般存款余额表，报送中国人民银行。

4）城市商业银行和非银行金融机构按旬（旬后5日内）报送一般存款余额表。

5）各金融机构按月将汇总的全系统月末日计表，报送中国人民银行。中国人民银行定期对金融机构上报的有关数据进行稽核。

6）从2001年1月1日起，各金融机构法人每日应将汇总的全系统一般存款余额表和日计表，报送中国人民银行。

（5）金融机构按法人统一存入中国人民银行的准备金存款低于上旬末一般存款余额的8%，中国人民银行对其不足部分按每日万分之六的利率处以罚息。金融机构分支机构在中国人民银行准备金存款账户出现透支，中国人民银行按有关规定予以处罚。金融机构不按时报送旬末一般存款余额表和按月报送月末日计表的，依据《中华人民共和国商业银行法》第七十八条予以处罚。上述处罚可以并处。

（6）金融机构准备金存款利率由缴来一般存款利率7.56%和备付金存款利率7.02%（加权平均7.35%）统一下调到5.22%。

（7）调整金融机构一般存款范围。将金融机构代理中国人民银行财政性存款中的机关团体存款、财政预算外存款，划为金融机构的一般存款。金融机构按规定比例将一般存款的一部分作为法定存款准备金存入中国人民银行。

（二）再贴现率

1. 再贴现率的定义

当金融机构把未到期的票据卖给中央银行时，中央银行向金融机构收取利息所使用的利息率，称为再贴现率。这是再贴现率政策的核心。它还规定向中央银行申请再贴现的资格。中央银行通过改变再贴现率以影响金融机构的信用活动，再贴现率是实施货币政策的重要工具。

2. 再贴现率的作用原理

中央银行调整再贴现率可以从三个方面影响货币供应量：

（1）中央银行调高再贴现率，向商业银行收取的利息增加，使商业银行在中央银行的融资减少，从而使商业银行的超额存款准备金减少、贷款和投资能力下降，货币供应量减少；反之，向商业银行收取的利息减少，使商业银行在中央银行的融资增加，从而使商业银行的超额存款准备金增加、贷款和投资能力增强，会增加货币供应量。

(2) 中央银行调高再贴现率，导致商业银行融资成本提高，使商业银行可能同等程度地提高贷款利率。贷款利率提高，就会抑制工商业的贷款融资需求，贷款下降，货币供应量减少。反之，中央银行降低再贴现率，导致商业银行融资成本下降，使商业银行可能同等程度地降低贷款利率。贷款利率调低，就会刺激工商业的贷款融资需求，贷款增加，货币供应量增加。

(3) 中央银行调整再贴现率起着告示作用。调高，反映了中央银行实行紧缩政策的意图；调低，反映了中央银行实行宽松货币政策的意图。中央银行再贴现率的调整会引起公众心理预期发生变化，从而会影响市场利率发生变化，进而影响货币供应量的变化。

3. 再贴现率政策的缺陷

调整再贴现率对货币供应量而言，并不是十分有效的。其缺陷主要表现在如下几个方面：

(1) 调整再贴现率对商业银行只能产生间接影响，是否能达到预期效果，取决于商业银行的配合。例如，中央银行降低再贴现率，但商业银行并不愿意扩大贷款，中央银行增加货币供应量的目标也就难以实现。

(2) 在开放度较高的国家，提高再贴现率可能导致商业银行到国外借款，引起资本流入，货币供应量不但没减少还会增加，偏离了政策意图；反之，降低再贴现率，可能会导致市场利率下降，引起资本外流，国内货币供应量不但没增加还会减少，也偏离了政策意图。

(3) 再贴现率缺乏伸缩性，即在较短时期内不适宜频繁双向变动（提高、降低），否则会使商业银行和社会公众产生混乱的预期，无所适从，因此再贴现率只适用于中央银行对货币供给多或货币供给少的单向调节。

相关链接 10-2

我国再贴现与再贷款业务

再贴现是中央银行对金融机构持有的未到期已贴现商业汇票予以贴现的行为。在我国，中央银行通过适时调整再贴现总量及利率，明确再贴现票据选择，达到吞吐基础货币和实施金融宏观调控的目的，同时发挥调整信贷结构的功能。

自 1986 年中国人民银行在上海等中心城市开始试办再贴现业务以来，再贴现业务经历了试点、推广到规范发展的过程。再贴现作为中央银行的重要货币政策工具，在完善货币政策传导机制、促进信贷结构调整、引导扩大中小企业融资、推动票据市场发展等方面发挥了重要作用。

1986 年，针对当时经济运行中企业之间严重的货款拖欠问题，中国人民银行下发了《中国人民银行再贴现试行办法》，决定在北京、上海等十个城市对专业银行试办再贴现业务。这是自中国人民银行独立行使中央银行职能以来，首次进行的再贴现实践。

1994年下半年，为解决一些重点行业的企业货款拖欠、资金周转困难和部分农副产品调销不畅的状况，中国人民银行对“五行业、四品种”（煤炭、电力、冶金、化工、铁道、棉花、生猪、食糖、烟叶）领域专门安排了100亿元再贴现限额，推动上述领域商业汇票业务的发展。再贴现作为选择性货币政策工具为支持国家重点行业和农业生产开始发挥作用。

1995年末，中国人民银行规范再贴现业务操作，开始把再贴现作为货币政策工具体系的组成部分，并注重通过再贴现传递货币政策信号。中国人民银行初步建立了较为完整的再贴现操作体系，并根据金融宏观调控和结构调整的需要，不定期公布再贴现优先支持的行业、企业和产品目录。

1998年以来，为适应金融宏观调控由直接调控转向间接调控，加强再贴现传导货币政策的效果，规范票据市场的发展，中国人民银行出台了一系列完善商业汇票和再贴现管理的政策。改革再贴现、贴现利率生成机制，使再贴现利率成为中央银行独立的基准利率，为再贴现率发挥传导货币政策的信号作用创造了条件。为适应金融体系多元化和信贷结构调整的需要，扩大再贴现的对象和范围，把再贴现作为缓解部分中小金融机构短期流动性不足的政策措施，中国人民银行提出对资信情况良好的企业签发的商业承兑汇票可以办理再贴现，将再贴现最长期限由4个月延长至6个月。

2008年以来，为有效发挥再贴现促进结构调整、引导资金流向的作用，中国人民银行进一步完善再贴现管理：适当增加再贴现转授权窗口，以便于金融机构尤其是地方中小金融机构法人申请办理再贴现；适当扩大再贴现的对象和机构范围，城乡信用社、存款类外资金融机构法人、存款类新型农村金融机构，以及企业集团财务公司等非银行金融机构均可申请再贴现；推广使用商业承兑汇票，促进商业信用票据化；通过票据选择明确再贴现支持的重点，对涉农票据、县域企业和金融机构及中小金融机构签发、承兑、持有的票据优先办理再贴现；进一步明确再贴现可采取回购和买断两种方式，提高业务效率。

中央银行贷款指中央银行对金融机构的贷款，简称再贷款，是中央银行调控基础货币的渠道之一。中央银行通过适时调整再贷款的总量及利率，吞吐基础货币，促进实现货币信贷总量调控目标，合理引导资金流向和信贷投向。

自1984年中国人民银行专门行使中央银行职能以来，再贷款一直是我国中央银行的重要货币政策工具。近年来，适应金融宏观调控方式由直接调控转向间接调控，再贷款所占基础货币的比重逐步下降，结构和投向发生重要变化。新增再贷款主要用于促进信贷结构调整，引导扩大县域和“三农”信贷投放。

（三）公开市场业务

1. 公开市场业务的定义

公开市场业务是指中央银行通过在公开市场上买卖政府债券或其他有价证券，以减少或增加商业银行的超额存款准备金，从而影响商业银行的信用创造能力。公开市场业务是中央银行经常采用的货币政策工具之一。

2. 公开市场业务的作用原理

中央银行在公开市场上买进有价证券，是基础货币投放的过程，商业银行的超额存款准备金会随之增加。当商业银行用来增加贷款和投资时，流通中货币量增加。中央银行卖出有价证券，置换回基础货币，商业银行超额存款准备金会随之减少，迫使商业银行减少贷款和投资，甚至在超额存款准备金不足的情况下还要收回贷款和投资，流通中的货币量必然减少。

假如中央银行从公开市场上买进国库券 100 万元，卖出者是商业银行，结果是中央银行增加了 100 万元债券资产，商业银行增加了 100 万元超额存款准备金。假如商业银行愿意保留新增加的超额存款准备金，则流通中的货币量不会增加，但商业银行在经济利益驱动下，增加贷款和其他证券投资，扩张信用，必然增加流通中的货币量。

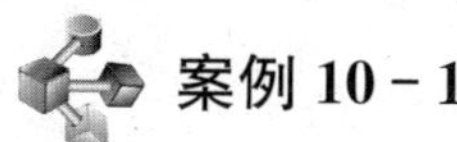

案例 10-1

在法定存款准备率为 10%的情况下（其他条件忽略不计），商业银行增加 100 万元超额存款准备金可使货币供应量增加多少？

货币乘数 $K=\frac{1}{r_d+e+c+r_t \cdot t}=\frac{1}{10\%}=10$

新增基础货币 $B=100$（万元）

增加的货币供应量 $MS=K \cdot B=10\times 100=1\ 000$（万元）

从案例看出：当中央银行增加货币投放量时，在货币乘数的作用下，流通中的货币会成倍增加。

3. 对公开市场业务的评价

公开市场业务作为货币政策工具，中央银行在操作上具有很强的主动性和灵活性。主要表现在：

（1）中央银行在公开市场业务中始终处于主动地位。中央银行可以根据收缩信用或扩张信用的目标，主动地采取在公开市场上卖出或买进有价证券手段，影响商业银行超额存款准备金。

（2）中央银行可以进行微调，可以进行连续操作，可以进行纠错，具有很好的伸缩性。

（3）中央银行可以根据变化后的经济形势的需要，进行反向操作。比如，在外汇存量发生变化、政府存款转移、大众持有通货的习惯发生改变的情况下，可利用公开市场业务的反向操作抵消其可能产生的影响。

公开市场业务作为货币政策工具，有一定的缺陷。主要表现在：

（1）必须以发达的金融市场为基础。公开市场业务是借助金融市场完成的，没有健全和发达的金融市场，中央银行就没有实施公开市场操作的条件。

（2）必须有足够多的有价证券。没有足够多的有价证券，中央银行就难以通过吞吐有价证券影响商业银行超额存款准备金并使货币供应量发生变化，就难以实现中央银行的货币政策目标。

（3）对商业银行的强制性影响比较弱。中央银行根据自己的目标进行买卖有价证券的操作，是市场行为，对商业银行没有直接强制的作用，商业银行有根据自己经营状况作选择的自由。

（4）对社会公众预期影响比较弱。尽管中央银行买卖有价证券可以影响社会公众的心理预期，但由于公开市场业务是持续发生的、随时可以改变的，同时很难判断公开市场业务是改变政策方向的操作还是抵消其他影响的操作，所以告示效果不显著，容易使社会公众产生相反的预期。

相关链接 10－3

我国的公开市场操作

在多数发达国家，公开市场操作是中央银行吞吐基础货币，调节市场流动性的主要货币政策工具，通过中央银行与指定交易商进行有价证券和外汇交易，实现货币政策调控目标。在中国，公开市场操作包括中国人民银行的人民币公开市场操作和外汇公开市场操作两部分。外汇公开市场操作 1994 年 3 月启动，人民币公开市场操作 1998 年 5 月 26 日恢复交易，规模逐步扩大。1999 年以来，公开市场操作已成为中国人民银行货币政策日常操作的重要工具，对调控货币供应量、调节商业银行流动性水平、引导货币市场利率走势发挥了积极的作用。

中国人民银行从 1998 年开始建立公开市场业务一级交易商制度，选择了一批能够承担大额债券交易的商业银行作为公开市场业务的交易对象，目前公开市场业务一级交易商共包括 49 家商业银行。这些交易商可以运用国债、政策性金融债券等作为交易工具与中国人民银行开展公开市场业务。从交易品种看，中国人民银行公开市场业务债券交易主要包括回购交易、现券交易和发行中央银行票据。其中，回购交易分为正回购和逆回购两种，正回购为中国人民银行向一级交易商卖出有价证券，并约定在未来特定日期买回有价证券的交易行为，正回购为央行从市场收回流动性的操作，正回购到期则为央行向市场投放流动性的操作；逆回购为中国人民银行向一级交易商购买有价证券，并约定在未来特定日期将有价证券卖给一级交易商的交易行为，逆回购为央行向市场上投放流动性的操作，逆回购到期则为央行从市场收回流动性的操作。现券交易分为现券买断和现券卖断两种，前者为央行直接从二级市场买入债券，一次性地投放基础货币；后者为央行直接卖出持有债券，一次性地回笼基础货币。中央银行票据即中国人民银行发行的短期债券，央行通过发行央行票据可以回笼基础货币，央行票据到期则体现为投放基础货币。

二、选择性货币政策工具

（一）选择性货币政策工具的概念

选择性货币政策工具是指中央银行对信用进行结构性控制，即通过对不同信用形式的管制，鼓励或抑制某一部门的发展，从而实现结构调整目标。

（二）选择性货币政策工具的种类

1. 优惠利率

优惠利率是指中央银行对国家重点发展经济部门，使用较低贴现率或放款利率以鼓励这些部门的发展。比如，一些国家对农业、重工业、出口工业等使用较低利率，扶持这些产业的发展。优惠利率多被落后国家所采用。

2. 证券保证金比率

证券保证金比率是指证券购买者在买进证券时必须支付现款的比率。例如，在保证金比率为60％时，证券购买者就必须支付60％的现款，其余40％可以向银行贷款，但同时以购入的证券向银行作抵押；当保证金比率为40％时，证券购买者只需支付40％的现款，其余60％可以向银行贷款。通过调整证券保证金比率，就调节了证券市场的资金供给。证券保证金比率的调整可以防止证券市场过度投机，也可保障证券市场的繁荣。中央银行根据经济形势或金融市场情况，通过对证券保证金比率的调节控制对证券市场的信用规模。例如，美国在1936年后，对买卖证券的保证金比率，最低曾降至25％，最高曾升至100％。

3. 预缴输入保证金

为限制进口过度增长，中央银行要求进口商按照进口总额一定比例预缴进口商品保证金，存入中央银行。中央银行可以根据国际收支中贸易收支需要调整预缴保证金比例。这类措施一般在国际收支逆差国采用。

4. 消费者信用控制

当需求过旺或通货膨胀发生时，中央银行可以要求提高首付现款的比率、缩短分期付款的期限；当需求不足或经济衰退时，中央银行可以放松分期付款的管制或延长分期付款的期限、降低首付款的要求，以刺激消费的增加。

5. 房地产信用管制

为防止投机，中央银行限制银行或金融机构对房地产的放款，或严格分期放款的条件。

优惠利率、专项贷款、利息补贴和特种存款等是中国人民银行采用的政策工具，在扶持国家优先发展部门（如能源、交通、出口、民族贸易）和支持重点建设工程等方面作用还是比较显著的。这类工具能够针对特殊情况灵活运用。

三、直接信用管制

（一）直接信用管制的概念

直接信用管制是指中央银行以行政命令的方式，直接对银行放款或接受存款的数量以及存款利率进行控制。一般市场经济发达的国家很少采用这类方式。

（二）直接信用管制的种类

（1）直接限制贷款数量。中央银行根据金融形势的需要，可以对金融机构或某一类金融机构规定贷款的最高发放额，即通常所说的贷款额度管理。中华人民共和国成立后很长一段时间里一直采用直接限制贷款数量管理，1998 年，中国人民银行取消了对各银行的贷款限额管理。

（2）最高利率管制。中央银行对银行吸收存款、储蓄规定最高利率。

（3）中央银行对业务活动不当的银行，可以拒绝提供贷款或者实行高于一般利率的惩罚性利率。

（4）规定各银行的放款以及投资的方针。中央银行可以对资产项目进行限制，如规定商业银行对不动产投资数量的限制；中央银行可以对贷款额度进行限制，如对商业银行发放的中期贷款规定最高额度，对储蓄银行的股票投资、住宅融资规定最高额度等。

四、间接信用管制

（一）道义劝告

道义劝告是指中央银行利用其声望和地位，向各家银行和其他金融机构说明立场，加以劝勉，希望借助道义的影响和说服的力量达到干预和控制各金融机构业务的目的。

道义说服采取温和的方式，适用范围广，但这种方式无强制性和约束力，能否发生作用取决于中央银行的声望和各银行的合作程度，也取决于说服的时机、说服内容和详细程度。

（二）窗口指导

窗口指导是指中央银行根据产业行情、物价趋势和金融市场动向，规定商业银行的贷款重点投向和贷款变动数量等。

（三）金融宣传

中央银行利用各种时机向全国各界特别是金融界说明其金融政策的内容及意义，取得各方面的理解和支持，从而使金融活动按照中央银行预期的方向发展。

中央银行定期公布资产负债表、年报，发表有关财政、贸易、物价和经济发展趋势的详细统计分析。中央银行负责人利用记者招待会、学术演讲及其他公共集会，说明金融政策的内容、动向及制定的根据。

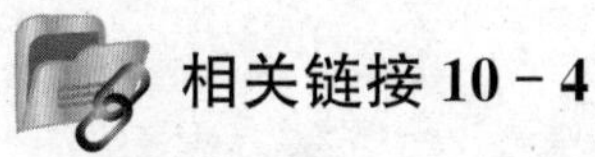

相关链接 10-4

中国人民银行采用的货币政策工具

中国人民银行采用的货币政策工具有公开市场业务、法定存款准备金、中央银行贷款、利率、常备信贷便利等。

1999年以来，公开市场业务成为中国人民银行日常操作的重要工具。根据货币调控需要，近年来中国人民银行不断开展公开市场业务工具创新。2013年1月，立足现有货币政策操作框架并借鉴国际经验，中国人民银行创设了“短期流动性调节工具(Short-term Liquidity Operations，SLO)”作为公开市场常规操作的必要补充，在银行体系流动性出现临时性波动时相机使用。这一工具既有利于央行有效调节市场短期资金供给，熨平突发性、临时性因素导致的市场资金供求大幅波动，促进金融市场平稳运行，也有助于稳定市场预期和有效防范金融风险。

法定存款准备金政策也是中国人民银行常用的货币政策工具之一。

再贴现的作用也日益增强。自1984年中国人民银行专门行使中央银行职能以来，再贷款一直是我国中央银行的重要货币政策工具。为适应金融宏观调控方式由直接调控转向间接调控，再贴现成为常用的货币政策工具，而再贷款投放基础货币所占比重逐步下降，结构和投向也发生重要变化。新增再贷款主要用于促进信贷结构调整，引导扩大县域和“三农”信贷投放。

利率政策是我国货币政策的重要组成部分，也是货币政策实施的主要手段之一。中国人民银行根据货币政策实施的需要，适时地运用利率工具，对利率水平和利率结构进行调整，进而影响社会资金供求状况，实现货币政策的既定目标。中国人民银行采用的利率工具主要有三个：一是调整中央银行基准利率，包括再贷款利率、再贴现利率；存款准备金利率；超额存款准备金利率。二是调整金融机构法定存贷款利率，制定金融机构存贷款利率的浮动范围。三是制定相关政策对各类利率结构和档次进行调整等。近年来，中国人民银行加强了对利率工具的运用。利率调整逐年频繁，利率调控方式更为灵活，调控机制日趋完善。随着利率市场化改革的逐步推进，作为货币政策主要手段之一的利率政策将逐步从对利率的直接调控向间接调控转化。利率作为重要的经济杠杆，在国家宏观调控体系中将发挥更加重要的作用。

常备借贷便利是中国人民银行新创设的货币政策工具。其主要特点有三个：一是由金融机构主动发起，金融机构可根据自身流动性需求申请常备借贷便利；二是常备借贷便利是中央银行与金融机构“一对一”交易，针对性强；三是常备借贷便利的交易对手覆盖面广，通常覆盖存款金融机构。该货币政策工具的适用对象主要为政策性银行和全国性商业银行，期限为1～3个月，利率水平根据货币政策调控、引导市场利率的需要等综合确定。常备借贷便利以抵押方式发放，合格抵押品包括高信用评级的债券类资产及优质信贷资产等。

第三节　货币政策传导机制

一、货币政策传导机制概述

货币政策传导机制是中央银行运用货币政策影响中介目标进而实现最终目标的途径和过程的机能。

关于货币政策的传导机制，有凯恩斯学派和货币学派的传导机制理论。

（一）凯恩斯学派的货币政策传导机制

凯恩斯学派的货币政策传导机制用符号表示为：

$$M \to r \to I \to E \to Y$$

M 表示货币供应量，r 表示利率，I 表示投资额，E 表示总支出，Y 表示总收入。其中，特别强调利率的变化通过资本边际效率的影响使投资以乘数方式增减，最后影响社会总收支的变化。

凯恩斯学派主张传导过程中的主要机制或主要环节是利率。货币供应量的变动或调整首先影响利率的升降，然后才能使投资及总支出发生变化，进而影响总收入的变化。

（二）货币学派的货币政策传导机制

货币学派的货币政策传导机制用符号表示为：

$$M \to E \to Y$$

M 表示货币供应量，E 表示总支出，Y 表示总收入。

货币学派认为利率在货币传导机制中并不起重要作用，而货币供应量的作用则十分突出。他们认为增加货币供应量在开始时会降低利率，但不久会因货币收入增加和物价上涨使名义利率上升，而实际利率可能回到并稳定在原先的水平上，因此货币政策的传导机制不是通过利率间接地影响投资和收入，而是通过货币实际余额的变动直接影响支出和收入。

二、货币政策的传导过程

（一）从中央银行到存款类金融机构及金融市场

中央银行运用法定存款准备率、贴现率和公开市场业务等各种货币政策工具，可以使各存款类金融机构的超额存款准备金增加或减少，以及使金融市场的融资条件发生变化。中央银行控制着各存款类金融机构的贷款能力和金融市场的资金融通规模。

（二）从存款类金融机构及金融市场到企业和个人的投资与消费

中央银行通过实施货币政策，如提高或降低利率，扩张或紧缩货币供应量，使各存款类金融机构和企业、个人调整自己的投资与消费，从而使社会的投资和消费发生变化。

（三）从企业和个人的投资、消费到产量、物价和就业的变动

企业和个人投资、消费行为的变化，必然会引起产量、物价和就业的变动，最终影响经济发展、物价稳定、就业增加、国际收支平衡的实现。

案例 10－2

假如中央银行面对需求拉上型通货膨胀，试分析中央银行实施货币政策的过程。

分析如下：

中央银行的最终目标是币值稳定，消除通货膨胀。

中介目标可选择商业银行超额存款准备金、货币供应量、基础货币和市场利率。

选择的货币政策工具或措施可以是：公开市场业务、再贴现率和法定存款准备率等一般性货币政策工具。

货币政策工具运用过程：假如中央银行在公开市场上出售国库券，银行超额存款准备金降低，可用资金减少，信贷收缩，这同时也是基础货币减少的过程。假如中央银行提高再贴现率，一方面使商业银行融资成本提高，另一方面贴现银行获得央行信贷支持减少，从而导致两个结果：一是从货币供给方面看，银行必须收缩信贷，货币供应量减少，二是银行因为融资成本提高，会提高贷款利率，贷款利率提高会抑制货币需求，从而导致信贷收缩。假如中央银行提高法定存款准备率，使得存款类金融机构法定存款准备金增加、超额存款准备金减少，货币乘数降低，货币派生能力下降，信贷收缩，货币供应量减少。

中央银行通过上述一系列政策工具的运用，使存款类金融机构法定存款准备金上升，超额存款准备金减少，使货币供应量减少，资金价格即利率上升。利率是一个重要的经济杠杆，利率上升在一定程度上会抑制企业的信贷需求，固定资产投资减少，致使投资品的价格下降；因投资规模的缩减，在投资乘数的作用下，社会总需求会大规模下降，这有利于治理或消除需求拉上型通货膨胀。实际利率升高后（实际利率为正），人们在证券投资收益率提高的诱导下，持有货币的愿望会下降，而选择持有金融资产（银行存款、债券、股票），因而推迟消费，也就降低了当期社会总需求，利于社会总供给与总需求的平衡，消除通货膨胀。

三、影响货币政策效果的因素

货币政策效果是货币政策的实施对经济产生的影响，是货币政策发挥作用所形成的必

然结果。但货币政策在实施过程中受多种因素影响，其效果是多种因素综合作用的结果。影响货币政策效果的主要因素如下所述。

（一）货币政策时滞

1. 货币政策时滞的概念

中央银行根据经济发展状况的需要，运用货币政策工具使经济发展向预定目标变化。货币政策时滞是指中央银行从观察到宏观经济运行发生变化而采取政策工具到实现预定目标的时间间隔。

2. 货币政策时滞的类型

货币政策时滞包括内在时滞、中期时滞、外在时滞三类。

内在时滞是从经济现象发生变化而需要中央银行采取措施进行矫正开始，到中央银行采取货币政策工具为止的时间。内在时滞包括认识时滞和行政时滞。认识时滞是指从经济现象发生变化开始，到中央银行决策者搜集到有关资料并达成共识，决定开始研究对策为止的时间；行政时滞是指中央银行对经济现象的性质，以及对整个宏观经济运行的影响程度的研究到作出实施何种货币政策工具的选择所需要的时间。内在时滞的长短取决于中央银行搜集资料、获取相关信息、研究现象、采取行动的效率，同时也取决于当时的政治和经济目标的复杂程度，当存在多目标时，必须依据其重要程度进行选择，时滞会延长。

中期时滞是指中央银行采取行动到整个金融机构及融资条件发生变化的时间。中央银行实施货币政策工具后，使商业银行和其他非银行金融机构改变利率或其他信用状况，而对整个社会产生影响力，这段时间间隔的长短取决于商业银行及其他金融机构的反应和金融市场的敏感程度，是中央银行操控之外的因素。

外在时滞是指自金融机构改变其利率或其他信用状况或融资条件开始，至对实质经济产生影响的过程。外在时滞包括决策时滞和生产时滞。决策时滞是从利率和融资条件改变开始，至各经济主体根据变化后的形势，而改变投资决策或支出决策的过程（采取行动之前）；生产时滞是从各经济主体将其投资或支出意向付诸行动开始，至对整个社会生产或就业产生影响的过程。内在时滞、中期时滞、外在时滞之间的关系如图 10－4 所示。

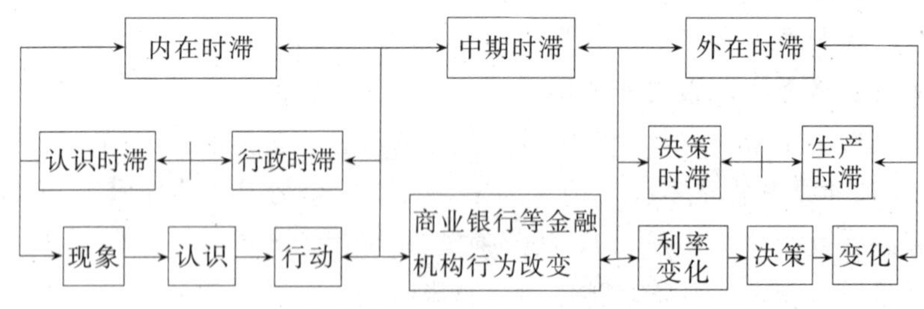

图 10－4　内在时滞、中期时滞、外在时滞之间的关系

自 20 世纪 60 年代以来，经济学者对货币政策时滞有很多的实证研究，认为货币政策的中期时滞比较稳定，是可测的，一般 2 个月左右；内在时滞时间短，但结论相差很大，最短 1 个月，最长 6 个月；外在时滞最长，但得出的结果相差很大，最短 4 个月，最长 20 个月。货币政策时滞的不可控和难以准确预测，使中央银行的相机决策可能不能实现其预定目标，甚至会与目标背道而驰。因此，现代货币数量学派主张放弃相机决策，代之以“简单规则”，主张消极地维持一定的货币供应量增长率，以避免人为错误。

（二）货币流通速度

货币政策有效性的另一制约因素是货币流通速度。中央银行在确定当期适当的货币供给增长率时，首先预测国内生产总值增长率并综合考虑货币流通速度变化及物价变动，然后根据预测结果采取货币政策工具。若对国内生产总值及物价变动预测准确，而对货币流通速度变化的预测存在微小偏差，则可能使货币政策效果受到很大影响。例如，实际货币流通速度加快，中央银行仍按原来货币流通速度供给货币，就会多供给货币，造成货币供给过多，可能出现纸币贬值，产生通货膨胀；反之，如果货币流通速度变慢，中央银行仍按原来货币流通速度供给货币，就会使货币供给过少，可能产生通货紧缩，给生产流通带来不利影响。在实践中，货币流通速度受多种因素影响，对它是很难准确预测的，且极易影响货币政策的效果。

（三）微观主体的预期

货币政策有效性的另一制约因素是微观主体的预期。当中央银行变动货币政策工具时，各微观经济主体就会对其效果产生预期，并迅速研究对策，使中央银行的货币政策效果被抵消。例如，中央银行拟提高再贴现率或法定存款准备率，发行央行票据，实施紧缩政策，以控制社会总需求，企业就会预测到即将发生的信贷紧缩后果，就会提前投融资，居民个人会预测到通货膨胀的来临，会提前消费和加快消费，这都刺激了社会总需求的提前释放，使中央银行的货币政策目标不能实现。鉴于微观主体的预期，中央银行要综合运用多种货币政策工具，以降低微观主体预期对货币政策的抵消作用。

（四）其他经济政治因素

政府的工作目标对货币政策会产生一定的影响，其影响程度取决于中央银行的独立性。如果政府致力于高经济增长和低失业率，而中央银行的独立性比较小，可能就迫使中央银行实施宽松的货币政策，增加货币供给量，实施低利率政策。同时，实施货币政策可能会影响某些阶层、集团、部门或地方的利益，如果这些主体反应强烈，会对中央银行产生政治压力，迫使中央银行对货币政策作出调整，影响政策效果。

四、货币政策与财政政策的比较

货币政策是国家为实现宏观经济目标所采取的调节和控制货币供应量的一种金融政策。财政政策是指国家根据宏观经济政策的要求，为达到一定目标而制定的指导财政工作的基本方针和准则。

（一）货币政策与财政政策的相同点

货币政策与财政政策的相同点，主要表现在如下几方面。

1. 货币政策与财政政策的总目标基本一致

两种政策都是为保持社会总供给和总需求的平衡。

2. 货币政策与财政政策都是需求管理政策

货币政策通过运用货币政策工具调控货币供应量，货币供应量决定着社会总需求，货币供应量的变化是社会总需求变化的象征；财政政策管理财政收支，其财政预算执行的结果（无论是赤字还是大体平衡）最终对社会总需求产生重大影响。

3. 货币政策与财政政策实施的部门都是为社会提供资金的部门

两种政策执行的结果都表现为货币收支行为。实施货币政策的主体中央银行通过吞吐基础货币调节着社会的货币供应量和货币需求量，商业银行和其他金融机构通过贷款或其他信用方式向企业、消费者提供需要的货币资金；财政政策的实施主体财政部门通过拨款和投资的方式为社会文教卫生事业、社会福利事业、国防事业、农业和国家基本建设等提供资金。无论是财政收支还是信贷收支，最终都体现为货币收支行为，都是货币流通的组成部分，这两种政策都会引起货币供应量的变动。

4. 货币政策与财政政策的实施存在着结合点

货币政策的实施主体中央银行代理财政金库，中央银行的结益和金融机构的利润要上缴财政形成财政收入。中央银行代理财政金库，获得一项稳定的资金来源，形成中央银行的一项负债，同时也为财政部门调拨资金提供了便利。财政部门通过税收手段或利润上缴途径使银行一部分资金转化为财政资金，其数量多少对财政部门和银行部门的资金运用都产生重要影响。此外，货币政策与财政政策两个系统之内的银行收支和财政收支相互交叉，如财政赤字的弥补方式问题、公债发行与利率政策对居民存款产生的影响、利率调整对信贷收支和财政收支的影响等。

（二）货币政策与财政政策的不同点

货币政策与财政政策的不同点，主要表现在如下几方面。

1. 货币政策类型少于财政政策类型

货币政策类型相对比较简单，主要包括货币扩张政策和货币紧缩政策两种类型。财政政策的类型比较复杂，包括多种类型的政策。财政政策按照财政收支和管理分类，可分为税收政策、支出政策、投资政策、补贴政策等；按照财政活动与社会经济活动的关系，可分为总量财政政策和个量财政政策。总量财政政策是只对经济总量发生作用，影响经济总量增减变化的政策。简单地说，就是调节全社会供求关系平衡的财政政策，也称宏观财政政策。具体可以分为膨胀性财政政策、紧缩性财政政策和中性财政政策。膨胀性财政政策是指通过降低财政收入或增加财政赤字以刺激社会需求增长的政策，也称为赤字财政。紧缩性财政政策是膨胀性财政政策的反面。中性财政政策是对社会需求既不起刺激作用也无收缩作用的财政政策。我国近几年实行的扩大国内需求的积极财政政策就是赤字财政。个量财政政策是只对有关经济个量发生作用、影响经济个量增减变化的政策。简单地说，是为了实现经济结构优化的财政政策，也称微观财政政策（主要通过征税范围和税率的调整实现）。个量财政政策按照政策的时间长短可分为长期财政政策和短期财政政策。长期财政政策是为国民经济的战略目标服务的财政政策，具有长期稳定性的特点。从长期看，我国应坚持适度从紧的财政政策。短期财政政策属于战术性政策，适用于特定时期。我国现行的积极财政政策是在目前需求不旺的特定时期实行的短期财政政策。

2. 货币政策与财政政策工具不同

货币政策工具主要包括法定存款准备率、再贴现率、公开市场业务、保证金比率、首付比例、贷款限额、中央银行基准存贷款利率等；财政政策工具主要有税种、税率、预算收支、公债、补贴、贴息等。

3. 货币政策与财政政策运行基础不同、调控资金的性质不同

货币政策运行与作用的发挥必须建立在市场经济机制之上，必须以信用为条件，货币政策所调控的资金是借贷资金；财政政策运行与作用的发挥是建立在国家政权之上的，资金筹集带有强制性，资金运用具有行政性、无偿性。因此，财政资金可以用于非生产性、无收益的项目支出，货币政策调控的借贷资金只能用于有偿还能力的项目支出。

4. 货币政策与财政政策作用过程不同

货币政策作用的直接对象是货币运动过程，以调控货币供给的数量和结构为目标，进而实现调控社会经济目标；财政政策作用的直接对象是国民收入的再分配过程，通过改变国民收入再分配的结构和数量进而实现调控社会经济目标。

5. 货币政策与财政政策时滞不同

货币政策工具运用较为便捷，而财政政策工具从确定到实施过程较为复杂，因此，货币政策内部时滞较短、外部时滞较长，财政政策与货币政策相比恰好相反，即内部时滞较长、外部时滞较短。货币政策认清问题需要较长的时间，而中国人民银行可以较快地做出决策并且根据经济运行的变化随时调整。财政问题容易发现，但决策时需要经过一定的法律程序。财政预算具有法律性质，若发现问题，需财政部门提出、政府部门研究、报请权力机关（人民代表大会及其常委会）讨论并批准，这往往需要较长的时间。

通过上述分析，我们发现两种政策既有联系又有区别，两者配合使用可以弥补各自缺陷，有利于宏观调控目标更好地实现。从理论上看，货币政策与财政政策有四种配合模式：紧缩的财政政策与紧缩的货币政策的配合（双紧）；宽松的财政政策与紧缩的货币政策的配合（松财政紧信贷）；宽松的货币政策与紧缩的财政政策的配合（松信贷紧财政）；宽松的财政政策与宽松的货币政策的配合（双松）。

若社会总需求大于总供给，出现了严重的通货膨胀和经济过热，以致影响经济稳定正常运转，则适宜采用双紧的搭配模式。这种措施可以有力抑制社会总需求的过度增长，缓解通货膨胀，保持经济稳定。虽然这种措施有利于经济的稳定和治理通货膨胀，但会抑制供给，如果使用不当，会导致经济萧条。

双松的搭配模式主要适用于社会总需求严重不足、经济转入严重萧条的状况。这种政策措施的配合可以通过扩大有效社会总需求以促进经济增长，但把握不当有可能会引发通货膨胀，影响社会的稳定。

若社会总需求与社会总供给大体平衡，但消费偏旺而投资不足，则适宜采用紧财政宽信贷的模式。有一些国家为积聚更多资金，优化资源配置，促进经济增长，也采用这种配

合方式。在这种方式下，中央银行或货币管理当局降低利率，有利于刺激投资增长，而缩减政府的开支，限制公共消费，减少非营利性资金供应，有利于提高资金的使用效益，从而提高全社会的经济效益。

松财政紧信贷的模式适用于总需求与总供给大体平衡，但消费不足而投资过旺的情况。许多国家在调整经济结构时普遍采用这种模式。通过松的财政政策，即降低税率、扩大预算赤字、增加政府投资支出和转移性支出，以及通过紧的货币政策，即提高利率、紧缩信贷，可以实现扩大消费性支出和控制投资增长过快、压缩投资规模的目标，从而实现经济增长方式的改变，提高经济增长的质量，使人们更多地分享经济增长带来的利益。

财政政策和货币政策松紧搭配的优点是使经济增长有一定的缓冲性、稳定性高，可以避免经济的大起大落；缺点是政策导向不明确，作用力度小，作用时滞长。

本章小结

货币政策是中央银行为实现其宏观经济目标所采用的调节货币、信用和利率等变量的方针和措施的总和。货币政策通常包括货币政策目标、货币政策工具、货币政策效果。各国实施货币政策的主体是中央银行或货币管理当局。货币政策的最终目标为：稳定物价、充分就业、经济增长和国际收支平衡。货币政策最终目标之间存在着对立统一关系。中央银行实现货币政策最终目标需要较长过程，需要设置观测目标即中介目标来控制最终目标的实现程度，中介目标的必要条件是相关性、可控性、可观测性。货币政策中介目标主要有市场利率、货币供应量、基础货币和超额存款准备金。现阶段，我国货币政策的中介目标是货币供应量。

货币政策工具分为一般性货币政策工具和选择性货币政策工具、直接信用管制和间接信用管制四类。一般性货币政策工具包括法定存款准备率、再贴现率和公开市场业务三类。选择性货币政策工具包括优惠利率、证券保证金比率、预缴输入保证金、消费者信用控制和房地产信用管制等。直接信用管制包括直接限制贷款数量；最高利率管制；中央银行对业务活动不当的银行，可以拒绝提供贷款或者实行高于一般利率的惩罚性利率；规定各银行的放款以及投资的方针等。间接信用管制主要包括道义劝告、窗口指导和金融宣传。

货币政策传导机制是中央银行运用货币政策影响中介目标进而实现最终目标的途径和过程的机能。

影响货币政策效果的因素主要有货币政策时滞、货币流通速度、微观主体的预期和其他经济政治因素。货币政策与财政政策的协调主要有四种模式：紧缩的财政政策与紧缩的货币政策的配合（双紧）；宽松的财政政策与紧缩的货币政策的配合（松财政紧信贷）；宽松的货币政策与紧缩的财政政策的配合（松信贷紧财政）；宽松的财政政策与宽松的货币政策的配合（双松）。

重点概念

货币政策　　中介目标　　一般性货币政策工具

道义劝告　　窗口指导

章后训练

一、名词解释

货币政策　　中介目标　　一般性货币政策工具

道义劝告　　窗口指导　　选择性货币政策工具

直接信用控制　　间接信用控制　　货币政策时滞

二、思考题

1. 货币政策的最终目标有哪几个？我国货币政策的目标是什么？
2. 货币政策中介目标的必要条件有哪几个？哪些可以做货币政策中介目标？
3. 简述货币政策的传导机制。
4. 一般性货币政策工具有哪些？
5. 选择性货币政策工具有哪些？
6. 间接信用控制有哪些手段？
7. 影响货币政策效果的因素有哪些？
8. 货币政策与财政政策有哪几种搭配？

三、案例分析

1. 假如中央银行面临发生通货膨胀的风险，分析中央银行可以运用哪些货币政策工具并分析其传导过程。

2. 根据中国人民银行网站近10年来法定存款准备率调整数据，分析我国法定存款准备率政策工具的运用，并分析我国货币政策工具的变化过程及我国货币政策的类型。

四、通读相关法律法规

《中华人民共和国证券法》，中国人民银行网站（http：//www. pbc. gov. cn/）。

第十一章

金融风险与金融监管

章前引言

“金融监管”是金融语言的核心，随着金融一体化和经济全球化的发展，金融风险日趋复杂化和多样化，金融风险管理的重要性愈加突出。金融监管包括对金融风险的识别、度量和控制。由于金融风险对金融、经济乃至国家安全的消极影响，在国际上，各国政府及金融监管部门，以及许多大型企业、金融机构和组织都在积极寻求金融风险管理的技术和方法，以对金融风险进行有效识别、精确度量和严格控制。

通过本章的学习，你应该能够：

1. 掌握金融风险的含义、特点与类型；
2. 掌握金融监管的含义、原则和内容；
3. 把握金融监管体制的类型。

第一节　金融风险

一、金融风险的含义与特点

（一）金融风险的含义

风险在经济学中是指一种不确定性，可以表示为经济主体决策结果带来收益或损失的可能性。金融风险是指经济主体在金融活动中获得收益或受到损失的可能性，或经济主体在金融活动中无法达到预期结果的可能性。狭义的金融风险是指金融服务交易中给金融交易者带来损失的可能性，或是实际收益低于预期收益，或是实际成本高于预期成本。

（二）金融风险的特点

（1）不确定性。影响金融风险的因素难以事前完全把握。

（2）相关性。金融机构所经营的商品——货币的特殊性决定了金融机构同经济和社会是紧密相关的。

（3）高杠杆性。金融企业负债率偏高，财务杠杆大，另外金融工具创新、衍生金融工具等也伴随着高金融风险。

（4）传染性。金融机构承担着中介机构的职能，割裂了原始借贷的对应关系，处于这一中介网络的任何一方出现风险，都有可能对其他方面产生影响，甚至发生行业的、区域的金融风险，导致金融危机。

（5）可控性。可以通过增加资本金、调整风险性资产来增强抵御金融风险的能力，并及时以转移、补偿等方式将金融风险控制在一定的范围和区间内。

二、金融风险的种类

（一）按照遭受风险的金融企业的范围划分

1. 系统性风险

系统性风险是指由那些能够影响整个金融市场的风险因素引起的风险，这些因素包括经济周期、国家宏观经济政策的变动等，这种风险会影响一定区域内的所有金融机构。

2. 非系统性风险

非系统性风险是指特定行业或公司的特殊因素导致借款人不愿或无法履行合同，给金融机构带来的风险。

（二）按照风险的驱动因素划分

1. 信用风险

信用风险是指由于交易对方到期无法偿付等违约而导致损失的可能性。几乎所有的金融交易都涉及信用风险问题，除了传统的金融债务和支付风险外，近年来随着网络金融市场的日益壮大，网络金融信用风险问题也变得突出。

2. 市场风险

市场风险又叫金融资产价格风险，是指由于金融市场变量的变化或波动而引起的资产组合未来收益的不确定性。包括：（1）证券价格风险。它是指证券价格的不确定变化而导致行为主体未来收益变化的不确定性。（2）汇率风险。它是指由于汇率的变动而导致行为主体未来收益变化的不确定性。（3）利率风险。它是指由于市场利率水平的变动而引起行为主体未来收益变化的不确定性。（4）购买力风险。它又称为通货膨胀风险，是指由于一般物价水平的变动而导致行为主体未来收益变化的不确定性。

3. 操作风险

操作风险是指由于信息系统或内部控制缺陷导致意外损失的风险。引起操作风险的原因包括：人为错误、电脑系统故障、工作程序和内部控制不当等。在不少金融机构中，操作风险导致的损失已经明显大于市场风险和信用风险。因此，国际金融界和监管组织开始致力于操作风险管理技术和组织框架的探索与构建。

4. 流动性风险

流动性风险是指企业资产不能确定性地转化为现金或不能清偿到期债务或不能履行到期付现责任的可能性。

金融风险是金融体系内生的，是不可避免的，是客观存在的，且具有一定的隐蔽性。当风险聚积到一定程度，超过金融体系所能承受的范围，就会爆发金融危机。金融危机的爆发有其必然性，但在金融风险的累积过程中，只要不断地化解金融风险，就可以避免金融危机的爆发，而金融监管就是发现并且化解金融风险的重要手段。

第二节　金融监管

一、金融监管的含义

金融监管是指一个国家（或地区）的中央银行或者其他金融监管当局依据国家法律法规的授权，对金融业实施监督管理。其中，中央银行或其他金融监管当局是监管的主体，是作为社会公共利益的代表，运用国家法律赋予的权力去监管整个金融体系的特殊机构。广义的金融监管是指拥有法定监管权的行政机构、金融机构、同业自律性组织、社会力量（各种独立的专业评估机构、审计机构及社会媒体，金融投资者及普通公众）对金融业及其活动的监督和管理。多元化的金融监管结构如图 11－1 所示。

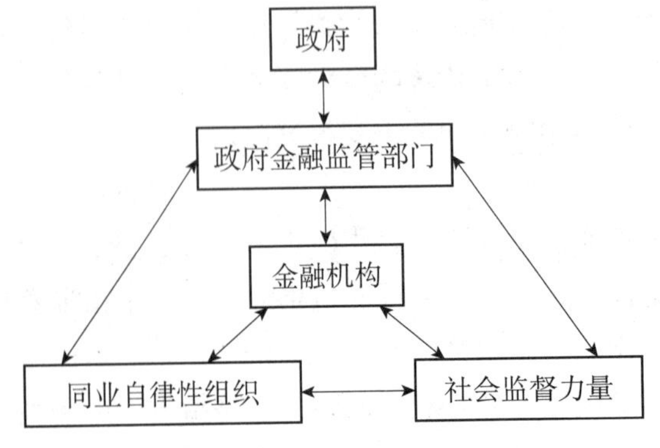

图 11－1　多元化的金融监管结构

二、金融监管的产生与发展

（一）早期金融监管的诞生——相信市场的自发调节功能

金融业起源于14、15世纪意大利威尼斯银行，以1694年英格兰银行的建立为标志。随着近代工业革命的开始，大量商业银行出现，但是在此以后的很长时间内没有专门对银行的立法。当时银行所具有的高利贷性质已经引起了民众对银行的恐惧，所以限制高利贷和银行权力的制度在15世纪的意大利就已经存在。真正意义上的金融监管是随着中央银行制度的产生而发展的，1844年英国的《英格兰银行法》及1863年美国的《国民货币法》在世界范围内第一次确立了中央银行制度和金融监管制度。这一阶段的监管受自由主义经济思潮影响，政府尊重市场的自发调节作用，监管宽松。

（二）金融监管的严格管制时期——金融安全优先

就金融而言，银行资金盲目进入证券市场，是美国1929—1933年金融危机的原因之一。危机过后，痛定思痛，人们开始反思自由市场经济的缺陷，逐步认识到金融监管的重要性。1933年的《银行法》是美国对银行业管制的标志，随后一系列法律出台，对金融业务实施金融监管。继20世纪30年代立法后，美国对银行和非银行金融机构开业加以限制，同时联邦储备系统权力加强，美联储改组成更为独立的联邦储备理事会，政府对银行全面管制的立法思想确立。各发达国家政府也出台一系列金融监管的法规和措施，不仅加强了对商业银行的监管，还对银行、证券、保险实行分业经营以防止风险在金融行业之间传递和扩散。这一阶段的监管以安全优先为原则。

（三）金融监管的放松管制时期——金融效率优先

20世纪70年代，发达国家的经济走向了滞涨，严格的金融监管损害了金融的效率。1986年英国的“金融大爆炸”[①] 彻底拉开了发达国家金融改革的序幕，各发展中国家也纷纷放松金融管制，由分业监管向统一监管过渡，极大地促进了金融体制创新和金融产品创新。这一阶段金融监管从强调安全转向注重效率，放松金融监管以促进经济的发展。

（四）金融监管的国际化发展趋势——金融安全效率并重

20世纪90年代金融国际化趋势形成，金融国际化在带来好处的同时，也必然给参与其中的某些国家带来不同程度的负面效果。20世纪90年代以来频繁爆发的国际性金融危机，又对金融监管的国际合作与协调提出了新的要求，尤其是2007年爆发于美国并蔓延至全球的次贷危机，表明进一步完善金融监管、强化稳健型金融监管体制的任务仍十分紧迫而艰巨。所以各国相应地转变了金融监管的方式方法，把维护金融体系的安全和稳定作

---

① 金融大爆炸是指英国在1986年由撒切尔政府领导的伦敦金融业政策变革。该变革旨在大幅度减少监管，改革后，外国财团被允许购买英国上市企业，伦敦金融城投资银行和经纪公司的构成和所有权发生了翻天覆地的变化。金融城引入更国际化的管理作风，使用电脑和电话等电子交易方式取代了过去传统的面对面谈价，使竞争激烈程度剧增。此后相似的措施，如2001年日本金融市场的减少管制的政策，也被称为“金融大爆炸”。

为首要任务，同时充分考虑金融机构和金融体系的效率，强调适度的金融监管。总体上说，当前的金融监管主要侧重于两个方面：一是金融监管要合理配置安全、效率和公平的金融监管目标，始终重视金融安全；二是随着金融的全球化和一体化发展，国际金融监管体系也必须做出相应的改变，确保国际金融市场有序发展。金融监管的国际化已成为当代金融发展不可逆转的趋势，具体表现为：国际性监管组织之间的合作加强；各国政府之间的合作加强；各国金融监管标准趋同。

三、金融监管的目标与原则

（一）金融监管的目标

监管的目标就是要消除或者部分消除某些活动或行为所带来的目标上的偏差，从而避免出现人们不愿意看到的结果。金融监管的总目标是通过对金融业的监管，建立和维持一个稳定、健全和高效的金融体系，保证金融机构和金融市场的健康发展，推动经济和金融发展。金融监管的具体目标如下：

（1）通过保证金融机构的正常经营活动从而保证金融体系的安全。金融业以货币信用为经营活动的内容，与一般经济实体存在根本区别，金融业者经营活动失败可能会带来严重后果，保证金融业的安全运行就是保证社会经济的稳定发展。

（2）保护金融消费者权益。金融市场上的不确定性和信息不对称决定了金融风险的客观存在，信息不对称导致逆向选择和道德风险，金融监管会改善信息不对称状况，在一定程度上减少金融风险。

（3）创造公平竞争的环境，鼓励金融业在竞争的基础上提高效率，减少垄断的发生。

（4）确保金融机构的经营活动与中央银行的货币政策目标一致。中央银行的传统三大货币政策调控手段，必须辅以其他强制性和非强制性措施，才能使得金融机构的经营活动更加符合中央银行的政策意图。

（二）金融监管的原则

1. 监管主体的独立性原则

在一个有效的监管体系下，参与监管的每个机构要有明确的责任和目标，并应享有操作上的自主权和充分的资源，确保监管的有效性。

2. 依法监管与严格执法原则

依据现行金融法规，保持监管的严肃性、权威性、强制性和一贯性。

3. “内控”与“外控”相结合原则

要弄清监管的边界，不能对金融机构的内部管理以正规或非正规的方式进行干预。实践证明，干预金融机构内部管理的行为，对监管部门与被监管部门都会产生消极影响。

4. 综合性与系统性原则

要综合运用经济手段、行政手段、法律法规手段等各种金融监管手段；综合运用金融监管的方式方法，即监管工具要现代化、系统化，日常监管与重点监管、事前督导与事后监察要同时运用；监管机制和方案要科学化、系统化、最优化，确保金融监管的优质高效。

5. 统一、公正、公平原则

要按照统一、公正、公平的监管标准和监管方式实施监管。

6. 适度监管原则

监管的根本宗旨就是通过适度的金融监管，形成和保持金融业适度竞争的环境和格局。检验监管效果的根本标准：是否促进金融业和社会经济的顺利发展。

7. 监管成本与效率原则

监管并非不讲成本，以最低的监管成本获得最佳的监管效果是金融监管的重要原则之一。

图 11－2 为金融监管的成本与效益分析图，其中 r 代表收益，c 代表成本，n 代表效益，随着监管成本的上升监管强度加大，但是监管效益上升幅度递减，直至监管效益为零。

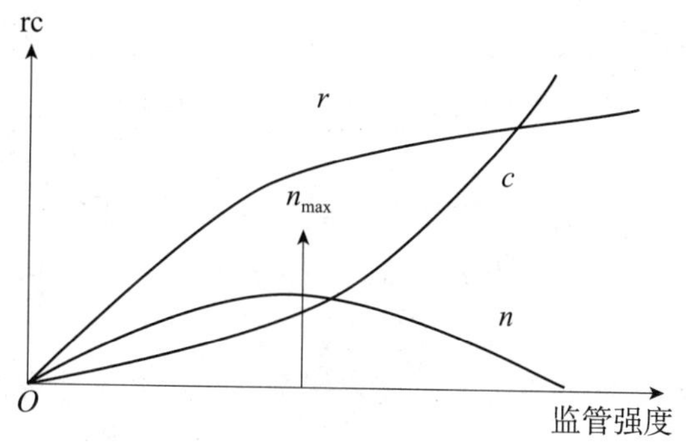

图 11－2　金融监管的成本与效益分析图

8. 稳健运行与风险预防原则

安全稳健是一切金融监管工作的基本目标，其终极目的是满足社会经济的需要，促进社会经济稳健协调地发展。风险预防是监管者的重要职责。

9. 有机统一原则

包括：各级监管机构监管标准和口径的统一；宏观监管与微观监管的统一；国际、国内金融监管的统一。

四、金融监管的内容

从金融监管的主要内容或范围看，分为市场准入监管、业务运营监管和市场退出监管。

（一）市场准入监管

世界各国对金融机构的监管都是从市场准入开始的，市场准入监管是通过制定市场准入制度来实现的。

1. 市场准入监管的概念

市场准入监管是有关国家和政府准许公民和法人进入市场，从事商品生产经营活动的条件和程序规则的各种制度及规范的总称。

2. 市场准入监管的目的

市场准入监管的目的是在金融机构审批环节上对整个金融体系实施有效控制，保证各种金融机构的数量、种类、规模和分布符合国家经济发展规划和市场需要，同时保证与监管当局的监管能力相适应。特殊行业的市场准入在各国都需要政府主管行政部门审批，金融机构由于经营业务的特殊性，具有巨额债务主体和债权主体双重身份，经营不善会引发社会危机。在市场准入环节实行严格控制，不仅意在事先将那些有可能对金融体系稳健运行造成危害的机构拒之门外，同时也是为了保持金融业竞争的适度性。

3. 市场准入监管的内容

（1）机构设置条件。通过设定适当的准入条件，将不具备条件的金融机构排除在市场门槛之外，防止不合格的申请人参与金融市场活动。

（2）最低资本金要求。为金融机构设定必要的自有资金门槛，目的是保证金融机构的偿付能力。

（3）业务人员限定。对金融机构高级管理人员的从业有限定性要求。

（4）预防性监管。引进新型的准入条件，如在对跨国金融机构准入监管上设置母国有效监管等标准。

（5）规定公司治理结构和内部控制制度要健全。如对公司治理的监管要求是审核是否建立了决策、执行和监督“三权”之间的制衡机制，是否建立了有效的激励与惩戒机制。

（二）业务运营监管

1. 业务运营监管的概念

业务运营监管是指对金融监管的各项经营行为的监管。

2. 业务运营监管的内容

我国对金融机构业务运营监管的内容主要包括：业务经营的合法性；资本充足性；资产质量的稳妥可靠性、流动性、营利性；内部管理水平和内控制度的健全有效性。对内部管理水平和内控制度的监控是监管部门的工作重点，具体包括两项内容：一是是否建立了相关制度；二是是否已形成对风险进行识别、评估、控制的动态管理机制以有效规避风险。监管部门需要在市场准入后对业务经营进行持续监管。

（三）市场退出监管

市场退出监管是指监管当局对金融机构退出金融业、破产倒闭或合（兼）并、变更等的监管。金融机构退出市场，表明该金融机构已经停止经营金融业务，可依法处理其债权债务，分配剩余财产，注销工商登记，其最终结果是该金融机构法人资格的灭失。

金融机构市场退出的方式可以分为两种：主动退出和被动退出，其形式包括六种：接管、收购、分立或合作、解散、吊销经营许可证、破产。主动退出指金融机构因分立、合并或者出现公司章程规定的事由需要解散，因此而退出市场，其主要特点是主动地自行要求解散。被动退出指由于法定的理由，如由法院宣布破产或严重违规、资不抵债等原因而遭关闭，中央银行依法取消其经营金融业务的资格，金融机构因此退出市场。金融机构被动退出的市场监管主要考核支付存款本金和利息的债务清偿额（比例）等指标。

相关链接 11－1

国际商业信贷银行的倒闭

英国伦敦高等法院 2004 年 1 月 13 日开庭审理英国中央银行——英格兰银行被控知情不举，任由国际商业信贷银行（BCCI）从事洗钱、财务诈骗等犯罪活动，导致该行最终被关闭，造成 6 000 多名英国储户血本无归的百年大案，这是英格兰银行成立 300 年来首次成为伦敦高等法院的被告。

原因和教训：(1) 高级经理经营战略冒进和缺乏基本职业道德是该事件发生的一个重要原因。国际商业信贷银行成立之初，就热衷于机构扩张，制定了不符合实际的宏伟目标。其后果是分支机构良莠不齐，管理失控，非法交易盛行。(2) 部分国家监管当局监管无力，给国际商业信贷银行以可乘之机。国际商业信贷银行在成立之初，选择监管不严、注册容易的卢森堡和开曼群岛作为总公司的注册地。这两个地区的金融监管当局都没有对在此注册的金融机构进行认真监督。(3) 各国金融监管当局在对跨国银行监管方面合作不够，使问题长时间没有被发现。国际商业信贷银行组织结构复杂，它的业务受 60 多个国家和地区的监管当局管理，各国的监管制度、监管质量、监管尺度相差甚远，任何一个监管当局都无法了解该银行业务的全貌。因此，国际商业信贷银行可以从容地在世界各地调动资产，应付各国检查，将问题长期掩盖起来。

这起银行倒闭事件使我们认识到，一个成功的金融企业应当树立稳健经营的思想，在选拔人员尤其是选拔高级管理人员方面要慎之又慎。对于金融监管当局的启示：一是要加强对金融机构的监督管理，特别是在银行的市场准入方面要严加审查，不具备条件就不能批准。国际商业信贷银行在全球 60 多个国家和地区拥有分支机构，但却未能在新加坡开设分行，因为新加坡监管当局在市场准入审核中发现国际商业信贷银行经营不稳健，不符合市场准入标准。二是要加强跨境银行业务监管的国际合作。在此次事件中，各国（和地区）监管当局在国际商业信贷银行尚能正常经营的时候果断采取行动，联手同时关闭了国际商业信贷银行的业务，防止了事态进一步扩大。此外，金融机构应当加强对国际金融机构和国际金融市场的了解，随时跟踪国际金融形势的变化，规避风险，减少损失。

五、金融监管的方法

金融监管的方法主要包括非现场监管和现场检查两种。

（一）非现场监管

（1）收集数据，由监管对象定期报送；

（2）对有关数据进行核对、整理；

（3）生成风险监管指标值；

（4）风险监测分析；

（5）风险初步评价与早期预警。

非现场监管的分析内容包括资产质量分析、资本充足性分析、流动性分析、市场风险分析（主要有利率风险和汇率风险）、盈亏分析。

（二）现场检查

1. 现场检查的概念

现场检查又称金融稽核检查，是指金融监管当局指派专人或专门小组，进入被监管的金融机构进行实地检查。

2. 现场检查的方式

根据检查的目的、范围和重点，现场检查分为全面检查和专项检查。

全面检查要涵盖被检查机构的各项业务及风险，以及管理内控的各个领域，要对金融机构的总体经营和风险状况作出判断。专项检查是指对金融机构的一项或几项主要业务进行重点检查，具有较大的针对性和目的性。

3. 现场检查的程序

现场检查工作程序共有五个步骤：（1）根据非现场分析和其他渠道获得的信息，确定现场检查的具体对象和时间；（2）向被检查机构发出“检查前问卷”，有针对性地提出问题；（3）制定现场检查方案；（4）向被检查机构发出现场检查通知；（5）进行现场检查。

金融监管当局要进行风险分析，即通过非现场监管、现场检查和委托社会中介机构（外部审计师事务所、外部会计师事务所、律师事务所和外部评级机构等）以及通过其他途径获得大量信息资料，在此基础上，将上述信息资料进行加工整理，转化成相关的风险监测和评价指标。评价风险的基本要素主要包括：资产安全性、流动适度性、资本充足性、收益合理性、管理健全性、经营合规性。

金融监管当局要依据风险分析结果进行风险处置，风险处置方法包括三种：一是纠正。纠正性措施分为：提出建议性或参考性措施；以强制方式提出一些措施。二是救助。对有问题的金融机构，要及时采取救助性措施，包括：调整决策层和管理层，实施资产和负债重组、外部注资、股东增资、冻结大额开支、冻结股息分红分配、通知部分业务停止、实施兼并、合并等。三是市场退出。

第三节 金融监管体制

金融监管体制是金融监管的职责划分和权力分配的方式与组织制度。

一、金融监管体制的类型

（一）按监管机构确定被监管对象的标准划分为机构型监管体制和功能型监管体制

（1）机构型监管体制按照被监管者机构类型设立监管机构，不同的监管者监管各自领域的金融机构，互不交叉。

（2）功能型监管体制基于金融机构所经营业务的性质设立监管机构，凡是同一业务活动，不管由哪个金融机构开展，均归一个监管机构监管。

（二）按金融经营模式划分为分业监管体制、集中监管体制、不完全集中监管体制

（1）分业监管体制也被称为分头监管体制，在银行、证券和保险领域内分别设置独立的监管机构，专门负责本领域的监管，包括审慎监管和业务监管。

（2）集中监管体制也称统一监管体制或混业监管体制，即只设统一的金融监管机构，对金融机构、金融市场、金融业务进行全面监管，监管机构可能是中央银行，也可能是其他专设监管机构。

（3）不完全集中监管体制又可以分为“牵头”式监管体制、“双峰”式监管体制和“伞形”监管体制。“牵头”式监管体制是指在分业监管机构之上，设置一个牵头监管机构，负责不同监管机构之间的协调工作，在分业监管主体之间建立了一种合作、磋商和协调机制。“双峰”式监管体制是依据金融监管目标设置了两类监管机构：一类专门对金融机构和金融市场进行审慎监管，以控制金融业的系统性风险；另一类专门对金融机构的经营业务和相关机构的经营业务进行监管，以规范金融经营行为，保证金融稳健运行，维护正常的金融和经济秩序。“伞形”监管体制也被称为“双重多头”监管模式，在这种模式下，“牵头”监管人负责对金融控股集团公司的监管，其属下各子公司根据业务的不同接受不同的行业监管机构的监管。

二、美国、英国的金融监管体制

（一）美国的金融监管体制

美国的金融监管实行美联储牵头的“伞形”监管体制。美联储负责对金融控股公

司的伞状监管，但金融控股公司属下的各子公司由不同的行业监管机构进行监管，如图 11－3 所示。美联储负责评估和监控混业经营的金融控股公司整体资本充足性、风险管理内控措施和程序的有效性以及集团风险对存款子公司的潜在影响等。另外，美国的州政府在银行业、保险业和证券业方面也具有一定的监管权限，尤其是对保险机构享有全面的监管权。

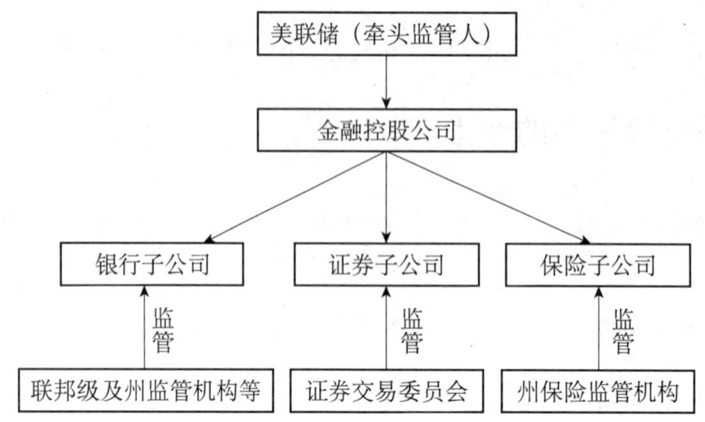

图 11－3　美国的金融监管体制

美国的金融监管体制将分业监管和统一监管有机融合，避免了走极端，多元多头监管带来多角度、竞争性的监管机制，但重复监管不可避免且容易扯皮。

（二）英国的金融监管体制

英国在世界上率先建立了高度集中统一的金融监管体制。英国金融服务管理局（Financial Services Authority，FSA）是全国唯一一家中央层次的监管机构，于 1997 年 10 月由 1985 年成立的证券投资委员会（Securities and Investments Board，SIB）改组而成，其作为独立的非政府组织，是英国金融市场统一的监管机构，行使法定职责，直接向英国财政部负责。英国金融监管体制的主要优势在于：（1）有利于对金融机构行为及经营风险的综合审视与把控。（2）增强市场敏感度，避免金融监管真空。（3）监管规模大、范围广，有利于降低监管成本。（4）有利于国家间的监管协调。其不足主要在于：权力垄断，易形成官僚主义，降低监管效率。

三、我国的金融监管体制

（一）1984—1992 年，集中监管体制阶段

1983 年 9 月，中国人民银行专门履行中央银行职能，正式成为中国的货币金融管理当局。1984 年 1 月 1 日，中国工商银行正式接管了中国人民银行一般银行的存贷款和结算业务，中国人民银行从此成为现代意义上的中央银行，专职负责货币政策的实行和金融监

管。事实上，中国人民银行的监管是在国务院授权之下进行的，许多重要的监管决策都由国务院决定，所以当时的集中监管并不是成熟的集中监管。

（二）1992—2003 年，分业监管体制形成

1992 年 10 月，国务院决定成立国务院证券委员会和中国证监会，负责股票发行和上市的监管，中国人民银行仍然负责对债券和基金实施监管。1993 年 11 月，十四届三中全会通过了《中共中央关于建立社会主义市场经济体制若干问题的决定》，明确提出“银行业和证券业实行分业经营，分业管理”的原则。1998 年 11 月，中国保监会成立。2003 年 4 月，银监会正式挂牌运行，标志着中国金融业“一行三会”垂直分业监管体制正式形成。

（三）2003 年至今，混业经营探索，分业监管体制有所松动

为应对我国金融市场进一步开放带来的外部冲击，提升我国金融业的国际竞争力，开始进行混业经营的探索，国务院重建金融经营模式。2002 年，国务院批准中信、光大、平安集团为三家综合金融控股集团的试点。在此之前我国立法机关也多次修正相关法规，逐步放宽银行机构、证券机构、保险机构的允许经营范围。2017 年 11 月，经党中央、国务院批准，国务院金融稳定发展委员会成立，旨在加强金融监管协调、补齐监管短板。2018 年 3 月，组建中国银行保险监督管理委员会，不再保留中国银行业监督管理委员会、中国保险监督管理委员会。为解决现行体制存在的监管职责不清晰、交叉监管和监管空白等问题，强化综合监管，优化监管资源配置，更好统筹系统重要性金融机构监管，逐步建立符合现代金融特点、统筹协调监管、有力有效的现代金融监管框架，将原中国银行业监督管理委员会和中国保险监督管理委员会拟订银行业、保险业重要法律法规草案和审慎监管基本制度的职责划归中国人民银行。

随着金融科技的异军突起，我国地方性金融机构方兴未艾。网上金融业务迅速、便捷且不受地域限制，导致金融风险也传播迅速，地方金融风险扩散到全国的风险加剧。为从源头上控制地方金融风险，加强对地方性金融机构的监管显得十分迫切和必要。因此，在各省、自治区、直辖市陆续组建了金融管理局，负责对本辖区金融机构的监管，织密了中央与地方两级金融监管的网络。

自中央“一委一行两会”的监管格局形成，金融监管框架包括国务院金融稳定委员会、中国人民银行、中国银行保险监督管理委员会、中国证券监督管理委员会，我国分业监管的金融监管体制有所放松，但是还没有形成混业监管的体制。各省、自治区、直辖市金融管理局监管业务广泛而综合，形成混业监管态势。

随着我国金融机构多元化的发展，金融机构行业自律的作用正在逐渐加强。银行业、证券业和保险业分别建立了各自的地方性和全国性的同业自律组织。其职能首先是充当金融业的服务机构，主要包括提供信息服务、培训服务和对外交流服务；其次是充当监管当局的助手。

本章小结

金融风险是指经济主体在金融活动中获得收益或受到损失的可能性，或经济主体在

金融活动中无法达到预期结果的可能性。金融风险的特点：不确定性、相关性、高杠杆性、传染性、可控性。金融风险的种类按照遭受风险的金融企业的范围划分有系统性风险和非系统性风险；按照风险的驱动因素划分有信用风险、市场风险、操作风险、流动性风险。

金融监管是指一个国家（或地区）的中央银行或者其他金融监管当局依据国家法律法规的授权，对金融业实施监督管理。金融监管的目标：通过保证金融机构的正常经营活动从而保证金融体系的安全；保护金融消费者权益；创造公平竞争的环境，鼓励金融业在竞争的基础上提高效率，减少垄断的发生；确保金融机构的经营活动与中央银行的货币政策目标一致。金融监管的原则为：监管主体的独立性原则；依法监管与严格执法原则；“内控”与“外控”相结合原则；综合性与系统性原则；统一、公正、公平原则；适度监管原则；监管成本与效率原则；稳健运行与风险预防原则；有机统一原则。从金融监管的主要内容或范围看，分为市场准入监管、业务运营监管和市场退出监管。金融监管的方法主要包括非现场监管和现场检查两种。

金融监管体制是金融监管的职责划分和权力分配的方式与组织制度。金融监管体制的类型，按监管机构确定被监管对象的标准划分为机构型监管体制和功能型监管体制；按金融经营模式划分为分业监管体制、集中监管体制、不完全集中监管体制。我国的金融监管体制从中央“一委一行两会”的监管格局形成，到在各省、自治区、直辖市陆续组建金融管理局，负责对本辖区金融机构的监管，织密了中央与地方两级金融监管的网络。

章后训练

一、名词解释

金融风险　　操作风险　　流动性风险　　金融监管

二、思考题

1. 金融风险的类型和特点有哪些？
2. 金融监管的目标、原则有哪些？
3. 金融监管的内容和步骤是什么？
4. 金融监管的体制有哪些？

三、案例分析

巴林银行创立于1762年，最初从事贸易活动，后涉足证券业，19世纪初成为英国政府证券的首席发行商。此后100多年来，该银行在证券、基金、投资、商业银行业务等方面取得了长足发展，成为伦敦金融中心位居前列的集团化证券商，连英国女王的资产都委托其管理，素有“女王的银行”的美称。就是这样一个历史悠久、声名显赫的银行，竟因年轻职员尼克·里森进行期货投机失败，造成9.16亿英镑的巨额亏损，于1995年2月26日被迫宣布破产。

28 岁的尼克·里森 1992 年被巴林银行总部任命为新加坡巴林期货有限公司的总经理兼首席交易员，负责该行在新加坡的期货交易并实际从事期货交易。

1992 年，巴林银行有一个账号为 99905 的“错误账户”，专门处理交易过程中因疏忽造成的差错，如将买入误为卖出等。新加坡巴林期货公司的差错记录均进入这一账号，并发往伦敦总部。1992 年夏天，伦敦总部的清算负责人要求里森另外开设一个账号为 88888 的“错误账户”，记录小额差错，并自行处理，以省却伦敦总部的麻烦。数周之后，伦敦总部换了一套新的电脑系统，重新决定新加坡巴林期货公司的所有差错记录仍经由 99905“错误账户”向伦敦报告。88888“错误账户”因此搁置不用，但却成为一个真正的“错误账户”留存在电脑之中。这个被人疏忽的账户后来就成为里森造假的工具。在 1995 年 1 月 11 日，新加坡期货交易所的审计与税务部发函巴林银行总部，提出他们对维持 88888 号账户所需资金问题的一些疑虑。此时里森已需每天要求伦敦总部汇入 1 000 万英镑，以支付其追加保证金。而从 1993 年到 1994 年，巴林银行在 SIMEX 及日本市场投入的资金已超过 11 000 万英镑，超过英格兰银行规定英国银行的海外总资金不得超过 25%的限制。为此，巴林银行曾与英格兰银行进行多次会谈，在 1994 年 5 月得到英格兰银行主管商业银行监察的高级官员之“默许”。最令人难以置信的，便是巴林银行在 1994 年底发现资产负债表上显示 5 000 万英镑的差额后，仍然没有对其内部管控的松散及疏忽有所警惕。在发现问题至其后巴林银行倒闭的两个月时间里，有很多巴林银行的高级及资深人员曾对此问题进行关注，更有巴林银行总部审计部门的正式调查，但是这些关注和调查都被里森以极简单的方式蒙骗过去。里森对这段时期的描述为：“对于没有人来制止我这件事，我觉得不可思议。伦敦的人应该知道我的数字都是假造的，这些人都应该知道我每天向伦敦总部要求的现金是不对的，但他们仍旧支付这些钱。”

从金融监管的角度，结合案例分析巴林银行倒闭的原因。

四、通读相关法律法规

1.《关于促进互联网金融健康发展的指导意见》，中国人民银行网站（http：//www.pbc.gov.cn/）。

2.《中华人民共和国银行业监督管理法》，中国人民银行网站（http：//www.pbc.gov.cn/）。

主要参考文献

1. 周骏，王学青 . 货币银行学 . 3 版 . 北京：中国金融出版社，2011.
2. 殷孟波 . 货币金融学 . 3 版 . 北京：中国金融出版社，2017.
3. 黄达 . 货币银行学 . 6 版 . 北京：中国人民大学出版社，2017.
4. 谢平，等 . 互联网金融手册 . 北京：中国人民大学出版社，2014.
5. 阎庆民，等 . 中国影子银行监管研究 . 北京：中国人民大学出版社，2014.
6. 李健 . 金融学 . 3 版 . 北京：高等教育出版社，2018.
7. 弗雷德里克 · S. 来什金 . 货币金融学 . 11 版 . 北京：中国人民大学出版社，2016.
8. 蒋先玲 . 货币金融学 . 2 版 . 北京：机械工业出版社，2017.
9. 托马斯 · 索维尔 . 经济学的思维方式 . 成都：四川人民出版社，2018.
10. 林毅夫 . 解读中国经济 . 北京：北京大学出版社，2018.